MARIA MOSER-PHILTSOU

Neugriechisch für Sie

Kurzfassung des
„Lehrbuches der neugriechischen Volkssprache"

MAX HUEBER VERLAG

ISBN 3-19-00.5057-0
© 1970 Max Hueber Verlag München
65   1980 79 78 77
Die jeweils letzten Ziffern bezeichnen Zahl und Jahr des Druckes. Alle Drucke
dieser Auflage können nebeneinander benutzt werden.
Umschlaggestaltung: Wolfgang A. Taube, München
Druck: Heinzelmann, München
Printed in Germany

Inhaltsverzeichnis

Seite

Vorwort 1
Praktische Einführung 2
Deutsche Abkürzungen 2

I. Elemente der Lautlehre

Das griechische Alphabet § 1 3
Besonderheiten der Aussprache 4
Vokale und Doppellaute §§ 2–6 4
Unechter Doppellaut §§ 7–8 5
Konsonanten § 9 6
Konsonantenverbindungen §§ 10–16 6
Konsonantenverbindungen zwischen zwei oder drei Wörtern §§ 17–22 8
Der Spiritus §§ 23–24 10
Der Akzent §§ 25–28 11
Unbetonte Wörter § 29 13
Große Anfangsbuchstaben § 30 13
Die Satzzeichen § 31 14
Elision §§ 32–34 14
Enklitische Wörter § 35 15
Silbentrennung §§ 36–39 15
Allgemeine griechische Abkürzungen § 40 16

II. Konversationsgrammatik

Lektion	Lesestoff	Seite	Grammatik	Seite
I.	(Aus dem täglichen Leben) .	17	Wortstellung	18
	Fragen	18	Der bestimmte Artikel	19
	Ausdruck (= Redewendung)	20	Die sächlichen Substantive auf -ι . .	19
			Das Zeitwort und seine Verneinung	20
II.	(Aus dem täglichen Leben) .	20	Allgemeines über die Deklination der	
	Begrüßungen	24	Substantive	21
	Fragen	25	I. Deklination: Klasse der Masku-	
	Ausdruck	25	lina: auf -ας (gl.)	22
			I. Deklination: Klasse der Masku-	
			lina: auf -ης (gl.)	22
			Der Dativ	23
			Präsens der Verben auf -ω (I. Kon-	
			jugation)	24
			Das persönliche Pronomen im Nomi-	
			nativ in Verbindung mit dem Verb .	24
			Temporaler Akkusativ	24

Lektion	Lesestoff	Seite	Grammatik	Seite

III. (Die Wochentage, heute ge-
stern usw. – Ich lerne Grie-
chisch) 26
Gespräch: Das Befinden . . 30
Ausdruck 30

Der unbestimmte Artikel 27
II. Deklination: Klasse der Femi-
nina: auf -α (gl.) 27
II. Deklination: Klasse der Femi-
nina: auf -η (gl.) 28
Nationalitätsbezeichnungen 29
Verben auf -ω in gekürzter Form . 29

IV. (Das Frühstück – Das Haus) . 31
Fragen 32
Ausdruck 36

Einfache und zusammengesetzte
Präpositionen 32
Präsens der Verben auf -ομαι
(I. Konjugation) 33
Das besitzanzeigende Pronomen . . . 33
I. Deklination: Klasse der Maskulina:
auf -ος (vgl.) 35

V. Τὸ κάπνισμα (das Rauchen) . 36
Fragen 38
Ausdruck 42

III. Deklination: Klasse der Neutra
auf -ο (gl.) 38
Das Personalpronomen 39
Verben in unpersönlichen Ausdrük-
ken in Verbindung mit Personalpro-
nomen 42

VI. (Die Monate – Weihnachten
und Ostern). 43
Fragen 45
Gespräch: Kirchliches – By-
zantinische Kirchenmusik . 45
Ausdruck 50

Präsens des Verbs εἶμαι 44
Das Zahlwort: Grundzahlen 46
Die Uhrzeit 47
Das Alter, das Datum 48
Das Kilo, die Drachme 49
Die vier Grundrechnungsarten . . . 50

VII. (Das Theater, das Konzert
das Kino 51
Fragen 52
Gespräche: Über das Theater 52
Theaterkarten 57
Ausdrücke des täglichen Le-
bens 53
Ausdruck 58

Das Adjektiv: Allgemeines. 53
Klasse der Adjektive auf -ος, -η, -ο
(gl.). 53
Klasse der Adjektive auf -ος, -α, -ο . 54
Sonderklasse der Adjektive auf
-ός, -ιά, -ὸ 55
I. Deklination: Klasse der Maskulina
auf -ας (ungl.) 55
I. Deklination: Klasse der Maskulina
auf -ης (ungl.) 56
Sonderklasse der Maskulina auf
-εὺς o. -έας 56
Zeitwort: Formen u. Konjugationen 57
Das aktive Verb 57

IV

Lektion	Lesestoff	Seite	Grammatik	Seite

VIII. Die vier Jahreszeiten – das
Wetter – die Lehranstalten . 58
Fragen 60
Ausdruck 65

II. Deklination: Klasse der Feminina
auf -ι oder η 60
Imperfekt u. Aorist der
Verben auf -ω 60

IX. Τὰ κέντρα (Die Lokale) . . . 65
Fragen 67
Gespräch: das Frühstück . . 67
Zubereitungsarten der Spei-
sen 68
Ausdruck 73

Zukunftsform (Futurum) der Verben
auf -ω 68
Das Futurum in Verbindung mit den
Personalpronomen 71
Partizip 72

X. Μία παράστασι στὸ θέατρο
(Eine Theateraufführung) . 73
Fragen 75
Gespräche: Theaterkarten . 75
Toilette 75
(s. a.: Wörter)
Ausdruck 80

Das hinweisende Pronomen 76
Perfekt, Plusquamperfekt und Futu-
rum exactum der Verben, im beson-
deren der Verben auf -ω 77
Die Verben γίνομαι, κάθομαι, ἔρχο-
μαι 80

XI. Τὸ ξενοδοχεῖο (Das Hotel) . . 81
Fragen 82
Gespräch: Die Matratze, das
Bettuch, die Decken, das
Kissen; bügeln 82
Ausdruck 88

Klasse der Adjektive auf -ύς, -ιά,
-ὺ (gl.) 83
Das Adjektiv πολύς, πολλή, πολὺ . . 84
Klasse der Adjektive auf -ής, -ιά,
-ὶ (gl.) 84
Der Konjunktiv und im besonderen
der der Verben auf -ω 85
Der Konjunktiv in Verbindung mit
dem Personalpronomen 87

XII. Ἡ τροχαία (Der Verkehr) . 88
Fragen 90
Gespräch: Die Taxis 92
Ausdruck 99

Das bestimmende Pronomen 90
III. Deklination: Klasse der Neutra
auf -ος 91
Der Imperativ und im besonderen
der der Verben auf -ω 92
Gesamtübersicht: akt. Form der
Verben auf -ω (I. Konjugation) . . . 97

XIII. Ὁ εὐτυχισμένος (Der Glück-
liche) 99
Gespräch: Mögliche Unter-
kunft in einem Dorf ohne
Hotel 100
Ausdruck 104

Aus der Schriftsprache übernom-
mene Adjektive 101
Adjektive auf -ής, -ές u. ˌ-ης, ˌ-ες 101
Die Steigerung der Adjektive und
Partizipien 101
Vergleiche im Positiv 103

V

Lektion	Lesestoff	Seite	Grammatik	Seite

XIV. (Am Morgen) beim Aufstehen 104
Ausdruck 114

Der substantivierte Infinitiv 105
III. Deklination: Klasse der Neutra
auf- -μα, σιμο (-ψιμο, ξιμο) (ungl.) . . 106
Gesamtübersicht: Pass.-refl. Form der
Verben auf -ομαι (I. Konjug.) . . . 107

XV. 'Ενοικιάζεται ἕνα δωμάτιο
(Ein Zimmer wird vermietet) 114
Gespräch: Hausfrau, zukünf-
tiger Mieter 115
Fragen 115
Ausdruck 121

Das Fragepronomen 116
II. Deklination: Klasse der Feminina
auf -ά (ungl.) 118
II. Deklination: Klasse der Feminina
auf -οὐ (ungl.) 119
Gesamtübersicht: aktive Contracta:
I. Klasse: die Verben auf -ῶ u. -άω
(II. Konjugation) 119

XVI. "Ενα νεοελληνικὸ ἀστεῖο
(Ein neugriechischer Witz). . 121
Gespräche: beim Herren-
Friseur 122
beim Damen-
Friseur 122
Ausdruck 127

I. Deklination: Klasse der Maskulina
auf -οῦς (ungl.) 123
I. Deklination: Klasse der Maskulina
auf -ὲς (ungl.) 123
Gesamtübersicht: aktive Contracta:
2. Klasse: die Verben auf (-έω) -ῶ
(II. Konjugation) 124

XVII. "Ενα περαστικὸ κρυολόγημα
(Eine vorübergehende Er-
kältung u. Ausdrücke dazu . 127
Zwei kleine Ratschläge . . 129
Gespräch: "Αλλαγμα χρημά-
των (Geldwechsel) 130
Ausdruck 134

II. Deklination: Klasse der Feminina
auf -ος (gl.) 129
Deklination der weiblichen Eigenna-
men auf -ω 130
Das Reflexivpronomen 131
Zeitwort: Der Konditionalis 133

XVIII. Zwei Anekdoten von Na-
stredin Chotza. 135
Ausdruck 141

Das deutsche unpersönliche Prono-
men „man" 136
III. Deklination: Klasse der Neutra
auf -ας, -ως (-ος) (ungl.) 137
Zeitwort: Hilfsverben ἔχω, εἶμαι,
θέλω 138

XIX. "Ενα ταξίδι μὲ τὸ βαπόρι
(Eine Fahrt mit dem Schiff) . 141
Gespräche: Schiffs- und
Flugverbindung 142
Ausdruck 149

Weitere Adjektive aus der Schriftspr. 144
Gesamtübersicht: Contracta: pass.-
refl. Form; 1. Klasse Verben auf
-ιέμαι (II. Konjugation) 145

Lektion Lesestoff	Seite	Grammatik	Seite

XX. Τό τηλέφωνο (Das Tele-
phon) 149
Gespräch: Über die Reise
nach Griechenland 154
Ausdruck 155

Klasse der Adjektive auf -ης, -α,
-ικο (ungl.) 150
Klasse der Adjektive auf -ής, -ού,
[ι] άρικο 150
Klasse der Adjektive auf -άς, -ού,
-άδικο (ungl.) 151
Gesamtübersicht: Contracta: pass.-
refl. Form; 2. Klasse: Verben auf
-ούμαι, -είσαι (II. Konjugation) . . 151

XXI. 'Ο Δαίδαλος καὶ ὁ "Ικαρος 155
Gespräch: Die Ausflüge . .
des Tourismus . 157
Zollrevision . . 162
Ausdruck 164

Das Relativpronomen 157
Gesamtübersicht: Contracta: pass.-
refl. Form; 3. Klasse: Verben auf
-ούμαι, -ᾶσαι (II. Konjugation) . . . 163

XXII. 'Ο Δαίδαλος καὶ ὁ "Ικαρος
(Fortsetzung) 164
Ausdruck 171

Zahlwörter: Ordnungs-, Bruch-,
Vervielfältigungs-, Verhältnis-, Di-
stributiv- u. Sammelzahlen; Zahl-
adjektive u. -substantive 166
Irreale Bedingungssätze 170

XXIII. Τὸ ταχυδρομεῖο (Die Post) . 171
Gespräch: Im Telegraphen-
amt 173
Vers 180

Das unbestimmte Pronomen 173
Wunschsätze 178

III. Ergänzungen zu der Flexionslehre

Zum Substantiv, Adjektiv, Zahlwort und Verb
Zum Substantiv:

Verkleinerungsformen § 41 181
Vergrößerungsformen § 42 181
Substantive mit 2 Pluralformen § 43 181
Undeklinierbare Substantive § 44 182
Aus der Schriftsprache übernommene Substantive §§ 45–49 182

Zum Adjektiv:

Unvollständige Steigerungsformen § 50 184
Rechtschreibung der Steigerungsformen § 51 184

Zum Zahlwort:

Die Buchstaben des griechischen Alphabets anstelle von arabischen Ziffern § 52 185

Zum Verb:
Das Augment §§ 53–54 185
Hinweise zum Gebrauch der Zeiten §§ 55–57 186
Das Verb χαίρομαι u. die Verben der Gemütsbewegung im allgemeinen § 58 . 188
Verben mit gekürzten Formen § 59 189
Das deutsche Verb lassen (ἀφήνω) als modales Hilsverb (= veranlassen) im
    Griechischen § 60 189
Elliptische Verben § 61 189
Unpersönliche Verben § 62 190
Unregelmäßige Verben § 63 192

IV. Die unflektierten Redeteile

Das Adverb §§ 64–76 196
Die Präposition §§ 77–96 202
Die Konjunktion §§ 97–113 211
Die Interjektion § 114 218

V. Anhang

Ein kurzer Privatbrief § 115 220
Die Schriftsprache u. der Fremde § 116 220
Wünsche bei verschiedenen Anlässen § 117 221
Übersicht über die 3 Deklinationen 223
Übersicht über die Zeitformen regelmäßiger Verben beider Konjugationen. . . 224
Wörterverzeichnis 225
Sachregister 228

Vorwort

Das Neugriechische hat zwei Sprachformen: die δημοτική, die Volkssprache, und die καθαρεύουσα, die Schriftsprache. Die δημοτική wird von allen Griechen im täglichen Leben gesprochen. Sie ist auch die Sprache der neueren Dichtung, der schönen Literatur im allgemeinen.

Die καθαρεύουσα ist die Sprache der Kirche, der Wissenschaft mit wenigen Ausnahmen, der Politik und der öffentlichen Bekanntmachungen.

Von der Presse werden das Feuilleton und der kulturelle Teil in ständig zunehmendem Maße in einer gepflegten Volkssprache geschrieben, während der offizielle Teil streng an der Schriftsprache festhält. Die Spaltung der Sprache geht tief in die Vergangenheit zurück.

Das „Lehrbuch der neugriechischen Volkssprache", dessen erste Auflage 1958 erschien, ist aus der Unterrichtspraxis heraus entstanden und auf die Erlernung der δημοτική ausgerichtet. Besondere Berücksichtigung fanden darin von Anfang an die Gegebenheiten der Doppelsprachigkeit, die für den Fremden besonders wichtig sind.

Das vorliegende Unterrichtswerk ist eine Kurzfassung des 1967 in vierter Auflage veröffentlichten Lehrbuches. Von der ursprünglichen Fassung unterscheidet sich die gekürzte Ausgabe u.a. durch den Verzicht auf die Erklärung grammatischer Erscheinungen, die für den Lernenden von sekundärer Bedeutung sind. Wegfallen mußten ferner die vollständigen Verballisten, ein Teil der Beispiele sowie viele spezielle Ausdrücke des Neugriechischen, die zwar nützlich, für einen Anfänger aber nicht unentbehrlich sind.

Wer jedoch zu einem späteren Zeitpunkt das durch die Kurzfassung erworbene Wissen vertiefen möchte, dem wird durch häufige Verweise auf das große Lehrbuch ein Weg gewiesen.

Maria Moser-Philtsou

Praktische Einführung

Die verschiedenen Klassen des Substantivs, Adjektivs und Verbs, sowie die verschiedenen Pronomina und Zahlwörter sind auf die einzelnen Lektionen aufgeteilt. Die Ergänzungen dazu sowie die verschiedenen Arten der Verben sind in Teil III behandelt. Es wurde angestrebt, alles, was zu einem bestimmten Abschnitt der Grammatik gehört, an einer Stelle (bzw. in einer Lektion) zusammenzufassen. Das gleiche gilt auch für das Adverb, die Präposition, Konjunktion und Interjektion. Die phonetische Umschrift der Association Phonetique Internationale wurde nicht in die Lautlehre übernommen, weil sie dem weiten Kreis der heute an der griechischen Sprache Interessierten unbekannt ist und somit nur zur Verwirrung führen könnte. Die mit einem Stern versehenen Wörter gehören der Schriftsprache an.

Abkürzungen

Akk.	= Akkusativ		Part.Perf.	= Partizip Perfekt
akt.	= aktiv		pass.	= passiv
Aor., A.	= Aorist		Perf.	= Perfekt
Dat.	= Dativ		Pers.	= Person
einm[al.]. Fut.	= einmaliges Futurum		Plur.	= Plural
End.	= Endung		Präpos.	= Präposition
Fut.cont.	= Futurum continuum		Präs.	= Präsens
Fut.exact.	= Futurum exactum		refl.	= reflexiv
Gen.	= Genitiv		rez.	= reziprok
gl.	= gleichsilbig		sächl.	= sächlich
griech.	= griechisch		Schrspr.	= Schriftsprache
gr.L.	= großes Lehrbuch		sgm.	= sinngemäß
Imperat.	= Imperativ		Sing.	= Singular
Imperf.	= Imperfekt		u. ä.	= und ähnliches
Ind[ik.].	= Indikativ		ungl.	= ungleichsilbig
Konj.	= Konjunktiv		unp. V.	= unpersönliches Verb
L.	= Lektion o. Lektionen		Volksspr.	= Volkssprache
männl.	= männlich		w.	= wörtlich
Nom.	= Nominativ		weibl.	= weiblich
o.	= oder		Zuk.	= Zukunft
o.	= ohne pass. refl. Form			

I. Elemente der Lautlehre

§ 1 Das griechische Alphabet

Schreibschrift	Druckschrift	Benennung	Aussprache		Lautschrift	Beispiele
𝒜 α	A α	Álpha	a		a	ἀρχή (Anfang)
ℬ β	B β	Wíta	w		w	βαθύς (tief)
𝒫 γ	Γ γ	Ghámma	gh	vor a-, o- und u-Lauten und vor Konsonanten	gh	γάλα (Milch) γλῶσσα (Zunge)
			j	vor e- und i-Lauten	j	γῆ (Erde)
𝒟 δ	Δ δ	Dhélta	dh	wie engl. th in „the"	dh	δέκα (zehn)
ℰ ε	E ε	Épsilon	e	und zwar nur offenes e wie in „Berg"	e	ἔλα! (komm!)
𝒵 ζ	Z ζ	Síta	s	stimmhaftes s wie in „Hase"	ś	ζῶ (ich lebe)
ℋ η	H η	Íta	i		i	ἥλιος (Sonne)
Θ ϑ	Θ θ o.ϑ	Thíta	th	wie engl. th in „thing"	th	θάλασσα (Meer)
𝒥 ι	I ι	Jóta	i		i	ἰδέα (Idee)
𝒦 u,κ	K κ	Káppa	k	weicher als im Deutschen, wie franz. c oder qu vor a-, o- und u-Lauten	k	κόσμος (Welt) κλειδὶ (Schlüssel)
			kj	und Konsonanten vor e- und i-Lauten	ḱ	κύριος (Herr)
Λ λ	Λ λ	Lámwdha	l		l	λαός (Volk)
𝑀 μ	M μ	Mi	m		m	μάγος (Zauberer)
𝒩 ν	N ν	Ni	n		n	νερὸ (Wasser)
𝒵 ξ	Ξ ξ	Xi	x		x	ξανθὸς (blond)
O o	O o	Ómikron	o	und zwar nur offenes o wie in „Wort"	o	ὁδὸς (Straße)
Π ϖ,π	Π π	Pi	p	weicher als im Deutschen ohne Aspiration	p	παίζω (ich spiele)
𝒫 ρ	P ρ	Rho	Zungen-r		r	ρίζα (Wurzel)
Σ σ,ς	Σ σ ς	Ssíghma	ss		ss	σάλα (Saal)
			s	vor β, γ, μ, ν	ś	Σμύρνη (Smyrna)
𝒯 ι,τ	T τ	Taf	t	weicher als im Deutschen ohne Aspiration	t	ταβέρνα (Taverne)
𝒰 υ	Υ υ	Ípsilon	i		i	ὑγεία (Gesundheit)
Φ φ	Φ φ	Phi (= Fi)	f		f	φίλος (Freund)
𝒳 χ	X χ	Chi	ch	wie in „ach" vor a-, o- und u-Lauten und Konsonanten	ch	χορὸς (Tanz) χρῶμα (Farbe)
			ch	wie in „ich" vor e- und i-Lauten	ch'	χέρι (Hand)
Ψ ψ	Ψ ψ	Psi	ps		ps	ψυχὴ (Seele)
𝒲 ω	Ω ω	Omégha	o	wie Omikron, s. o.	o	ὠκεανὸς (Ozean)

3

Besonderheiten der Aussprache

Vokale und Doppellaute

§ 2 Es gibt 7 Vokale: α, ε, η, ι, ο, υ, ω. Sie werden offen und halblang ausgesprochen. Es gibt also kein geschlossenes und langes e wie in „Ehre" und kein geschlossenes und langes o wie in „Rohr". Die neugriechische Sprache kennt keine wirkliche Länge und Kürze der Silben, wie sie die deutsche Sprache hat: Vater: langes a; Mutter: kurzes u. Es ist lediglich die betonte Silbe eines Wortes um ein geringes länger als die anderen auszusprechen. Es gibt auch keine doppelten Vokale wie in „Schnee".

DOPPELLAUTE:

§ 3 1. durch einen Laut ausgesprochene:

$$\alpha\iota = e \qquad \left.\begin{array}{l}\varepsilon\iota \\ o\iota \\ (\upsilon\iota)^1\end{array}\right\} = i \qquad o\upsilon = u$$

für den a-Laut: α
für den e-Laut: ε, αι (immer = e, Aussprache völlig gleich)
für den i-Laut: η, ι, υ, ει, οι, (υι)[1] (Aussprache völlig gleich)
für den o-Laut: ο, ω (immer wie in „Rost", Aussprache völlig gleich)
für den u-Laut: ου

§ 4 2. getrennt ausgesprochene:

a) die oben angeführten Doppellaute werden in manchen Wörtern getrennt ausgesprochen, bilden aber eine Silbe.
Ist der Doppellaut betont, dann trägt gewöhnlich der erste Vokal den Akzent, wie:

τσάι [tssái] Tee
γάιδαρος [gháidhaross] (Esel)

κομπολόι [kombolói] (eine Art Rosenkranz)
σόι [ssói] (Familie, Sippe).

Ist der 2. Vokal des Doppellauts betont oder eine andere Silbe eines Wortes mit Doppellaut, dann wird auf den 2. Vokal ein Trema (zwei Punkte) gesetzt:

ἡ Κυριακὴ τῶν Βαΐων [i Kiriakí ton waḯon] (der Palmsonntag), μαϊνάρω [maïnáro] (die Segel einziehen), εὐνοϊκὸς [ewnoïkóss] (günstig), θεϊκὸς [theïkóss] (göttlich).

---

[1] Der alte Doppellaut υι ist in der Volkssprache nur in ganz wenigen Wörtern vertreten, wie: υἰοθετῶ [iothetó] (adoptieren).

4

§ 5 b) die Doppellaute αυ und ευ[1].

Sie werden als aw und ew vor den stimmhaften Konsonanten β, γ, δ, ζ, λ, μ, ν, ρ und als af und ef vor den stimmlosen Konsonanten θ, κ, ξ, π, σ, τ, φ, χ, ψ ausgesprochen. Das υ wird hier zum Konsonanten w bzw. f: αὐγὸ [awghó] (Ei), αὐθάδης [afthádhiss] (frech), εὐγενὴς [ewjeníss] (höflich), εὐτυχία [eftichía] (Glück).

§ 6 In einzelnen Wörtern kommt der Doppellaut αυ mit zwei getrennt ausgesprochenen Vokalen vor, wie: ἄϋπνος [áïpnoss] (schlaflos), καταπραΰνω [katapraïno] (besänftigen).

UNECHTER DOPPELLAUT:

§ 7 Ein unbetonter i-Laut vor einem andern Vokal wird halb konsonantisch (als j) zusammen mit ihm in einer Silbe ausgesprochen. (Dafür dient hier das Zeichen ‿ unter der Zeile als Verbindungsstrich für die beiden Vokale): παιδιά [pedhiá] (Kinder), καρδιά [kardhiá] (Herz), στεριά[2] [ssteriá] (Festland), γριά[2] [ghriá] (die Alte), γεράκι [jeráki] (Falke), τοῦ παλιοῦ σπιτιοῦ [tu paliú sspitiú] (des alten Hauses), λυώνω [lióno] (schmelzen), ἴσιος [íssioss] (gerade).

Im Anlaut schreibt man das ι gewöhnlich γι. So wird das aus der Schriftsprache stammende Substantiv ἰατρὸς (Arzt) zu γιατρὸς [jatróss], γιακὰς [jakáss] (Kragen), γιορτὴ[2] [jortí] (Feiertag), γυαλὶ [jalí] (Glas), γιὸς [jóss] (Sohn).

Auch der Ton kann das ι nicht schützen und der Akzent wird verschoben σιάζω (richten), Aorist ἔσιαξα, βιάζω: (zwingen), Aor. ἔβιασα und daneben ἐβίασα aus der Schriftsprache.

§ 8 Bei Wörtern aus der Schriftsprache wird der i-Laut sehr oft getrennt ausgesprochen, als Silbe für sich: δι-α-βα-τή-ρι-ο [dhiawatírio] (Paß), aber daneben auch δια-βα-τή-ριο, ἄ-δει-α [ádhia] (Erlaubnis, Urlaub) und daneben ἄ-δεια, πλη-σι-ά-ζω [plissiáso] (sich nähern) und πλη-σ-ιάζω.

Die aus der Schriftsprache stammenden Substantive auf -ία u. -εία wie ἀϋπνία [aïpnía] (Schlaflosigkeit), μανία [manía] (Manie), βασιλεία [wassilía] (Königtum) gehören nicht hierher und der i-Laut wird bei ihnen immer getrennt ausgesprochen, wie: μανί-α, βασιλεί-α.

---

[1] Der alte Doppellaut ηυ findet sich nur als Augment bei Verben der Schrspr.

[2] Ein früher unbetontes ε vor einem andern Vokal ist im Laufe der Zeit ebenfalls zu einem i-Laut geworden, der halb konsonantisch (als j) zusammen mit dem ihn begleitenden Vokal in einer Silbe ausgesprochen wird, wie: στεριὰ < στερεά, γριὰ < γραιά, γιορτὴ < ἑορτή.

Konsonanten

§ 9 Stimmhafte und stimmlose Konsonanten (s. o. § 5)

Einteilung der Konsonanten in:

Gutturale (Gaumenlaute)	χ γ χ	Liquidae (flüssige Laute)	λ ρ
Labiale (Lippenlaute)	π β φ	Nasale (Nasenlaute)	μ ν
Dentale (Zahnlaute)	τ δ θ	Zischlaute	σ ζ

Zusammengesetzte Konsonanten	ξ (< χ + σ) ψ (< π + σ)

Verdoppelte Konsonanten werden ausgesprochen wie einfache: ᾽Αννα = ána (Anna).

KONSONANTENVERBINDUNGEN

§ 10 Altes (altgriechisch o. Schrspr.) κτ ist in der Volkssprache zu χτ geworden: τὸ κτένι > χτένι (der Kamm), κτίζω > χτίζω (bauen), τὸ δάκτυλο > δάχτυλο (der Finger), ἡ νύκτα > νύχτα (die Nacht) usw.

Altes πτ ist in der Volksspr. zu φτ geworden: ὁ πτωχὸς > φτωχὸς (der Arme), ὁ κλέπτης > κλέφτης (der Dieb), ἑπτὰ > ἑφτὰ (sieben) usw.

Ferner ist altes φθ zu φτ und altes χθ zu χτ in der Volkssprache geworden: φθάνω [ftháno] zu φτάνω [ftáno] (ankommen), φθηνὸς [fthinóss] zu φτηνὸς [ftinóss] (billig); χθὲς [chthess] zu χτὲς [chtess] (gestern) u. a. Diese Konsonantenverbindungen haben eine doppelte Schreibung und doppelte Aussprache. Die der Volksspr. hat das Übergewicht weitaus.

Dem Fremden möchte man raten, sich beide Formen zu merken, denn die vorhandenen Wörterbücher nehmen nur z. T. auf diese Erscheinung Rücksicht. Um ihre Benützung zu ermöglichen, werden in 20 von den 23 Lektionen beide Formen der Wörter gebracht.

§ 11

γγ = ng-g, wie: ἐγγόνι [eng-góni] (Enkelkind)
γκ = ng-g, wie: ἔγκυος [éng-gioss] (schwanger)
γχ = ng-ch, wie: ἐγχώριος [eng-chórioss] (inländisch)
μπ = mb, wie: κολύμπι [kolímbi] (Schwimmen)
ντ = nd, wie: τριάντα [triánda] (dreißig)

νδ = im Wortinnern wird als nd ausgesprochen. Nur daß diese Wörter mit νδ in der Volkssprache gewöhnlich mit ντ und in der Schrspr. mit νδ geschrieben werden: ἄνδρας [ándhrass] und ἄντρας [ándrass] (Mann), χονδρὸς [chondhróss] und χοντρὸς [chondróss] (dick) u. a. Sie haben also ein doppelte Schreibung.

μπ wird nur ganz selten im Innern des Wortes zu μβ, wie: κόμπος und κόμβος [kómboss u. kómwoss] (Knoten) u. a. Aber die Wörter mit μβ, die aus der Kirchen- und wissenschaftlichen Sprache stammen, behalten die Aussprache der Schrspr., μβ = mw: ἄμβωνας [ámwonass] (Kanzel), ἐμβολὴ [emwolí] (Embolie), ἐμβαδὸν [emwadhón] (Grundfläche) u. a.

12 γγ wird in einigen Wörtern aus der Schrspr. getrennt als ν + γ ausgesprochen: ἔγγαμος [én + ghamoss] (verheiratet), συγγνώμη [ssin + ghnómi] (Verzeihung), συγγραφεὺς [ssin + ghraféfs] (Schriftsteller).

13 μπ, ντ, γκ werden im Anlaut nur als b, g, d ausgesprochen: μπαίνω [béno] (eintreten), ντύνω [díno] (ankleiden), γκαρίζω [garíso] (schreien vom Esel).

μπ, ντ, γκ dienen auch zur Wiedergabe von b, d, g in Fremd- und Lehnwörtern: Γκαῖτε [géte] (Goethe[1]), Ντοῦζε [dúse] ((Eleonore) Duse), ἀντίο [adío] (adieu), μπάλλα [bálla] (Kugel, Spielball).

14 μπ, ντ, γκ können auch getrennt ausgesprochen werden:

1. ντ in der 2. Pers. Plur. Imperat., wenn der Stamm des Verbs auf ν auslautet und das ε (der vollständigen Endung -ετε) synkopiert wird: περιμέντε [perimén + te] (wartet, warten Sie!) κάντε [kán + te] (macht, machen Sie!), statt περιμένετε, κάνετε (καθ.).

2. im Innern des Wortes bei Wörtern aus der Schrspr.: ἄμεμπτος [ámem + ptoss] (tadellos), ἐλεγκτικὸς [eleng + ktikóss] (die Kontrolle betreffend).

3. im Innern des Wortes bei Fremdwörtern: κομπρέσα [kom + préssa] (Kompresse), Φραγκφούρτη [frang + fúrti] (Frankfurt), Ντάντε [dán + te] (Dante).

15 Die Volksspr. kennt die Verbindung von drei Konsonanten in einem Wort nur dann, wenn der dritte Konsonant ein ρ oder λ (Liquidum) ist: ἄρθρο [árthro] (Artikel), ἔγκλημα [éngglima] (Verbrechen), στρατὸς [stratóss] (Heer) u. a. Wenn auch andere Verbindungen von drei Konsonanten (ohne Liquidum) in der Volkssprache ab und zu vorkommen, dann stammen sie aus der Schrspr. (gewöhnlich aus der Amtssprache); wie ἐλεγκτὴς [elengktíss] (Kontrolleur) u. a.

16 σ-Verbindungen:

Das σ in Verbindung mit den meisten stimmhaften Konsonanten wird stimmhaft als ζ ausgesprochen (s wie in „Rose"). Am stärksten in der Verbindung von σμ:

---

[1] Das deutsche ö oder oe wird im Griechischen sehr oft durch αι wiedergegeben.

σμ = sm, wie: κόσμος [kósmoss] (Welt)
σβ = sw, wie: σβῶλος [świóloss] (Erdklumpen)
σγ = sgh, wie: σγουρὸς [śghuróss] (lockig)
σδ = sdh, wie: Σδράκας [śdhrákass] (ein Familienname)

Wir bezeichnen das stimmhafte s als ś.

KONSONANTENVERBINDUNGEN ZWISCHEN ZWEI ODER DREI WÖRTERN

§ 17 Bestimmte kurze Wörter werden mit dem sinngemäß zu ihnen gehörenden Worte als „akustische Einheit" zusammen ausgesprochen.
Besonders wichtig für den Fremden sind die auf -ν und -ς auslautenden Wörter dieser Art, da sie in Verbindung mit bestimmten Konsonanten die Aussprache dieser Konsonanten verändern und eine andere Klangverbindung ergeben.

Zu diesen Wörtern gehören in der Hauptsache:

1. der bestimmte Artikel (s. S. 19), d. h. jeweils die Formen, die auf -ν oder -ς endigen:

männl. Sing. Gen. –   weibl. Sing. Gen. τῆς (der)
    Akk. τὸν (den)   Akk. τὴν (die)
    Plur. Akk. τοὺς (die)   Plur. Akk. τὶς (die)
männl., weibl., sächl. Plur. Gen. τῶν (der)

2. der unbestimmte Artikel (s. S. 27), ebenfalls nur die Formen auf -ν und -ς:

männl.   Sing. Nom. ἕνας (ein[er])
männl. sächl. Sing. Gen. ἑνὸς (eines) weibl. Sing. Gen. μιᾶς (einer)
männl.   Sing. Akk. ἕνα[ν] (einen)

3. das verbundene Pronomen (s. S. 33f u. 39f), d. h. jeweils die Formen auf -ν und -ς: es sind die gleichen wie beim bestimmten Artikel

4. die Verneinung des Indikativs δὲν [dhen] = nicht

5. die Verneinung des Konjunktivs μὴ[ν] [min] = nicht

6. die Bedingungskonjunktion ἂν [an] = wenn, ob

7. σὰν [ssan] = als, wenn (zeitlich) und σὰν = wie

Hierher gehören auch πρὶν [prin] = bevor, vor; ὅταν [ótan] = als, wenn (zeitlich) u. a.

8. die Partikel ἂς [ass] (s. S. 92).

8

§ 18 I. Durch auslautendes -ν entstehende veränderte Klangverbindungen

κ, π, τ, μπ, ντ, τσ, ξ, ψ werden in Verbindung mit auslautendem ν wie folgt ausgesprochen:

ν + κ = ng-g, wie: τὴν κυρία [ting-giría] (die Dame (Akk.))

ν + π = mb, wie: τὸν πατέρα [tombatéra] (den Vater), μὴν πᾶς [mimbáss] (geh nicht!)

ν + τ = nd, wie: σὰν τὸν πατέρα [ssandombatéra] (wie der Vater) (Vgl. § 11)

ν + μπ = mb, wie: δὲν μπορῶ [dhemboró] (ich kann nicht)

ν + ντ = nd, wie: τὴν ντρέπομαι [tindrépome] (ich schäme mich vor ihr)

ν + τσ = ndś, wie: τὴν τσάντα [tindśánda] (die Mappe (Akk.))

ν + ξ = ng-gś, wie: τὸν ξέρω [tong-gśéro] (ich kenne ihn)

ν + ψ = mbś, wie: τὴν ψάχνω [timbśáchno] (ich suche sie)

§ 19 Folgt auf das -ν ein Vokal, wie in Gen. Plur. τῶν ἀγοριῶν [tonaghorión] (der Knaben), dann tritt keine Veränderung in der Aussprache ein.

Vor Wörtern, die nicht mit einem Vokal oder einem der oben angeführten Konsonanten oder Konsonantenverbindungen beginnen, fällt das auslautende -ν in der Volksspr. gewöhnlich weg: τὸ δικηγόρο [todhiḱighóro] (den Rechtsanwalt), τὴ δικηγόρο [tidhiḱighóro] (die Rechtsanwältin)[1].

§ 20 Bei πρίν, ἄν, ὅταν ist dies aber sehr selten der Fall. So sagt man πρὶν δώσης [prindhóssiss] (bevor du gibst) und fast nie πρὶ δώσης, ἂν βάλης [anwáliss] (wenn du legst o. stellst), ὅταν δῆς [otandhíss] (wenn du siehst) usw.[1].

§ 21 II. Durch auslautendes -ς entstehende veränderte Klangverbindungen:

σ + stimmhafter Konsonant ist stimmhaft (wie ζ) auszusprechen (s. o. :

---

[1] Um den Fremden sowohl an die vollständige Form wie auch an die Kürzung der kleinen Wörter zu gewöhnen, wird in den ersten 20 Lektionen das -ν, das ausfallen sollte, in eine eckige Klammer gesetzt. Denn die Gefahr liegt nahe, daß der Fremde z. B. männl. Substantive im Akk. nicht von sächl. wird unterscheiden können, wenn der Artikel gleich klingt. Er muß aber die 3 Artikel vom ersten Tage an unterscheiden. Außerdem sagt der Grieche, sobald er sich einer etwas offizielleren Sprache bedient, wieder τὸν u. τήν, δὲν usw. In der Praxis bestehen hier – je nach dem Bildungsstand und der Umwelt des Einzelnen – große Unterschiede. Dem Fremden kann man nur einen Rat geben: beim Sprechen und zunächst auch beim Schreiben τὸν u. τήν, δὲν usw. zu gebrauchen, also die Formen mit -ν. Denn es ist für ihn sicher nicht einfach, vor jedem τὸν u. τήν, δέν, σὰν usw. zu überlegen, ob das darauffolgende Wort mit einem solchen Konsonanten beginnt, vor dem das -ν bleiben kann oder ausfallen muß. Bleibt der Fremde länger im Lande, wird er später unbewußt manches -ν ausfallen lassen, indem er sich der Sprache der Einheimischen angleicht.

Konsonantenverbindungen, § 16):

σ+μ = śm, wie: τῆς μητέρας [tiśmitérass] (der Mutter (Gen.)), πές μας [péśmass] (sag uns!), ἃς μείνωμε [aśmínome] (bleiben wir!)

σ+β = św, wie: τοὺς βοηθεῖ [tuśwoïthí] (er hilft ihnen)

σ+γ = śj, wie: ἃς γυρίση [aśjiríssi] (er soll zurückkehren)

σ+λ = śl, wie: τοὺς λέω [tuśléo] (ich sage ihnen)

σ+δ = śdh, wie: τῆς δείχνω [tiśdhíchno] (ich zeige ihr)

σ+ν = śn, wie: τὶς νανουρίζει [tiśnanuríśi] (sie schläfert sie durch Singen ein)

σ+ρ = śr, wie: τῆς ρίχνω [tiśríchno] (ich werfe ihr zu)

§ 22 λ wird vor einem Konsonanten gern zu ρ:

ἀδελφός > ἀδερφός (Bruder), ἦλθε > ἦρθε (er kam) usw.

In Gebrauch sind beide Formen.

Der Spiritus

§ 23 Jedes griechische Wort, das mit einem Vokal oder Doppellaut beginnt, erhält ein aus dem Altgriechischen übernommenes Zeichen, das nicht ausgesprochen wird, aber keinesfalls weggelassen werden darf.
Es gibt 2 solche Zeichen, den Spiritus lenis = ψιλὴ [psilí] (') und den Spiritus asper = δασεία [dhassía] (').
Der Spiritus wird bei kleinen Buchstaben über ihnen, bei großen links von ihnen und bei Doppellauten über den zweiten Vokal gesetzt: ἀέρας [aérass] (Luft), Ἑλλὰς [elláss] (Griechenland), αἰθέρας [ethérass] (Äther).
Bei Überschriften, Inschriften u.ä., die durchwegs mit Kapital-Buchstaben geschrieben werden, fällt der Spiritus – wie auch der Akzent – weg: ΕΥΡΩΠΗ [ewrópi] (Europa), ΑΣΙΑ [assía] (Asien).
Die meisten Wörter, die mit einem Vokal beginnen, haben den Spiritus lenis ('), wie ἄστρο [ásstro] (Stern) usw. So setze man im Zweifelsfall einen „lenis" (').

§ 24 Den Spiritus asper (') haben: immer der bestimmte Artikel: ὁ [o] (der) (Nom. Sing.), ἡ [i] (die) (weibl. Nom Sing.), οἱ [i] (die) (männl. u. weibl. Nom. Plur.) und der unbestimmte: ἕνας [énass] (ein[er]) und ἕνα [éna] (ein[es]) in allen Fällen, das Adverb (Vergleichspartikel): ὡς [oss] (wie, als) u. die Präpos. ὡς (o. ὣς (bis); die Zahlen ἕνα [éna] (eins), ἕξι [éxi] (6), ἑπτά [eptá] (7), ἑκατό [ekató] (100) und die von ihnen abgeleiteten Zahlwörter; ferner alle Wörter, die mit einem Ipsilon (υ [i]) beginnen: ὕπνος [ípnoss] (Schlaf), ὑποκριτὴς [ipokritíss] (Heuchler) u.a.

Bei der Übernahme eines Namens o. eines terminus technikus in eine fremde Sprache wird der „asper" (ʻ) gewöhnlich durch ein „h" wiedergegeben, weil diese Übernahme über das Lateinische geschieht, nach dem sich auch die Betonung richtet: Ὑμηττὸς [imittóss] (Hyméttus, Berg in Attika), ὕαινα [íena] (Hyäne) u. a.

Der Akzent

25 Es gibt 3 Akzente:

 ʹ: der Akut (ἡ ὀξεία) [ioxía]
 ˜: der Zirkumflex (ἡ περισπωμένη) [iperispoméni]
 ʻ: der Gravis (ἡ βαρεία) [iwaría]

Nur der Akut (ʹ) und der Zirkumflex (˜) werden in der Schreibschrift benützt. In der Druckschrift kommt dazu der Gravis (ʻ): φύλλο [fíllo] (Blatt), μῆλο [mílo] (Apfel), κλαρὶ [klarí] (Ast, Zweig). Der Vokal oder der Doppellaut, der den Akzent trägt, wird betont.
Der griechische Akzent darf in der Regel nur auf eine der 3 letzten Silben eines Wortes gesetzt werden. Bei Doppellauten auf den 2. Vokal.
Hat der betonte Vokal auch einen Spiritus, so wird der Akut (ʹ) rechts neben ihn gesetzt: ἔ! [e] (hallo! o. Heh!), der Zirkumflex (˜) über ihn: εὖγε! [éwje] (Bravo, sehr gut).
Um aber den richtigen Akzent setzen zu können, bedarf es einiger Regeln aus der Schriftsprache, die aus der „theoretischen" Einteilung der Vokale und Doppellaute in lange und kurze hervorgehen:

 kurz: ε, ο, -αι, -οι
 lang: η, ω, αι, ει, οι, υι, αυ, ευ, ηυ, ου
 kurz oder lang: α, ι, υ

1. Bei den männlichen Substantiven auf -ας und den weiblichen auf -α, ist das α im Singular lang: ὁ ἀέρας [oaéras] (die Luft), τὴν κυρία̱ [ting-giría] (Akk. die Dame).

2. Das -α als Endung im Nom., Akk. und Vok. Plural der sächl. Substantive auf -o und -ι ist kurz: τὸ νερὸ [toneró] (das Wasser) Plur. τὰ νερά, τὸ ποτάμι [topotámi] (der Fluß) Plur. τὰ ποτάμια.

3. Das -α als Verbalendung der Vergangenheit ist kurz: εἶδα [ídha] (ich sah oder ich habe gesehen), ἄκουσα [ákussa] (ich hörte o. ich habe gehört).

4. Das -ι als Endung sächlicher Substantive gilt in der Volksspr. als lang: τὸ δόντι [todhóndi] (der Zahn), τὸ πηγούνι [topighoúni] (das Kinn). Sie erhalten alle den Akut.

11

§ 26 Der *Akut* ist auf den 3 letzten Silben eines Wortes möglich:

Er wird gesetzt:

a) Grundsätzlich auf die betonte kurze Silbe: ὁ λόφος [olófoss] (der Hügel), τὸ τέλος [totéloss] (das Ende).

b) Immer auf die betonte drittletzte Silbe: κύριοι, ἔρχομαι [kírii érchome] (Meine Herren, ich komme). Es ist gleich, ob diese und ob die Endsilbe lang oder kurz ist: ἡ ὄρεξη [iórexi] (der Appetit), εὔκολος [éfkoloss] (leicht als Gegensatz zu schwierig). Gewöhnlich aber ist sie kurz.

c) Auf die betonte vorletzte Silbe, wenn die Endsilbe lang ist: ἡ μνήμη [imními] (das Gedächtnis), ἐπάνω [epáno] (oben).

d) Auf die betonte Endsilbe. Sie kann kurz oder lang sein: ὁ λαιμός του [olemósstu] (sein Hals], ἡ φωνή μου [ifonímu] (meine Stimme).

§ 27 Der *Zirkumflex* kann nur auf die vorletzte und letzte Silbe gesetzt werden.

a) Auf die betonte vorletzte Silbe dann, wenn sie selbst lang und die Endsilbe kurz ist: τὸ πλοῖο [toplío] (das Schiff), εἶναι [íne] (ist o. sind).

b) Auf die betonte Endsilbe:

Immer auf eine endbetonte Verbalform: γελῶ [jeló] (ich lache), γελᾶς [jeláss] (du lachst), γελοῦν [jelún] (sie lachen), mit Ausnahme einzelner gekürzter Formen auf -ἐς, wie: λὲς [less] (du sagst) und einiger einsilbiger Imperativformen, wie: πές μου [péśmu] (sag mir!) u.a.

c) Immer auf die endbetonten Adverbien auf -ῶς, die aus der Schrspr. übernommen wurden: εὐτυχῶς [eftichóss] (zum Glück) u.a.

d) Immer auf den endbetonten Genitiv Sing. u. Plur. der Substantive, Adjektive und Pronomina: τῆς αὐλῆς [tissawlíss] (des Hofes), τῶν χωρῶν [tonchorón] (der Länder), τῶν κακῶν [tonggakón] (der bösen) usw.; eine Ausnahme bildet der Gen. Sing. der männl. Subst. auf -ἐς: τοῦ λεκὲ [tuleké] (des Fleckes), da auf ein ε als kurze Silbe ein Akut gesetzt wird.

e) Auf das Substantiv ἡ γῆ [ijí] (die Erde).

§ 28 Der *Gravis* kommt fast nur in der Druckschrift vor. Er wird an Stelle des Akuts auf die letzte betonte Silbe eines Wortes gesetzt, wenn ein anderes Wort mit Akzent u. kein Satzzeichen folgt: τὸ ψωμὶ καὶ τὸ τυρὶ [topsomí ke totirí] (das Brot und der Käse). Aber: ὁ νονός μου [ononósmu] (mein Taufpate). Folgt ein Satzzeichen, so wird der Akut beibehalten: Ἦλθε χθές, [ílthe chthéss] (er kam gestern).

Wenn ein Wort mit einem großgeschriebenen Vokal beginnt, setzt man den Akzent – sowie auch den Spiritus – vor dieses: Ἔλα λοιπὸν [éla lipón] (komm doch!), Ἦταν ἐκεῖ οἱ ἄλλοι; [ítan ekí iáli] (waren die anderen dort?).

Tabelle der Akzentzeichen

drittletzte Silbe	*vorletzte Silbe*	*letzte Silbe*

DER AKUT

immer	a) Wenn sie kurz ist: τὸ στόμα (der Mund) b) Wenn die letzte Silbe lang ist: ἡ μύτη (die Nase)	Sie kann kurz oder lang sein: Θεέ μου (mein Gott!) ἡ ψυχή του (seine Seele)

DER ZIRKUMFLEX

niemals	Wenn sie selbst lang ist und die letzte Silbe kurz: ἦλθε πρῶτος er kam als erster	Sie muß lang sein: ἀργῶ δυστυχῶς: ich verspäte mich leider

DER GRAVIS

niemals	niemals	Nur hier statt des Akuts (s. oben § 28)

Unbetonte Wörter

§ 29 Der männl. u. weibl Artikel im Nom. Sing: ὁ [o] (der), ἡ [i] (die), ihr gemeinsamer Nom Plur.: οἱ [i] (die) und das Adverb ὡς [oss] (wie, als).
Das „verbundene" Pronomen (Personal- u. Possessivpronomen). (s. § 35)

Große Buchstaben

§ 30 Mit großen Anfangsbuchstaben werden geschrieben:

A) Alle Eigennamen:

1. Vor- u. Familiennamen: Κώστας Παπαδόπουλος (Konstantin Papadopoulos), Εἰρήνη Πέρρου (Irene Perrou) usw.

2. Ortsnamen: ἡ 'Αθήνα (Volksspr.) o. αἱ 'Αθῆναι (Schrspr.) (Athen), ὁ Πειραιὰς (Volksspr.) o. ὁ Πειραιεὺς (Schrspr.) (der Piräus), ἡ Πάτρα (Volksspr.) o. αἱ Πάτραι (Schrspr.) (Patra) usw.

3. Die Wochentage, wie: Κυριακὴ (Sonntag) usw.

4. Die Monate, wie: ὁ 'Ιούνιος (Juni) usw.

5. Die Feste, wie: τὸ Πάσχα (Ostern)

6. Kultische Gegenstände, wie: ὁ 'Επιτάφιος (das Grab Christi am Karfreitag in den Kirchen).

B) Titel (u. ihre Abkürzungen) von Würdenträgern: ὁ Σεβασμιώτατος 'Αρχιεπίσκοπος 'Αθηνῶν (der Ehrwürdigste Erzbischof von Athen), ὁ Δήμαρχος 'Αθηνῶν (der Bürgermeister von Athen) usw.; Abkürzungen von Titeln: ἡ Α. Μ. ὁ Βασιλεὺς für ἡ Αὐτοῦ Μεγαλειότης ὁ Βασιλεὺς (Seine Majestät der König) usw.

C) Öffentliche Einrichtungen: τὸ Ὑπουργεῖον τῆς Δικαιοσύνης (das Justizministerium), ἡ Τράπεζα τῆς Ἑλλάδος (die Bank von Griechenland) usw.

Die Satzzeichen

§ 31 Das griechische Fragezeichen ist wie ein deutscher Strichpunkt (;). Für den deutschen Strichpunkt setzt der Grieche einen Punkt über der Zeile (Hochpunkt) (·), der in der modernen Schreibweise allerdings seltener gebraucht wird.
Die griechischen Anführungszeichen unterscheiden sich ebenfalls vom Deutschen (« »), z. B.: "Ολοι ἐφώναξαν: «Ζήτω ἡ Ἑλλάς!» [óli efónaxan síto ieláss] (Alle riefen: „Es lebe Griechenland!").
Die anderen Satzzeichen sind die gleichen wie in der deutschen Sprache.

Elision

§ 32 Vor einem Wort, das mit einem Vokal beginnt, fällt oft der Endvokal des unmittelbar vor ihm stehenden und sinngemäß zu ihm gehörenden Wortes weg (Elision). An seine Stelle wird dann der Apostroph gesetzt: τ' ἄστρο < τὸ ἄστρο (der Stern), τ' αὐτὶ < τὸ αὐτὶ (das Ohr), ἀλλ' ἐμεῖς < ἀλλὰ ἐμεῖς (aber wir).
Bei der Elision der Konjunktion καὶ vor einem Wort mit vokalischem Anlaut gibt es zwei Schreibweisen, wenn das folgende Wort mit einem hellen Vokal beginnt: κι' oder κ': κι' ἐμεῖς o. κ' ἐμεῖς (und wir), κι' αἰθέρας o. κ' αἰθέρας (auch Äther); in beiden Fällen ist die Aussprache [k]. Sonst nur: κι' geschrieben: κι' αὐτὸς (auch er). Die erste Schreibweise ist für den Fremden vorzuziehen, da sie ihm das richtige Lesen erleichtert.

§ 33 Umgekehrt kann auch der vokalische Anlaut eines Wortes vor dem Endvokal des vor ihm stehenden Wortes ausfallen: τό 'χω < τὸ ἔχω (ich habe es), τό 'πα < τὸ εἶπα (ich sagte es)[1]. Diese zweite Art der Elision vollzieht sich auf Grund der Stärke der einzelnen Vokale.

---

[1] Auch: (τόχω, τόπα). Wie auch (§ 34): (τόδα, τάβραμε, τάγαπῶ). Diese Schreibweise ist zu meiden.

14

§ 34 Die 7 Vokale des griechischen Alphabets und die durch einen Laut ausgesprochenen Doppellaute ergeben 5 Laute: a, e, i, o, u, die nach ihrer natürlichen Klangfarbe in dunkle (a, o, u = α, ο – ω, ου) und helle (i = η – ι – υ – ει – οι, e = ε – αι) Laute eingeteilt werden. Die dunklen Laute sind stärker als die hellen und verdrängen diese bei einem Aufeinanderstoßen zweier Laute im Aus- und Anlaut zweier Wörter; der helle Laut verschwindet dann vor dem dunklen: τό 'δα < τὸ εἶδα (ich sah es), τά 'βραμε < τὰ ἤβραμε (wir fanden sie), τ' ἀγαπῶ < τὸ ἀγαπῶ (ich liebe es). Auch im Wortinnern, wie ἀκοῦτε < ἀκούετε (ihr hört). Am stärksten ist der α-Laut, der alle anderen Laute „verschlingt".

Enklitische Wörter

§ 35 Enklitische Wörter heißen ton- (und entsprechend in der Schrift akzent-)lose kurze Wörter, die einem sinngemäß zu ihnen gehörenden Wort nachgesetzt und mit diesem zusammen ausgesprochen werden:

Das sind:

1. das „verbundene" Pronomen als Possessivpronomen: ὁ ἀδελφός μου [oadhelfóśmu] (mein Bruder), τὸν πατέρα σου [tombatérassu] (deinen Vater), ὁ θεῖος μου [othíośmu] (mein Onkel). Τὰ γράμματά σου [taghrámmatássu] (deine Briefe). Wird das Substantiv auf der drittletzten Silbe betont – wie in dem letzten Beispiel –, dann erhält es auf seiner letzten Silbe noch einen Akzent (Akut (')), der stärker als derjenige auf der drittletzten Silbe betont wird.

2. das „verbundene" Pronomen als Personalpronomen zum Imperativ (Präs. u. Aorist) und Partizip Präsens der Verben auf -ω, denen es nachgesetzt wird: πές μου [péśmu] (sag mir!), πέστε μας [pésstemass] (sagt, sagen Sie uns!), διάβασέ το [dhiáwasséto] (lies es!).
Der Gravis (') wird vor einem enklitischen Wort in einen Akut verwandelt: πὲς (sag!), πές μου (sag mir!).

Silbentrennung

§ 36 1. In der Schrift wird ein Konsonant zwischen zwei Vokalen zur nächsten Silbe gerechnet: ἐ-σὺ [essí] (du), ἔ-λα [éla] (komm!), ἐ-λᾶ-τε γλή-γο-ρα [eláte ghlíghora] (kommt, kommen Sie schnell!).

§ 37 2. Zwei Konsonanten zwischen zwei Vokalen werden dann zur nächsten Silbe gerechnet, wenn mit ihnen ein griechisches Wort beginnen könnte: ἄ-κρη [ákri] (Rand, Ende), -κρυώνω [krióno] (frieren), ἔ-φθασα [éfthassa] (ich bin angekommen), -φθόνος [fthónoss] (Neid) usw. Sonst werden sie getrennt: ἔρ-χομαι [érchome] (ich komme), ἔξαφ-να [éxafna] (plötzlich), στιγ-μὴ [sstighmí] (Augen-

15

blick); hierher gehören alle Doppelkonsonanten: μέλ-λον [méllon] (Zukunft), σύμ-μαχος [ssímmachoss] (Bundesgenosse).

§ 38 3. Drei oder mehrere Konsonanten zwischen Vokalen werden dann zur nächsten Silbe gerechnet, wenn mindestens mit den zwei ersten Konsonanten ein griechisches Wort beginnen könnte: ἄ-στρο [ásstro] (Stern), -στρατός [sstratóss] (Heer), ἠλε-κτρισμὸς [ilektrismóss] (Elektrizität), -κτίζω [ktíśo] (bauen). Sonst werden die Konsonanten getrennt: ἄν-θρωπος [ánthroposs] (Mensch), ἔκ-στασις [ékstassiss] (Ekstase).

§ 39 4. Die Konsonantenverbindungen μπ, ντ, γκ, γγ werden getrennt: τριάν-τα [triánda] (dreißig), ἀνάγ-κη [anángi] (Notwendigkeit), ἐγ-γόνι [engóni] (Enkel).

§ 40   Allgemeine griechische Abkürzungen

αἰ.	αἰώνας	Jahrhundert
ἀρ[ιθμ.]	ἀριθμὸς	Nummer, Zahl
ἀρχ.	ἀρχαῖος	antik, alt
ἀττ.	ἀττικὸς	attisch
αὔξ. ἀρ.	αὔξων ἀριθμὸς	laufende Nummer
βλ.	βλέπε	siehe!
δηλ.	δηλαδὴ	nämlich
δημ.	δημοτικὴ	Volkssprache
ἑλλ.	ἑλληνικὸς	griechisch
ἐν ἐντ.	ἐν ἐντολῇ	im Auftrage
Θεσ/κη	Θεσσαλονίκη	Saloniki
κ.	καὶ	und
κ. ἄ.	καὶ ἄλλα	und andere, anderes
καθ.	καθαρεύουσα	Schriftsprache
κ. ἑ.	καὶ ἑξῆς	u. s. w.
κ. τ. λ.	καὶ τὰ λοιπὰ	u. s. w.
λ. χ.	λόγου χάριν	zum Beispiel
μ[ε]σν.	μεσαιωνικὸς	mittelalterlich
μ. μ.	μετὰ μεσημβρίαν	nachmittags
ὄνομ.	ὄνομα	Name
πβ.	παράβαλε	vergleiche!
π. μ.	πρὸ μεσημβρίας	vormittags
π. χ.	παραδείγματος χάριν	zum Beispiel
σημ.	σημείωσι	Fußnote, Notiz
στίχ.	στίχος	Vers
φρ.	φράσι	Satz

II. Konversationsgrammatik

Πρῶτο μάθημα

I

Καλὴ ἀρχή!

'Ο πατέρας εἶναι ἐδῶ. 'Η μητέρα δὲν εἶναι ἐδῶ. Εἶναι ἐκεῖ. 'Ο πατέρας καὶ ἡ μητέρα εἶναι οἱ γονεῖς. Οἱ γονεῖς ἔχουν παιδιά. "Εχουν ὀκτὼ (8) παιδιά. Οἱ γονεῖς ἔχουν πέντε (5) ἀγόρια καὶ τρία (3) κορίτσια. "Εχουν λοιπὸν πολλὰ παιδιά.

Τὰ παιδιὰ παίζουν. Οἱ γονεῖς δὲν παίζουν. Οἱ γονεῖς πίνουν κρασί. Τὰ παιδιὰ δὲν πίνουν κρασί. Πίνουν νερό. Τί πίνει ἡ γιαγιὰ τώρα; Πίνει τσάι. Τί πίνει ὁ παππούς τώρα; Πίνει καφέ. 'Η 'Ελένη πίνει γάλα. Τί τρῶν τὰ ἀγόρια; Τρῶν ψωμί, τυρὶ καὶ ἐλιές. Τί τρώει ἡ 'Ελένη; Τρώει τὸ ἴδιο, δηλαδὴ ψωμί, τυρὶ καὶ ἐλιές.

Wörter

καλός, -ή, -ὸ	[kalóss, í, ó][1]	gut
ἡ ἀρχὴ	[iarchí]	der Anfang
πρῶτος, -ώτη, -ο	[prótoss, i, o]	erster, e, es
τὸ μάθημα	[tomáthima]	die Lektion, der Unterricht
ὁ πατέρας	[opatérass]	der Vater
εἶναι	[íne]	ist, sind
ἐδῶ	[edhó]	hier
ἡ μητέρα	[imitéra]	die Mutter
δὲν	[dhen]	nicht
ἐκεῖ	[eḱí]	dort
καὶ	[ḱe]	und, auch
οἱ γονεῖς	[ighoníss]	die Eltern
ἔχω	[écho]	haben
τὸ παιδὶ	[topedhí]	das Kind
ὀκτὼ	[októ]	acht
πέντε	[pénde]	fünf
τὸ ἀγόρι	[toaghóri]	der Knabe
τρία	[tría]	drei
τὸ κορίτσι	[tokorítssi]	das Mädchen
λοιπὸν	[lipón]	also
πολλοί, -ές, -ὰ	[polí, és, á]	viele (männl. weibl. sächl.)
παίζω	[péśo]	spielen

[1] Der Akzent in der Lautschrift kennzeichnet die betonte Silbe.

πίνω	[píno]	trinken
τὸ κρασί	[tokrassí]	der Wein
τὸ νερὸ	[toneró]	das Wasser
ἡ γιαγιὰ	[ijajá]	die Großmutter
τώρα	[tóra]	jetzt
τὸ τσάι	[totssái]	der Tee, die Tee-Einladung
ὁ παππούς	[opappúss]	der Großvater
ὁ καφὲς	[okaféss]	der Kaffee
ἡ Ἑλένη	[ieléni]	Helene
τὸ γάλα	[toghála]	die Milch
τρώ[γ]ω	[tró(gh)o]	essen
τὸ ψωμὶ	[topssomí]	das Brot
τὸ τυρὶ	[totirí]	der Käse
ἡ ἐλιὰ – οἱ ἐλιὲς	[ieliá – ieliéss]	die Olive – die Oliven
τὸ ἴδιο	[toídhio]	dasselbe
δηλαδὴ	[dhiladhí]	nämlich

Fragewörter

ποῦ;	[pu]	wo? wohin?	τί;	[ti]	was?
πόσα;	[póssa]	wieviel? (sächl. Plur.)	ποιός;	[pióss]	wer?

ΕΡΩΤΗΣΕΙΣ: FRAGEN:

Ποῦ εἶναι ὁ πατέρας; Ποῦ εἶναι ἡ γιαγιά; Ποῦ εἶναι τὸ ἀγόρι τώρα; Ποῦ εἶναι τὰ κορίτσια; Πόσα παιδιὰ ἔχουν οἱ γονεῖς; Πόσα ἀγόρια καὶ πόσα κορίτσια; Ποιὸς πίνει κρασί; Ποιὸς δὲν πίνει κρασί; Πίνει ἡ γιαγιὰ τώρα κρασί; Τί πίνει τώρα ἡ γιαγιά; Πίνουν τὰ παιδιὰ τσάι; Τί πίνουν τὰ παιδιὰ τώρα; Ποιὸς παίζει; Ποιὸς δὲν παίζει; Τί τρῶν τὰ ἀγόρια; Τρῶν τὰ κορίτσια τὸ ἴδιο, δηλαδὴ ψωμί, τυρὶ καὶ ἐλιές;

Wortstellung

Das Subjekt steht im Aussagesatz meist an erster Stelle, das Verb an zweiter. Im Fragesatz – wie im Deutschen – gewöhnlich zuerst das Verb und danach das Subjekt: Bei vorhandenem Fragewort dieses an allererster Stelle:

οἱ γονεῖς πίνουν κρασὶ
πίνουν οἱ γονεῖς κρασί;

die Eltern trinken Wein
τί πίνουν οἱ γονεῖς;

Der bestimmte Artikel

Der bestimmte Artikel heißt ὁ (männl.), ἡ (weibl.), τὸ (sächl.); der Plural von ὁ
und ἡ ist: οἱ, der Plural von τὸ ist: τά.

ὁ πατέρας	ἡ μητέρα	τὸ παιδὶ
οἱ πατέρες	οἱ μητέρες	τὰ παιδιὰ

Deklination:

Singular	Nom.	ὁ	ἡ	τὸ
	Gen.	τοῦ	τῆς	τοῦ
	Akk.	τὸ[ν]	τὴ[ν]	τὸ
Plural	Nom.	οἱ	οἱ	τὰ
	Gen.	τῶν	τῶν	τῶν
	Akk.	τοὺς	τὶς (τὲς)	τὰ

Die sächlichen Substantive auf -ι

A. endbetont: τὸ ψωμί, τὸ κρασὶ

B. nicht endbetont: τὸ ἀγόρι, τὸ κορίτσι

C. Substantive mit einem Vokal vor der Endung -ι: τὸ τσάι, τὸ φαΐ

Deklination

			A.		B.		C.	
Sing.	Nom.	A.	τὸ	ψωμὶ	τὸ κορίτσι		τὸ	τσάι
	Gen.		τοῦ	ψωμιοῦ	τοῦ κορίτσιοῦ		τοῦ	τσα-γ-ιοῦ
	Akk.		τὸ	ψωμὶ	τὸ κορίτσι		τὸ	τσάι
	Vok.			ψωμὶ	κορίτσι			τσάι
Plur.	Nom		τὰ	ψωμιὰ	τὰ κορίτσια		τὰ	τσά-γ-ια
	Gen.		τῶν	ψωμιῶν	τῶν κορίτσιῶν		τῶν	τσα-γ-ιῶν
	Akk.		τὰ	ψωμιὰ	τὰ κορίτσια		τὰ	τσά-γ-ια
	Vok.			ψωμιὰ	κορίτσια			τσά-γ-ια

In allen drei Gruppen (A, B, C) ist der Genitiv des Singulars wie des Plurals end-
betont. Das Betonungszeichen ist hier περισπωμένη (˜).

AUFGABE:

Stellen Sie alle sächlichen Substantive auf -ι zusammen und bilden Sie ihren
Plural, z. B. τὸ παιδὶ – τὰ παιδιά.

Das Zeitwort (Τὸ ῥῆμα)

Die neugriechische Volkssprache hat keinen Infinitiv mehr. Als Grundform gilt die 1. Person Singularis des Indikativs Präsens. Die Personen werden wie im Altgriechischen und Latein gewöhnlich nur durch die Endsilbe bezeichnet. Die Verneinung ist im Indikativ fast immer δέν. Sie wird vor das Verb gesetzt. Wenn sie unmittelbar mit ihm zusammentrifft, entsteht eine klangliche Einheit.

δὲν πίνω	= dhempíno	ich trinke nicht
δὲν ἔχω	= dhenécho	ich habe nicht
δὲν εἶναι	= dheníne	er, sie, es ist nicht, sie sind nicht
δὲν τρώει	= dhendrói	er ißt nicht (s. § 18)

AUFGABE 1: (Übersetzung):

Die Eltern essen Brot mit (μὲ + Akk.) Käse und trinken Wein. Die Kinder trinken keinen (= nicht) Wein. Sie trinken Wasser und essen Brot, Käse und Oliven. Wo ist der Großvater jetzt? Er ist jetzt hier. Wo ist die Großmutter jetzt? Sie ist dort. Die Eltern haben viele Kinder. Sie haben 8 Kinder, 5 Knaben und 3 Mädchen.

Ausdruck:

τὰ μάτια σου τέσσερα: die Augen dein vier = gib acht!

Δεύτερο μάθημα

II

Ὁ πατέρας εἶναι σπίτι[ἢ στὸ σπίτι]. Τὰ παιδιὰ ὅμως δὲν εἶναι σπίτι. Εἶναι στὸν κῆπο καὶ παίζουν τόπι. Ρίχνουν τὸ τόπι στὸν ἀέρα καὶ τὸ πιάνουν μὲ τὰ χέρια τους. Ἡ μητέρα εἶναι στὴν κουζίνα. Εἶναι στὴν κουζίνα μαζὶ μὲ τὴ[ν] γιαγιά. Ὁ παππούς ὅμως δὲν εἶναι στὴν κουζίνα. Εἶναι στὸ δωμάτιο καὶ διαβάζει τὴν ἐφημερίδα. Μένει ὅλο τὸ ἀπόγεμα στὸ δωμάτιό του.
Διαβάζετε κι' ἐσεῖς (= καὶ ἐσεῖς) τὴν ἐφημερίδα; Ναί, κι' ἐγὼ (= καὶ ἐγὼ) διαβάζω τὴν ἐφημερίδα. Τὴ[ν] διαβάζετε κάθε μέρα; Ναί, ὅταν ἔχω καιρὸ τὴ[ν] διαβάζω κάθε μέρα. Διαβάζει καὶ ὁ φοιτητὴς τὴν ἐφημερίδα κάθε μέρα; Ναί, τὴ[ν] διαβάζει. Ποῦ εἶναι τώρα ἡ ἐφημερίδα; Εἶναι στὸ τραπέζι ἢ ἐπάνω στὸ τραπέζι. – Ἑλένη, διαβάζεις κι' ἐσὺ (= καὶ ἐσὺ) τὴν ἐφημερίδα; Ὄχι. Γιατί; Γιατί δὲν ξέρω γράμματα. Εἶμαι μικρὴ ἀκόμα.
Καμιὰ φορὰ ἀγοράζομε κι' ἕνα περιοδικό.
Ἔχετε πολλὴ δουλειά; Ναί, ἔχω πολλὴ δουλειά, ὄχι ὅμως κάθε μέρα, μόνον

καμιὰ φορά. Οἱ γονεῖς ὅμως, οἱ καημένοι οἱ γονεῖς, ἔχουν πάντα (= πάντοτε) πολλὴ δουλειά.
Κώστα, τί δουλειὰ κάνει ὁ πατέρας σου; Εἶναι ἐργάτης.

Wörter

δεύτερος, -η, -ο	zweiter, e, es	ὁ φοιτητής,ἡ φοιτή-	der Student, die Stu-
σέ, σ', εἰς	in, auf	τρια	dentin
τὸ σπίτι	das Haus	ἡ [ἡ]μέρα	der Tag
ἤ	oder	ἐπάνω σὲ	[oben] auf
ὅμως	aber, indessen	τὸ τραπέζι	der Tisch
ὁ κῆπος	der Garten	ὄχι	nein, nicht
τὸ τόπι	der Ball	γιατί; γιατὶ	warum? weil
ρίχνω	werfen	ξέρω	wissen, kennen
ὁ ἀέρας	die Luft, der Wind	τὸ γράμμα	der Buchstabe, der
τόν, τή[ν], τὸ	ihn, sie, es		Brief
πιάνω	fangen, auffangen	εἶμαι	ich bin
μὲ	mit	μικρός, -ή, -ὸ	klein
τὸ χέρι	die Hand	ἀκόμη ο. ἀκόμα	noch
τους	ihr (3. Pers.Plur.)	καμιὰ φορὰ	manchmal
ἡ κουζίνα	die Küche	ἀγοράζω	kaufen
μαζὶ μὲ	[zusammen] mit	τὸ περιοδικὸ	die Zeitschrift
τὸ δωμάτιο	das Zimmer	ἕνας, μία od. μιά, ἕνα	ein[er], eine, ein[s]
διαβάζω	lesen	πολύς, πολλή, πολὺ	viel (männl., weibl.,
ἡ ἐφημερίδα	die Zeitung		sächl.)
μένω	bleiben	ἡ δουλειὰ	die Arbeit
ὅλο τὸ ἀπόγεμα	den ganzen Nach-	ἀλλὰ	aber
	mittag	μόνον	nur
ναὶ	ja	καημένος, -η, -ο	arm (= bedauerns-
ὅταν	wenn (zeitlich: als,		wert)
	wenn)	πάντοτε, πάντα	immer
ὁ καιρὸς	die Zeit	κάνω	machen, tun
κάθε(undeklinierbar)jeder, e, es		ὁ ἐργάτης	der Arbeiter

Allgemeines über die Deklination der Substantive

Im Neugriechischen werden die Fälle (Kasus) durch eine Endung bezeichnet.

Alle neueren griechischen Grammatiken der Volkssprache bringen für die Substantive die 3 folgenden Deklinationen:

Die 1. Deklination umfaßt alle männlichen Substantive.
Die 2. Deklination umfaßt alle weiblichen Substantive.
Die 3. Deklination umfaßt alle sächlichen Substantive.

Jede Deklination enthält verschiedene Klassen, jede Klasse hat ihre eigene Endung. Ausschlaggebend also für die Deklination eines Substantivs ist: sein Geschlecht und seine Endung.

Alle 3 Deklinationen werden in 2 Gruppen eingeteilt:

Gruppe A: Substantive, deren Plural die gleiche Silbenzahl mit dem Singular hat („gleichsilbige" Abkürzung: gl.): ἡ μητέρα – οἱ μητέρες

Gruppe B: Substantive, deren Plural – und bei den Neutra auch der Gen. Sing. – eine Silbe mehr hat als der Nom. Sing. („ungleichsilbige" Abkürzung: ungl.): τὸ μάθημα – τὰ μαθήματα.

Das Substantiv (Τὸ οὐσιαστικὸ)

I. Deklination: Klasse der Maskulina auf -ας (gl.)

		A.				B.	
Sing.	Nom.	ὁ	πατέρας	ὁ	πίνακας	ὁ	ταμίας
	Gen.	τοῦ	πατέρα	τοῦ	πίνακα	τοῦ	ταμία
	Akk.	τὸν	πατέρα	τὸν	πίνακα	τὸν	ταμία
	Vok.		πατέρα		πίνακα		ταμία
Plur.	Nom.	οἱ	πατέρες	οἱ	πίνακες	οἱ	ταμίες
	Gen.	τῶν	πατέρων	τῶν	πινάκων	τῶν	ταμιῶν
	Akk.	τοὺς	πατέρες	τοὺς	πίνακες	τοὺς	ταμίες
	Vok.		πατέρες		πίνακες		ταμίες
			der Vater		die Schultafel		der Kassierer

Gruppe A: Im Gen. Plur. nicht endbetonte Substantive. Danach werden dekliniert: ὁ ἀέρας (die Luft), ὁ δαίμονας (der Dämon), ὁ ῞Ελλην[ας] (der Grieche) u.a.

Bei den auf der drittletzten Silbe betonten Substantiven liegt der Akzent im Gen. Plur. auf der vorletzten Silbe: τῶν ῾Ελλήνων.

Gruppe B: Im Gen. Plur. endbetonte Substantive. Das sind: ὁ ἄνδρας oder ἄντρας (der Mann, der Gatte), ὁ μήνας (der Monat) u. die auf -ίας endigenden Substantive.

῾Ο ἄνδρας, ὁ ῞Ελληνας und ὁ μήνας haben im Gen. Sing. auch die alte Form auf -ος beibehalten: τοῦ ἀνδρὸς und τοῦ ἄντρα, τοῦ ῞Ελληνος u. ῞Ελληνα, τοῦ μηνὸς und τοῦ μήνα.

I. Deklination: Klasse der Maskulina auf -ης (gl.)

		A.			B.	
Sing.	Nom.	ὁ	ἐργάτης		ὁ	ἀγοραστὴς
	Gen.	τοῦ	ἐργάτη		τοῦ	ἀγοραστῆ
	Akk.	τὸν	ἐργάτη		τὸν	ἀγοραστὴ
	Vok.		ἐργάτη			ἀγοραστὴ

Plur. Nom.	οἱ ἐργάτες	οἱ ἀγοραστὲς
Gen.	τῶν ἐργατῶν	τῶν ἀγοραστῶν
Akk.	τοὺς ἐργάτες	τοὺς ἀγοραστὲς
Vok.	ἐργάτες	ἀγοραστὲς
	der Arbeiter	der Käufer

Der Gen. Plur. ist immer endbetont.

Nach *Gruppe A* werden dekliniert: ὁ βιβλιοπώλης (der Buchhändler), ὁ καλλι-τέχνης (der Künstler) u. a.

Gruppe B: Hierher gehören endbetonte Substantive auf -τής.

Danach werden dekliniert: ὁ ποιητὴς (der Dichter) u. a.

Einzelne von diesen haben aus der Schriftsprache übernommen:

1. den alten Vokativ auf **-ὰ** in der Anrede:

κύριε καθηγητὰ (Herr Professor), κύριε δικαστὰ (Herr Richter).

2. die Endungen des Nom. Plur. **-αι** und des Akk. Plur. **-ας**.

So hört man auch im täglichen Leben:

οἱ μαθηταὶ (die Schüler), οἱ φοιτηταὶ (die Studenten), οἱ καθηγηταὶ (die Professoren): βλέπω (ich sehe) τοὺς μαθητάς, τοὺς φοιτητάς usw.

Der Dativ

Der alte Dativ ist verloren gegangen. Er wird umschrieben:

a) durch Verbindung der Präposition σὲ (in) mit dem Akkusativ:

dem Vater = στὸν (aus σὲ τὸν) πατέρα.

b) bei den Verben des Wegnehmens und Verlangens durch die Präposition ἀπὸ (von) mit dem Akkusativ:

ζητῶ (ich verlange) τὴν ἐφημερίδα ἀπὸ τὸν πατέρα.

c) durch den Genitiv (für a) und b):

λέω τοῦ πατέρα = ich sage dem Vater, ζητῶ τῆς μητέρας ψωμὶ = ich ver-
lange von der Mutter Brot.

Der alte Dativ hat sich in feststehenden Ausdrücken erhalten, wie δόξα τῷ Θεῷ oder δόξα σοι ὁ Θεὸς! Gott sei Dank! u. a.

Indikativ Präsens der Verben auf -ω

Singular	1. Pers.	πίνω	ich trinke
	2. Pers.	πίνεις	du trinkst
	3. Pers.	πίνει	er, sie, es trinkt
Plural	1. Pers.	πίνομε¹	wir trinken
	2. Pers.	πίνετε	ihr trinkt, Sie trinken
	3. Pers.	πίνουν[ε]	sie trinken

Danach werden konjugiert: ἀγοράζω, διαβάζω, ἔχω, κάνω, ξέρω, παίζω, πιάνω, πίνω, ρίχνω.

Das persönliche Pronomen im Nominativ

Sing.	1. Pers.	ἐγώ	ich	Plur.	1. Pers.	ἐμεῖς	wir
	2. Pers.	ἐσύ	du		2. Pers.	[ἐ]σεῖς	ihr, Sie
	3. Pers.	αὐτός, -ή, -ὸ	er, sie, es		3. Pers.	αὐτοί, -ές, -ά	sie

Der Nominativ der persönlichen Fürwörter wird in Verbindung mit dem Verb gebraucht.

1. wenn das Subjekt betont, hervorgehoben wird,

2. wenn es zum Verständnis des Satzes notwendig ist.

ἐσύ	διαβάζεις	τώρα	τὴν ἐφημερίδα	ὄχι	ἐγώ
du liest		jetzt	die Zeitung	nicht	ich

Temporaler Akkusativ

Substantive, die Zeitbegriffe bedeuten, stehen fast immer im Akkusativ mit dem bestimmten Artikel.

τὴν ἡμέρα	am Tag	τὸ ἀπόγεμα	am Nachmittag
τὴ/ν/νύχτα	in der Nacht	τὰ ἀπογεύματα	an d. Nachmittagen
τὸ πρωὶ	am Morgen, a. Vormittag	τὸ βράδυ	am Abend
τὸ μεσημέρι	am Mittag	τὰ μεσάνυχτα	zur Mitternacht

Begrüßungen

Καλημέρα, πατέρα!	Guten Tag, Vater!
Καλημέρα, μητέρα!	Guten Tag, Mutter!
Καλημέρα, παιδιά!	Guten Tag, Kinder!

---

¹ und: -ουμε

Wenn man jemanden siezt, sagt man:

Καλημέρα σας, κύριε Δούκα!   Guten Tag Ihnen, Herr Duka!
Καλημέρα σας, κυρία Δούκα!   Guten Tag Ihnen, Frau Duka!
Καλημέρα σας, δεσποινὶς Δούκα! Guten Tag Ihnen, Fräulein Duka!
(Die Person u. der Familienname stehen im Vokativ)

Beim Kommen und Gehen:

	Χαίρετε	Freut Euch!
	καλημέρα (σας)	
Familiär:	γειά σου	Grüß Dich!
	γειά σας	Grüß Sie!

Beim Weggehen:

	Χαίρετε	
	'Αντίο (σας)	Adieu!
	στὸ καλὸ	Behüt dich, Sie!
	καλὴν ἀντάμωση	Auf Wiedersehen (nur bei der Abreise)
	καλησπέρα (σας)	Guten Abend!
	καληνύχτα (σας)	Gute Nacht!

AUFGABE 2: Beantworten Sie folgende Fragen:

ΕΡΩΤΗΣΕΙΣ: Ποῦ εἶναι ὁ πατέρας; Τί κάνει ὁ πατέρας στὸ δωμάτιο; Δια-
βάζει τὴν ἐφημερίδα κάθε μέρα; Διαβάζετε κι' ἐσεῖς τὴν ἐφημερίδα κάθε
μέρα; 'Αλέκο, τί κάνεις τώρα; Ρίχνουν τὰ παιδιὰ τὸ τόπι στὸν ἀέρα; "Εχετε
πολλὴ δουλειά; "Εχετε κάθε μέρα πολλὴ δουλειά; 'Ελένη, ξέρεις γράμματα;

AUFGABE 3: Μετάφρασι (Übersetzung):

Heute habe ich viel Arbeit. Ich habe aber nicht jeden Tag viel Arbeit. Die armen
Eltern aber haben immer viel Arbeit. Warum spielst Du nicht Ball, Aleko? Ich
weiß nicht, wo der Ball ist. Hier ist er. Ich werfe jetzt den Ball in die Luft und
fange ihn mit den Händen. Wie oft in der Woche (πόσες φορὲς τὴν ἑβδομάδα;)
liest Du die Zeitung? Ich lese sie nur manchmal.

Ausdruck:

αὐτὰ ποὺ λέει εἶναι   was er sagt, das ist alles
ἀέρας κοπανιστὸς   leeres Gerede (w. gehackte Luft)

Τρίτο μάθημα

III

Ἡ ἑβδομάδα ἔχει ἑπτὰ ἡμέρες (ο. μέρες). Σήμερα εἶναι Δευτέρα. Αὔριο εἶναι Τρίτη. Μεθαύριο εἶναι Τετάρτη. Χθὲς (ο. χτὲς) ἦταν Κυριακή. Προχθὲς (ο. προχτὲς) ἦταν Σάββατο. Λοιπὸν: Κυριακή, Δευτέρα, Τρίτη, Τετάρτη, Πέμπτη, Παρασκευή, Σάββατο. Σήμερα εἶναι Παρασκευή. Τὴν Παρασκευὴ ἔχομε μάθημα. Τί μάθημα ἔχομε; Ἑλληνικά. Ἔχομε μάθημα δύο φορὲς τὴν ἑβδομάδα ὄχι μόνον μιὰ φορὰ τὴν ἑβδομάδα. Τὴ[ν] Δευτέρα, τὴν Τετάρτη, τὴν Πέμπτη, τὸ Σάββατο δὲν ἔχομε μάθημα. Μαθαίνεις ἑλληνικά; Ναί, μαθαίνω. Μαθαίνεις κι᾽ ἐσύ; Ναί, κι᾽ ἐγώ. Μαθαίνομε κι᾽ οἱ δυό. Μὲ ποιὸν κάνεις μάθημα; Μὲ ποιὸν κάνετε μάθημα; Κάνομε μάθημα μὲ ἕνα ῞Ελληνα ἢ μὲ μία ῾Ελληνίδα ἢ μ᾽ ἕνα Γερμανὸ ἢ μὲ μία Γερμανίδα, ποὺ ξέρει πολὺ καλὰ αὐτὴ[ν] τὴ[ν] γλώσσα.

– Παιδιά, διαβάζετε δυνατά; – Μάλιστα, ἐμεῖς τὰ παιδιὰ διαβάζομε πάντοτε δυνατά. Οἱ μεγάλοι ὅμως διαβάζουν ἀπὸ μέσα τους. ῎Οχι, ὄχι, ἐμεῖς, οἱ φοιτηταὶ κι᾽ ἐμεῖς οἱ φοιτήτριες διαβάζομε τὰ ἑλληνικὰ πάντοτε δυνατά. Καμιὰ φορὰ ὅμως καὶ σιγά.

Ὁ ἄνθρωπος αὐτὸς εἶναι δάσκαλος. ῎Εχει δυνατὴ φωνή. ᾽Εργάζεται στὸ σχολεῖο καὶ στὸ σπίτι του.

Ποιὸς εἶναι ἐκεῖ; Κανεὶς δὲν εἶναι ἐκεῖ.

Wörter

τρίτος, -η, -ο	dritter, e, es	ἑλληνικός, -ή, -ό, -ὰ	griechisch
ἡ ἑβδομάδα	die Woche	μάλιστα	ja, jawohl
ἑπτὰ	sieben	μαθαίνω	lernen, erfahren
ἡ [ἡ]μέρα	der Tag	κάνω μάθημα	Unterricht haben
σήμερα	heute		(sowohl geben als
ἡ Δευτέρα	Montag		bekommen)
αὔριο	morgen	ὁ ῞Ελλην[ας]	der Grieche
ἡ Τρίτη, ἡ Τετάρτη	Dienstag, Mittwoch	ἡ ῾Ελληνίδα	die Griechin
μεθαύριο	übermorgen	ὁ Γερμανὸς	der Deutsche
χθὲς (ο. χτὲς)	gestern	ἡ Γερμανίδα	die Deutsche
ἦταν	war u. waren	ἡ γλώσσα	die Sprache,
ἡ Κυριακὴ	Sonntag		die Zunge
προχθὲς (ο. προχτὲς)	vorgestern	δυνατὰ	laut, stark
τὸ Σάββατο	Samstag, am Samstag	ὁ μεγάλος	der Erwachsene, der
λοιπὸν	also		Große
ἡ Πέμπτη	Donnerstag	ἀπὸ μέσα τους	stumm(w.: voninnen)
ἡ Παρασκευὴ	Freitag		
τὸ μάθημα	der Unterricht, die	σιγὰ	leise
	Lektion	ὁ ἄνθρωπος	der Mensch

αὐτός, -ή, -ό	dieser, e,es	ἡ φωνή	die Stimme
ὁ δάσκαλος	der Lehrer	τὸ σχολεῖο	die Schule
ἐργάζομαι	arbeiten	κανείς	niemand, man

Deklination des unbestimmten Artikels

Sing. Nom.	ἕνας	ein	μία oder μιά	eine	ἕνα	ein
Gen.	ἑνὸς	eines	μίας oder μιᾶς	einer	ἑνὸς	eines
Akk.	ἕνα[ν]	einen	μία oder μιά	eine	ἕνα	ein

ἕνας κύριος, μία κυρία, ἕνα κορίτσι

ΕΡΩΤΗΣΕΙΣ: Τί ἡμέρα ἔχομε σήμερα; Τί ἡμέρα ἦταν χθὲς (ο. χτές); Προχθὲς (ο. προχτές); Τί ἡμέρα ἔχομε αὔριο, μεθαύριο; Ἔχεις μάθημα τὴν Παρασκευή; Μαθαίνεις ἑλληνικά; Μὲ ποιὸν κάνεις μάθημα; Ποιὸς διαβάζει δυνατά; Ποιὸς διαβάζει σιγά; Πόσες φορὲς τὴν ἑβδομάδα ἔχετε ἑλληνικὸ μάθημα; Ἐργάζεται ὁ δάσκαλος στὸ σχολεῖο; Ἐργάζονται καὶ τὰ παιδιὰ στὸ σχολεῖο;

II. Deklination: Klasse der Feminina auf -α (gl.)

A. Sing. Nom.	ἡ	χαρὰ	ἡ	[ἡ]μέρα	ἡ	φοιτήτρια
Gen.	τῆς	χαρᾶς	τῆς	ἡμέρας	τῆς	φοιτήτριας
Akk.	τὴ[ν]	χαρὰ	τὴν	ἡμέρα	τὴ[ν]	φοιτήτρια
Vok.		χαρὰ		ἡμέρα		φοιτήτρια
Plur. Nom.	οἱ	χαρὲς	οἱ	[ἡ]μέρες	οἱ	φοιτήτριες
Gen.	τῶν	χαρῶν	τῶν	ἡμερῶν	τῶν	φοιτητριῶν
Akk.	τὶς	χαρὲς	τὶς	ἡμέρες	τὶς	φοιτήτριες
Vok.		χαρὲς		ἡμέρες		φοιτήτριες
	die Freude		der Tag		die Studentin

(Dativ s. S. 23)

Gruppe A: endbetont im Gen. Plur. Danach werden dekliniert: ἡ φορά, ἡ γλώσσα, ἡ γυναίκα, ἡ κυρία, ἡ νύχτα, ἡ θάλασσα (das Meer) u.a.

Die zweisilbigen weibl. Substantive auf -α sind im Gen. Plur. immer endbetont: ἡ ὥρα (die Stunde) -τῶν ὡρῶν usw.

B. Sing. Nom.	ἡ	μητέρα	ἡ	ταυτότητα
Gen.	τῆς	μητέρας	τῆς	ταυτότητας
Akk.	τὴ[ν]	μητέρα	τὴν	ταυτότητα
Vok.		μητέρα		ταυτότητα

Plur. Nom.	οἱ μητέρες	οἱ ταυτότητες
Gen.	τῶν μητέρων	τῶν ταυτοτήτων
Akk.	τὶς μητέρες	τὶς ταυτότητες
Vok.	μητέρες	ταυτότητες
	die Mutter	der Personalausweis

Gruppe B: nicht endbetont im Gen. Plur. Danach werden dekliniert: ἡ ἑβδομάδα, ἡ ἐφημερίδα, ἡ ὄρνιθα (die Henne) u. a.

Das Substantiv ἡ δεσποινίδα lautet im Nom. und Vok. Sing. gewöhnlich ἡ δεσποινίς.

Die Substantive ἡ γυναίκα, ἡ ἑβδομάδα und ἡ νύχτα haben im Gen. Sing. auch die alte Form auf -ος: τῆς γυναίκας und γυναικός, τῆς ἑβδομάδας und ἑβδομάδος, τῆς νύχτας und νυχτός (hier nur in der Dichtung).

Ebenso der Eigenname ἡ Ἑλλὰς oder ἡ Ἑλλάδα, Gen.: τῆς Ἑλλάδος und τῆς Ἑλλάδας.

II. Deklination: Klasse der Feminina auf -η (gl.)

Singular	Nom	ἡ ψυχή	ἡ κόρη	ἡ ζάχαρη
	Gen.	τῆς ψυχῆς	τῆς κόρης	τῆς ζάχαρης
	Akk.	τὴν ψυχή	τὴν κόρη	τὴ[ν] ζάχαρη
	Vok.	ψυχή	κόρη	ζάχαρη
Plural	Nom.	οἱ ψυχές	οἱ κόρες	οἱ ζάχαρες
	Gen.	τῶν ψυχῶν	τῶν κορῶν	–
	Akk.	τὶς ψυχές	τὶς κόρες	τὶς ζάχαρες
	Vok.	ψυχές	κόρες	ζάχαρες
		die Seele	die Tochter	der Zucker

Danach werden dekliniert: ἡ μουσική (die Musik), ἡ χώνεψη[1] (die Verdauung) ἡ γῆ (Erde) (mit ∼) u.a.

Der Genitiv Pluralis ist endbetont.

Die meisten weiblichen Substantive endigen auf -α und -η.
ἡ νιότη (die Jugend) – Plur. (unregelm.) τὰ νιάτα (die Jugend).

Ausdrücke mit weibl. Subst. auf -α und -η s. gr. L. S. 28, 30, 31

---

[1] Auf dem Lande wird nach dem Essen gewünscht: καλὴ χώνεψη

Nationalitätsbezeichnungen

Nationalitäts-Adjektive auf: -ικός, -ική, -ικὸ	Adverb	die jeweilige Sprache	der Nationalitätsangehörige
'Αγγλικός, -ή, -ὸ[1]	ἀγγλικὰ	τ' ἀγγλικὰ	ὁ ῎Αγγλος, ἡ 'Αγγλίδα (o. -ἱς)
γαλλικός, -ή, -ὸ	γαλλικὰ	τὰ γαλλικὰ	ὁ Γάλλος, ἡ Γαλλίδα (o. -ἱς)
γερμανικός, -ή, -ὸ	γερμανικὰ	τὰ γερμανικὰ	ὁ Γερμανός, ἡ Γερμανίδα (o. -ἱς)
ἑλληνικός, -ή, -ὸ	ἑλληνικὰ	τὰ ἑλληνικὰ	ὁ ῎Ελλην[ας], ἡ ῾Ελληνίδα (o. -ἱς)
ἰταλικός, -ή, -ὸ	ἰταλικὰ	τὰ ἰταλικὰ	ὁ 'Ιταλός, ἡ 'Ιταλίδα (o. -ἱς)
ρωσσικός, -ή, -ὸ	ρωσσικὰ	τὰ ρωσσικὰ	ὁ Ρῶσσος, ἡ Ρωσσίδα (o. -ἱς)

τὰ γαλλικὰ ἢ ἡ γαλλικὴ γλῶσσα usw. Die Namen der entsprechenden Länder – mit Ausnahme von ἡ ῾Ελλὰς oder ῾Ελλάδα – endigen auf -ία: ἡ 'Αγγλία, ἡ Γαλλία, ἡ Γερμανία usw.

Im Griechischen wird abweichend vom Deutschen bei Personen statt des Nationalitäts-Adjektivs das Wort für den Nationalitäts-Angehörigen adjektivisch gebraucht:

ὁ ἀγγλικὸς λαὸς (Volk)   aber ὁ ῎Αγγλος κύριος
τὸ γερμανικὸ κλῖμα (Klima)   aber ὁ Γερμανὸς καθηγητὴς
ἡ ἑλληνικὴ τέχνη (Kunst)   aber ὁ ῎Ελλην γιατρὸς

Zeitwort

I. Konjugation: Verben auf -ω mit gekürzten Formen

Es sind nur wenige Verben, sie gehören aber restlos dem Wortschatz des täglichen Lebens an. Daraus zunächst 3 Beispiele:

λέγω	> λέω	τρώγω	> τρώω	ἀκούω	
λέγεις	> λὲς	τρώγεις	> τρῶς	ἀκούεις	> ἀκοῦς
λέγει	> λέει	τρώγει	> τρώει	ἀκούει	
λέγομε	> λέμε	τρώγομε	> τρῶμε	ἀκούομε	> ἀκοῦμε
λέγετε	> λέτε	τρώγετε	> τρῶτε	ἀκούετε	> ἀκοῦτε
λέγουν	> λέν[ε]	τρώγουν	> τρῶν[ε]	ἀκούουν	> ἀκοῦν[ε]

Die links stehenden Formen gehören der Schriftsprache an. Aus dem Vergleich mit den gekürzten Formen der Volkssprache geht klar hervor, wie diese Kürzung zustande kommt (s. § 59).

---

[1] Auch: ἐγγλέζικος, -η, -ο, ἐγγλέζικα, τὰ ἐγγλέζικα, ὁ 'Εγγλέζος, ἡ 'Εγγλέζα.

ΔΙΑΛΟΓΟΣ

"Ενας κύριος.
Μία κυρία
Εἶναι βράδυ.
– Καλησπέρα σας, κυρία Παναγοπούλου.
– Καλησπέρα σας, κύριε Γεωργαντᾶ.
– Τί κάνετε, κυρία μου;
– [Εἶμαι] καλά, εὐχαριστῶ. Καὶ σεῖς;
– Εὐχαριστῶ, ἐπίσης.
– Τί κάνει ὁ ἄνδρας σας; Τί κάνουν τὰ παιδιά σας;
– "Ολοι στὸ σπίτι εἶναι καλά. Καὶ οἱ δικοί σας τί κάνουν;
– Εὐχαριστῶ εἶναι καλά.
. . . .
– Καλυνύχτα σας, ὕπνον ἐλαφρύ.
– Εὐχαριστῶ, ἐπίσης. Χαιρετισμοὺς στὸ σπίτι. Τά σέβη μου στὴ[ν] μητέρα σας.

Wörter

ἡ κυρία	die Dame	ὕπνον ἐλαφρὺ	angenehme Ruhe
ὁ κύριος	der Herr		(w.: leichten
εἶμαι καλὰ	es geht mir gut		Schlaf)
εὐχαριστῶ	danken	ὁ χαιρετισμὸς	der Gruß
ἐπίσης	ebenfalls	τὰ σέβη μου	meinen ehrerbietig-
ὅλοι, ὅλες, ὅλα	alle		sten Gruß, meine
οἱ δικοί σας	Ihre Angehörigen		Empfehlungen

AUFGABE 4: Μετάφρασι

Ich kann lesen und schreiben. Kannst auch du lesen und schreiben? Ja. Wir lernen jeden Tag griechisch. Wir lernen ebenfalls französisch und englisch. Wir Kinder lernen altgriechisch (ἀρχαῖα ἑλληνικά). Lesen Sie laut? Nein, ich lese nicht laut, sondern leise. Der griechische Arzt ist dort zusammen mit den Kindern.

Ausdruck:

μὲ τρώει ἡ γλῶσσα μου: ich bin bereit, ein Geheimnis zu verraten
(w: meine Zunge juckt mich)

Τέταρτο μάθημα

IV

Τί παίρνετε τὸ πρωί; Τὸ πρωὶ παίρνω ἢ καφὲ σκέτο ἢ καφὲ μὲ γάλα. Κι' ἐσὺ τί παίρνεις; Τὸ ἴδιο. Καὶ ὁ ἄνδρας σας; 'Εκεῖνος παίρνει τσάι. Σκέτο; "Οχι, μὲ λεμόνι ἢ μὲ λίγο κονιάκ. 'Η 'Ελένη ὅμως ποὺ εἶναι μικρὴ πίνει μόνον γάλα τὸ πρωί. Γάλα χωρὶς ζάχαρη. 'Η γιαγιὰ παίρνει τὸ πρωινό της ἐδῶ. Τὸ μεσημέρι καὶ τὸ βράδυ ἡ μητέρα λέ[γ]ει στὰ παιδιά της: καλὴ ὄρεξη, παιδιά μου. 'Ο 'Αλέκος λέει στὴ[ν] μητέρα του: εὐχαριστῶ, ἐπίσης. Τὸ μεσημέρι ὁ παπποῦς πίνει καμιὰ φορὰ λίγο οὖζο. Τὸ οὖζο εἶναι πάρα πολὺ δυνατὸ καὶ γι' αὐτὸ βάζει νερὸ μέσα. Εἶναι ὀρεκτικὸ τὸ οὖζο καὶ γι' αὐτὸ τὸ πίνει πρὶν ἀπ' τὸ φαγητό. Τρώει καὶ καμιὰ ἐλιὰ μαζὶ καὶ μιὰ μπουκιὰ ψωμί. Πάντοτε ὑπάρχει βέβαια στὸ σπίτι λίγο οὖζο γιὰ τὸν παπποῦ μας. Στὸ φαγητὸ ὅμως πίνει ρετσίνα.
Ποῦ εἶναι ὁ Γιάννης; Δὲν εἶναι οὔτε στὴν τραπεζαρία, οὔτε στὸ σαλόνι οὔτε στὴν κρεββατοκάμαρα τοῦ παπποῦ καὶ τῆς γιαγιᾶς. Εἶναι στὸ δωμάτιο τῶν παιδιῶν, ὅπου παίζει μαζὶ μὲ τὴν ἀδελφή του. Κάθονται κι' οἱ δυὸ χάμω, ἐνῶ ὁ ἀδελφός του ὁ Κώστας κάθεται σὲ μία καρέκλα χαμηλή. Τὸ δωμάτιό τους εἶναι μεγάλο, εὐάερο καὶ φωτεινό. "Εχει δύο παράθυρα, ἕνα μπαλκόνι καὶ δύο πόρτες. Οἱ τοῖχοι εἶναι ψηλοί. 'Απ' τὸ ταβάνι κρέμεται μία λάμπα καὶ στὸν τοῖχο ἕνας καθρέφτης. Βλέπομε καὶ εἰκόνες στοὺς τοίχους. 'Η μιὰ εἶναι ἁγία εἰκόνα. Παριστάνει τὸν "Αη (= "Αγιο) Γιώργη, ποὺ εἶναι ἐπάνω στὸ ἄλογό του καὶ σκοτώνει τὸ θηρίο.
Εἶναι ἕνα ὡραῖο παλιὸ σπίτι μὲ δύο πατώματα. "Εχει ὅμως ἠλεκτρικὸ φῶς.

Wörter

τέταρτος, -η, -ο	vierter, e, es	γι' αὐτὸ	deshalb
παίρνω	nehmen	βάζω μέσα	hinein tun (hier:
σκέτος, -η, -ο	ohne Zutaten		hineinschütten)
ἴδιος, -α, -ο	der-, die-, dasselbe	ὀρεκτικός, -ή, -ὸ	appetitanregend
ἐκεῖνος, -είνη, -ο	jener, jene, jenes;	πρὶν ἀπὸ	vor
	hier: er, sie, es	τὸ φαγητὸ (= τὸφαΐ)	das Essen
τὸ λεμόνι	die Zitrone	κανένας, καμιά,	kein, -e, kein (bzw.
λίγος, -η, -ο	wenig	κανένα	ein, eine, ein)
τὸ κονιάκ	der Cognak	καμιὰ ἐλιὰ	ein paar Oliven
χωρὶς	ohne	ἡ μπουκιὰ	der Bissen
τὸ πρωινὸ	das Frühstück	βέβαια, βεβαίως	sicher, freilich
τὸ μεσημέρι	der Mittag, am Mittag	ὑπάρχει, -ουν	es gibt
ἡ τραπεζαρία	das Eßzimmer	ἡ ρετσίνα	der geharzte Wein
τὸ οὖζο	der (griechische)	οὔτε ... οὔτε ...	weder ... noch ...
	Schnaps	οὔτε	noch
πάρα πολὺ	sehr viel	τὸ σαλόνι	der Salon (die gute
δυνατός, -ή, -ὸ	stark		Stube)

ἡ κρεββατοκάμαρα	das Schlafzimmer	κρέμομαι	hängen
ὅπου	wo (relativ)	ἡ λάμπα	die Lampe
ἡ ἀδελφὴ ο. ἀδερφὴ	die Schwester	ἡ ἀγία εἰκόνα	das Heiligenbild
ὁ ἀδελφὸς ο. ἀδερφὸς	der Bruder	παριστάνω	darstellen
κάθομαι	sitzen, sich setzen	ὁ ῞Αη (= ῞Αγιος)	der heilige Georg
χάμω	auf dem (o. auf den) Boden	Γιώργης	
		τὸ ἄλογο	das Pferd
χαμηλός, -ή, -ὸ	nieder	σκοτώνω	töten
εὐάερος, -η, -ο	luftig	τὸ θηρίο u. τὸ θεριὸ	das Ungetüm
φωτεινός, -ή, -ὸ	hell	ὡραῖος, -αία, -ο	schön
τὸ παράθυρο	das Fenster	παλιός, -ά, -ὸ	alt (im Gegensatz zu
τὸ μπαλκόνι	der Balkon		neu)
ἡ πόρτα	die Türe	τὸ πάτωμα	das Stockwerk, der
ὁ τοῖχος	die Wand		Fußboden
ψηλός, -ή, -ὸ	hoch	ἡλεκτρικός, -ή, -ὸ	elektrisch
τὸ ταβάνι	die Zimmerdecke	τὸ φῶς	das Licht

ΕΡΩΤΗΣΕΙΣ: Εἶναι τὸ δωμάτιό σου φωτεινό; Πόσα παράθυρα ἔχει τὸ δωμάτιό σου; Πόσες πόρτες; ῎Εχει μπαλκόνι; Εἶναι οἱ τοῖχοι τοῦ δωματίου σας ψηλοί; Κρέμονται εἰκόνες στοὺς τοίχους; Κρέμονται πολλὲς εἰκόνες; Ποῦ κρέμεται ὁ καθρέφτης; ᾿Απὸ ποῦ κρέμεται ἡ λάμπα; Βλέπετε τὴν ἀγία εἰκόνα; Τί παριστάνει; Τί σκοτώνει ὁ ῞Αη Γιώργης; Κάθεσθε (κάθεστε) χάμω; Ποιὸς κάθεται χάμω; Κάθεσθε (κάθεστε) σὲ μία καρέκλα; Κάθεστε (κάθεστε) στὸ τραπέζι καὶ γράφετε; ῎Εχει τὸ σπίτι σας ἡλεκτρικὸ φῶς; Βέβαια ἔχει.

Präpositionen

I. Einfache:

σὲ ο. σ᾿ ο. εἰς = in, an, auf:	στὸ δωμάτιο (im, in das Zimmer)	
	στὸν τοῖχο (an der, die Wand)	
	στὴν τραπεζαρία (im, in das Eßzimmer)	
	(statt σὲ τόν, σὲ τήν, σὲ τὸ sagt man στόν, στήν, στὸ)	
	ἀπαγορεύεται εἰς τοὺς ἐπιβάτας ... (es ist den Passagieren verboten ...)	
μὲ = mit:	γράφω μὲ τὴ[ν] γραφομηχανὴ (ich schreibe mit der Schreibmaschine)	
γιὰ = für:	ἡ ἐφημερίδα εἶναι γιὰ τὸν καθηγητὴ (die Zeitung ist für den Professor)	
ἀπὸ = von, aus:	ἔρχομαι ἀπὸ τὴν (ο. ἀπ᾿ τὴν) κλινικὴ (ich komme aus der Klinik)	
χωρὶς = ohne:	χωρὶς τοὺς γονεῖς (ohne die Eltern)	

II. Zusammengesetzte:

Sie bestehen aus zwei Wörtern: einem Adverb und einer der drei einfachen Präpositionen: ἀπό, μέ, σέ:

μαζὶ μὲ (zusammen) mit: μαζὶ μὲ τὸ[ν] φοιτητὴ (mit dem Studenten)

ἐπάνω (oben) σὲ auf: ἐπάνω στὴ[ν] βιβλιοθήκη (auf dem Bücher-
                 schrank)

μέσα σὲ (drinnen) in: μέσα στὸ σπίτι (im Hause)

πρὶν ἀπὸ = vor: πρὶν ἀπ' τὸ φαγητὸ (vor dem Essen)

Alle diese Präpositionen stehen mit dem Akkusativ.

Zeitwort

I. Konjugation: Präsens der Verben auf -ομαι

Sing. 1. Pers.   κάθομαι (sitzen, sich   Plur. 1. Pers.   καθόμαστε
                          setzen)

    2. Pers.   κάθεσαι   2. Pers.   κάθεσθε oder κάθεστε

    3. Pers.   κάθεται   3. Pers.   κάθονται

Danach werden konjugiert:

ἐργάζομαι (arbeiten), βρίσκομαι o. εὑρίσκομαι (sich befinden), κρέμομαι (hängen).

Das besitzanzeigende Pronomen

('Η κτητικὴ ἀντωνυμία)

Das besitzanzeigende Pronomen wird durch den Genitiv des Personalpronomens ausgedrückt. Es hat zwei Formen, eine schwache Form (A) und eine starke (B).

A) SCHWACHE FORM:

Sing. 1. Pers.	μου	= mein, meine, mein	μας	= unser, unsere, unser
2. Pers.	σου	= dein, deine, dein	σας	= euer, eure, euer, Ihr, -e, Ihr
3. Pers.	⎧ του ⎨ της ⎩ του	= sein, seine, sein = ihr, ihre, ihr = sein, seine, sein	τους	= ihr, ihre, ihr (selten: των)

B) STARKE FORM:

1. Pers.:	bei einem Besitzer:	ὁ δικός μου,	ἡ δική μου[1]	τὸ δικό μου
	bei vielen Besitzern:	ὁ δικός μας,	ἡ δική μας,	τὸ δικό μας
2. Pers.:	bei einem Besitzer:	ὁ δικός σου,	ἡ δική σου,	τὸ δικό σου
	bei vielen Besitzern:	ὁ δικός σας,	ἡ δική σας,	τὸ δικό σας,
3. Pers.:	bei einem Besitzer:	ὁ δικός του (της),	ἡ δική του (της),	
		τὸ δικό του (της)		
	bei vielen Besitzern:	ὁ δικός τους,	ἡ δική τους,	τὸ δικό τους[2]

Ausdruck:

οἱ δικοί μου = meine Angehörigen, meine Leute, meine Familie.

GEBRAUCH:

Stellung und Gebrauch der schwachen Form (A):

Sie wird gewöhnlich das „verbundene Pronomen" genannt, weil sie niemals allein auftritt. Das Pronomen wird hinter das Substantiv gesetzt und in der Aussprache mit ihm verbunden:

a) ὁ γιός του   b) ὁ ξένος μας   c) τὸ τηλέφωνό σας
   sein Sohn   unser Fremder, Gast   Ihr Telefon

Substantive, die auf der drittletzten Silbe betont sind, erhalten einen zusätzlichen Akzent auf der Endsilbe (s. o. c)).

Abweichend vom Deutschen: Das Substantiv, zu dem das Pronomen gehört, behält seinen Artikel: ἡ φωνή μου meine Stimme; ἡ λάμπα της ihre Lampe. Im Vokativ aber steht es ohne Artikel: φίλε μου mein Freund.

Tritt das Substantiv, zu dem es gehört, prädikativ auf, dann steht es ohne Artikel: εἶναι δάσκαλός μου (er ist mein Lehrer).

Gebrauch der starken Form (B):

1. als Subjekt: ὁ δικός μου (z. B.: πατέρας) εἶναι στὴν 'Αθήνα meiner ist in Athen.
2. in prädikativer Verwendung: ποιανοῦ (w. wessen) εἶναι ἡ ἐφημερίδα; εἶναι δική μου wem gehört die Zeitung? Sie gehört mir.
3. bei Hervorhebung eines Substantivs: ὁ δικός μου ὁ ἀδελφὸς δέν τὸ κάνει αὐτὸ mein (betont) Bruder tut das nicht.

---

[1] Statt δική μου kann man auch δικιά μου sagen. (Vgl. Adjektive, Sonderklasse auf -ός, -ιά, -ὸ S. 55).

[2] 'Ο δικός μου usw. bedeutet auch mein eigener usw.

4. bei Gegenüberstellung: τὸ δικό μας τὸ ἰνστιτοῦτο εἶναι στὸ δεύτερο πάτωμα, ἐνῶ τὸ δικό σας εἶναι στὸ τρίτο unser Institut ist im zweiten Stock, während Ihres im dritten ist.

Stellung des besitzanzeigenden Pronomens, wenn das Substantiv von einem Adjektiv begleitet ist:

Steht ein Adjektiv vor dem Substantiv, dann gibt es zwei Möglichkeiten für die Stellung des Pronomens:

1. nach dem Adjektiv: τὸ ἀγαπημένο μας [τὸ] σπίτι unser geliebtes Haus

2. nach dem Substantiv: ὁ καλὸς [ὁ] πατέρας μου mein guter Vater.

Wenn das Adjektiv nach dem Substantiv steht, dann schließt sich das Pronomen unmittelbar an das Substantiv an: ἡ ἰδέα του ἡ καλή seine gute Idee

AUFGABE 5: Μετάφρασι ἀπὸ τὰ γερμανικὰ στὰ ἑλληνικὰ

Ist dein Onkel (ὁ θεῖος σου) zu Hause? Ja, mein Onkel ist zu Hause. Ist deine Tante im Zimmer? Nein, meine Tante ist nicht im Zimmer. Wo ist dein Lehrer (ὁ δάσκαλός σου)? Mein Lehrer ist in der Schule. Kann er Griechisch? Er kann Altgriechisch (ἀρχαῖα ἑλληνικά). Kann auch deiner Altgriechisch? Nein, meiner nicht. Meiner kann Englisch und Französisch. Wo sind Ihre (eure) Eltern? Unsere Eltern sind in Athen. Und Ihre (eure)? Meine sind in Deutschland. – Die Kinder spielen mit ihrem Ball in ihrem Zimmer (στὸ δωμάτιό τους).

I. Deklination: Klasse der Maskulina auf -ος (gl.)

Sing. Nom.	ὁ	λαὸς	ὁ	τοῖχος	ὁ	ἄνθρωπος	
Gen.	τοῦ	λαοῦ	τοῦ	τοίχου	τοῦ	ἀνθρώπου	
Akk.	τὸ[ν]	λαὸ	τὸν	τοῖχο	τὸν	ἄνθρωπο	
Vok.		λαὲ		τοῖχε		ἄνθρωπε	
Plur. Nom.	οἱ	λαοὶ	οἱ	τοῖχοι	οἱ	ἄνθρωποι	
Gen.	τῶν	λαῶν	τῶν	τοίχων	τῶν	ἀνθρώπων	
Akk.	τοὺς	λαοὺς	τοὺς	τοίχους	τοὺς	ἀνθρώπους	
Vok.		λαοὶ		τοῖχοι		ἄνθρωποι	
		das Volk		die Wand, Mauer		der Mensch	

(Dativ s. S. 23)

Danach werden dekliniert: ὁ Γερμανός, ὁ Θεός, ὁ κῆπος, ὁ ξένος (der Fremde, der Gast), ὁ ἥλιος (die Sonne), ὁ δάσκαλος, u.a.

Die Substantive, welche auf der zweitletzten Silbe betont werden, erhalten, auch wenn sie im Nom. Sing. eine (˜) περισπωμένη haben, stets eine (´) ὀξεία im:

1. Gen. Sing.: τοῦ κήπου, τοῦ ξένου
2. Gen. u. Akk. Plur.: τῶν κήπων, τοὺς κήπους

Die Substantive, die den Akzent auf der drittletzten Silbe haben, verlegen die Betonung auf die zweitletzte Silbe im

1. Gen. Sing.: τοῦ κυρίου
2. Gen. u. Akk. Plur.: τῶν κυρίων, τοὺς κυρίους

Der Vok. Sing. endigt auf -ε: Θεέ μου! (mein Gott!)

Ausdrücke mit männl. Subst. auf -os s. gr. L. S. 40

AUFGABE 6: Μετάφρασι

Trinken Sie Schnaps? Tun Sie etwas Wasser in den Schnaps? Warum tun Sie das? Weil der Schnaps sehr stark ist. Ich esse Käse, ein paar Oliven und einen Bissen Brot zum Schnaps. Er ist appetitanregend. Was sagen Sie vor dem Essen zu den anderen?
Was trinken Sie am Morgen? Ich trinke Tee, ohne Zutaten, ohne Zucker, ohne Cognac, ohne Zitrone. Tun Sie Milch in den Kaffee? Die kleine Helene trinkt Milch, sehr viel Milch, wie alle kleinen Kinder (ὅπως ὅλα τὰ μικρὰ παιδιά).

Ausdruck:

βάζω τὰ πόδια μου στὸν ὦμο καὶ δρόμο schnell davonlaufen (w.: ich lege meine
Füße auf die Schultern und vorwärts)

Πέμπτο μάθημα

V

ΤΟ ΚΑΠΝΙΣΜΑ

– Καπνίζετε δεσποινίς; – Ὄχι, δὲν καπνίζω. – Μὰ γιατί; – Γιατὶ δὲν μοῦ ἀρέσει τὸ κάπνισμα. – Ἄχ, κρῖμα, τὸ κάπνισμα εἶναι τόσον ὡραῖο πρά[γ]μα. Μήπως σᾶς πειράζει ὁ καπνός; – Ὤ, ὄχι, διόλου. – Κι' ἐσεῖς, δεσποινίς; – Ἐγὼ καπνίζω καὶ δυστυχῶς πάρα πολύ. – Ἂν ἐπιτρέπεται, πόσα τσιγάρα καπνίζετε τὴν ἡμέρα; – Πάρα πολλά. Δὲν ξέρω καλὰ-καλὰ πόσα. Ὁπωσδήποτε ὄχι κάτω ἀπὸ δεκαπέντε. – Εἶναι πάρα πολλά, δεσποινίς. – Ἐσεῖς, κύριε, τί

καπνίζετε; Τσιγάρα ἢ ποῦρα; – Συνήθως τσιγάρα καὶ μόνον ποῦ καὶ ποῦ κανένα ποῦρο. Κι' ἐγὼ καπνίζω πολὺ δυστυχῶς. Τὸ ἕνα τσιγάρο πίσω ἀπ' τ' ἄλλο.
Ὁ κύριος μοῦ προσφέρει τὰ τσιγάρα του καὶ μοῦ λέει: Ὁρίστε. Παίρνω ἕνα τσιγάρο καὶ τοῦ λέω: Εὐχαριστῶ. Αὐτὸς μοῦ λέει τότε: Παρακαλῶ. Βάζω τὸ τσιγάρο στὸ στόμα μου. Ὁ κύριος ἀνάβει ἕνα σπίρτο καὶ μοῦ τὸ προσφέρει. Ἀνάβω τὸ τσιγάρο μου. Τώρα καίει. Καίει ὡραῖα. Κάνω δύο τρεῖς ρουφηξιὲς καὶ σκέπτομαι: Τί ὡραῖα τσιγάρα ποὺ εἶναι. Ἔπειτα τοῦ τὸ λέω κι' ἐκείνου. Μοῦ δίνει ἕνα σταχτοδοχεῖο.
Τώρα εἶναι ἀπόγεμα. Δὲν ἔχω οὔτ' ἕνα τσιγάρο πιά. Πηγαίνω σ' ἕνα κιόσκι καὶ λέω: [Θέλω] ἕνα [πακέτο] Παπαστράτου ἢ ἕναν Ἄσσο, παρακαλῶ. Ἀγοράζω κι' ἕνα κουτὶ σπίρτα. Δὲν ξέρω πόσο κοστίζουν. Δὲ[ν] μὲ ἐνδιαφέρει ὅμως, γιατὶ ξέρω ὅτι τὰ τσιγάρα στὴν Ἑλλάδα δὲν εἶναι ἀκριβά. Εἶναι φθηνὰ (ο. φτηνά). Τοῦ δίνω πενήντα δραχμὲς καὶ αὐτὸς μοῦ δίνει τὰ ρέστα καὶ ἐγὼ φεύγω.
Εἰς τοὺς τοίχους ἑνὸς νοσοκομείου ἢ μιᾶς κλινικῆς ἢ ἑνὸς θεάτρου ὑπάρχουν πινακίδες ποὺ λένε: «Ἀπαγορεύεται τὸ καπνίζειν» ἢ «ἀπαγορεύεται τὸ κάπνισμα».

Wörter

πέμπτος, -η, -ο	fünfter, e, es	ὅ ἄλλος, ἡ ἄλλη, τὸ ἄλλο	der, die, das andere
τὸ κάπνισμα	das Rauchen		
καπνίζω	rauchen	προσφέρω	anbieten
μὰ	aber	ὁρίστε	bitte (= nehmen Sie!)
ἀρέσω	gefallen	τότε	dann, da
κρῖμα	schade	παρακαλῶ	bitten
τόσος, -η, -ο	so (solch) ein, eine, ein, so viel	βάζω	tun (= legen, stellen, setzen, stecken)
τὸ πρά[γ]μα	die Sache, das Ding	τὸ στόμα	der Mund
μήπως	vielleicht (nur bei Fragen)	ἔπειτα	nachher (dann)
		ἀνάβω	anzünden
σᾶς πειράζει;	stört er (sie, es) Sie?	τὸ σπίρτο	das Streichholz
ὁ καπνὸς	der Rauch	καίω	brennen, verbrennen
διόλου	gar nicht	ἡ ρουφηξιὰ	der Zug (durch die Nase oder den Mund)
δυστυχῶς	leider		
ἂν ἐπιτρέπεται;	wenn, (ob) es erlaubt ist?	σκέπτομαι	denken
πάρα πολλὰ (Neutr. Plur.)	sehr viele, zu viele	δίνω	geben
		ἐκεῖνος, -είνη, -ο	er, sie, es; jener, -e, -es
καλὰ-καλὰ	ganz genau, sehr gut	τὸ σταχτοδοχεῖο	der Aschenbecher
ὁπωσδήποτε, πάντως	auf jeden Fall	οὔτ' ἕνας, οὔτε μία, οὔτ' ἕνα	nicht einmal einer, eine, eines
κάτω ἀπὸ	unter (hier = weniger)		
τὸ ποῦρο	die Zigarre	δὲν ... πιά	nicht (o. kein) ... mehr
συνήθως	gewöhnlich		
ποῦ καὶ ποῦ	dann und wann	τὸ κιόσκι	der Kiosk
πίσω ἀπὸ	hinter	θέλω	wollen, haben mögen

τὸ πακέτο	das Päckchen, das	τὰ ρέστα	der Rest
	Paket, die Packung	φεύγω	weggehen
τὸ κουτὶ	die Schachtel	τὸ νοσοκομεῖο	das Krankenhaus
κοστίζω	kosten	ἡ κλινικὴ	die Klinik
ἐνδιαφέρω	interessieren	τὸ θέατρο	das Theater
ἀκριβός, -ή, -ὸ	teuer	ἡ πινακίδα	die Tafel
φθηνός, -ή, -ὸ	billig	τὸ καπνίζειν	das Rauchen
(ο. φτηνὸς)		(= τὸ κάπνισμα)	
πενήντα	fünfzig	(ist ein alter	
ἡ δραχμὴ	die Drachme	Infinitiv)	

τὸ φῶς (das Licht) ἡ φωτιὰ (das Feuer), ἡ φλόγα (die Flamme).

ΕΡΩΤΗΣΕΙΣ: Καπνίζεις; Καπνίζεις τσιγάρα ἢ ποῦρα; Πόσα τσιγάρα καπνίζετε τὴν ἡμέρα; Τί λέτε ὅταν σᾶς προσφέρουν ἕνα τσιγάρο; Τί λέτε ὅταν σᾶς λένε: εὐχαριστῶ; Ὅταν σᾶς προσφέρουν ἕνα τσιγάρο, τὸ παίρνετε; Μὲ τί ἀνάβεις τὸ τσιγάρο σου; Σοῦ ἀρέσει τὸ κάπνισμα; Σᾶς ἀρέσει τὸ κρασί; Δὲν σᾶς ἀρέσουν οἱ ἐλιές; Σὲ ἐνδιαφέρει ἡ ἑλληνικὴ γλώσσα; Σᾶς ἐνδιαφέρει ἡ Ἑλλάς (oder ἡ Ἑλλάδα);

III. Deklination: Klasse der Neutra auf -o (gl.)

Sing. Nom	τὸ νερὸ	τὸ ζῶο	τὸ διαβατήριο
Gen.	τοῦ νεροῦ	τοῦ ζώου	τοῦ διαβατηρίου
Akk.	τὸ νερὸ	τὸ ζῶο	τὸ διαβατήριο
Vok.	νερὸ	ζῶο	διαβατήριο
Plur. Nom.	τὰ νερὰ	τὰ ζῶα	τὰ διαβατήρια
Gen.	τῶν νερῶν	τῶν ζώων	τῶν διαβατηρίων
Akk.	τὰ νερὰ	τὰ ζῶα	τὰ διαβατήρια
Vok.	νερὰ	ζῶα	διαβατήρια
	das Wasser	das Tier	der Paß (Ausweis)

(Dativ s. S. 23)

Danach werden dekliniert: τὸ φαγητό, τὸ κακὸ (das Böse), τὸ θηρίο, τὸ οὔζο, τὸ σπίρτο, τὸ τσιγάρο, τὸ ἄλογο, τὸ δωμάτιο, τὸ παράθυρο[1].

Der Nom., Akk. u. Vok. sind gleich und haben im Sing. u. Plur. den gleichen Akzent.

Die auf der zweitletzten Silbe betonten Substantive erhalten im Gen. Sing. u. Plur. eine (΄) ὀξεία ganz gleich, welchen Akzent sie im Nom. Sing. haben.

Die auf der drittletzten Silbe betonten Substantive werden im Gen. Sing. u. Plur. auf der zweitletzten Silbe betont. Das Akzentzeichen ist eine (΄) ὀξεία: τοῦ διαβατηρίου – τῶν διαβατηρίων (s. gr.L §§ 106–108)

(Ausdrücke s. gr.L. S. 44)

---

[1] In der Schrspr. ist die Endung dieser Subst. -ov. Dies zur Berücksichtigung bei öffentlichen Anschlägen u. ähnl.

Das Personalpronomen

('Η προσωπικὴ ἀντωνυμία)

Es hat zwei Formen: a) eine starke Form, die länger ist, und b) eine schwache Form, die kürzer ist. Diese wird auch das „verbundene Pronomen" genannt und ist identisch mit dem „verbundenen Possessivpronomen".

	1. Pers.		2. Pers.	
FORMEN:	a) STARK	b) SCHWACH	a) STARK	b) SCHWACH
Sing. Nom.	ἐγὼ ich	–	ἐσὺ du	–
Gen.	ἐμένα mir	μοῦ	ἐσένα dir	σοῦ
Akk.	ἐμένα mich	μὲ	ἐσένα dich	σὲ
Vok.	– –	–	ἐσὺ du	–
Plur. Nom.	ἐμεῖς wir	–	[ἐ]σεῖς ihr, Sie	–
Gen.	ἐμᾶς uns	μᾶς	ἐσᾶς euch, Ihnen	σᾶς
Akk.	ἐμᾶς uns	μᾶς	ἐσᾶς euch, Sie	σᾶς
Vok.	– –	–	[ἐ]σεῖς ihr, Sie	–

	3. Pers.						
FORMEN:	a) STARK			b) SCHWACH			
Sing. Nom.	αὐτὸς er	αὐτὴ sie	αὐτὸ es	τος er	τη sie	το es	
Gen.	αὐτοῦ[1]	αὐτῆς[1]	αὐτοῦ[1]	τοῦ ihm	τῆς ihr	τοῦ ihm	
Akk.	αὐτὸν ihn	αὐτὴ[ν] sie	αὐτὸ es	τὸν ihn	τὴ[ν] sie	τὸ es	
Vok.	–	–	–	–	–	–	
Plur. Nom.	αὐτοὶ sie	αὐτὲς sie	αὐτὰ sie	τοι sie	τες sie	τα sie	
Gen.	αὐτῶν[1]	αὐτῶν[1]	αὐτῶν[1]	τοὺς	τοὺς	τοὺς ihnen	
Akk.	αὐτοὺς sie	αὐτὲς sie	αὐτὰ sie	τοὺς sie	τὶς sie (o. τὲς)	τὰ sie	
Vok.	–	–	–	–	–	–	

(s. gr. L. §§ 171–173.)

---

[1] Bei den Pronomen ersetzt im allgemeinen der Genitiv den verlorengegangenen Dativ. Bei αὐτός, -ή, -ὸ aber sind es nur die verlängerten Formen der δημ., die in Frage kommen: Gen.Sing.: αὐτουνοῦ, αὐτηνῆς und Gen.Plur.: αὐτωνῶν

τό λέω αὐτουνοῦ καὶ ὄχι αὐτηνῆς   ich sage es ihm und nicht ihr

Statt des Genitivs wird hier aber meist der umschriebene Dativ gesetzt:

τὸ λέω σ' αὐτὸν καὶ ὄχι σ' αὐτὴν

Dem Akk. τὸν u. τὴ[ν] des „verbundenen" Pronomens wird manchmal aus Gründen des Wohlklangs oder Rhythmus ein -ε angefügt: τόνε, τήνε.
Der verlorengegangene alte Dat. wird beim „verbundenen" Pronomen nur durch den Gen. ersetzt, wie: τοῦ λέω = ich sage ihm
Die Form τὶς des weibl. Akk. Plur. steht vor dem Verb, die Form τὲς nach dem Verb: τὶς ἀκούω = ich höre sie, ἄκου τες, καλέ! = höre sie dir nur an!

GEBRAUCH: *Starke Form:*

1. bei Gegenüberstellung, Hervorhebung

 ἐσὺ τὸ λές, ὄχι ἐμεῖς   du sagst es, nicht wir

Im Gen. und Akk. tritt die starke Form sehr oft in Verbindung mit der schwachen Form auf; bei der Verneinung fast immer:

 ἐμένα [μοῦ] τὸ λές;   mir sagst du es?
 ἐμένα δὲν μοῦ τὸ λές;   mir sagst du es nicht?

2. wenn das Personalpronomen im abgekürzten Satz allein steht:

 ποιὸν ἀκοῦς; ἐσένα   auf wen hörst du? auf dich

3. in Verbindung mit den einfachen (s. S. 32) Präpositionen:

 τί περιμένεις ἀπ᾽ αὐτόν;   was erwartest du von ihm?
 γιὰ μένα εἶναι πολὺ εὔκολο für mich ist es sehr leicht

GEBRAUCH: *Schwache Form* (o. das „verbundene" Pronomen):

1. in Verbindung mit dem Verb. Im Ind. und Konj. steht sie vor dem Verb:

 μοῦ δίνεις   du gibst mir
 σοῦ λέ[γ]ω   ich sage dir

Im Imperat. steht sie nach dem Verb ohne Akzent:

 πέστε μου τὴν ἀλήθεια sagen Sie mir die Wahrheit!

Wenn zwei Personalpronomina im Indik. oder Konjunkt. zusammentreffen, setzt man – anders als im Deutschen – das Pronomen der Person vor das (Pro-nomen) des Objekts, wie:

 σοῦ τὴν δίνω   ich gebe sie dir
 σᾶς τὸ λέ[γ]ω   ich sage es Ihnen (euch)

Im Imperativ kann es aber auch umgekehrt sein, also wie im Deutschen:

 πές μου το o. πές το μου sag es mir!

Die schwache Form ist enklitisch. (Vgl. enklitische Wörter § 35.)

2. in Verbindung mit dem ersten Teil (Adverb) der zusammengesetzten Präpositionen: πίσω ἀπό, μαζὶ μὲ u. a.

πίσω σου   hinter dir
μαζί μας   mit uns

3. bei Begrüßungen:

γειά σου, καληνύχτα σας!   servus (grüß dich), gute Nacht Ihnen!
καλῶς τα τὰ παιδιά!   seid willkommen, Kinder!

4. in Verbindung mit einer Interjektion oder Umschreibung von Interjektionen:

ἀλλοίμονό μου!   weh mir!
τί χαρά σας!   was für eine Freude für Sie!

In Bezug auf den **Kasus** ist zu sagen, daß im Neugriechischen im allgemeinen das direkte Objekt im Akk. und das indirekte im Dativ (umschriebener Dativ) steht. Beim Pronomen jedoch ersetzt der Genitiv den verloren gegangenen Dativ. In einem Fall sogar ist es die Akkusativform τοὺς = ihnen, die anstelle eines Genitivs vorkommt, oder wie beim Substantiv durch den umschriebenen Dativ.
Eine bestimmte Anzahl von deutschen Verben aber, deren direktes Objekt im Dativ steht, erhält bei der Übersetzung ins Griechische einen Akk., wie βοηθῶ (helfen), εὐχαριστῶ (danken) u. a.

Weitere Beispiele:

σ' ἀγαπῶ, σᾶς ἀγαπῶ   ich liebe dich, ich liebe Sie (euch)
σοῦ τὸ στέλνω σήμερα   ich schicke es dir heute
δὲν τοῦ τὸ λέμε κάθε μέρα   wir sagen es ihm nicht täglich
σὲ παρακαλῶ, σᾶς παρακαλῶ   ich bitte dich, ich bitte Sie (euch)
σέ, σᾶς εὐχαριστῶ   ich danke dir, Ihnen (euch)

AUFGABE 7: Μετάφρασι:

Ich gebe dir eine Zigarette, ich gebe sie dir. Ich gebe sie dir nicht jetzt. Wir geben sie dir gleich (ἀμέσως). Du gibst uns den Rest, du gibst ihn uns. Ich sehe dich jeden Tag. Ich sehe dich nicht immer. Wir sehen Sie (euch) immer. Ich liebe dich. Ich liebe Sie (euch). Ich liebe sie (männl. Plur.), ich liebe sie (weibl. Plur.), ich liebe sie (sächl. Plur.). Ich sage dir die Wahrheit. Ich sage sie dir. Das habe ich von dir. Ich sehe dich täglich. Mich? Ja, dich. Du hörst mich am Morgen. Du siehst uns am Donnerstag. Ich gebe ihm Geld (λεπτά). Ihm? (= Σ'αὐτόν); Ja, ihm.

Verben in unpersönlichen Ausdrücken
in Verbindung mit Personalpronomen

μοῦ	ἀρέσει	μὲ	ἐνδιαφέρει	μὲ	λέν[ε]
σοῦ	ἀρέσει	σὲ	ἐνδιαφέρει	σὲ	λένε

τοῦ ⎫		τὸν ⎫		τὸν[ε] ⎫	
τῆς ⎬	ἀρέσει	τὴν ⎬	ἐνδιαφέρει	τὴν[ε] ⎬	λένε
τοῦ ⎭		τὸ ⎭		τὸ ⎭	

μᾶς	ἀρέσει	μᾶς	ἐνδιαφέρει	μᾶς	λένε
σᾶς	ἀρέσει	σᾶς	ἐνδιαφέρει	σᾶς	λένε

		τοὺς ⎫		τοὺς ⎫	
τοὺς	ἀρέσει	τὶς ⎬	ἐνδιαφέρει	τὶς ⎬	λένε
es gefällt mir,		τὰ ⎭		τὰ ⎭	
es schmeckt mir		es interessiert mich`		ich heiße	

πῶς σᾶς λένε;   πῶς σὲ λένε;   πῶς τὸν λένε τὸν πατέρα σου;
wie heißen Sie?   wie heißt du?   wie heißt dein Vater?
(wie heißt ihr?)

AUFGABE:

Konjugieren Sie das Präsens Indik. der Verben: ἐργάζομαι: arbeiten, ἔρχομαι: kommen, κρέμομαι: hängen

AUFGABE 8: Μετάφρασι:

Wie heißt das auf Griechisch? Wie heißt es? Ich heiße Γιάννης (Hans). Seine Mutter heißt 'Ισμήνη. Wie heißt er? Wie heißt sie? Was interessiert dich? Alles interessiert mich (ὅλα μὲ ἐνδιαφέρουν). Ist es wahr? ('Αλήθεια;). Ja, es ist wahr (Ναί, ἀλήθεια). Nein, es ist nicht wahr ("Οχι, δὲν εἶναι ἀλήθεια).

Schmeckt dir das Fleisch (τὸ κρέας)? Ja, das Fleisch schmeckt mir. Schmecken dir die Oliven? Leider nicht, sie sind mir zu bitter (πάρα πολὺ πικρές). Was gefällt dir? Nichts gefällt mir. Nein, das ist nicht wahr. Nein, es ist nicht möglich (δὲν εἶναι δυνατόν), daß (νὰ) es wahr ist.

Ausdruck:

καὶ τί μ' αὐτό;   was will das schon heißen?

Ἕκτο μάθημα

VI

Πόσες ἑβδομάδες ἔχει ὁ μήνας; Τέσσερεις ἑβδομάδες. Πόσους μῆνες ἔχει τὸ ἔτος; Τὸ ἔτος ἔχει δώδεκα μῆνες. Ὁ Ἰανουάριος ἔχει τριάντα μία ἡμέρες, ὁ Φεβρουάριος εἴκοσι ὀκτὼ καὶ τὰ δίσεκτα ἔτη εἴκοσι ἐννέα (ο. ἐννιά). Τὰ Χριστούγεννα εἶναι τὸ[ν] Δεκέμβριο. Στὶς εἴκοσι πέντε Δεκεμβρίου. Τὰ Χριστούγεννα εἶναι μεγάλη καὶ πολὺ ὡραία ἑορτή. Στὴ[ν] Γερμανία τὰ Χριστούγεννα εἶναι ἡ μεγαλύτερη ἑορτὴ τοῦ ἔτους. Γιὰ τοὺς Ἕλληνες εἶναι τὸ Πάσχα. Τὸ ὀρθόδοξο Πάσχα πέφτει συνήθως τὸν Ἀπρίλιο. Πολὺ σπάνια τὸ[ν] Μάιο. Τὸ[ν] Μάρτιο δὲν πέφτει ὅμως ποτέ. Τὸ Πάσχα ἔχομε ὅλοι μας διακοπές.

Τὴ[ν] Μεγάλη Ἑβδομάδα πηγαίνει πολὺς κόσμος στὶς ἐκκλησίες. Τὴ[ν] Μεγάλη Παρασκευὴ τὰ κορίτσια τῆς συνοικίας στολίζουν μέσα στὶς ἐκκλησίες τὸν Ἐπιτάφιο μὲ ὅλα τὰ λουλούδια τῆς ἄνοιξης. Ἀργὰ τὸ βράδυ κατὰ τὶς ἐννέα (ο. ἐννιά) γίνεται ἡ περιφορὰ τοῦ Ἐπιταφίου στοὺς δρόμους γύρω ἀπὸ κάθε ἐκκλησία.

Ἡ Ἀνάστασις γίνεται τὸ Μέγα Σάββατο στὸ ὕπαιθρο ἀπέξω ἀπ' τὶς ἐκκλησίες στὶς δώδεκα (τὰ μεσάνυχτα). Μικροὶ καὶ μεγάλοι βαστοῦν ἀπὸ μία λαμπάδα, ποὺ τὴν ἀνάβουν ἀπ' τὸν ἴδιο τὸν παπά, ἂν τοὺς εἶναι δυνατόν. Στὴν Ἀθήνα ἀνεβαίνει αὐτὴ τὴ[ν] βραδυὰ πολὺς κόσμος ἐπάνω στὸ[ν] Λυκαβηττὸ γιὰ νὰ κάνη Ἀνάστασι ἐκεῖ στὸ ἐκκλησάκι τοῦ Ἁγίου Γεωργίου ποὺ βρίσκεται στὴν κορυφὴ τοῦ Λυκαβηττοῦ. Ἀπὸ ἐκεῖ ἐπάνω φαίνεται ὅλη ἡ Ἀθήνα φωτισμένη ἀπὸ ἀμέτρητες λαμπάδες.

Στὸ ἑλληνικὸ χωριὸ ὅμως τὸ Πάσχα ἑορτάζεται μὲ ὅλα τὰ παλιὰ ἔθιμα καὶ γι' αὐτὸ πολλοὶ ξένοι φεύγουν ἀπ' τὶς πόλεις καὶ πηγαίνουν στὰ χωριά.

Τώρα σᾶς λέω καὶ τοὺς ἄλλους μῆνες: ὁ Ἰούνιος, ὁ Ἰούλιος, ὁ Αὔγουστος, ὁ Σεπτέμβριος, ὁ Ὀκτώβριος, ὁ Νοέμβριος, ὁ Δεκέμβριος.

Wörter

ἕκτος, -η, -ο	sechster, e, es	ὀρθόδοξος, -η, -ο	orthodox
ὁ μήνας	der Monat	ἡ ὀρθόδοξος ἐκκλησία	die orthodoxe Kirche
τριάντα	dreißig	τὸ Πάσχα	Ostern
εἴκοσι	zwanzig	πέφτω	fallen
τὸ δίσεκτο ἔτος	das Schaltjahr	ὁ Ἀπρίλιος	der April
ἐννέα (ο. ἐννιά)	neun	σπάνια, σπανίως	selten
τὰ Χριστούγεννα	Weihnachten	ὁ Μάιος, ὁ Μάρτιος	der Mai, der März
δώδεκα	zwölf	ποτέ	nie, niemals
ἡ ἑορτὴ	der Feiertag	ὅλοι, ὅλες μας	wir alle
ἡ Γερμανία	Deutschland	ἡ διακοπὴ ⎫	⎧ die Unterbrechung
ὁ μεγαλύτερος, ἡ μεγαλύτερη, τὸ μεγαλύτερο	der, die, das größte	οἱ διακοπὲς ⎭	⎩ die Ferien
		ἡ Μεγάλη Ἑβδομάδα	die Karwoche

ἡ ἐκκλησία	die Kirche	ἂν τοὺς εἶναι δυνα-	wenn es ihnen mög-
ἡ Μεγάλη Παρα-	Karfreitag	τὸν	lich ist
σκευὴ		ὁ παπᾶς	der Priester, der
στολίζω	schmücken		Pfarrer
μέσα	drinnen, hinein, her-	ἀνεβαίνω	hinaufsteigen
	ein	ὁ κόσμος	die Leute
ἡ συνοικία	die Stadtgegend	βρίσκομαι	sich befinden
ὁ 'Επιτάφιος	das Leintuch Christi,	ἡ κορυφὴ	der Gipfel
	die Prozession am	ὁ Λυκαβηττὸς	ein Hügel in Athen
	Karfreitag		(hinter dem – von
τὸ λουλούδι	die Blume		der Stadt aus gese-
ἡ ἄνοιξη	der Frühling		hen – die Sonne auf-
ἀργά, ἀργότερα	spät, später		geht)
κατὰ τὶς ἐννέα	gegen 9 Uhr	φαίνομαι	sichtbar sein, zu sehen
(ο. ἐννιά)			sein
γίνομαι	stattfinden, werden	φωτισμένος, -η, -ο	beleuchtet
ἡ περιφορὰ	der Umgang (die Pro-	ἀμέτρητος, -η, -ο	unzählig
	zession)	ἡ πόλι[ς] τῶν	die Stadt Athen
ὁ δρόμος	die Straße	'Αθηνῶν	
γύρω ἀπὸ	um ... herum	τὸ χωριὸ	das Dorf
ἡ 'Ανάστασις	die Auferstehung	ἑορτάζομαι	gefeiert werden
κάνω 'Ανάστασι	die Auferstehung	τὸ ἔθιμο	der Brauch
	feiern		
στὸ ὕπαιθρο	im Freien	ὁ δίσκος φωνογρά-⎫	
ἀπέξω ἀπὸ	außerhalb, vor	φου ⎬	Musikplatte
βαστῶ ο. -άω	halten	ἡ πλάκα ⎭	
ἀπὸ	je (distributiv)	τὸ ραδιόφωνο	das Radio
ἡ λαμπάδα	die weiße Osterkerze	τὸ μεγάφωνο	der Lautsprecher
ποὺ	der, die das; welcher,		
	e, es		

Präpositionen

ἀπὸ (distributiv) je   γύρω ἀπὸ um ... herum
ἀπ' ἔξω ἀπὸ außerhalb, vor   κατὰ gegen (Alle Präp. + Akk.)

Zeitwort: Präsens des Verbs εἶμαι (sein)

εἶμαι   εἶμαστε
εἶσαι   εἶσθε (ο. εἶστε)
εἶναι   εἶναι

AUFGABE:

Konjugieren Sie schriftlich: γίνομαι u. φαίνομαι

ΕΡΩΤΗΣΕΙΣ: Πόσες ἡμέρες ἔχει ἡ ἑβδομάδα; Πόσες ἡμέρες ἔχει ὁ Μάρτιος καὶ πόσες ὁ Ἀπρίλιος; Πότε πέφτουν τὰ Χριστούγεννα; Εἶναι τὰ Χριστούγεννα στὴ[ν] Γερμανία ἡ μεγαλύτερη ἑορτὴ τοῦ ἔτους; Πότε πέφτει τὸ ὀρθόδοξο Πάσχα; Εἶναι ὁ Ἐπιτάφιος τὴν Μ. (= Μεγάλη) Παρασκευή; Μὲ τί στολίζουν τὸν Ἐπιτάφιο; Γίνεται ἡ περιφορὰ τοῦ Ἐπιταφίου κατὰ τὶς 9 τὸ βράδυ; Τί ὥρα γίνεται ἡ Ἀνάστασι; Ποῦ γίνεται ἡ Ἀνάστασι; Κάνει Ἀνάστασι πολὺς κόσμος στὸ[ν] Λυκαβηττό; Φαίνεται ἀπ' τὴν κορυφὴ τοῦ Λυκαβηττοῦ ὅλη ἡ Ἀθήνα; Ποῦ θὰ κάνετε Ἀνάστασι;

ΔΙΑΛΟΓΟΣ

Ἕνας ξένος, ἕνας Ἀθηναῖος (ein Athener)

Ξ: – Θέλω νὰ πάω τὴν Κυριακὴ σὲ μία ὀρθόδοξο ἐκκλησία. Μ' ἐνδιαφέρει ἡ λειτουργία. Τί ὥρα ἀρχίζει, σᾶς παρακαλῶ;

Α: – Ἐδῶ στὴν Ἀθήνα ἔχει δύο λειτουργίες. Ἡ πρώτη ἀρχίζει στὶς 7.30′ τὸ πρωὶ καὶ τελειώνει κατὰ τὶς 9 καὶ ἡ δεύτερη ἀρχίζει στὶς 9 καὶ τελειώνει κατὰ τὶς 10.30′.

Ξ: – Σὲ ποιὰ ἐκκλησία μὲ συμβουλεύετε νὰ πάω;

Α: – Στὴ Μητρόπολι. Ἐκεῖ ψάλλουν τὴν γνήσια βυζαντινὴ μουσική[1] ποὺ εἶναι ἰδιόρρυθμη.

Ξ: – Σᾶς εὐχαριστῶ πολύ.

ὁ διαμαρτυρόμενος,	ὁ καθολικός,	ὁ ὀρθόδοξος χριστιανός.
der Protestant,	der Katholik,	der orthodoxe Christ.

Wörter

ἡ λειτουργία	die Messe	νὰ πάω	zu gehen, daß ich
ἀρχίζω	beginnen		gehe
τελειώνω	zu Ende sein, zu Ende gehen, beenden	ἡ Μητρόπολι	der Dom
		ψάλλω	singen (nur im Kir-
συμβουλεύω	raten (= einen Rat geben)		chenton)
		γνήσιος	echt
		βυζαντινός, -ή, -ὸ	byzantinisch

---

[1] Σῖμος Καρᾶς in Athen ist ein großer Kenner der byzantinischen Musik, die er mit ganz wenigen Sängern in kleinem Rahmen pflegt.

Zahlwörter: Grundzahlen
(Ἀριθμητικά)

1	ἔνας, μία ο. μιά, ἔνα	60	ἑξήντα
2	δύο ο. δυὸ	70	ἑβδομήντα
3	τρεῖς (männl. u. weibl.), τρία (sächl.)	80	ὀγδοήντα ο. ὀγδόντα
		90	ἐνενήντα
4	τέσσερεις (männl. u. weibl.), τέσσερα (sächl.)	100	ἑκατὸ(ν)
		200	διακόσια
5	πέντε	300	τριακόσια
6	ἔξι	400	**τετρακόσια**
7	ἑπτὰ ο. ἐφτὰ	500	πεντακόσια
8	ὀκτὼ ο. ὀχτὼ	600	ἑξακόσια
9	ἐννέα ο. ἐννιὰ	700	ἑπτακόσια ο. ἐφτακόσια
10	δέκα	800	ὀκτακόσια ο. ὀχτακόσια
11	ἔνδεκα	900	ἐννιακόσια
12	δώδεκα	1000	χίλια
13	δεκατρεῖς, δεκατρία	1004	χίλια τέσσερα
14	δεκατέσσερεις, δεκατέσσερα	1100	χίλια ἑκατὸ
15	δεκαπέντε	1107	χίλια ἑκατὸν ἑπτὰ
16	δεκαέξι	1200	χίλια διακόσια
17	δεκαεπτὰ ο. δεκαεφτὰ	1300	χίλια τριακόσια
18	δεκαοκτὼ ο. δεκαοχτὼ	1400	χίλια τετρακόσια
19	δεκαεννιὰ ο. δεκαεννέα	1955	χίλια ἐννιακόσια πενήντα
20	εἴκοσι	2000	δύο χιλιάδες [πέντε
21	εἴκοσι ἔνα	3000	τρεῖς χιλιάδες
23	εἴκοσι τρία	4000	τέσσερεις χιλιάδες
30	τριάντα	13000	δεκατρεῖς χιλιάδες
40	σαράντα	100000	ἑκατὸ χιλιάδες
50	πενήντα	200000	διακόσιες χιλιάδες

1000000	ἕνα ἑκατομμύριο
3000000	τρία ἑκατομμύρια
1000000000	ἕνα δισεκατομμύριο
1000000000000	ἕνα τρισεκατομμύριο

Die Zahlen von 200–1000 sind deklinierbar und bewahren ihr Geschlecht ebenso wie die Zahlen 1, 3, 4. Wenn sie in Verbindung mit einem Substantiv stehen, richten sie sich nach ihm:

διακόσιοι ἄνδρες, διακόσιες γυναῖκες, διακόσια παιδιὰ
zweihundert Männer, zweihundert Frauen, zweihundert Kinder

So auch ἡ (μία) χιλιάδα (das Tausend) – οἱ (τρεῖς) χιλιάδες (die (drei) Tausend. Beim Zählen wird das Neutrum des Zahlwortes gebraucht. Μετρῶ (ich zähle) στὰ ἑλληνικὰ: ἔνα, δύο, τρία, τέσσερα . . .

ʿΗ ὥρα (Die Uhrzeit)

3.00ʰ	εἶναι τρεῖς	= 3 π. μ.
3.05ʰ	εἶναι τρεῖς καὶ πέντε	= 3.5′
3.10ʰ	εἶναι τρεῖς καὶ δέκα	= 3.10′
3.15ʰ	εἶναι τρεῖς καὶ τέταρτο	= 3.15′
3.20ʰ	εἶναι τρεῖς καὶ εἴκοσι	= 3.20′
3.25ʰ	εἶναι τρεῖς καὶ εἴκοσι πέντε	= 3.25′
3.30ʰ	εἶναι τρεῖς καὶ μισὴ	= 3.30′
3.35ʰ	εἶναι τέσσερεις παρὰ εἴκοσι πέντε	= 3.35′
3.40ʰ	εἶναι τέσσερεις παρὰ εἴκοσι	= 3.40′
3.45ʰ	εἶναι τέσσερεις παρὰ τέταρτο	= 3.45′
3.50ʰ	εἶναι τέσσερεις παρὰ δέκα	= 3.50′
3.55ʰ	εἶναι τέσσερεις παρὰ πέντε	= 3.55′
4.00ʰ	εἶναι τέσσερεις	= 4 π. μ.

Die Vormittagsstunden werden beim Schreiben sowie auch in der Presse durch π.μ. (πρὸ μεσημβρίας) = vormittags – Ausdruck aus der Schriftspr. – näher bezeichnet, die Nachmittagsstunden durch μ.μ. (μετὰ μεσημβρίαν) = nachmittags. Z. B.: Στὶς 10 π.μ. um 10 Uhr vorm ; στὶς 5 μ.μ. um 5 Uhr nachm. Beim Sprechen wird gesagt: στὶς 10 τὸ πρωί, στὶς 5 τὸ ἀπόγεμα.

Τί ὥρα εἶναι; Εἶναι μία.	Wieviel Uhr ist es? Es ist ein Uhr.
Τί ὥρα τρῶτε τὸ μεσημέρι;	Um wieviel Uhr essen Sie zu Mittag?
Στὶς δώδεκα ἢ στὴ μία.	Um zwölf oder ein Uhr.
Περιμένετε πολλὴ ὥρα; Μόνον πέντε λεπτά.	Warten Sie lange (innerhalb eines Tages)? Nur fünf Minuten.
Περιμένετε πολὺ καιρό; ῞Ενα ἔτος.	Warten Sie lange? Ein Jahr.
Εἶναι μία καὶ μισὴ (ο. μιάμισι),	es ist halbzwei,
τρεῖς καὶ μισὴ (ο. τρεισήμισι)	halbvier
τεσσερεισήμισι, πεντέμισι	halbfünf, halbsechs
κατὰ τὶς ἕξι, κατὰ τὶς ἑπτὰ	gegen sechs Uhr, gegen sieben Uhr
ἀπὸ τὶς ὀκτὼ ὣς τὶς ἐννιὰ	von acht Uhr bis neun Uhr

ʿΗ ὥρα ἔχει 60 λεπτὰ καὶ κάθε λεπτὸ ἔχει 60 δευτερόλεπτα.
Die Stunde hat 60 Minuten und jede Minute hat 60 Sekunden.

(s. gr. L. §§ 162–164)

Wörter

τὸ ἔτος – τὰ ἔτη	} das Jahr – die Jahre	τὸ τέταρτο	die Viertelstunde
ὁ χρόνος – τὰ χρόνια		παρὰ	weniger
		ἡ ἐπανάστασι	die Revolution

Deklination der Zahlen 3 und 4

	männl., weibl.	sächlich	männl., weibl.	sächlich
Plur. Nom.	τρεῖς	τρία	τέσσερεις	τέσσερα
Gen.	τριῶν	τριῶν	τεσσάρων	τεσσάρων
Akk.	τρεῖς	τρία	τέσσερεις	τέσσερα

Τὸ τραῖνο τῆς μίας, τῶν δύο,   Der ein, zwei, drei, vier Uhr Zug
τῶν τριῶν, τῶν τεσσάρων

Zeitbegriffe in Verbindung mit der alten Präposition πρὸ (vor) (+ Gen.):

πότε;	wann?
πρὸ τριῶν ἡμερῶν	
oder πρὶν ἀπὸ τρεῖς ἡμέρες	vor drei Tagen
πρὸ τεσσάρων ἑβδομάδων oder	
πρὶν ἀπὸ τέσσερεις ἑβδομάδες	vor vier Wochen

Ἡ ἡλικία (Das Alter)

Πόσων ἐτῶν (ο. χρονῶν) εἶσαι;	Wie alt bist du?
εἶμαι δεκατριῶν ἐτῶν	ich bin dreizehn Jahre alt
πόσων ἐτῶν (ο. χρονῶν) εἶσθε;	wie alt sind Sie?
εἶμαι εἴκοσι τεσσάρων χρονῶν	ich bin 24 Jahre alt
ἕνα μωρὸ ἑνὸς ἔτους (ο. χρονοῦ)	ein Baby von einem Jahr
σὲ ἡλικία 40 ἐτῶν	im Alter von 40 Jahren

Ἡ ἡμερομηνία (Das Datum)

Für den ersten Tag des Monats wird die Ordnungszahl gebraucht: ἡ πρώτη (ἡμέρα) τοῦ μηνός. Für alle andern die Grundzahlen.

Πόσες τοῦ μηνὸς ἔχομε σήμερα;	Den wievielten haben wir heute?
ἔχομε πρώτη τοῦ μηνός	wir haben den Ersten des Monats
πόσες τοῦ μηνὸς ἦταν χτές;	der wievielte war gestern?
χτὲς ἦταν τρεῖς, τέσσερεις τοῦ μηνὸς	gestern war der Dritte, Vierte des Monats
στὶς πόσες τοῦ μηνὸς θὰ φύγετε;	am wievielten werden Sie weggehen (o. wegfahren)?
ἢ τὴν πρώτη ἢ στὶς δύο ἢ στὶς τρεῖς τοῦ μηνός	entweder am Ersten oder am Zweiten oder am Dritten des Monats

Ἡ χρονολογία (Das historische Datum)

Στὶς εἴκοσι ἐννιὰ (29) Μαΐου χίλια τετρακόσια πενήντα τρία (1453) ἔπεσε ἡ Πόλη (Κωνσταντινούπολι) στὰ χέρια τῶν Τούρκων.
Στὶς εἴκοσι πέντε (25) Μαρτίου χίλια ὀκτάκόσια εἴκοσι ἕνα (1821) ἄρχισε ἡ ἑλληνικὴ ἐπανάστασι.

π.Χ. = πρὸ Χριστοῦ	= v. Chr.	= vor Christus
μ.Χ. = μετὰ Χριστὸν	= n. Chr.	= nach Christus

In Briefen wird das Datum so geschrieben: ᾿Αθήνα (ο. ᾿Αθῆναι), 1–3–1956:
᾿Αθήνα, πρώτη Μαρτίου χίλια ἐννιακόσια πενήντα ἕξι
Für die Jahreszahlen sagt man τὸ oder στὰ: στὰ χίλια ἐννιακόσια = im Jahre 1900.

Τὸ κιλὸ (Das Kilo)

῞Ενα κιλὸ ἔχει χίλια γραμμάρια	Ein Kilo hat tausend Gramm
τὸ μισὸ κιλὸ ἔχει πεντακόσια γραμμάρια	das halbe Kilo hat fünfhundert Gramm

Beim Bestellen des Weines sagt man: ἕνα ποτηράκι κρασὶ (oder ρετσίνα). Das ist ungefähr ⅛ Liter, ἕνα τέταρτο κιλὸ oder ἕνα κάρτο für ¼ Liter, μισὸ κιλὸ für ½ Liter usw.

θέλω ἕνα κιλὸ ψωμὶ	ich möchte ein Kilo Brot
θέλω μισὸ κιλὸ φέτα	ich möchte ein halbes Kilo weißen Schafskäse
θέλω διακόσια πενήντα γραμμάρια ο. ἕνα τέταρτο κιλὸ καφὲ	ich möchte zweihundertfünfzig Gramm Kaffee o. ¼ Kilo
πόσο ζυγίζει αὐτὸ τὸ καρπούζι;	wieviel wiegt diese Wassermelone?
ζυγίζει δυόμισι κιλὰ	sie wiegt zweieinhalb Kilo.

Ἡ δραχμὴ

Die Drachme ist die griechische Währungseinheit. Sie hat 100 λεπτὰ (ο. λεφτὰ). Da die Drachme weiblichen Geschlechts ist, sagt man μία, τρεῖς, τέσσερεις, εἴκοσι μία δραχμές.
Für „Geld" sagt man τὰ λεπτὰ (ο. λεφτὰ), τὰ χρήματα (Schriftspr.: τὸ χρῆμα), οἱ παράδες. Ψιλὰ (Kleingeld).

Die vier Grundrechnungsarten

In der Volksschule   Auf dem Gymnasium
(δημοτική)   (καθαρεύουσα)

Ἡ πρόσθεσι: die Addition; προσθέτω: addieren; τὸ ἄθροισμα: die Summe

$$1 + 2 = 3:\ \text{ἕνα } \textbf{καὶ}\ \text{δύο}\ \begin{cases} \text{κάνουν (macht)} \\ \text{ἴσον (gleich) τρία} \\ \text{εἶναι (ist)} \end{cases}\ \text{ἕνα } \textbf{σὺν}\ \text{δύο ἴσον τρία}$$

ἡ ἀφαίρεσι: die Subtraktion; ἀφαιρῶ: subtrahieren; ἡ διαφορά: die Differenz

$$7 - 3 = 4:\ \text{τρία } \textbf{ἀπὸ}\ \text{ἐφτὰ ἴσον τέσσερα}\qquad \text{ἑπτὰ } \textbf{πλὴν}\ \text{τρία ἴσον τέσσερα}$$

ὁ πολλαπλασιασμὸς: die Multiplikation; πολλαπλασιάζω (Verb); τὸ γινόμενον: das Ergebnis

$$3 \times 3 = 9:\ \text{τρεῖς } \textbf{οἱ}\ \text{τρεῖς κάνουν}\ \begin{cases} \text{ἐννέα} \\ \text{ἐννιὰ} \end{cases}\ \text{τρία } \textbf{ἐπὶ}\ \text{τρία ἴσον ἐννέα}$$

ἡ διαίρεσι: die Division; διαιρῶ (Verb); τὸ πηλίκον: das Ergebnis

$$10 : 2 = 5:\ \text{τὸ δύο } \textbf{στὸ}\ \text{δέκα ἴσον πέντε}\qquad \text{δέκα } \textbf{διὰ}\ \text{δύο ἴσον πέντε}$$

Auch im täglichen Leben werden zuweilen die Ausdrücke aus der καθ. gebraucht.

AUFGABE 9: Μετάφρασι:

Am Ersten des Monats; am 3. und 4. März und am 13. und 14. April. Um drei Uhr und um vier Uhr morgens und um vier Uhr und fünf Uhr nachmittags. Um 10.15 Uhr, um 11.15 Uhr, um 11.30 Uhr, um 11.45 Uhr um punkt 12 Uhr (στὶς 12 ἀκριβῶς), um 1 Uhr. Es ist 1 Uhr; es ist 7 Uhr, es ist 2 Uhr. Im Jahre 1900 nach Christus; im Jahre 50 v. Chr.

AUFGABE 10: Μετάφρασι:

Wieviel Uhr ist es? Es ist fünf Uhr. Um fünf Uhr bin ich immer zu Hause. Wartest du lange? Ja, ich warte einen Monat. Wartest du lange hier? Nein, nur fünf Minuten warte ich. Wir warten eine Viertelstunde und manchmal eine halbe Stunde und sehr selten (πολὺ σπάνια) eine Stunde. Heute ist der Erste des Monats, morgen der Zweite und übermorgen der Dritte. Am Zweiten des Monats war ich nicht (δὲν ἤμουν[α]) hier. Am wievielten werden Sie wegfahren? Am Achten des Monats. Ich schreibe das Datum: München (Μόναχο), den 6. Mai 1956. Wieviel kostet ein Kilo Trauben (πόσο ἔχει ἕνα κιλὸ σταφύλια)? Ein Kilo Trauben kostet sieben Drachmen. Ich möchte ein halbes Kilo Brot und hundert Gramm Käse. Ich möchte eine kleine Wassermelone. Hast du Kleingeld?

Ausdruck:

δὲν εἶμαι στὰ καλά μου   ich fühle mich gar nicht wohl,
                               ich bin nicht bei Troste

Ἕβδομο μάθημα

VII

Πηγαίνετε στὸ θέατρο; Ναί, πηγαίνομε. Πηγαίνετε συχνὰ στὸ θέατρο; Ἐξαρ-
τᾶται. Ὅταν παίζεται ἕνα ἔργο ποὺ μᾶς ἐνδιαφέρει καὶ ἔχομε καιρό, καὶ
χρήματα φυσικά, τότε πηγαίνομε συχνότερα.
Στὴν Ἀθήνα ἔχει ἀρκετὰ θέατρα καὶ πολλοὺς κινηματογράφους. Ἀλλὰ δὲν
πηγαίνει ὅλος ὁ κόσμος στὰ θέατρα. Ὁ ἁπλὸς κόσμος γενικὰ προτιμᾶ τὸν
κινηματογράφο γιὰ διαφόρους λόγους. Μεταξὺ ἄλλων ἐπειδὴ εἶναι καὶ φθηνό-
τερος ο. (φτηνότερος).
Στὴν Ἀθήνα δίνονται καὶ συναυλίες (κοντσέρτα) καὶ γίνονται διαλέξεις. Καὶ
ἰδίως τὸ[ν] χειμῶνα. Μόνον οἱ συναυλίες τῆς Κρατικῆς Ὀρχήστρας τοῦ
Ὠδείου Ἀθηνῶν δίνονται καὶ τὸ καλοκαίρι, στὸ ὕπαιθρο, στὸ Ὠδεῖον Ἡρώδου
τοῦ Ἀττικοῦ. Ἐκεῖ στὸ ἀρχαῖο αὐτὸ Ὠδεῖον ἀπὸ κάτω ἀπὸ τὴν Ἀκρόπολι
παίζονται ἀρχαῖα δράματα τὸ καλοκαίρι. Αὐτὲς τὶς παραστάσεις τὶς ἐπισκέπτε-
ται μᾶλλον ὁ καλὸς κόσμος. Πρόπερσι ἔπαιξαν (ο. ἔδωσαν) τὸν Ἱππόλυτο
τοῦ Εὐριπίδου καὶ τὴν Ὀρέστεια τοῦ Αἰσχύλου. Τὰ εἰσιτήρια πουλιοῦνται
μεταξὺ ἄλλων καὶ μία ὥρα πρὶν ν᾽ ἀρχίση ἡ παράστασι στὸ ταμεῖο τοῦ θεάτρου.
Αὐτοὶ ποὺ ἀγοράζουν τὰ φθηνότερα (ο. φτηνότερα) εἰσιτήρια κάθονται ψηλὰ
ἐπάνω.

Wörter

ἕβδομος, -η, -ο	siebenter, e, es	ἡ διάλεξι	der Vortrag
συχνὰ	oft	μάλιστα	besonders
ἐξαρτᾶται	es kommt darauf an	ὁ χειμώνας	der Winter
ὅταν	als, wenn (zeitlich)	κρατικός, -ή, -ὸ	staatlich
παίζομαι	gespielt werden	τὸ Ὠδεῖο[ν]	das Odeon Herodes
τὸ ἔργο	das Werk	Ἡρώδου τοῦ	des Attikus
φυσικὰ	natürlich	Ἀττικοῦ	
ἀρκετός, -ή, -ὸ ἀρκετοί, -ές, -ὰ	genug	ἡ Ἀθήνα αἱ Ἀθῆναι	Athen
ὁ κινηματογράφος τὸ σινεμὰ	das Kino	τὸ καλοκαίρι	der Sommer
ὅλος ὁ κόσμος	alle Leute	ἀρχαῖος, -αία, -αῖο	antik
ὁ ἁπλὸς κόσμος	die einfachen Leute	ἀπὸ κάτω ἀπὸ	unterhalb
γενικὰ	im allgemeinen	ἡ Ἀκρόπολι[ς]	die Akropolis (die
προτιμῶ	vorziehen		Burg von Athen)
ὁ λόγος	der Grund, die Rede	τὸ δράμα	das Drama
μεταξὺ (mit Gen.)	zwischen	ἡ παράστασι	die Vorstellung
ἐπειδὴ	weil, denn	ἐπισκέπτομαι	besuchen
δίνω δίνομαι	geben gegeben werden	μᾶλλον ὁ καλὸς κόσμος	eher gebildetes Publikum
ἡ συναυλία	das Konzert	πέρυσι	voriges Jahr
τὸ κοντσέρτο		πρόπερσι	vor zwei Jahren
		ἐφέτος	heuer, dieses Jahr

τοῦ χρόνου	nächstes Jahr	πουλῶ, πουλιέμαι	kaufen, verkauft wer-
ὁ Ἱππόλυτος	Hippolytos		den
ὁ Εὐριπίδης	Euripides	τὸ ταμεῖο	die Kasse
ἡ Ὀρέστεια	die Orestie	ὁρισμένος	bestimmt
ὁ Αἰσχύλος	Aischylos	ἡ θέσι	der Platz
τὸ εἰσιτήριο	die Eintrittskarte		

ΕΡΩΤΗΣΕΙΣ: Σᾶς ἀρέσει τὸ θέατρο; Πηγαίνετε ποῦ καὶ ποῦ στὸ θέατρο; Πηγαίνετε καὶ στὸν κινηματογράφο; Εἶναι ὁ κινηματογράφος φθηνότερος (ο. φτηνότερος); Σᾶς ἐνδιαφέρουν οἱ συναυλίες; Σὲ ἐνδιαφέρουν οἱ διαλέξεις; Εἶναι τὸ Ὠδεῖον Ἡρώδου τοῦ Ἀττικοῦ ἀπὸ κάτω ἀπ' τὴν Ἀκρόπολι; Παίζουν στὸ ἀρχαῖο αὐτὸ Ὠδεῖον ἀρχαῖα δράματα; Τὰ φθηνότερα (ο. φτηνότερα) εἰσιτήρια εἶναι ψηλὰ ἐπάνω;

Zusammengesetzte Präpositionen

[ἀπὸ] ἐπάνω ἀπὸ   über, oberhalb
ἀπὸ κάτω ἀπὸ   unterhalb (alle mit dem Akk.)

ΔΙΑΛΟΓΟΣ

μεταξὺ δύο φίλων

Ἀλέκος: – Ἐπῆγες στὸν Ἱππόλυτο;
Βασίλης: – Ὄχι ἀκόμα.
Ἀ.: – Λέω νὰ πάω αὔριο τὸ βράδυ μαζὶ μὲ τὸν ἀδελφό μου. Ἔρχεσαι κι' ἐσύ;
Β.: – Πολὺ εὐχαρίστως. Μόνο[ν] ποὺ δὲν ἔχω καιρὸ νὰ φροντίσω τὰ εἰσιτήρια.
Ἀ.: – Μὴ σὲ μέλη, ἐγὼ θὰ τὰ φροντίσω.
Β.: – Ἄ μπράβο, πολὺ ὡραῖα.
Ἀ.: – Ποιὰ ἡμέρα προτιμᾶς;
Β.: – Ὅλες τὸ ἴδιο μοῦ εἶναι.
Ἀ.: – Ἄς ποῦμε τὴν Τετάρτη. Ἀπογευματινὴ ἢ βραδυνή;
Β.: – Ἄν δὲ[ν] σὲ μέλη, βραδυνὴ καλύτερα.
Ἀ.: – Σύμφωνοι. Ἔλα κοντὰ στὴν εἴσοδο τοῦ Ὠδείου ἕνα τέταρτο πρὶν νὰ ἀρχίση ἡ παράστασι.
Β.: – Μάλιστα. Καὶ σ' εὐχαριστῶ ἐκ τῶν προτέρων γιὰ τὸν κόπο σου.
Ἀ.: – Παρακαλῶ. Ἀντίο.
Β.: – Γειά σου.

Wörter

ἐπῆγα (πηγαίνω)	ich ging, ich bin gegangen	ἡ ἀπογευματινὴ	die Nachmittagsvorstellung
λέω νὰ πάω	ich habe vor zù gehen	ἡ βραδυνὴ	die Abendvorstellung
εὐχαρίστως	gern	καλύτερα	lieber
μόνον ποὺ	nur daß	σύμφωνος, -η, -ο	einverstanden
φροντίζω	sorgen	ἔλα	komm!
μπράβο	bravo	ὁ κόπος	die Mühe
λέω, ἂς ποῦμε	sagen, sagen wir!		

Ausdrücke:

γιὰ διαφόρους λόγους	aus verschiedenen Gründen
μεταξὺ ἄλλων	unter anderen, unter anderem
μὴ σὲ μέλη	mach dir keine Sorgen, kümmere dich nicht!
ἂν δὲ[ν] σὲ (ο. σᾶς) μέλη	wenn es dir (o. Ihnen, euch) nichts ausmacht
ἐκ τῶν προτέρων	im voraus

Das Adjektiv

(Τὸ ἐπίθετο)

Das Adjektiv muß in Geschlecht, Zahl und Fall mit dem zugehörigen Substantiv übereinstimmen, auch in prädikativer Anwendung.

ἡ δυνατὴ φωνὴ   ἡ φωνὴ εἶναι δυνατὴ
τὰ ὡραῖα λουλούδια   τὰ λουλούδια εἶναι ὡραῖα

Das Adjektiv wird nach Geschlecht und Endung wie das entsprechende Substantiv dekliniert. Nur die Adjektive auf -ὺς u. -ὴς haben ihre eigene Deklination, sowie die aus der Schrspr. in die Volksspr. übernommenen.

Klasse der Adjektive: auf -ος, -η, -ο

Sing. Nom.	ὁ	καθαρὸς	ἡ καθαρὴ	τὸ	καθαρὸ
Gen.	τοῦ	καθαροῦ	τῆς καθαρῆς	τοῦ	καθαροῦ
Akk.	τὸν	καθαρὸ	τὴν καθαρὴ	τὸ	καθαρὸ
Vok.		καθαρὲ	καθαρὴ		καθαρὸ

Plur. Nom.	οἱ καθαροὶ	οἱ καθαρὲς	τὰ καθαρὰ
Gen.	τῶν καθαρῶν	τῶν καθαρῶν	τῶν καθαρῶν
Akk.	τοὺς καθαροὺς	τὶς καθαρὲς	τὰ καθαρὰ
Vok.	καθαροὶ	καθαρὲς	καθαρὰ

der, die, das reine, saubere

Sing. Nom.	ὁ νόστιμος	ἡ νόστιμη	τὸ νόστιμο
Gen.	τοῦ νόστιμου	τῆς νόστιμης	τοῦ νόστιμου
Akk.	τὸν νόστιμο	τὴν νόστιμη	τὸ νόστιμο
Vok.	νόστιμε	νόστιμη	νόστιμο
Plur. Nom.	οἱ νόστιμοι	οἱ νόστιμες	τὰ νόστιμα
Gen.	τῶν νόστιμων	τῶν νόστιμων	τῶν νόστιμων
Akk.	τοὺς νόστιμους	τὶς νόστιμες	τὰ νόστιμα
Vok.	νόστιμοι	νόστιμες	νόστιμα

der, die, das hübsche, geschmackvolle, schmackhafte

τὰ παιδάκια αὐτὰ εἶναι νόστιμα	diese Kinder sind hübsch
τὸ κρέας σήμερα εἶναι νόστιμο	das Fleisch ist heute schmackhaft
τὸ ὕφασμα εἶναι νόστιμο	der Stoff ist hübsch, geschmackvoll

Danach werden dekliniert: ἀκριβός, γερμανικός, δυνατός, ἑλληνικός, φθηνός (ο. φτηνός) δεύτερος, τέταρτος, ἔβδομος u. a.

Die Adjektive auf -ος, deren Stamm auf einen Konsonanten auslautet, bilden gewöhnlich die weibliche Form auf -η.
Das Adjektiv behält die Betonung in allen Fällen des Sing. und Plur. auf der gleichen Silbe wie im Nom. Sing.:

ἀπὸ τοὺς πλούσιους ἀνθρώπους   von den reichen Menschen

Substantivierte Adjektive jedoch werden wie die Substantive betont:

τὰ σπίτια τῶν πλουσίων   die Häuser der Reichen

Klasse der Adjektive: auf -ος, -α, -ο

| Sing. Nom. | ὁ παλιὸς | ἡ παλιὰ | τὸ παλιὸ |

der, die das alte (im Gegensatz zu neu)

| Sing. Nom. | ὁ ἀστεῖος | ἡ ἀστεία | τὸ ἀστεῖο |

der, die, das komische, witzige
τὸ ἀστεῖο (der Spaß, der Witz)

| Sing. Nom. | ὁ ὅμοιος | ἡ ὅμοια | τὸ ὅμοιο |

Dativ s. S. 23   der, die, das ähnliche, gleiche

Die Adjektive auf -ος, deren Stamm auf einen Vokal oder Doppellaut auslautet, bilden die weibliche Form auf -α, die wie die weibl. Substantive auf -α dekliniert wird.

Z. B.: νέος (jung) -νέα, ὡραῖος (schön) -ὡραία, ἅγιος (heilig) -ἅγια, u. a.

Sonderklasse der Adjektive auf -ός, -ιά, -ò

Es ist nur eine kleinere Gruppe, bei der die weibl. Form im Sing. auf -ιά u. selten auf -ή endigt: ὁ γλυκός, ἡ γλυκιά, τὸ γλυκὸ (süß). Gen. τῆς γλυκιᾶς, Akk. τὴν γλυκιά. Im Plural verschwindet das ι: οἱ γλυκές. Hierher gehören Adjektive auf -κός, -χός, -νός, u. ξανθός (blond).

STELLUNG DES ADJEKTIVS

In der Regel steht das Adjektiv vor dem Substantiv:

ἡ βραδυνὴ παράστασι   die Abendvorstellung
ἡ ξάστερη νύχτα   die sternenklare Nacht

Nachgestellt wird das Adjektiv, wenn es hervorgehoben wird, sowohl in attributiver wie in prädikativer Anwendung. Im ersten Fall wird der bestimmte Artikel wiederholt.

τὸ θέατρο τὸ καλὸ εἶναι σπάνιο   das gute Theater ist selten
ἔφεραν τὸν ἠθοποιὸ ἄρρωστο   man brachte den Schauspieler krank
στὸ σπίτι   nach Hause

(Ausdrücke mit Adjektiven s. gr. L. S. 66)

I. Deklination: Klasse der Maskulina auf -ας (ungl.)

		A.		B.	C.
Sing.	Nom.	ὁ	παπὰς	ὁ μπάρμπας	ὁ τσέλιγγας
	Gen.	τοῦ	παπᾶ	τοῦ μπάρμπα	τοῦ τσέλιγγα
	Akk.	τὸν	παπὰ	τὸν μπάρμπα	τὸν τσέλιγγα
	Vok.		παπὰ	μπάρμπα	τσέλιγγα
Plur.	Nom.	οἱ	παπάδες	οἱ μπαρμπάδες	οἱ τσελιγγάδες
	Gen.	τῶν	παπάδων	τῶν μπαρμπάδων	τῶν τσελιγγάδων
	Akk.	τοὺς	παπάδες	τοὺς μπαρμπάδες	τοὺς τσελιγγάδες
	Vok.		παπάδες	μπαρμπάδες	τσελιγγάδες
			der Priester	der Onkel	der Hirte (auch als Besitzer einer Herde)

Danach werden dekliniert: ὁ ψωμᾶς (der Bäcker), ὁ ρήγας (der König bei den Spielkarten), ὁ χότζας (der muselman. Priesterlehrer) ὁ πρωτόπαπας (der Erzpriester) u.a.
Bei A bleibt der Akzent immer auf der gleichen Silbe.
Bei B und C rückt im Plural der Akzent auf die zweitletzte Silbe.

I. Deklination: Klasse der Maskulina auf -ης (ungl.)

		A.		B.		C.	
Sing.	Nom.	ὁ	παπουτσὴς	ὁ	παπούλης¹	ὁ	φούρναρης
	Gen.	τοῦ	παπουτσῆ	τοῦ	παππούλη	τοῦ	φούρναρη
	Akk.	τὸν	παπουτσὴ	τὸν	παππούλη	τὸν	φούρναρη
	Vok.		παπουτσὴ		παππούλη		φούρναρη
Plur.	Nom.	οἱ	παπουτσῆδες	οἱ	παπούληδες	οἱ	φουρνάρηδες
	Gen.	τῶν	παπουτσῆδων	τῶν	παπούληδων	τῶν	φουρνάρηδων
	Dat.	τοὺς	παπουτσῆδες	τοὺς	παπούληδες	τοὺς	φουρνάρηδες
	Akk.		παπουτσῆδες		παπούληδες		φουρνάρηδες
		der Schuhmacher		das Großväterchen		der Bäcker	

Danach werden dekliniert: ὁ καφετζὴς (der Cafébesitzer), ὁ βαρκάρης (der Bootsmann), ὁ Δούναβης (die Donau) u.a.

Bei A und B bleibt der Akzent auf derselben Silbe in allen Fällen des Sing. und Plur.

Bei C rückt er im Plur. auf die drittletzte Silbe.

I. Deklination: Sonderklasse der Maskulina auf -εὺς oder -έας

Sing.	Nom.	ὁ κουρεὺς (καθ.)	– κουρέας (δημ.)	Plur.	Nom.	οἱ κουρεῖς	
	Gen.	τοῦ κουρέως	– κουρέα		Gen.	τῶν κουρέων	
	Akk.	τὸν κουρέα	– κουρέα		Akk.	τοὺς κουρεῖς	
			der Friseur				

Danach werden dekliniert: ὁ γραμματεὺς (der Sekretär), ὁ συγγραφεὺς (der Schriftsteller) u.a. Die weibl. Form kommt durch den Artikel ἡ zustande: ἡ γραμματεύς, ἡ συγγραφεύς. Für „König" sagt man: βασιλιὰς – Pl. βασιλιάδες oder (καθ.) βασιλεὺς – βασιλεῖς.

---

¹ Die sehr alten Leute aus dem Volke werden mit παππούλη (Vok.) angesprochen.

Zeitwort

Formen und Konjugationen

Das neugriechische Verb hat zwei Formen:

1. Eine aktive Form auf -ω oder -ῶ: λύνω (lösen), πετῶ (fliegen).

2. Eine pass.-refl. Form auf -μαι, d. h. auf -ομαι, -ιέμαι oder -οῦμαι: ἀκούομαι (gehört werden), ἀγαπιέμαι (geliebt werden), κινοῦμαι (sich bewegen).

Die Verben auf -ω und -ομαι bilden die I. Konjugation, die auf -ῶ, -ιέμαι und -οῦμαι die II. Konjugation.

Das aktive Verb

Das aktive Verb hat gewöhnlich eine aktive Bedeutung und kann transitiv oder intransitiv sein.

Transitiv: ἀγαπῶ τὸν ἥλιο (ich liebe die Sonne)
βλέπω τὸν ὁρίζοντα (ich sehe den Horizont)

Intransitiv: ἀναπνέω βαθιὰ (ich atme tief)
ζῶ σ' ἕνα νησὶ (ich lebe auf einer Insel)

Die Grenze zwischen transitiv und intransitiv ist aber nicht immer scharf gezogen und das gleiche Verb kann neben der transitiven auch eine intransitive Bedeutung haben: ὁ ἀέρας ἀνοίγει τὸ παράθυρο (der Wind öffnet das Fenster); ἡ πόρτα ἀνοίγει (die Tür geht auf); πιάνω τὸ τόπι (ich fange den Ball); τὸ πλοῖο πιάνει (das Schiff legt an).
Umgekehrt kann ein intransitives Verb wie κλαίω (weinen) auch eine transitive Bedeutung haben: κλαίω τὸν ἄνθρωπο ποὺ ἔχασα (ich beweine den Menschen, den ich verlor).
Daneben kann ein aktives transitives Verb auch eine reflexive (intransitive) Bedeutung haben: γυρίζω τὸ φύλλο (ich wende das Blatt) γυρίζω καὶ τοῦ λέω) ich wende mich zu ihm und sage ihm).

ΔΙΑΛΟΓΟΣ

στὸ ταμεῖο τοῦ θεάτρου μισὴ ὥρα πρὶν ν' ἀρχίση ἡ παράστασι μεταξὺ ἑνὸς ξένου καὶ τοῦ ταμία

– Ξένος: – Μήπως ἔχετε ἕνα εἰσιτήριο τῶν 25 δραχμῶν;
– Ταμίας: Δυστυχῶς, ὄχι. Μόνον τῶν 15 δραχμῶν πάνω – πάνω (ganz oben).
– Ξ.: Καλά, δῶστε μου τρία εἰσιτήρια.

AUFGABE:

Konjugieren Sie schriftlich das Präsens von: ἐπισκέπτομαι (besuchen).

AUFGABE 11: Μετάφρασι:

Gehen Sie manchmal ins Theater? Oh, (῍Ω,) wenn ich Zeit und Geld habe, gehe ich regelmäßig ins Theater. Das Theater, wissen Sie, interessiert mich sehr in jeder Form (σὲ κάθε του μορφή). Besuchen Sie auch die Vorstellungen στὸ ᾽Ωδεῖον ῾Ηρώδου τοῦ ᾽Αττικοῦ? Natürlich. Ich besuche sie immer. Welche antike Dramen spielte man dort in diesem Jahr (ἐφέτος)? Dort werden im Sommer auch Konzerte gegeben. Die Menschen (ὁ κόσμος) sitzen im Freien und über ihnen ist die sternklare Nacht von Attika (τῆς ᾽Αττικῆς). Wann beginnt die Vorstellung? Die Abendvorstellung um 10 Uhr, glaube ich (νομίζω). Ein fremder Student sagt: Ich, wissen Sie, nehme immer die billigste Karte. Es gefällt mir sehr, im Freien unterhalb der Akropolis zu sitzen (μοῦ ἀρέσει νὰ κάθωμαι).

Ausdruck:

ἡ ψυχή μου μπῆκε
στὴ θέσι της

ich habe aufgeatmet (w.: meine Seele kam auf ihren Platz zurück)

῍Ογδοο μάθημα

VIII

Τέσσερεις εἶναι οἱ ἐποχὲς τοῦ ἔτους: ἡ ἄνοιξη, τὸ καλοκαίρι, τὸ φθινόπωρο καὶ ὁ χειμώνας. Τὸ[ν] χειμώνα κάνει κρύο στὴν ῾Ελλάδα, ἀλλὰ βέβαια ὄχι τόσο ὅσο στὴ[ν] Γερμανία. Τὸ κρύο στὴν ῾Ελλάδα εἶναι πιὸ ψιλὸ (ο. ψιλότερο) καὶ πιὸ διαπεραστικὸ ἀπὸ τὸ κρύο τῆς Γερμανίας. Οἱ ξένοι σκέπτονται τότε πολλὲς φορές: ῍Αχ, δὲν τὸ ξέραμε αὐτὸ πῶς κάνει τόσο κρύο στὴν ᾽Αθήνα. Γιατί ἀφήσαμε τὴ[ν] γούνα μας στὴν πατρίδα μας; ῍Αλλη φορὰ πάλι τυχαίνει νὰ εἶναι ὡραῖος καιρὸς ὁλόκληρο τὸ[ν] χειμώνα. Λὲς καὶ εἶναι ἄνοιξη. ῍Οταν λοιπὸν κάνη κρύο, βάζομε τὸ χοντρό μας παλτὸ καὶ τὰ ζεστά μας γάντια. ῍Οταν βρισκόμαστε σὲ ζεστὸ δωμάτιο βγάζομε τὸ παλτὸ καὶ τὰ γάντια. Καὶ πῶς εἶναι στὴν ῾Ελλάδα τὸ καλοκαίρι; Εἶναι χίλιες φορὲς πιὸ ζεστὸ (ο. ζεστότερο) παρὰ στὴ[ν] Γερμανία. Στὶς ἀρχὲς ᾽Οκτωβρίου ἔχομε τὰ πρωτοβρόχια, δηλαδὴ τὶς πρῶτες βροχές. Βρέχει. ῾Η γῆ μυρίζει τότε πολὺ δυνατά. Τὴ[ν] μυρουδιὰ αὐτὴ τῆς βρεγμένης γῆς ἔπειτα ἀπὸ τὴ[ν] μεγάλη ξηρασία τοῦ καλοκαιριοῦ δὲν τὴν ξεχνάει κανεὶς ποτὲ πιὰ στὴ[ν] ζωή του.

Τὸν ἄνθρωπο αὐτὸν δὲν τὸν γνωρίζω προσωπικῶς, μόνον ἐξ ὄψεως, γιατὶ κάθεται στὴ[ν] γειτονιά μας. Τὸ σπίτι του εἶναι κοντὰ στὸ σχολεῖο τῆς γειτονιᾶς. "Οταν γυρίζῃ ἀπ' τὸ γραφεῖο του καὶ εἶναι ἀφηρημένος, κάνει λάθος ποῦ καὶ ποῦ καὶ πηγαίνει ἀριστερά, ἐνῶ τὸ σπίτι του εἶναι δεξιά. Οἱ γονεῖς στέλνουν συνήθως τὰ μικρὰ παιδιὰ στὸ δημοτικὸ σχολεῖο τῆς γειτονιᾶς. Τὰ μεγαλύτερα παιδιὰ ὅμως πηγαίνουν ἢ στὸ γυμνάσιο ἢ σὲ μία ἐμπορικὴ σχολὴ ἢ μαθαίνουν μία τέχνη. Οἱ φοιτηταὶ καὶ οἱ φοιτήτριες σπουδάζουν ἢ στὸ πανεπιστήμιο ἢ στὸ πολυτεχνεῖο ἢ σὲ ἄλλες ἀνώτατες σχολές.

Wörter

ὄγδοος, -η, -ο	achter, e, es	ἡ μυρουδιὰ	der Geruch
ἡ ἐποχὴ	die Jahreszeit	βρεγμένος, -η, -ο	naß
τὸ φθινόπωρο	der Herbst	ἔπειτα ἀπὸ	nach (zeitlich)
(ο. φτινόπωρο)		ἡ ξηρασία	die Trockenheit
τὸ κρύο	die Kälte	ξεχνῶ ο. -άω	vergessen
τόσο . . . ὅσο	so . . . wie, soviel . . .	ἡ ζωὴ	das Leben
	wie	γνωρίζω, Α.	kennen, kennen lernen
ψιλός, -ή, -ὸ	fein	[ἐ]γνώρισα	
ψιλότερος ο. πιὸ	feiner (Komparativ)	προσωπικῶς	persönlich
ψιλὸς		ἐξ ὄψεως	vom Sehen aus
διαπεραστικός,-ή,-ὸ	durchdringend	κάθομαι	wohnen, sitzen, sich
σκέπτομαι	denken		setzen
τόσος, -η, -ο	so, soviel	ἡ γειτονιὰ	die Nachbarschaft
ἀφήνω, Aor.	lassen	κοντὰ σὲ	neben
ἄφησα		γυρίζω, [ἐ]γύρισα	zurückkehren
ἡ γούνα	der Pelz	τὸ γραφεῖο	das Büro
ἡ πατρίδα	die Heimat, das Va-	ἀφηρημένος, -η, -ο	zerstreut
	terland	τὸ λάθος, κάνω	der Fehler, sich irren
τυχαίνει νὰ εἶναι	zufällig sein	λάθος	
ὁ καιρὸς	das Wetter, die Zeit	ἀριστερὰ	links
ὁλόκληρος, -η, -ο	ganz	δεξιὰ	rechts
βάζω, Aor. ἔβαλα	anziehen, stellen, le-	τὸ δημοτικὸ	die Volksschule
	gen, stecken	σχολεῖο	
τὸ παλτὸ	der Mantel	τὸ δημοτικὸ	das Volkslied
χοντρός, -ή, -ὸ	dick	τραγούδι	
ζεστός, -ή, -ὸ	warm	μεγαλύτερος, -η, -ο	größer
τὸ γάντι	der Handschuh	τὸ γυμνάσιο	das Gymnasium
βγάζω, Aor.	ausziehen	ἡ ἐμπορικὴ σχολὴ	die Handelsschule
ἔβγαλα		ἡ τέχνη	das Handwerk, die
πῶς;	wie?		Kunst
παρὰ	als	σπουδάζω, Α.	studieren
ἡ βροχὴ	der Regen	[ἐ]σπούδασα	
βρέχει, Aor. ἔβρεξε	es regnet	τὸ πανεπιστήμιο	die Universität
ἡ γῆ	die Erde	τὸ πολυτεχνεῖο	die Technische Hoch-
μυρίζω, Α.	riechen		schule
[ἐ]μύρισα		ἡ ἀνωτάτη σχολὴ	die Hochschule

ΕΡΩΤΗΣΕΙΣ: Ποιά είναι ή πρώτη (die erste) έποχή του έτους; Ποιές είναι οί άλλες έποχές του έτους; Κάνει τὸ[ν] χειμώνα πολύ κρύο στήν Γερμανία; Κάνει καί στήν Ἑλλάδα κρύο τὸ[ν] χειμώνα; "Οταν κάνη πολύ κρύο βάζετε τὸ χοντρό παλτό σας καί τά ζεστά σας γάντια; "Οταν είσθε (είστε) σέ ζεστό δωμάτιο βγάζετε τὸ παλτό σας καί τά γάντια σας; Είναι τὸ καλοκαίρι στήν Ἑλλάδα χίλιες φορές πιὸ ζεστὸ (ο. ζεστότερο) παρά στὴ[ν] Γερμανία;

Κάθεται ή κυρία τάδε (soundso) στὴ[ν] γειτονιά σας; Τὴ[ν] γνωρίζετε λοιπόν έξ ὄψεως καί ὄχι προσωπικῶς; "Εχετε στὴ[ν] γειτονιά σας δημοτικὸ σχολεῖο; Ποιά παιδιά μαθαίνουν μία τέχνη; Ποιά παιδιά πηγαίνουν στὸ γυμνάσιο ἤ σὲ μία έμπορική σχολή; Ποῦ σπουδάζουν οἱ φοιτηταί καί οἱ φοιτήτριες;

II. Deklination: Klasse der Feminina auf -ι oder -n

Sing.	Nom.	ή	πόλι	– πόλη	ή	άπάντησι	– άπάντηση
	Gen.	τῆς	πόλεως	– πόλης	τῆς	άπαντήσεως	– άπάντησης
	Akk.	τήν	πόλι	– πόλη	τήν	άπάντησι	– άπάντηση
	Vok.		πόλι	– πόλη		άπάντησι	– άπάντηση
Plur.	Nom.	οί	πόλεις		οί	άπαντήσεις	
	Gen.	τῶν	πόλεων		τῶν	άπαντήσεων	
	Akk.	τὶς	πόλεις		τὶς	άπαντήσεις	
	Vok.		πόλεις			άπαντήσεις	
			die Stadt			die Antwort	

(Dativ s. S. 23)

Es werden danach dekliniert: ή θέσι (der Platz, die Lage), ή λέξι (das Wort), ή άπόδειξι (die Quittung, der Beweis), ή διάλεξι (der Vortrag) ή Ἀκρόπολι (die Burg von Athen) u. a. (s. gr. L. §§ 95–98)

Da die Schreibweise der strengeren δημοτικὴ auf -η die gleiche Endung wie die große Gruppe der weiblichen Substantive auf -η (Plur. -ες) hat, werden in diesem Lehrbuch alle Substantive dieser Klasse mit -ι geschrieben, damit der Plural auf -εις richtig gebildet werden kann.

Zeitwort

I. Konjugation: Imperfekt und Aorist der Verben auf -ω

A) BILDUNG DES IMPERFEKTS

durch 1. das Augment έ- (= syllabisches Augment)

2. den Stamm

3. die Endung -α

z. B. : τρέχ-ω   ἔ-τρεχ-α   laufen
        κόβ-ω   ἔ-κοβ-α   schneiden
        διαβάζ-ω   ἐ-διάβαζ-α   lesen
        φεύγ-ω   ἔ-φευγ-α   weggehen

Sing.	1. Pers.	ἔκοβ-α	Plur.	1. Pers.	ἐκόβ-αμε
	2. Pers.	ἔκοβ-ες		2. Pers.	ἐκόβ-ατε
	3. Pers.	ἔκοβ-ε		3. Pers.	ἔκοβ-αν

Das Imperfekt wird in der 1. Pers. Sing. immer auf der drittletzten Silbe betont, sein Stamm ist der *Präsensstamm*.

B) BILDUNG DES AORIST

durch 1. das Augment ἐ- (= syllabisches Augment)
       2. den Stamm
       3. die Endung -σα oder -α

z. B. : τρέχ-ω   ἔτρεχ-σα (χ + σ = ξ) ἔτρεξα   πηγαίνω   ἐπῆγα
        κόβ-ω   ἔκοβ-σα (β + σ = ψ) ἔκοψα   στέλνω   ἔστειλα
        διαβάζ-ω   ἐδιάβα-σα   φεύγω   ἔφυγα

Verben, die mit einem Vokal beginnen, nehmen kein Augment an:

        ἀκούω   ἄκουα   ἄκουσα   hören
        ἀνάβω   ἄναβα   ἄναψα   anzünden

Das Augment kann auch wegfallen, jedoch nicht, wenn es betont ist, wie bei ἔκοψα, ἔτρεξα, ἔφυγα.
Gewöhnlich fällt das Augment weg, wenn die entstehende Verbalform mehr als drei Silben hat. So sagt man φύγαμε und ἐφύγαμε, κόψαμε und ἐκόψαμε, διάβασα und ἐδιάβασα usw. (s. § 53).

Sing.	1. Pers.	ἄκου-σα	Sing.	1. Pers.	ἔφυγ-α
	2. Pers.	ἄκου-σες		2. Pers.	ἔφυγ-ες
	3. Pers.	ἄκου-σε		3. Pers.	ἔφυγ-ε
Plur.	1. Pers.	ἀκού-σαμε	Plur.	1. Pers.	ἐφύγ-αμε
	2. Pers.	ἀκού-σατε		2. Pers.	ἐφύγ-ατε
	3. Pers.	ἄκου-σαν		3. Pers.	ἔφυγ-αν

Man unterscheidet also einen Aorist, der mit einem σ gebildet ist (sigmatischer Aorist) und einen ohne σ (sigmaloser Aorist). Die meisten Verben haben einen Aorist auf -σα. Diese Endung in Verbindung mit dem jeweiligen Stammauslaut verschmilzt zu einem -ξα oder -ψα. Sein Stamm ist der sogenannte *Aoriststamm*; hier: ἄκουσ-, φυγ-.

C) BEDEUTUNG DES IMPERFEKTS

Das Imperfekt bezeichnet den zeitlich nicht begrenzten oder sich wiederholenden Verlauf einer Handlung in der Vergangenheit oder einen nicht abgeschlossenen Zustand. Es drückt also aus:

1. die Wiederholung (auch die Gewohnheit)
2. die Dauer der Handlung oder des Zustandes

1. πέρυσι ἔγραφα κάθε μέρα στὸν πατέρα μου	voriges Jahr schrieb ich täglich meinem Vater
ὅταν ἤμουν μικρὸς ἐπήγαινα στὸ σχολεῖο	als ich klein war, ging ich in die Schule
2. χθὲς ἔγραφα ὅλη τὴν ἡμέρα τότε ἔβλεπα πάντοτε τοὺς δικούς μου	gestern schrieb ich den ganzen Tag damals sah ich immer meine Leute

Die deutsche Sprache kennt diese Festlegung der Bedeutung des Imperfekts auf die Wiederholung oder Dauer eines Zustandes oder einer Handlung nicht (s. a. gr. L. § 217).

D) BEDEUTUNG DES AORIST

Eine einmalige – auch momentane – in der Vergangenheit abgeschlossene Handlung. Die Einmaligkeit der Handlung kann tatsächlich sein: ἐπῆγα ἐκεῖ (ich ging hin), χθὲς ἔγραψα τὸ γράμμα (gestern schrieb ich den Brief). Sie kann aber auch – wenigstens dem Wortlaut nach – auch wiederholt sein: τὸ εἶπα πολλὲς φορὲς (ich sagte es viele Mal). Ebenso kann sich die Handlung auf einen langen Zeitraum erstrecken: ἔμεινα πολὺ καιρὸ ἐκεῖ (ich blieb lange dort).
Die Entscheidung, ob Imperfekt oder Aorist angewandt werden muß, fällt dann für den Aoriststamm, wenn die Handlung als etwas Ganzes, Zusammengefaßtes und damit als etwas Einmaliges und in der Vergangenheit Abgeschlossenes empfunden und angesehen wird. (s. § 56 u. gr.L. § 218).
Der Unterschied, der durch die unter sich verschiedenen Formen des Imperfekts und Aorists zum Ausdruck kommt, wird als Unterschied der Aktionsarten bezeichnet. Der Aorist ist auch die gewöhnliche Zeitform für die fortschreitende Erzählung: πῆγε, τὸν βρῆκε, τὰ εἶπανε κι' ἔφυγε πάλι: er ging (hin), traf ihn an, sie sprachen von ihren Angelegenheiten und er ging wieder weg.

Weitere Beispiele mit Aorist:

ἡ Ἑλληνίδα αὐτὴ ἐσπούδασε στὸ πανεπιστήμιο τοῦ Μονάχου	Diese Griechin hat an der Universität München studiert
ποῦ ἐγνωρίσατε αὐτὸν τὸν Ἕλληνα φοιτητή;	wo haben Sie diesen griechischen Studenten kennengelernt?
τί ὥρα ἐγυρίσατε χθὲς τὸ βράδυ στὸ σπίτι;	um wieviel Uhr sind Sie gestern abend nach Hause zurückgekehrt?

Verben auf -ω mit sigmatischem Aorist (-σα)

Stammauslaut im Präsens +-σα	Präsens	Aorist	
I. Vokal + -σα = Vokal + -σα	ἀκούω	– ἄκουσα	(hören)
II. Labial π πτ β φ φτ +-σα	ῥάβω	– ἔραψα	(nähen)
= ψα oder υ +-σα (bei	παύω	– ἔπαψα u.	
den Verben auf -αύω u.		ἔπαυσα	(aufhören)
-εύω = -αψα o. -αυσα u.	παντρεύω	– (ἐ)πάντρεψα	(verheiraten)
-εψα o. seltener -ευσα	δημοσιεύω	– (ἐ)δημοσίευσα	(veröffentlichen)
III. Guttural κ γ γγ χ χν +-σα = -ξα	διαλέγω	– (ἐ)διάλεξα	(auswählen)
IV. Einfacher Dental τ δ ϑ	πείϑω	– ἔπεισα	(überzeugen)
+-σα = -σα o. Zischlaut	ἀρέσω	–- ἄρεσα	(gefallen)
σ σσ (ττ), ζ; σ+-σα = -σα			
σσ (ττ) + -σα = -ξα	πλήττω	– ἔπληξα	(sich langweilen)
ζ +-σα = σα	διαβάζω	– (ἐ)διάβασα	(lesen)
u. seltener = -ξα	φωνάζω	– (ἐ)φώναξα	(rufen)

V. Der größte Teil der Verben auf -νω

1. a) Verben auf -ώνω Aorist -ωσα	δηλώνω	– [ἐ]δήλωσα	(melden)
b) Zweisilbige Verben auf -νω u. ἀφήνω	δένω ἀφήνω	– ἔδεσα – ἄφησα:	(binden) (lassen)

2. Verben auf -αίνω;

3 kleine Gruppen

a) -αίνω Aorist-ασα	χορταίνω	– [ἐ]χόρτασα	(satt werden)
b) -αίνω Aorist-αξα	βυζαίνω	– [ἐ]βύζαξα	(stillen)
c) -αίνω Aorist-ησα	ἀρρωσταίνω	– ἀρρώστησα	(krank werden)

3. Verben auf -άνω o. -αίνω Aor. -ησα	ἁμαρτάνω ἁμαρταίνω }	– ἁμάρτησα	(sündigen)

(s. gr. L. S. 445–461)

Verben auf -ω mit sigmalosem Aorist (-α)

I. Mit verschiedenem Aoriststamm: βλέπω – εἶδα (sehen), λέγω – εἶπα (sagen), τρώγω – ἔφαγα (essen) u. auch ἔρχομαι – ἦλθα (kommen).

II. Mit etwas verändertem Aoriststamm: φεύγω – ἔφυγα (weggehen), βάζω – ἔβαλα (legen, stellen, anziehen), βγάζω – ἔβγαλα (herausnehmen, ausziehen), πίνω – ἤπια (trinken), κάνω – ἔκανα o. ἔκαμα (tun, machen).

III. 1. Mit Stammauslaut λ ρ μ (mit oder ohne ν), ν; Aorist auf -λα, -ρα, -μα, -να, oft mit verändertem Stammvokal: μένω-ἔμεινα (bleiben). Soweit diese Verben nicht bestimmten Gruppen angehören, die hier unten angeführt sind, sind sie unter den unregelmäßigen Verben (s. § 63) zu finden, mit Ausnahme von φέρνω-ἔφερα (bringen), Komposita -φέρω-[-έ]φερα.

Diese Gruppen sind:

2. a) Verben (Fremdwörter) auf -άρω u. -ίρω, Aor. -αρα u. -ιρα oder -άρισα u. -ίρισα: μπαρκάρω-μπάρκαρα u. μπαρκάρισα (sich einschiffen)

b) Verben auf -ύνω (-ίνω, -είνω), (-ένω) Aorist: -να:　εὐκολύνω-εὐκόλυνα (erleichtern)

c) Verben auf -αίνω Aorist -υνα:　βαραίνω-[ἐ]βάρυνα (schwer werden, sein)

d) Verben auf -αίνω Aorist -ανα: (gr. L. S. 462–467)　ζεσταίνω-[ἐ]ζέστανα (wärmen)

Verben auf -σκω

Eine kleine Gruppe von Verben auf -σκω steht für sich. Sie sind mit Ausnahme von πρήσκω o. πρήζω-Aor. ἔπρηξα (ärgern) u. χάσκω-ἔχασκα (gaffen) (nur im Präsens u. Imperf.), unter den unregelmäßigen Verben zu finden (s. § 63). Ausdrücke u. Beispiele mit den Verben auf -ω (s. gr. L. S. 468–480).

Imperfekt von εἶμαι = sein

Sing.	1. Pers.	ἤμουν	Plur.	1. Pers.	ἤμαστε
	2. Pers.	ἤσουν		2. Pers.	ἤσαστε
	3. Pers.	ἦταν, ἤτανε		3. Pers.	ἦταν, ἤτανε, ἦσαν

AUFGABE 12: Μετάφρασι:

Πέρυσι ἐκάπνιζα (20) εἴκοσι τσιγάρα τὴν ἡμέρα. Σήμερα ἐκάπνισα μόνον τρία ἢ τέσσερα τσιγάρα. Τότε ποὺ ἤμουν στὴν Ἑλλάδα ἐσπούδαζα ἀρχαιολογία. Τί ἐσπουδάσατε; Ἐσπούδασα ἰατρική. Ὅταν ἤμουν στὴν Γερμανία, ἄρχιζαν πάντα οἱ συναυλίες στὶς ὀκτὼ τὸ βράδυ (= 8 μ. μ.). Τὸ μάθημα (der Unterricht) δὲν ἄρχισε ἀκόμη. Τί ὥρα ἐγύρισες σπίτι; Ἐγύριζα τότε συχνὰ ἐνωρίς. Ὅταν ἔκανε κρύο τὸ[ν] χειμώνα, ἔβαζα πάντοτε τὸ ζεστὸ παλτὸ καὶ τὰ ζεστὰ γάντια. Ἔβαλα τὴ[ν] ζακέττα μου. Ὅταν ἤμουν παιδὶ ἔπαιζα ὅλη τὴν ἡμέρα. Ἕνας μουσικὸς λέει: ἔπαιξα μία σονάτα τοῦ Μπετόβεν. Ἡ φοιτήτρια ἐπήγαινε πέρυσι κάθε μέρα στὸ Ὠδεῖον. Προχθὲς ἐπῆγα σὲ μία συναυλία.

AUFGABE 13: Μετάφρασι:

Als (ὅταν) ich zurückkehrte, war niemand zu Hause. Immer wenn ich zurückkehrte, war es sehr spät. Wir sind vorgestern nachmittag zurückgekehrt. Wo ich studiert habe? Ich studierte in einem fremden Land (ἡ χώρα), in Frankreich (ἡ Γαλλία). Ich lernte den Studenten voriges Jahr kennen. Ich kannte sie alle (ὅλοι) von früher (ἀπὸ πρίν). Die Eltern schickten damals ihre Kinder in die Volksschule. Ich schickte den Schüler nach Hause, da er krank (ἄρρωστος) war. Ich blieb gestern nachmittag in der Universität. Mit wem gingst du damals oft ins Theater? Mit wem gingst du gestern ins Theater? Gestern bin ich mit meinen Leuten (meinen Angehörigen) ins Theater gegangen. Interessierte dich damals das Kino (σὲ ἐνδιέφερε)?

Ausdruck:

ὅλα κι' ὅλα   das geht zu weit

"Εννατο μάθημα

IX

ΤΑ ΚΕΝΤΡΑ

Τὸ βράδυ, ὅταν θέλωμε νὰ ξεκουρασθοῦμε (ο. ξεκουραστοῦμε), πηγαίνομε σὲ κανένα κέντρο. Δηλαδὴ σὲ κανένα καφενεῖο, ἑστιατόριο, ζαχαροπλαστεῖο, σὲ καμιὰ μπυραρία ἢ σὲ καμιὰ κοσμικὴ ἢ ἀπόκεντρη ταβέρνα.
Στὴν Ἑλλάδα πηγαίνουν περισσότερο οἱ ἄνδρες στὰ καφενεῖα. Παραγγέλνουν ἕναν καφὲ ἢ τίποτε ἄλλο, διαβάζουν τὶς ἐφημερίδες, παίζουν τάβλι. Τὰ καφενεῖα εἶναι ἀνοικτὰ ὅλη τὴν ἡμέρα.
Στὰ γερμανικὰ καφενεῖα ἀνταποκρίνονται τὰ ζαχαροπλαστεῖα.
"Οταν μπαίνωμε σ' ἕνα ἑστιατόριο ἢ σὲ μία ταβέρνα καὶ εἶναι χειμώνας, βγάζομε τὸ παλτό μας. Καθόμαστε σ' ἕνα τραπέζι. Στὸ γκαρσόνι ποὺ ἔρχεται, λέμε: «Τὸν κατάλογο, παρακαλῶ». Ξέρομε λίγα ἑλληνικά. Λέμε λοιπὸν στὸν ἑαυτό μας: «κουράγιο» ἢ «θάρρος» καὶ ἀρχίζομε νὰ διαβάζωμε. Παραγγέλνομε πρῶτα μία μερίδα φαγητὸ γιὰ τὸν καθένα μας καὶ ἔπειτα τρεῖς μερίδες φροῦτο. Παραγγέλνομε καὶ ἕνα τέταρτο κιλὸ ἢ ἕνα κάρτο ρετσίνα. "Οταν δὲν ξέρωμε ἀρκετὰ ἑλληνικά, κοιτάζομε τί τρῶν οἱ ἄλλοι, τὸ δείχνομε καὶ λέμε: «Φέρτε μου τὸ ἴδιο». "Η δείχνομε μὲ τὸ δάχτυλο ἕνα φαγητὸ τοῦ καταλόγου καὶ τὸ παραγγέλνομε, ἀφήνοντας στὴν τύχη τί θὰ φᾶμε. Στὸ τέλος λέμε: «Τὸ[ν] λογαριασμό, παρακαλῶ». Τὸ γκαρσόνι τὸν κάνει μπροστά μας καὶ λογαριάζει καὶ τὰ ποσοστά, 10% (δέκα τοῖς ἑκατό). Πληρώνομε δίνοντας ἕνα μικρὸ ποσὸ παραπάνω. Στὸ παιδί, ποὺ μᾶς ἔφερε τὸ κρασὶ καὶ τὸ ψωμί,

δίνομε χωριστά ἕνα μικρὸ φιλοδώρημα (ἢ πουρμπουάρ), ἀφήνοντας ἕνα μικρὸ ποσὸ ἐπάνω στὸ τραπέζι ἢ δίνοντάς του το. Βγαίνομε ἀπ' τὸ ἑστιατόριο καὶ φεύγομε. Οἱ ταβέρνες εἶναι κάτι τὸ ξεχωριστό. Ἔχουν τοπικὸ χρῶμα. Στὸ βάθος τῆς ταβέρνας εἶναι στημένα δύο τρία βαρέλια. Τὸ καλοκαίρι ὅμως εἶναι στὸ ὕπαιθρο σὲ καμιὰ αὐλὴ ἢ σὲ κανένα κῆπο. Τὰ βράδυα ἔρχεται ἕνας πλανόδιος μουσικὸς παίζει τὴν κιθάρα του καὶ τραγουδάει.

Wörter

ἔννατος, -η, -ο	neunter, e, es	ἡ μερίδα	die Portion
τὸ κέντρο	das Lokal, das Zentrum	ὁ καθένας, ἡ καθεμία ο. καθεμιά,	
ξεκουράζομαι	sich ausruhen, entspannen	τὸ καθένα	jeder, e, es
		τὸ φροῦτο	das Obst
τὸ ἑστιατόριο	das Restaurant	τὸ κάρτο	¼ Liter
τὸ ζαχαροπλαστεῖο	die Konditorei	κοιτάζω, Aor.	
ἡ μπυραρία	das Bierlokal	[ἐ]κοίταξα	schauen, nachschauen
κοσμικός, -ή, -ὸ	mondän, weltlich	κοιτῶ u. -άω	
ἀπόκεντρος, -η, -ο	abgelegen	δείχνω, Aor. ἔδειξα	zeigen
ἡ ταβέρνα	die Taverne	τὸ δάχτυλο (ο.	der Finger
ἡ κοσμικὴ ταβέρνα	eine Taverne, die vorwiegend von einem eher gebildeten Publikum besucht wird	δάχτυλο)	
		ἀφήνω, Aor. ἄφησα	lassen
		ἡ τύχη	hier: der Glückszufall; sonst: das Schicksal, das Glück
ἡ λαϊκὴ ταβέρνα	eine Taverne, die vorwiegend von einfachen Leuten besucht wird	ὁ λογαριασμὸς	die Rechnung
		μπροστά μας	vor uns
		τὸ ποσοστὸ	das Prozent
τίποτε ἄλλο	sonst etwas, nichts mehr	πληρώνω, Aor. [ἐ]πλήρωσα	zahlen
τὸ τάβλι	das Spielbrett	τὸ ποσὸ	die Summe
ἀνταποκρίνομαι	entsprechen	χωριστὰ	extra
μπαίνω, Aor. [ἐ]μπῆκα	eintreten, hineingehen	τὸ φιλοδώρημα τὸ πουρμπουὰρ	das Trinkgeld
τὸ γκαρσόνι, τὸ παιδὶ	der Kellner	βγαίνω, Aor. [ἐ]βγῆκα	hinaus-, ausgehen
ὁ κατάλογος ο. ἡ λίστα	die Speisenkarte	κάτι	etwas
		ξεχωριστός, -ή, -ὸ	getrennt, gesondert
ὁ ἑαυτός μου	mein eigenes Ich	κάτι ξεχωριστὸ	eine Sache für sich
λέω στὸν ἑαυτό[ν] μου	zu sich selbst sagen	τοπικὸ χρῶμα	lokale Farbe
		τὸ βάθος	der Hintergrund, die Tiefe
τὸ κουράγιο, τὸ θάρρος	die Courage, der Mut	στημένος, -η, -ο	aufgestellt
παραγγέλνω, Α. [ἐ]παράγγειλα	bestellen	στήνω, Aor. ἔστησα	aufstellen
πρῶτα	zuerst	τὸ βαρέλι	das Faß

ἡ αὐλή	der Hof	δύο, τριῶν, τεσσά-	zwei-, drei-, viererlei
πλανόδιος, -α, -ο	herumziehend	ρων εἰδῶν	o. Sorten
ὁ, ἡ μουσικὸς, ἡ	der Musiker, die Mu-	ἀνοίγω ἢ κλείνω	ich öffne oder schließe
μουσική	sikerin, die Musik	τὴν πόρτα	die Türe
ἡ κιθάρα	die Gitarre	Αορ. ἄνοιξα, ἔκλεισα	
τραγουδῶ ο. -άω	singen	τὸ ἀρετσίνωτο κρασὶ	der ungeharzte Wein
ἡ μπύρα	das Bier		

ΕΡΩΤΗΣΕΙΣ: Τί εἶναι τὰ καφενεῖα, τὰ ἑστιατόρια καὶ οἱ μπυραρίες; Πηγαίνετε
ποῦ καὶ ποῦ σὲ κανένα κέντρο; "Οταν μπαίνετε σ' ἕνα ἑστιατόριο διαλέγετε
ἕνα τραπέζι καὶ κάθεσθε (κάθεστε); Τί λέτε στὸ γκαρσόνι; Διαβάζετε τὸν κα-
τάλογο μόνος σας (μόνη σας); Τί παραγγέλνετε πρῶτα; Παραγγέλνετε καὶ
ρετσίνα; Πόση; Σᾶς ἀρέσει ἡ ρετσίνα; Τί τρῶτε στὸ τέλος; Πληρώνετε τὸ[ν]
λογαριασμὸ καὶ φεύγετε; Σᾶς ἀρέσει νὰ πηγαίνετε ποῦ καὶ ποῦ σὲ καμιὰ
ταβέρνα;

Λέξεις
ποὺ χρειάζονται στὰ κέντρα

Wörter
die man in den Lokalen braucht:

τὸ πηρούνι, ἕνα πηρούνι	die Gabel, eine Gabel	τὸ πιατάκι	der kleine Teller
τὸ μαχαίρι, τὸ μα- χαιράκι	das Messer, das kleine Messer	τὸ ἁλάτι, τὸ πιπέρι	das Salz, der Pfeffer
		τὸ λάδι, τὸ ξύδι	das Öl, der Essig
τὸ κουτάλι τῆς σούπας	der Suppenlöffel	ἡ μουστάρδα	der Senf
		τὸ ποτήρι τοῦ νεροῦ	das Wasserglas
τὸ κουταλάκι τοῦ καφὲ	der Kaffeelöffel	τὸ ποτήρι τοῦ κρασιοῦ	das Weinglas
τὸ βαθὺ πιάτο ο. τὸ πιάτο τῆς σούπας	der tiefe Teller oder der Suppenteller	τὸ φλυτζάνι, τὸ φλυτζανάκι	die Tasse, die kleine Tasse
τὸ ρηχὸ πιάτο	der flache Teller	ἡ πετσέτα	die Serviette, das Handtuch
τὸ πιάτο τοῦ φρούτου	der Obstteller		

ΔΙΑΛΟΓΟΣ

μεταξὺ ἑνὸς ξένου καὶ τοῦ γκαρσονιοῦ στὴν τραπεζαρία τοῦ ξενοδοχείου.
Εἶναι πρωί.

Γκ.: – Τί θὰ πάρετε;

Ξ.: – Τί ἔχετε;

Γκ.: – Ἔχομε ἀπ' ὅλα. Καφέ, καφὲ γαλλικό, τσάϊ, σοκολάτα, κακάο, γάλα.

Ξ.: – Φέρτε μας δυὸ τσάγια μὲ λεμόνι.

Γκ.: – Μάλιστα. Μήπως θέλετε φρέσκο βούτυρο, μαρμελάδα, κανένα αὐγὸ
βραστό, φρυγανιὲς ἢ παξιμάδια, φροῦτα ἢ τίποτε ἄλλο;

Ξ.: – Ἔχετε ζαμπόνι (ο. χοιρομέρι);

Γκ.: – Μάλιστα, τὸ ἔχομε στὸ ψυγεῖο.

Ξ.: – Ὡραῖα. Θέλομε λοιπὸν δύο φέτες ζαμπόνι, φρέσκο βούτυρο καὶ λίγα
φροῦτα.
Γκ.: Ἐν τάξει, κύριοι.

Wünscht der Gast – wie üblich – einige Gläser kaltes Wasser, so bestellt er: φέρτε
μας καὶ κρύα ἢ παγωμένα νερά.

Wörter

ὁ γαλλικὸς καφὲς	der deutsche (w. franz.) Kaffee	τὸ ζαμπόνι (ο. τὸ χοιρομέρι)	der Schinken
τὸ φρέσκο βούτυρο	die frische Butter	τὸ ψυγεῖο	der Eisschrank
τὸ αὐγὸ	das Ei	ἡ φέτα	die Scheibe, der weiße
βραστός, -ή, -ὸ	gekocht		Schafskäse
ἡ φρυγανιὰ	der Toast	ἐν τάξει	in Ordnung
τὸ παξιμάδι	der (grobe) Zwieback	παγωμένος, -η, -ο	eisgekühlt
ὅ, τι ἄλλο θέλετε	was Sie noch wünschen		

AUS EINER GRIECHISCHEN SPEISEKARTE:

Die Zubereitungsarten heißen: βραστὸ (gekocht), τηγανητὸ (in der Pfanne
gebraten), ψητὸ (geschmort oder im Rohr gebraten), πανὲ (paniert).
Die Speisearten: 'ορεκτικὰ (Vorspeisen), σοῦπαι (σοῦπες) (Suppen), ζυμαρικὰ
(Teigwaren), ψάρια (Fische), τῆς ὥρας (auf Bestellung frisch zubereitete Speisen),
κρέατα (Fleischsorten), διάφορα φαγητὰ (verschiedene Speisen), πουλερικὰ
(Geflügel), τυριὰ (Käsesorten), φροῦτα (Obst).

Zeitwort

I. Konjugation: Zukunftsform (Futur) der Verben auf -ω

Das neugriechische Verb hat zwei Futura:

A. Das Futurum continuum.

B. Das einmalige Futurum.

A) BILDUNG DES FUTURUM CONTINUUMS

durch die Partikel θὰ mit dem Indikativ des Präsens

ἀκούω	θ' ἀκούω	hören	βάζω	θὰ βάζω	legen, stellen
καπνίζω	θὰ καπνίζω	rauchen	μένω	θὰ μένω	bleiben

B) BILDUNG DES EINMALIGEN FUTURUMS

durch die Partikel θά mit dem Stamm und mit der Endung -σω bzw. -ω (bzw. -ῶ)
Das einmalige Futurum wird aus dem A o r i s t gebildet. So haben alle Verben mit
einem sigmatischen Aorist auch ein sigmatisches einmaliges Futurum. Auf die
Endungen -σα, -ψα und -ξα des sigmatischen Aorist entsprechen die Endungen
-σω, -ψω und -ξω des sigmatischen einmaligen Futurums:

Präsens	Aorist	einmal. Futurum	
λύνω	ἔλυσα	θὰ λύσω	lösen
γράφω	ἔγραψα	θὰ γράψω	schreiben
προσέχω	[ἐ]πρόσεξα	θὰ προσέξω	achtgeben

Die Verben mit einem sigmalosen Aorist haben auch ein sigmaloses einmaliges
Futurum. Der Endung -α des sigmalosen Aorist entspricht die Endung -ω bzw.
-ῶ des sigmalosen einmaligen Futurums:

Präsens	Aorist	einmal. Futurum	
μένω	ἔμεινα	θὰ μείνω	bleiben
βλέπω	εἶδα	θὰ ἰδῶ	sehen

Der Aorist und das einmalige Futurum haben den gleichen Stamm, den *Aorist-
stamm*. Bei unregelmäßigen Verben jedoch kann eine Abweichung eintreten:

Präsens	Aorist	einmal. Futurum	
παίρνω	[ἐ]πῆρα	θὰ πάρω	nehmen
πηγαίνω	[ἐ]πῆγα	θὰ πάω[1]	gehen

Auch das Präsens, Imperfekt und Futurum continuum haben einen gemeinsamen
Stamm, den *Präsensstamm*.

Konjugationsübersicht:

	Präs.	Fut. cont.	einmaliges Futurum		
			sigmatisch	sigmalos	
	λύνω	θὰ λύνω	θὰ λύσω	θὰ μείνω	θὰ [ἰ]δῶ
	λύνεις	θὰ λύνης	θὰ λύσης	θὰ μείνης	θὰ [ἰ]δῆς
	λύνει	θὰ λύνη	θὰ λύση	θὰ μείνη	θὰ [ἰ]δῆ
1. Pers. Plur.	λύνομε	θὰ λύνωμε	θὰ λύσωμε	θὰ μείνωμε	θὰ [ἰ]δοῦμε
2. Pers. Plur.	λύνετε	θὰ λύνετε	θὰ λύσετε	θὰ μείνετε	θὰ [ἰ]δῆτε
	λύνουν	θὰ λύνουν	θὰ λύσουν	θὰ μείνουν	θὰ [ἰ]δοῦν(ε)

Aus dieser Übersicht geht hervor, daß das endbetonte einmalige Futurum auf -ῶ
einiger Verben, wie das oben stehende θὰ[ἰ]δῶ des Verbs βλέπω (sehen), in der

---

[1] s. § 59

1. und 2. Pers. Plur. abweichend von den entsprechenden Personen der andern Futura (nämlich des Fut. continuums, des einmaligen sigmatischen und des einmaligen sigmalosen Futurums) konjugiert wird. Seine Endungen sind: -οῦμε für die 1. Pers. Plur., -ῆτε für die 2. Pers. Plur. Sonst aber fallen akustisch die Endungen aller Personen der beiden Futura mit denen des Präsens zusammen. In der Schrift wird in den beiden Futura die 2. u. 3. Pers. Sing. mit η, die 1. Pers. Plur. mit ω geschrieben[1].

Aktive Verben, deren einmaliges Futurum einen anderen Stammvokal hat oder endbetont oder etwas verändert ist oder auch nur anders geschrieben wird als im Aorist:

Präsens	Aorist	einmaliges Futurum	
ἔρχομαι	{ ἦλθα ⟨br⟩ ἦρθα	{ θὰ ἔλθω ο. θά'λθω ⟨br⟩ ο. θά' λθῶ[2] ⟨br⟩ θὰ ἔρθω ο. θά'ρθω ⟨br⟩ ο. θά' ρθῶ[2]	kommen
τρώ[γ]ω	ἔφαγα	θὰ φά[γ]ω[3]	essen
βλέπω	εἶδα	θὰ [ἰ]δῶ	sehen
λέ[γ]ω	εἶπα	θὰ [εἰ]πῶ	sagen
γίνομαι	ἔγινα	{ θὰ γίνω ⟨br⟩ θὰ γενῶ	werden
παίρνω	[ἐ]πῆρα	θὰ πάρω	nehmen
{ πηγαίνω ⟨br⟩ πάω	[ἐ]πῆγα	θὰ πάω[3]	gehen
πίνω	ἤπια	θὰ πιῶ	trinken
ἀνεβαίνω	ἀνέβηκα	θ' ἀνεβῶ ο. θ' ἀνέβω	steigen
κατεβαίνω	κατέβηκα	θὰ κατεβῶ ο. θὰ κατέβω	hinunter-, heruntersteigen
διαβαίνω	διάβηκα	θὰ διαβῶ	vorbeigehen
μπαίνω	[ἐ]μπῆκα	θὰ { μπῶ ο. θά'μπω[4] ⟨br⟩ ἔμπω)	eintreten, hineingehen
βγαίνω	[ἐ]βγῆκα	θὰ { βγῶ ο. θά'βγω[4] ⟨br⟩ (ἔβγω)	herauskommen, ausgehen
{ βρίσκω ⟨br⟩ (*εὑρίσκω)	{ [ἐ]βρῆκα, ἦβρα ⟨br⟩ εὑρῆκα, ηὗρα	{ θὰ βρῶ ο. θά'βρω[4] ⟨br⟩ θὰ εὕρω	finden

---

[1] In Anlehnung an das Präsens lautet die 1.Pers.Plur. beider Futura auch -ουμε und -σουμε:
θὰ παίζουμε neben θὰ παίζωμε
θὰ παίξουμε neben θὰ παίξωμε

[2] Auch: (θάλθῶ, θάρθῶ).

[3] wird wie das Präsens der „Verben mit gekürzten Formen" konjugiert (s. S. 29 u. § 59)

[4] Auch: (θάβρω, θάμπω, θάβγω).

Das einmalige Futurum aller weiteren Verben mit sigmalosem Aorist ist regelmäßig, d. h. es richtet sich nach der Gruppe, der das Verb angehört.

z. B.: παραγγέλνω   [ἐ]παράγγειλα   θὰ παραγγείλω
στέλνω   ἔστειλα   θὰ στείλω
λαβαίνω   ἔλαβα   θὰ λάβω   bekommen
μαθαίνω   ἔμαθα   θὰ μάθω   lernen

GEBRAUCH DER BEIDEN FUTURA

Das Futurum continuum bezeichnet die Dauer oder Wiederholung einer Handlung oder die Dauer eines Zustandes in der Zukunft, also einen zeitlich nicht abgeschlossenen Verlauf einer Handlung.

θὰ πηγαίνω κάθε μέρα στὸ   ich werde täglich in die Universität
πανεπιστήμιο   gehen
θὰ μένωμε κάθε βράδυ στὸ σπίτι   wir werden jeden Abend zu Hause
bleiben

Das einmal. Futurum bezeichnet eine einmalige Handlung in der Zukunft, oder eine als etwas Ganzes, Einmaliges angesehene Handlung.
Der Unterschied zwischen beiden Futura ist der gleiche wie zwischen dem Imperfekt und Aorist. Es ist der grundlegende Unterschied zwischen dem Präsens- u. Aoriststamm (s. a. §§ 55 u. 56).

θὰ γράψω στὸν καθηγητὴ ἀπόψε   ich werde heute abend dem Professor
schreiben
θὰ σᾶς ἰδοῦμε αὔριο καὶ μεθαύριο   wir werden Sie (euch) morgen und
übermorgen sehen

DAS FUTURUM IN VERBINDUNG MIT DEN PERSONALPRONOMEN:

θὰ σᾶς δείξωμε τοὺς κυρίους   wir werden Ihnen (euch) die Herren
zeigen

θὰ σᾶς τοὺς δείξωμε   wir werden sie Ihnen (euch) zeigen
θὰ τοῦ δώσης ἐπιτέλους τὸ βιβλίο   wirst du ihm endlich sein Buch geben?
του;
θὰ τοῦ τὸ δώσης ἐπιτέλους;   wirst du es ihm endlich geben?
δὲ[ν] θὰ δώσης στὶς κυρίες τὴν   du wirst den Damen nicht die Quit-
ἀπόδειξι   tung geben
δὲ[ν] θὰ τοὺς τὴν δώσης   du wirst sie ihnen nicht geben

Beachte: τοὺς =„ihnen" für alle drei Geschlechter. Das indirekte Objekt wird vor das direkte gesetzt.

AUFGABE 14:

"Οταν θὰ εἶσαι στὴ[ν] Γερμανία, θὰ σοῦ γράφω συχνά. ('Αλλά!! = aber)
Θὰ σοῦ γράψω αὔριο ἕνα γράμμα. Θὰ πάω σήμερα στὸ γραφεῖο μου. Θὰ
πηγαίνω κάθε μέρα στὸ γραφεῖο μου. Θ' ἀκούω τακτικὰ (ταχτικὰ) τὸ ραδιόφωνο.
Θ' ἀκούσω σήμερα μία συμφωνία. Οἱ γονεῖς θὰ στέλνουν τὰ παιδιά τους
κάθε πρωὶ στὸ σχολεῖο. Αὔριο θὰ σᾶς στείλω τὸ γράμμα ποὺ θέλετε. Αὔριο
θὰ σᾶς τὸ στείλω. Ποῦ θὰ σπουδάσῃς; Θὰ σπουδάζῃς πάντα στὴν ἴδια πόλι;
Πότε θὰ γνωρίσῃς τὴν κυρία καὶ τὸν κύριο; Πότε θὰ τοὺς γνωρίσῃς;

AUFGABE 15: Μετάφρασι

Heute werde ich um 6 Uhr nach Hause gehen. Wir werden am Nachmittag um
2 Uhr ins Büro gehen. Wir werden aber nicht jeden Nachmittag um 2 Uhr ins
Büro gehen. Wirst du die Speisekarte lesen? Wirst du jeden Mittag die Speisekarte
lesen? Wirst du jetzt eine Portion Obst bestellen? Wirst du täglich geharzten
Wein bestellen? Wer hat einen Brief nach Griechenland geschickt? Wer wird
regelmäßig Briefe nach Griechenland schicken? Ich werde dich in Ruhe lassen
(σὲ ἀφήνω ἥσυχο). Ich werde dich immer in Ruhe lassen, wenn du viel Arbeit hast.

Das Partizip

A) DAS PARTIZIP PRÄSENS

Nur die aktiven Verben auf -ω und -ῶ haben ein Partizip Präsens. Die ersteren
fügen an den Stamm die Endung -οντας, die letzteren die Endung -ώντας. Die
Verneinung ist μή.
Es entspricht dem deutschen Partizip Präsens auf -end, ist aber undeklinierbar.
Es tritt anstelle eines Nebensatzes: eines modalen, temporalen, kausalen. Das
gleiche gilt für einen Bedingungssatz:

πηγαίνοντας τώρα ἐκεῖ, δὲ[ν]θὰ   wenn ich jetzt hingehe, werde ich ihn
τὸν βρῶ   nicht treffen (w. finden)

Vers: μὴ προσδοκώντας πλούτη νὰ σὲ δώσῃ ἡ 'Ιθάκη

nicht erwartend, daß Ithaka dir Reichtümer gibt

Das (bzw. die) Personalpronomen, das (bzw. die) auf ein Partiz. Präs. folgt (fol-
gen), ist (sind) enklitisch, z. B.:

δίνοντάς της το   als (o. indem) er es ihr gab (s. § 35,2.)

B) PASSIVES PARTIZIP PERFEKT

Das pass. Partizip Perf. bildet man durch die Endungen -μένος, -μένη, -μένο.
Bei den aktiven Verben mit sigmatischem Aorist, soweit sie eine passiv-reflexive
Form und ein pass. Partizip Perfekt haben, entspricht:

72   Lektion 9

einem akt. Aorist auf -σα ein pass. Part. Perf. auf -μένος bzw. -σμένος
einem akt. Aorist auf -ψα ein pass. Part. Perf. auf -μμένος bzw. -μένος
einem akt. Aorist auf -ξα ein pass. Part. Perf. auf -γμένος

ἱδρύω	ἵδρυσα	ἱδρυμένος	gründen – gegründet
μεταφράζω	[ἐ]μετάφρασα	μεταφρασμένος	übersetzen – übersetzt
ράβω	ἔραψα	ραμμένος	nähen – genäht
μαγεύω	[ἐ]μάγεψα	μαγεμένος	verzaubern – verzaubert
ἀλλάζω	ἄλλαξα	ἀλλαγμένος	wechseln – gewechselt

Bei den akt. Verben mit sigmalosem Aorist treten die Endungen -μένος, -μένη, -μένο an den – oft etwas veränderten – Aoriststamm der pass. refl. Form, der öfter der gleiche wie bei den akt. Verben auf -ω ist. Z. B.:

βάζω	ἔβαλα	βαλμένος	legen – gelegt
φέρνω	ἔφερα	φερμένος	bringen – gebracht

Ausdruck:

σοῦ κάνω τὸ τραπέζι   ich lade dich zum Essen ein

Δέκατο μάθημα

X

ΜΙΑ ΠΑΡΑΣΤΑΣΙ ΣΤΟ ΘΕΑΤΡΟ

Χθὲς (ο. χτὲς) ἐπήγαμε στὸ θέατρο καὶ εἴδαμε μία κωμωδία τοῦ Σώμερσετ Μώμ, μεταφρασμένη πολὺ καλὰ στὰ ἑλληνικά. Ὁ τίτλος της εἶναι: Πότε θὰ γυρίσης; Τὸ μεσημέρι δὲν εἴχαμε ἀκόμη εἰσιτήρια. Ἔφυγα λοιπὸν λίγο ἐνωρίτερα ἀπ' τὸ γραφεῖο μου, κατὰ τὴ[ν] μία παρὰ τέταρτο (12.45′) καὶ ἔτρεξα γλήγορα στὸ θέατρο. Ἐρωτῶ τὸν ταμία: – Μήπως ἔχετε δύο θέσεις, συνεχόμενες, πλατεία, στὴν τέταρτη ἢ πέμπτη σειρά, στὴ μέση ἂν εἶναι δυνατόν; Ὄχι πλαγινὲς (ο. ὄχι στὴν ἄκρη), σᾶς παρακαλῶ – Μάλιστα, ἔχω. – Πόσο κοστί-ζουν; – τριάντα δραχμὲς ἡ μία. – Καλά, δῶστε μου δύο.
Τὸ θέατρο εἶναι στὸ ὕπαιθρο, ὅπως ὅλα τὰ καλοκαιρινὰ θέατρα τῶν Ἀθηνῶν. Δὲν ἔχει ἐξώστη. Ὅταν ἐμπήκαμε τὸ βράδυ στὸ θέατρο ἡ ταξιθέτις ἦλθε καὶ μᾶς ἔδειξε τὶς θέσεις μας. Τῆς ἐδώσαμε, ὅπως συνειθίζεται, ἕνα μικρὸ φιλο-δώρημα (ἕνα πουρμπουάρ). Ἐκαθήσαμε.
Ἡ παράστασι ἦταν καλὴ καὶ διασκεδάσαμε. Ἡ κωμωδία εἶναι νόστιμη καὶ σατυρίζει τὶς ἀνθρώπινες ἀδυναμίες. Οἱ ἠθοποιοὶ ἐπάνω στὴ[ν] σκηνὴ ἔπαιξαν μὲ κέφι καὶ οἱ θεαταὶ ἐγελοῦσαν ὅλη τὴν ὥρα. Μετὰ τὴ[ν] δεύτερη πρᾶξι ἔγινε διά-

λεῖμμα δέκα λεπτῶν. Γκαρσόνια μὲ δίσκους στὰ χέρια πουλοῦσαν διάφορα ἀναψυκτικά (λεμονάδες, πορτοκαλάδες κ.τ.λ.). Ἀγοράσαμε καὶ ἕνα πρόγραμμα γιὰ νὰ μάθωμε τὰ ὀνόματα τῶν ἠθοποιῶν. Τὰ σκηνικὰ ἦταν ἁπλὰ ἀλλὰ μὲ γοῦστο καμωμένα. Ἡ παράστασι μᾶς ἄρεσε πολὺ καὶ ἐφύγαμε εὐχαριστημένοι ἀπ᾽ τὸ θέατρο.

ἀπόψε εἶναι πρεμιέρα		heute abend ist Premiere
ἡ εἴσοδος	⎫	der Eingang ⎫
ἡ ἔξοδος	⎬ τοῦ θεάτρου	der Ausgang ⎬ des Theaters
ὁ διάδρομος	⎭	der Gang ⎭

Wörter

δέκατος, -η, -ο — zehnter, e, es
ἡ κωμωδία — die Komödie
μεταφράζω, Α. — übersetzen
[ἐ]μετάφρασα
ὁ τίτλος — der Titel
πότε; — wann?
ἐνωρίς, ἐνωρίτερα — früh, früher
γλήγορα — schnell
ἐρωτῶ u. ἐρωτάω — fragen
μήπως — vielleicht (als Einleitung einer Frage)
συνεχόμενος, -η, -ο — an-, nebeneinander
ἡ πλατεία — das Parterre
ἡ σειρά — die Reihe
ἡ μέση — die Mitte
δυνατός, -ή, -ὸ[ν] — möglich, stark
πλαγινός, -ή, -ὸ — seitlich
ἡ ἄκρη — das Ende, der Rand (dort, wo etwas aufhört)
στὴν ἄκρη — bei Theaterplätzen: ganz seitlich
δῶσε μου ο. δός μου (δίνω) ⎫
δῶστε μου ο. δόστε μου ⎬ — gib mir! geben Sie mir! gebt mir!
Aorist: ἔδωσα, — ich gab
Präs. δίνω — ich gebe
ὅπως — wie
στὸ ὕπαιθρο — im Freien
καλοκαιρινός, -ή, -ὸ — sommerlich
ὁ ἐξώστης — der Rang (eines Theaters), der Balkon (eines Gebäudes)

ἡ ταξιθέτις (s. § 49) — die Platzanweiserin
ὅπως συνειθίζεται — wie es üblich ist
τὸ φιλοδώρημα, ⎫
τὸ πουρμπουάρ ⎬ — das Trinkgeld
διασκεδάζω, Α. — sich unterhalten
[ἐ]διασκέδασα
σατυρίζω, Α. — sich lustig machen
[ἐ]σατύρισα
ἀνθρώπινος, -η, -ο — menschlich
ὁ u. ἡ ἠθοποιὸς — der Schauspieler, die -in
ἡ ἀδυναμία — die Schwäche
ἡ σκηνὴ — die Bühne
τὸ κέφι — die Lust, die gute Laune
ὁ θεατής, Plur. οἱ θεαταὶ u. θεατὲς — der, die Zuschauer (s. a. S. 23)
γελῶ u. -άω — lachen
ὅλη τὴν ὥρα μετὰ — die ganze Zeit über nach
ἡ πρᾶξι — der Akt eines Theaterstückes, die Tat
γίνομαι, Aor. ἔγινα — werden, stattfinden
τὸ διάλειμμα — die Pause
ὁ δίσκος — das Tablett
διάφοροι, -ες, -α — verschiedene
τὸ ἀναψυκτικὸ — die Erfrischung
ἡ λεμονάδα — die Limonade
ἡ πορτοκαλάδα — die Orangeade
τὸ πρόγραμμα — das Programm
τὸ ὄνομα — der Name
τὰ σκηνικὰ — das Bühnenbild, die Dekorationen
ἁπλός, -ή, -ὸ — einfach

{τὸ γοῦστο	der Geschmack	καμωμένος, -η, -ο	gemacht
{ἡ γεῦσι	der Geschmack beim	εὐχαριστημένος,	zufrieden
	Essen	-η, -ο	

ΕΡΩΤΗΣΕΙΣ: Εἶναι τὰ καλοκαιρινὰ θέατρα στὴν Ἑλλάδα στὸ ὕπαιθρο; Ἔχουν συνήθως ἐξώστη; Δείχνεις τὸ εἰσιτήριό σου στὴν εἴσοδο τοῦ θεάτρου; Ποιὸς σοῦ δείχνει τὴ[ν] θέσι σου; Σὲ ποιὰ σειρὰ εἶναι τὰ εἰσιτήριά σας; Δίνετε ἕνα μικρὸ πουρπουὰρ στὴν ταξιθέτιδα; Διασκεδάσατε χθὲς (ο. χτὲς) στὸ θέατρο; Τί ἔπαιξαν; Σᾶς ἀρέσουν οἱ κωμωδίες; Σᾶς ἄρεσε ἡ χθεσινὴ (ο. χτεσινὴ) κωμωδία; Σᾶς ἄρεσαν τὰ σκηνικά; Ἀγοράσατε πρόγραμμα; Ἐπήρατε καμιὰ (eine) πορτοκαλάδα ἢ λεμονάδα στὸ διάλειμμα;

ΔΙΑΛΟΓΟΣ
μεταξὺ δύο γνωστῶν

– Τί λέτε, νὰ τηλεφωνήσω νὰ μοῦ κλείσουν δύο θέσεις γιὰ ἀπόψε γιὰ τὸ θέατρο;
– Καλύτερα νὰ πᾶτε μόνος σας στὸ ταμεῖο τοῦ θεάτρου. Εἶναι προτιμότερο γιὰ νὰ ἰδῆτε ποῦ θὰ εἶναι οἱ θέσεις σας.
– Καλά, θὰ κάνω ὅπως μοῦ λέτε.
– Καλὴ διακέδασι!

ΔΙΑΛΟΓΟΣ

– Μία ξένη
– ἡ ταξιθέτις
Ξ.: – Σᾶς παρακαλῶ, δεσποινίς, ποῦ εἶναι ἡ τουαλέττα (ο. τὸ μέρος);
Τ.: – Βλέπετε ἐκεῖνο τὸ βέλος; Ἐκεῖ πίσω εἶναι.

Wörter

γνωστός, -ή, -ὸ	bekannt	μόνος μου, -η μου,	selbst, selber, allein
τηλεφωνῶ	anrufen, telephonie-	-ο μου	
	ren	καλὴ διακέδασι	viel Vergnügen
κλείνω μία θέσι	einen Platz reservie-	εἶναι προτιμότερο	es ist vorzuziehen, es
	ren lassen		ist besser
ἀπόψε	heute abend		

ἡ τουαλέττα	}	
(τὸ μέρος)	} in den Städten	}
τὸ ἀποχωρητήριο	} in den kleinen Städten	} die Toilette
ὁ ἀπόπατος	} in den Dörfern	}
τὸ βέλος	der Pfeil	

In den Bahnhöfen steht gewöhnlich nur:

ἀνδρῶν (für Herren; w.: Männer) und γυναικῶν (für Damen; w.: Frauen).
An der Toilettentür steht sehr oft die Nr. 100 oder 000.

Das hinweisende Pronomen
('Η δεικτική ἀντωνυμία)

FORM:

1. αὐτός, αὐτή, αὐτό ⎫ 2. τοῦτος, τούτη, τοῦτο ⎬	dieser, diese, dieses; der, die, das
3. ἐκεῖνος, ἐκείνη, ἐκεῖνο	jener, jene, jenes
4. τέτοιος, τέτοια, τέτοιο	ein solcher, eine solche, ein solches. Es bezieht sich auf die Qualität eines Substantivs.
5. τόσος, τόση, τόσο	so viel; so groß; so klein Es bezieht sich auf die Quantität eines Substantivs.

Diese Pronomen werden wie die entsprechenden Adjektive (s. S. 53ff) dekliniert.
Sie werden vor allem adjektivisch gebraucht und dann auch an Stelle eines Sub-
stantivs, wie: πιὲς αὐτὸ τώρα: trink das jetzt.

GEBRAUCH:

Δείχνω μία φωτογραφία καὶ λέω:	Ich zeige ein Lichtbild und sage:
αὐτὸς εἶναι ὁ πατέρας μου	das ist mein Vater
αὐτὴ εἶναι ἡ μητέρα μου	das ist meine Mutter
αὐτὸ εἶναι τὸ παιδί μου	das ist mein Kind
αὐτὲς εἶναι οἱ ἀδελφές μου	das sind meine Schwestern
καὶ τὰ λοιπὰ = κ. τ. λ.	usw.

τί εἶναι αὐτό; [αὐτὸ εἶναι] τραπέζι	was ist das? [das ist] ein Tisch
[αὐτὴ εἶναι] λάμπα	[das ist] eine Lampe
[αὐτὸς εἶναι] κα- θρέφτης	[das ist] ein Spiegel

τί εἶναι αὐτά; [αὐτὰ εἶναι] τραπέζια	was sind das? [das sind] Tische
[αὐτὲς εἶναι] λάμπες	[das sind] Lampen
[αὐτοὶ εἶναι] καθρέφτες	[das sind] Spiegel

Bei 1., 2. und 3. behält das Substantiv den Artikel:

αὐτὸς ὁ καθηγητὴς	dieser Professor
τούτη ἡ καθηγήτρια	diese Professorin
ἐκεῖνο τὸ γυμνασιόπαιδο	jener Gymnasiast

Die drei ersten Pronomen können auch nach dem Substantiv stehen: ὁ καλλιτέχ-νης αὐτὸς (dieser Künstler), ἡ καλλιτέχνις ἐκείνη (jene Künstlerin) usw.

αὐτὰ τὰ ῥοδάκινα εἶναι ὥριμα, ἐκεῖνα ὅμως εἶναι ἄγουρα ἀκόμα	diese Pfirsiche sind reif, jene aber noch unreif
αὐτὸς ὁ νέος κι' αὐτὴ ἡ νέα εἶναι συμπαθητικοί	dieser junge Mann und dieses junge Mädchen sind sympathisch
αὐτὸ τὸ ποίημα τὸ ξέρω ἀπέξω	dieses Gedicht kann ich auswendig
τὸ ἀπόγεμα ἐπήγαμε νὰ ἰδοῦμε στὴν Ἱερὰ ὁδὸ τὴ γέρικη ἐκείνη ἐλιὰ ἀπ' τὴν ἐποχὴ τοῦ Πλάτωνος	am Nachmittag gingen wir in die Heilige Straße, um jenen alten Öl-baum aus Platons Zeit zu sehen
τέτοια λόγια μὴ[ν] τὰ λὲς	solche Worte sag nicht!
τόσα χρήματα δὲν ἔχω μαζί μου	soviel Geld habe ich nicht bei mir
τόσος καημὸς καὶ τόση χαρά!	so viel Kummer und so viel Freude!

AUFGABE 16:

Diese Farbe ist veilchenblau (μενεξεδί). Der Hymettus (ὁ Ὑμηττὸς) nimmt diese veilchenblaue Farbe an, sobald die Sonne untergegangen ist (μόλις δύση ὁ ἥλιος). Solche Farben sind nicht selten. Solche Menschen gibt es überall. Das ist meine Frau. Das sind unsere Kinder. Das ist mein Bruder. Das ist meine Schwester. Das ist mein Onkel (ὁ θεῖος) und das ist meine Tante (ἡ θεία). Das ist der Spiegel.

Zeitwort

Perfekt, Plusquamperfekt und Futurum exactum

BILDUNG:

Diese drei Zeiten werden gebildet durch ἔχω, εἶχα, θὰ ἔχω und eine Grundform, die mit der 3. Pers. Sing. Konj. Aor. (oder Ind. einm. Fut.) gleich ist. Es ist die sogenannte „feststehende Form", die unverändert bleibt und nur in diesen zu-sammengesetzten Zeiten an Stelle eines deutschen Part. Perf. steht. Sie wird bei den Verben auf -ω mit -ει geschrieben:

ἀκούω	νὰ (θὰ) ἀκούσω	ἀκούσει
κόβω	νὰ (θὰ) κόψω	κόψει
ἀνοίγω	νὰ (θὰ) ἀνοίξω	ἀνοίξει

Bei den Komposita des alten Verbs βαίνω dagegen ausnahmsweise mit -ῆ: ἀνεβαίνω–ἀνεβῆ (u. ἀνέβη) (steigen), βγαίνω–βγῆ (ausgehen), διαβαίνω–διαβῆ (vorbeigehen), κατεβαίνω–κατεβῆ (u. κατέβη) (heruntersteigen), μπαίνω–μπῆ (eintreten).

Perfekt	Plusquamperfekt	Futurum exactum
ἔχω κόψει	εἶχα κόψει	θὰ ἔχω κόψει
ἔχεις κόψει	εἶχες κόψει	θὰ ἔχης κόψει
ἔχει κόψει	εἶχε κόψει	θὰ ἔχη κόψει
ἔχομε κόψει	εἴχαμε κόψει	θὰ ἔχωμε κόψει
ἔχετε κόψει	εἴχατε κόψει	θὰ ἔχετε κόψει
ἔχουν κόψει	εἶχαν κόψει	θὰ ἔχουν κόψει
ich habe	ich hatte	ich werde
geschnitten	geschnitten	geschnitten haben

Das Perf., das Plusquamperf. und das Fut. exact. können auch durch ἔχω, εἶχα, θὰ ἔχω und das passive Part. Perf. des Verbs wiedergegeben werden:

ἔχω, εἶχα, θὰ ἔχω κομμένο   ich habe, ich hatte geschnitten, ich
                         werde geschnitten haben

Diese Form drückt eine Betonung der Abgeschlossenheit der Handlung aus. Sie ist jedoch viel seltener.

ἔχω δεμένο τὸ σκυλί, μὴ φοβᾶσαι   ich habe den Hund angebunden,
λοιπὸν   fürchte dich also nicht

BEDEUTUNG:

Das Perfekt bezeichnet eine Handlung, die in der Vergangenheit abgeschlossen wurde, aber noch in der Gegenwart fortwirkt.

Ἔλα, φά[γ]ε μαζί μας. –   Komm, iß mit uns. –
Εὐχαριστῶ, ἔχω φάει.   Danke, ich habe gegessen.

Da aber die Vielfalt der Bedeutungen des Aorist auch diese eben oben genannte (des Perfekts) miteinschließt, wird er überwiegend statt des Perfekts gebraucht. Weil aber ein Satz mit einem nicht richtig angewandten Perfekt sehr ungriechisch klingt, sei hier, vorausnehmend die Verneinung des Imperativs durch μὴ und Konjunktiv, gewarnt:

ἀγαπητὲ ξένε, μὴ μεταχειρίζεσαι   lieber Fremder, gebrauche vorläufig
πρὸς τὸ παρὸν τὸ[ν] χρόνο αὐτὸν   diese Zeit nicht

Das Plusquamperfekt bezeichnet, daß eine Handlung schon abgeschlossen war, als eine andere einsetzte o. daß sie sehr weit zurückliegt.

Ὁ ταμίας εἶχε φύγει πιὰ ὅταν   Der Kassierer war schon weggegangen,
ἔφθασα στὸ ταμεῖο   als ich zur Kasse kam

Das Futurum exactum bezeichnet, daß eine Handlung nach einer bestimmten Zeit schon abgeschlossen sein wird oder den mutmaßlichen Abschluß einer Handlung:

ὡς τὶς 12.30 θὰ ἔχω ἀγοράσει
τὰ εἰσιτήρια

bis um 12.30 werde ich die Karten ge-
kauft haben

περίμενε λίγο, σὲ δέκα λεπτὰ
θὰ ἔχω φάει

warte ein wenig, in 10 Minuten werde
ich gegessen haben

Die zweite Bedeutung wird auch durch θὰ und den Indik. Aorist wiedergegeben:

oder: $\left.\begin{array}{l}\text{θὰ ἔχη ἔλθει πιὰ}\\\text{θὰ ἦλθε πιὰ}\end{array}\right\}$ er wird wohl schon gekommen sein

$\left.\begin{array}{l}\text{ἡ μητέρα θὰ ἔχη γράψει,}\\\text{ἡ μητέρα θὰ ἔγραψε,}\end{array}\right\}$ die Mutter wird wohl schon geschrie-
ben haben

ὁ ἀδελφὸς θὰ πῆγε στὸ θέατρο   der Bruder wird wohl ins Theater ge-
(ο. θὰ ἔχη πάει)   gangen sein

Die Frage nach dem mutmaßlichen Abschluß lautet νὰ + Aor. (o. Perf.)

νὰ τὸ εἶπε;   ob er es wohl gesagt hat?

νὰ ἔφεραν (o. νὰ ἔχουν φέρει)   ob man die Sachen wohl schon ge-
πιὰ τὰ πράματα;   bracht hat?

Der Grieche macht im Gegensatz zum Deutschen starken Gebrauch vom Futurum exactum.

AUFGABE 17:

Τὸ κοριτσάκι (s. § 41) ἔτρεξε (o. ἔχει τρέξει) πολύ, γι' αὐτὸ εἶναι κουρασμένο. Ἐπειδὴ ἀγοράσαμε (o. ἔχομε ἀγοράσει) τὸ πρόγραμμα, ξέρομε τὰ ὀνόματα τῶν ἠθοποιῶν. Ξέρετε γερμανικά; Ὤ, ἐσπούδασα (o. ἔχω σπουδάσει) στὴ[ν] Γερμανία! Ὅταν μοῦ ἐστείλατε τὸ τηλεγράφημα, ἐγὼ σᾶς εἶχα γράψει πιά. Ὅταν ἄρχισε ἡ παράστασι, ἐμεῖς εἴχαμε ἔλθει πιά. Ὡς τὴν Κυριακὴ τὸ βράδυ οἱ ταξειδιῶτες θὰ ἔχουν γυρίσει ἀπ' τὴν Κρήτη. Ἔννοια σας, ὡς τὴ[ν] μία ἡ παράστασι θὰ ἔχη τελειώσει πιά. Τέτοια ὥρα θὰ γύρισε πιά.

AUFGABE 18:

Ein alter Mann sagt: „Was haben meine Augen nicht alles gesehen und was haben meine Ohren nicht alles gehört." Als Sie kamen, hatte ich die Karten im ersten Rang schon gekauft. Als der Schauspieler nach München kam, hatte er schon in vielen Werken von Shakespeare gespielt. In einer Viertelstunde wird die Vorstellung begonnen haben. In einer halben Stunde wirst du nach Hause zurückgekehrt sein. Er wird wohl schon zurückgekehrt sein. Bis morgen abend werde ich das Telegramm geschickt haben. Er wird wohl schon das Telegramm erhalten haben.

Wörter

τὸ σκυλὶ	der Hund	τὸ τηλεγράφημα	das Telegramm
ἀγαπητός, -ή, -ὸ	lieber, e-, -es	ὁ ταξ[ε]ιδιώτης	der Reisende
μεταχειρίζομαι	gebrauchen	ἡ Κρήτη	Kreta (griech. Insel)
πρὸς τὸ παρὸν	vorläufig	ἔννοια σας	seien Sie ohne Sorge
ὁ χρόνος	{ die Zeit / das Jahr	τί δὲν ...	was nicht alles ...
		τὸ κοστούμι	das Kostüm
φθάνω (ο. φτάνω), ἔφτασα	ankommen	ὁ Σαίξπηρ	Shakespeare

Die Verben γίνομαι, κάθομαι, ἔρχομαι

Diese drei Verben stehen zwischen den Verben auf -ω und denen auf -ομαι, denn ihr Aorist und die aus ihm hervorgehenden Zeiten gehören zu den Verben auf -ω:

Ind. Präs.	γίνομαι	ἔρχομαι	κάθομαι
Imperf.	[ἐ]γινόμουν	ἐρχόμουν	[ἐ]καθόμουν
Aor.	{ ἔγινα / [ἐ]γίνηκα	{ ἦλθα / ἦρθα	{ [ἐ]κάθησα / ἔκατσα

Imperat. Aor.   γίνε – γίνετε   ἔλα – ἐλᾶτε   { κάθησε – / καθῆστε / κάτσε – / κάτσ[ε]τε

Einmal. Fut.   { θὰ γίνω / θὰ γενῶ   { θὰ ἔλθω] / θὰ ἔρθω] auch [θά 'λθῶ / θά 'ρθῶ]   { θὰ καθήσω / θὰ κάτσω

Part. Perf.	Part. Präs.	Part. Perf.
γινωμένος	ὁ ἐρχόμενος[1]	καθισμένος
γίνομαι: werden, geschehen, stattfinden, gemacht, reif werden	ἔρχομαι: kommen	κάθομαι: sitzen, sich setzen, wohnen, bleiben

Deutsche Ausdrücke mit „werden" und einem Adjektiv sind im Neugriechischen oft eigene Verben, wie schwindlig werden: ζαλίζομαι, steif werden: πιάνομαι, schwermütig werden: μελαγχολῶ oder bei Wetterbezeichnungen unpersönliche Verben auf (-ω) -ει: χαράζει: es wird dämmerig am Morgen u.a.

Ausdruck:

κάθησε (ο. κάτσε) στ' αὐγά σου   misch dich nicht drein (w.: bleib auf deinen Eiern sitzen)

---

[1] S. S. 153 Anm. 2

Ἑνδέκατο μάθημα

XI

ΤΟ ΞΕΝΟΔΟΧΕΙΟ

Δύο ξένοι, ἕνα ἀντρόγυνο, μπαίνουν σ' ἕνα ἑλληνικὸ ξενοδοχεῖο. Ὁ κύριος δὲν εἶχε καιρὸ νὰ μάθῃ ἑλληνικά, κι' ἔτσι μένει βουβός. Μιλάει ἡ γυναίκα του. Ὁ θυρωρὸς (ἢ ὁ πορτιέρης) τοὺς χαιρετάει: – Καλημέρα σας, παρακαλῶ; – Χαίρετε. Μήπως ἔχετε ἕνα δωμάτιο στὸ τρίτο ἢ τέταρτο πάτωμα ἢ στὸν πρῶτο ὄροφο μὲ δύο κρεββάτια; – Μάλιστα, ἔχομε ἕνα δωμάτιο στὸ τέταρτο πάτωμα κι' ἕνα στὸ πρῶτο. Στὸ τρίτο εἶναι ὅλα πιασμένα (ο. κατειλημμένα). Ὅλα ὅμως τὰ δωμάτια ἔχουν τρεχούμενο νερό, ζεστὸ καὶ κρύο. – Πόσο ἔχει τὸ δωμάτιο; .... δραχμὲς τὴν ἡμέρα, χωριστὰ βέβαια τὰ ποσοστὰ γιὰ τὴν ὑπηρεσία, δέκα τοῖς ἑκατό (10%). – Τὸ πρωινὸ πρόγευμα εἶναι ὑποχρεωτικό; Στὸ δικό μας ξενοδοχεῖο, μάλιστα. – Ἔχει ἀσανσὲρ τὸ ξενοδοχεῖο; – Μάλιστα, ἔχει, ἐκεῖ στὸ βάθος εἶναι. Ἐν τῷ μεταξὺ ὁ καημένος ὁ κύριος στέκει καὶ περιμένει καὶ ἀκούει. Σκέπτεται: Τί κακὸ εἶναι αὐτὸ νὰ μὴ καταλαβαίνω τί λὲν οἱ ἄλλοι. Γιατί νὰ μὴ μάθω κι' ἐγὼ ἑλληνικά; Ἡ κυρία ἐξηγεῖ τώρα στὸν ἄνδρα της τί τῆς εἶπε ὁ θυρωρὸς καὶ τὸ ἀντρόγυνο ἀποφασίζει νὰ ἐνοικιάσῃ τὸ δωμάτιο. Ὁ θυρωρὸς φωνάζει ἕνα μικρὸν (ὑπηρέτη) καὶ τοῦ λέει: – Ὁδήγησε τὴν κυρία καὶ τὸν κύριο ἐπάνω στὸ 85 (ὀγδόντα πέντε). Νὰ τὸ κλειδί. Ὁ ὑπηρέτης παίρνει τὶς βαλίτσες καὶ μπαίνουν καὶ οἱ τρεῖς στὸ ἀσανσέρ. Ἐνῷ ἀνεβαίνουν ἐπάνω, ἡ κυρία [ἐ]ρωτάει τὸν μικρὸν (ὑπηρέτη): – Πῶς σὲ λένε; – Μίμη. – Τί ὄνομα εἶναι αὐτό; – Δημήτρης. – Ὡραῖο εἶναι τὸ ὄνομά σου. – Αὐτὸς χαμογελάει. Ἐπάνω ξεκλειδώνει μιὰ πόρτα καὶ λέει στοὺς ξένους: – Περάστε. Μπαίνουν μέσα. Γιὰ μιὰ στιγμὴ μισοκλείνουν τὰ μάτια τους. Ἀπ' τὸ ἀνοικτὸ (ο. ἀνοιχτὸ) παράθυρο μπαίνει τὸ πρωινὸ φῶς, τὸ ἄπλετο φῶς τῆς Ἀθήνας. Γιὰ μιὰ στιγμὴ εἶναι εὐτυχεῖς, τελείως εὐτυχεῖς.

Wörter

ἑνδέκατος, -η, -ο	elfter, e, es	τὸ πάτωμα, ὁ ὄροφος	der Stock (= das Stockwerk)
τὸ ξενοδοχεῖο	das Hotel		
τὸ ἀντρόγυνο	das Ehepaar	πιασμένος, -η, -ο / κατειλημμένος,-η-ο	besetzt
ἔτσι	so		
βουβός, -ή, -ὸ	stumm	τρεχούμενο νερό	laufendes Wasser
μιλῶ u. -άω	sprechen	ἡ ὑπηρεσία	die Bedienung
ὁ θυρωρός, ὁ πορτιέρης	der Portier	πρωινός, -ή, -ὸ	Morgen- (zum Morgen gehörend), morgendlich
χαιρετῶ u. -άω	grüßen, begrüßen		
τὸ κρεββάτι	das Bett		

τὸ πρωινὸ [πρόγευμα]	das Frühstück	νὰ (ο. ἰδοὺ) τὸ κλειδὶ	siehe, (da ist) der Schlüssel!
ὑποχρεωτικός,-ή,-ὸ	obligatorisch	ἡ βαλίτσα	der Handkoffer
τὸ ἀσανσὲρ	der Aufzug	Δημήτρης ο.	Demetrius
ἐν τῷ μεταξὺ	inzwischen	Δημήτριος	
στέκομαι, στέκω	stehen	χαμογελῶ u. -άω	lächeln
τὸ κακὸ	das Böse, das Übel	ξεκλειδώνω,	aufsperren
τί κακὸ εἶναι αὐτό!	wie arg ist das!	ξεκλείδωσα	
καταλαβαίνω, [ἐ]κατάλαβα	verstehen, begreifen	περνῶ u. --άω, περάστε	vorbeigehen, treten Sie ein!
ἐξηγῶ	erklären, übersetzen	μισοκλείνω,	halb schließen
ἀποφασίζω, ἀποφάσισα	sich entschließen	μισόκλεισα ἡ στιγμὴ	der Augenblick
ἐνοικιάζω, [ἐ]νοίκιασα	mieten	ἄπλετος, -η, -ο	unermeßlich (nur vom Licht)
φωνάζω, [ἐ]φώναξα	rufen, schreien	τελείως	vollkommen
ὁ ὑπηρέτης	der Diener	εὐτυχής, -ὲς	glücklich
ἀνεβαίνω, ἀνέβηκα	[hinauf]steigen, hin- auffahren	(s. S. 101) τὸ παντζούρι – τὰ	der Fensterladen – die
ὁδηγῶ	führen	παντζούρια	Fensterläden

ΕΡΩΤΗΣΕΙΣ: "Οταν μπαίνετε σ' ἕνα ἑλληνικὸ ξενοδοχεῖο, τί λέτε στὸ[ν] θυρωρὸ (ο. πορτιέρη); Τί ἄλλο τὸν ἐρωτᾶτε; "Εχει ἀσανσὲρ τὸ ξενοδοχεῖο σας; 'Ανεβαίνετε ἐπάνω μὲ τὸ ἀσανσὲρ ἢ μὲ τὰ πόδια; Ποιὸς σᾶς ὁδηγεῖ στὸ τέταρτο πάτωμα; Παίρνει ὁ μικρὸς (ὑπηρέτης) τὶς βαλίτσες σας; Τί σᾶς λέει ὁ μικρὸς ὅταν ξεκλειδώση τὴν πόρτα τοῦ δωματίου σας; Πόσα παράθυρα ἔχει τὸ δω- μάτιό σας; "Εχουν τὰ παράθυρά σας παντζούρια; Εἶναι φωτεινὸ τὸ δωμάτιό σας;

ΔΙΑΛΟΓΟΣ

μεταξὺ μιᾶς ξένης κυρίας καὶ τῆς ὑπηρέτριας μιᾶς πανσιὸν 'Η ὑπηρέτρια κτυπάει (ο. χτυπάει) τὴν πόρτα

Κυρία: – 'Εμπρός!

Καμαριέρα: – 'Ορίστε, κυρία.

Κυρ.: – Μήπως ἔχεις ἄλλη μιὰ κουβέρτα, σὲ παρακαλῶ; Τὴν νύχτα ἔκανε λίγο ψύχρα.

Καμ.: – Εὐχαρίστως. Βαμπακερὴ ἢ μάλλινη, θέλετε;

Κυρ.: – Μάλλινη.

Καμ.: – Πῶς σᾶς φάνηκε τὸ κρεββάτι, τὸ βρήκατε καλό;

Κυρ.: – Ναί. Μόνον ποὺ τὸ στρῶμα εἶναι λίγο σκληρό.

Καμ.: – Εἶναι ἀνάγκη νὰ εἶναι λίγο σκληρό, γιατὶ τὸ καλοκαίρι, ὅταν κάνη πολλὴ ζέστη εἶναι ἀδύνατον νὰ κοιμηθῆτε σὲ μαλακὸ στρῶμα. Γιὰ τὸν ἴδιο λόγο εἶναι ἀνάγκη νὰ εἶναι καὶ τὰ μα- ξιλάρια λίγο σκληρά.

Κυρ.: – Καλὰ λοιπόν. Μπορεῖς, σὲ παρακαλῶ, νὰ μοῦ σιδερώσης τὸ παντελόνι τοῦ ἀνδρός μου καὶ ἐμένα αὐτὴ τὴν μπλούζα;

Καμ.: – Εὐχαρίστως. Θὰ τὰ πάρω ἀμέσως μαζί μου καὶ θὰ σᾶς τὰ φέρω
τὸ ἀπόγεμα.
Κυρ.: – Ὡραῖα.
. . . .
Καμ.: – Ἐδῶ δεξιὰ εἶναι ἡ πρίζα γιὰ τὴν ξυριστικὴ μηχανὴ.
Κυρ.: – Εὐχαριστῶ.

Wörter

ἡ ὑπηρέτρια	das Dienstmädchen
{ κτυπῶ u. -άω { χτυπῶ u. -άω	anklopfen
ἡ πανσιὸν	die Pension
ἐμπρός!	herein!
ἡ καμαριέρα	das Zimmermädchen
ὁρίστε	bitte (= was wün- schen Sie?)
ἄλλος ἕνας, ἄλλη μιά, ἄλλο ἕνα	noch einer, noch eine, noch eins
ἡ κουβέρτα	die Bettdecke
ἡ ψύχρα	die (kleine) Kälte
βαμπακερός, -ή, -ὸ	baumwollen
μάλλινος, -η, -ο	wollen (= aus Wolle)
{ φαίνομαι { μοῦ [ἐ]φάνηκε	(hier!) vorkommen es ist mir vorgekom- men, es schien mir
σκληρός, -ή, -ὸ	hart
ἡ ἀνάγκη	die Notwendigkeit, die Not
εἶναι ἀνάγκη	es ist notwendig
εἶναι ἀδύνατον	es ist unmöglich
μαλακός, -ή, -ὸ	weich
τὸ στρῶμα	die Matratze
τὸ μαξιλάρι	das Kissen
σιδερώνω, [ἐ]σιδέρωσα	bügeln, plätten
τὸ παντελόνι	die Hose
ἡ μπλούζα	die Bluse
ἡ πρίζα γιὰ τὴν ξυριστι κὴ μηχανὴ	der Kontakt für den elektrischen Rasier- apparat
θέλω μία φρέσκη μαξιλαροθήκη	ich möchte 1 frischen Kissenbezug haben
θέλω ἕνα φρέσκο σεντόνι	ich möchte ein frisches Bettuch haben
τὰ παντζούρια (ο. τὰ σκοῦρα) εἶναι ἀνοικτὰ (-χτὰ) ἢ κλειστὰ	die Fensterläden sind offen oder geschlos- sen
τὸ λουτρό, ἡ μπα- νιέρα, τὸ ντοὺς	das Bad[ezimmer], die Badewanne, die Dusche
ἄνοιξε (ἀνοίγω) τὴ[ν] βρύση	dreh den Wasserhahn auf! (w.: öffne die Wasserleitung)
κλεῖσε τὴ[ν] βρύση	dreh den Wasserhahn zu! (w.: schließe)
τὸ νερὸ τρέχει	das Wasser rinnt (w.: läuft)
θέλω νὰ κάνω ἕνα λουτρὸ	ich will ein Bad neh- men

Adjektive auf -ὺς und -ὴς

Klasse der Adjektive auf -ύς, -ιά, -ὺ

Sing. Nom.	ὁ	βαρὺς	ἡ	βαριὰ	τὸ βαρὺ
Gen.	τοῦ	βαριοῦ	τῆς	βαριᾶς	τοῦ βαριοῦ
Akk.	τὸ[ν]	βαρὺ	τὴ[ν]	βαριὰ	τὸ βαρὺ
Vok.		βαρὺ		βαριὰ	βαρὺ

Plur. Nom.	οἱ βαριοί	οἱ βαριὲς	τὰ βαριὰ
Gen.	τῶν βαριῶν	τῶν βαριῶν	τῶν βαριῶν
Akk.	τοὺς βαριούς	τὶς βαριὲς	τὰ βαριὰ
Vok.	βαριοί	βαριὲς	βαριὰ

der, die, das schwere

Wie βαρὺς werden dekliniert:

βαθὺς (tief), ἐλαφρὺς (hat auch die Form ἐλαφρὸς (leicht), μακρὺς (lang), παχὺς (dick, fett), πλατὺς (breit) u. a.

Es sind Adjektive, welche Dimensionen, Volumen, Gewicht und Qualität bezeichnen.

ὁ δρόμος εἶναι πλατὺς ο. φαρδὺς	die Straße ist breit
τὸ καπέλλο εἶναι φαρδὺ	der Hut ist weit
τὰ παπούτσια εἶναι φαρδιὰ	die Schuhe sind weit

Das Adjektiv πολὺς (= viel) ist unregelmäßig und wird wie folgend dekliniert. Die Formen, die kein υ haben, werden mit λλ geschrieben:

Sing. Nom.	ὁ πολὺς	ἡ πολλὴ	τὸ πολὺ
Gen.	τοῦ πολλοῦ	τῆς πολλῆς	τοῦ πολλοῦ
Akk.	τὸν πολὺ	τὴν πολλὴ	τὸ πολὺ
Vok.	πολὺ	πολλὴ	πολὺ

Der Plural οἱ πολλοί, οἱ πολλές, τὰ πολλὰ wird wie βαριοί, βαριές, βαριὰ dekliniert.

Klasse der Adjektive auf -ής, -ιά, -ὶ

Sing. Nom.	ὁ σταχτὴς	ἡ σταχτιὰ	τὸ σταχτὶ
Gen.	τοῦ σταχτιοῦ	τῆς σταχτιᾶς	τοῦ σταχτιοῦ
Akk.	τὸ[ν] σταχτὴ	τὴ[ν] σταχτιὰ	τὸ σταχτὶ
Vok.	σταχτὴ	σταχτιὰ	σταχτὶ

der, die, das graue

Der Plural οἱ σταχτιοί, οἱ σταχτιές, τὰ σταχτιὰ wird wie βαριοί, βαριές, βαριὰ dekliniert. Diese Adjektive bezeichnen eine Farbe und sind von einem Substantiv abgeleitet, wie: θαλασσὴς (blau) aus ἡ θάλασσα, καφετὴς (braun) aus ὁ καφές, μενεξεδὴς (veilchenblau) aus ὁ μενεξές (das Veilchen), τριανταφυλλὴς (rosa) aus τὸ τριαντάφυλλο (die Rose), πορτοκαλὴς (orangenfarbig) aus τὸ πορτοκάλι (die Orange) u. a.

Zeitwort

I. Konjugation: Konjunktiv der Verben auf -ω

Präsens	Indikativ	Konjunktiv	Indikativ	Konjunktiv
	χάνω	νὰ χάνω	βλέπω	νὰ βλέπω
	χάνεις	νὰ χάνῃς	βλέπεις	νὰ βλέπῃς
	χάνει	νὰ χάνῃ	βλέπει	νὰ βλέπῃ
	χάνομε	νὰ χάνωμε	βλέπομε	νὰ βλέπωμε
	χάνετε	νὰ χάνετε	βλέπετε	νὰ βλέπετε
	χάνουν	νὰ χάνουν	βλέπουν	νὰ βλέπουν

Einmaliges
Futurum θὰ χάσω θὰ [ἴ]δῶ

Aorist

	ἔχασα	νὰ χάσω	εἶδα	νὰ [ἴ]δῶ
	ἔχασες	νὰ χάσῃς	εἶδες	νὰ [ἴ]δῇς
	ἔχασε	νὰ χάσῃ	εἶδε	νὰ [ἴ]δῇ
	ἐχάσαμε	νὰ χάσωμε	εἴδαμε	νὰ [ἴ]δοῦμε
	ἐχάσατε	νὰ χάσετε	εἴδατε	νὰ [ἴ]δῆτε
	ἔχασαν	νὰ χάσουν	εἶδαν	νὰ [ἴ]δοῦν

verlieren sehen

Der Konj. Präs. fällt mit dem Ind. Präs. lautlich zusammen, wobei die Partikel **νὰ** vor alle Personen gesetzt wird.
Die Schreibweise des Konj. setzt an Stelle des ει ein η (-ης, -η) und an Stelle des ο (Omikron) ein ω (-ωμε) (s. S. 69 die beiden Futura).

BEDEUTUNG:

Beide Zeiten des Konjunktivs dienen zum Ausdruck der Vergangenheit, der Gegenwart und Zukunft. Der Unterschied liegt in der Aktionsart. Der Konj. Präs. bezeichnet die Dauer oder Wiederholung einer Handlung oder die Dauer eines Zustandes, also einen zeitlich nicht abgeschlossenen Verlauf einer Handlung.
Der Konj. Aor. dagegen bezeichnet eine einmalige, abgeschlossene oder als einmalig empfundene und angesehene Handlung.

GEBRAUCH:

Der Konjunktiv steht im allgemeinen an Stelle eines deutschen Infinitivs und drückt aus: einen Wunsch, eine Bitte, einen Befehl, ein Vorhaben oder eine Absicht.

A. Der Konjunktiv im abhängigen Satz

1. Nach Verben wie θέλω (wollen), πρέπει (müssen), μπορῶ (können), παρακαλῶ (bitten) usw.:

θέλω νὰ παραγγείλω μιὰ σούπα   ich will (= möchte) eine Suppe bestellen

δὲν μπορῶ νὰ πηγαίνω κάθε μέρα   ich kann nicht täglich hingehen ἐκεῖ

πρέπει νὰ πάρετε τὶς βαλίτσες   Sie müssen Ihre Handkoffer mitnehmen μαζί σας

2. Nach den Hilfsverben ἔχω und εἶμαι mit einem Substantiv oder Adjektiv (oder auch Adverb) sowie in unpersönlichen Ausdrücken:

εἶναι ἀνάγκη νὰ ἀνεβῶ ἐπάνω   es ist notwendig, daß ich hinaufgehe

δὲν εἶμαι εἰς θέσι νὰ πληρώσω   ich bin nicht in der Lage die Rechnung τὸ[ν] λογαριασμὸ   zu zahlen

ἔχω καιρὸ νὰ κάνω λουτρὰ   ich habe Zeit Bäder zu nehmen

εἶναι δυνατὸν νὰ πᾶτε τώρα ἐκεῖ;   ist es möglich, daß Sie jetzt hingehen?

3. Nach bestimmten Konjunktionen, wie:

προτοῦ [νὰ] φύγω, θὰ σᾶς τὸ   bevor ich weggehe, werde ich es Ihnen [εἰ] πῶ   sagen

4. In Verbindung mit der Präposition γιὰ:

γιὰ νὰ ......   a) um ... zu
   b) damit

πηγαίνομε στὴν Ὀλυμπία γιὰ νὰ   wir fahren nach Olympia, um ihre Alter-
[ἰ]δοῦμε τὰ ἀρχαῖα της καὶ τὸ   tümer und die Landschaft zu sehen
τοπεῖο της

5. Als indirekten Imperativ:

Τοὺς εἶπα νὰ ἔλθουν   ich sagte ihnen, sie sollen kommen

Τῆς ἔγραψα νὰ μείνη ἐπάνω   ich schrieb ihr, sie soll oben bleiben

Die Verneinung des Konjunktivs ist μὴ (bzw. μὴν):

νὰ μὴ πάθη τίποτα ὁ ἄνθρωπος   daß diesem Menschen nichts zustößt!
αὐτός (ein alltäglicher Ausdruck)

νὰ μὴ τὸ [εἰ]πῆς σὲ κανένα   du sollst es niemand sagen

B. Selbständiger Konjunktiv

1. Im Hauptsatz, in direkten Fragen, die einen Zweifel ausdrücken:

νὰ γράφω κάθε μέρα στοὺς δι-   soll ich täglich meinen Leuten schrei-
κούς μου;   ben?

νὰ γράψω τώρα στὸ[ν] δικηγόρο; soll ich jetzt dem Rechtsanwalt schrei-
                               ben?
τί νὰ κάνω;   was soll ich machen?
πότε νὰ στείλω τὸ τηλεγράφημα; wann soll ich das Telegramm schicken?

2. Bei Ratschlägen, Befehlen oder Bitten:

νὰ πᾶτε ἀμέσως ἐκεῖ   gehen Sie doch gleich hin!
                               (w.: Sie sollen gleich hingehen)
νὰ παραγγείλης ἀμέσως τὸ φα- bestell doch gleich das Essen!
   γητὸ   (w.: du sollst gleich das Essen be-
                                stellen)

Hier wird der Konjunktiv sehr oft
an Stelle des Imperativs gesetzt

3. In voluntantiver Bedeutung:

λέω στὸν εἰσπράκτορα τοῦ λεωφο- ich sage dem Omnibusschaffner:
   ρείου: νὰ κατεβῶ, σὲ παρα-   ich will aussteigen, bitte [ich dich]
   καλῶ
νὰ σᾶς συστήσω τὴ[ν] δεσποινίδα ich will Ihnen die junge Dame (w.: das
                                Fräulein) vorstellen
νὰ σᾶς [εἰ]πῶ κάτι   ich will Ihnen etwas sagen

(s. gr. L. §§ 222–229)

Einige Beispiele in Verbindung mit dem Personalpronomen:

νὰ τοὺς τὸ γράψης   du sollst es ihnen schreiben
νὰ μὴ τοὺς τὸ γράψης   du sollst es ihnen nicht schreiben
νὰ κλείσω τὴν πόρτα;   soll ich die Türe schließen?
νὰ σᾶς τὴν κλείσω;   soll ich sie Ihnen schließen?
νὰ μὴ σᾶς τὴν κλείσω;   soll ich sie Ihnen nicht schließen?

Wie bei den beiden Futura wird das indirekte Objekt vor das direkte gesetzt.

Ausdrücke:

καθὼς (o. ὅπως) πρέπει   anständig, wie es richtig ist
εἶναι καθὼς πρέπει ἄνθρωπος   er ist ein anständiger Mensch

AUFGABE 19:

Ich kann dieses Zimmer nicht mieten, weil es sehr teuer ist. Wir können es nicht
mieten. Ich will Wein für uns alle bestellen. Warum wollen Sie immer dasselbe
bestellen? Ist es notwendig, daß Sie immer um 5 Uhr weggehen? Ich bitte Sie
um 5 Uhr wegzugehen. Ich bin nicht in der Lage diese Rechnung zu zahlen.
Es ist richtig es so zu machen. Soll ich es jetzt sagen? Was soll ich jetzt tun?

Ich weiß nicht, was ich sagen soll. Du bist krank, du sollst also nach Hause gehen. Du sollst die Türe aufsperren. Du sollst die Fremden hinaufführen. Soll ich gleich die Eintrittskarten (τὰ εἰσητήρια) kaufen? Soll ich allein zur Theaterkasse (τὸ ταμεῖον τοῦ θεάτρου) gehen? Sollen wir nicht alle zusammen hingehen? Was sollen wir nicht sagen und was sollen wir nicht tun?

Ausdruck:

σὰν πολλὰ εἶναι   das scheint mir aber doch sehr viel
                        (o. teuer) zu sein

Δωδέκατο μάθημα

XII

Η ΤΡΟΧΑΙΑ

Τὰ λεωφορεῖα εἶναι τὸ σπουδαιότερο μεταφορικὸ μέσο στὴ[ν] σημερινὴ Ἑλλάδα. Ὅπου ὑπάρχει δημόσιος δρόμος ἐκεῖ καὶ τὰ λεωφορεῖα. Μὲ ἀφετηρία τὴν Ἀθήνα μπορεῖ κανεὶς νὰ πάη σιδηροδρομικῶς, δηλαδὴ μὲ τὸ[ν] σιδηρόδρομο, ὡς τὴν Τρίπολι, τὴν καρδιὰ τῆς Πελοποννήσου, ὡς τὴν Ὀλυμπία καὶ ἀπὸ ἐκεῖ ὡς τὴν Καλαμάτα. Μὲ ἄλλη γραμμὴ ταξιδεύει κανεὶς πρὸς τὴ[ν] Θεσσαλονίκη καὶ ἀπ' ἐκεῖ ὡς τὴ[ν] Ἰδομένη στὰ σύνορα τῆς Γιουγκοσλαυΐας, στὴ[ν] Δράμα, στὰς Σέρρας[1], στὸ Πύθειον, ποὺ εἶναι στὰ σύνορα τῆς Τουρκίας.. Τὴν ἴδια διαδρομὴ κάνουν καὶ τὰ ὠτομοτρίς, ἀλλὰ μὲ λίγους ἐνδιάμεσους σταθμοὺς καὶ σὲ πολὺ μικρότερο χρονικὸ διάστημα. Τὰ τραῖνα ἐξυπηρετοῦν ἰδίως τὴν τοπικὴ συγκοινωνία καὶ σταματοῦν κάθε τόσο καὶ λιγάκι. Τὰ λεωφορεῖα κάνουν τὶς ἴδιες αὐτὲς μεγάλες διαδρομὲς ἀλλὰ καὶ χίλιες δυὸ ἄλλες σὲ ὅλη τὴν Ἑλλάδα καὶ πρὸς κάθε κατεύθυνσι.
Καὶ μέσα στὴν Ἀθήνα κυκλοφοροῦν παντοῦ τὰ λεωφορεῖα, ἐνῶ τὰ τράμ ἔπαψαν νὰ λειτουργοῦν. Ὅταν τὸ λεωφορεῖο σταματᾶ καὶ ἀνεβοκατεβῆ ὁ κόσμος, ὁ εἰσπράκτωρ φωνάζει στὸν ὁδηγὸ – ποὺ κάθεται μπροστὰ μπροστὰ-: «φύγε». Αὐτὸ τὸ «φύγε» τὸ ἀκούει κανεὶς ὅλη τὴν ὥρα σὲ κάθε στάσι.
Στὴν Ἀθήνα κυκλοφοροῦν χιλιάδες ταξιά καὶ ἰδιωτικὰ αὐτοκίνητα. Ὅταν μᾶς τὸ ἐπιτρέπουν τὰ οἰκονομικά μας παίρνομε ἕνα ταξί.
– Ποδήλατα δὲν ὑπάρχουν στὴν Ἑλλάδα; – Ναί, ἀλλὰ ἐλάχιστα.
– Ὑπάρχει ἐντὸς τῆς Ἑλλάδος ἀεροπορικὴ συγκοινωνία; – Καὶ βέβαια. Τὰ ἀεροπλάνα πετοῦν πρὸς διάφορες κατευθύνσεις. Κάθε τόσο προστίθεται μία καινούρια γραμμή. Ἀξίζει νὰ δῆ κανεὶς τὴν ἑλληνικὴ γῆ ἀπὸ ψηλὰ καὶ τὰ νησιὰ καθὼς ξεχωρίζουν μές' ἀπ' τὴ[ν] θάλασσα. Εὔκολα δὲν ξεχνάει κανεὶς τὸ θέαμα αὐτό.

---

[1] S. S. 124, Städtenamen.

Wörter

ἡ τροχαία (συγκοι-   der Verkehr mit Fahr-
νωνία)   zeugen
τὸ λεωφορεῖο, τὸ   der Omnibus
μπούσι
σπουδαῖος, -αία, -ο   wichtig
κανείς   (hier) man
μεταφορικός, -ή, -ὸ   Verkehrs-, bildlich,
  übertragen
τὸ μέσο[ν]   das Mittel
τὸ ἰδιωτικὸ   der Privatwagen
αὐτοκίνητο
ὑπάρχει, ὑπάρχουν,   es gibt
ὑπῆρξα, -αν
δημόσιος, -α, -ο   Staats-, öffentlich, all-
  gemein
ὁ δημόσιος δρόμος   die Landstraße
ἡ ἀφετηρία   der Ausgangspunkt
ὁ σιδηρόδρομος,   die Eisenbahn, mit der
σιδηροδρομικῶς   Eisenbahn
ἡ Τρίπολι   eine Stadt auf der
  Peloponnes
ἡ καρδιὰ   das Herz, hier = das
  Zentrum
ἡ Πελοπόννησος   die Peloponnes
ἡ Ὀλυμπία   Olympia
ἡ Καλαμάτα   eine Stadt in der Pe-
  loponnes
ἡ γραμμὴ   die Linie, der Strich,
  die Zeile
ταξιδεύω πρός,   reisen (in Richtung)
[ἐ]τα ξίδεψα   nach
ἡ Θεσσαλονίκη   Thessaloniki
ἡ Ἰδομένη   Grenzort auf griech.
  Boden, zwischen
  Griechenland u. Ju-
  goslawien
τὰ σύνορα   die Grenze
ἡ Γιουγκοσλαυΐα   Jugoslavien
ἡ Δράμα   eine Stadt in Mazedo-
  nien
αἱ Σέρραι ο. οἱ   eine Stadt in Mazedo-
Σέρρες   nien

τὸ Πύθειον   Grenzort auf griech.
  Boden, zwischen
  Griechenland u. der
  Türkei
ἡ Τουρκία   die Türkei
ἡ διαδρομὴ   die Fahrt
τὸ ὠτομοτρὶς   elektrischer Eisen-
  bahnwagen
ἐνδιάμεσος, -η, -ο   Zwischen-
ὁ σταθμὸς   die Station, der Bahn-
  hof
χρονικός, -ή, -ὸ   Zeit-, zeitlich
τὸ διάστημα   der Zeitraum, die
  Strecke
τὸ τραῖνο   der Zug
ἐξυπηρετῶ   dienstbar sein
ἰδίως   besonders
ἡ συγκοινωνία[1]   der Verkehr, die Ver-
  bindung
σταματῶ u. -άω   stehen bleiben
κάθε τόσο καὶ λιγάκι   sehr oft, jeden Augen-
  blick
ἡ κατεύθυνσι   die Richtung
κυκλοφορῶ   zirkulieren
παντοῦ   überall
τὸ τρὰμ   die Straßenbahn
παύω, ἔπαψα   aufhören
λειτουργῶ   funktionieren
ἀνεβοκατεβαίνω   ein- und aus-, hinauf-
  und hinuntersteigen
ὁ ὁδηγὸς   der Führer
ἡ στάσι   die Haltestelle
τὸ ταξὶ   das Taxi
ἐπιτρέπω, Aor.   erlauben
ἐπίτρεψα
τὰ οἰκονομικὰ   die wirtschaftl. Lage,
  die Finanzen
τὸ ποδήλατο   das Fahrrad
ἐλάχιστος, -η, -ο   sehr wenig
ἐντὸς mit Gen.   innerhalb
ἀεροπορικός, -ή, -ὸ   Luft-
τὸ ἀεροπλάνο   das Flugzeug

---

[1] S. a. gr. L. § 388.

πετῶ u. -άω	fliegen	ΣΕΚ = σιδηρό-	= Eisenbahnen des
διάφορος	verschieden	δρομοι τοῦ	griechischen Staates
προστίθεμαι	hinzugefügt werden	ἑλληνικοῦ κράτους	
καινούρ[γ]ιος, -α, -ο	neu	ἡ πρεσβεία	die Gesandtschaft
ἀξίζω, Imperfekt	wert sein	τὸ προξενεῖο	das Konsulat
ἄξιζα		ἡ ἀνανέωσι[ς] τοῦ	die Verlängerung des
τὸ νησὶ	die Insel	διαβατηρίου	Passes
καθὼς	wie	ἡ θεώρησι[ς] ο. ἡ βίζα	das Visum
ξεχωρίζω, ξεχώρισα	hier = sich abheben, trennen	θεώρησι[ς] } ἁπλὴ βίζα	einfaches Visum (für einmalige Durchreise)
μέσα ἀπὸ	aus ... heraus		
ξεχνῶ	vergessen	θεώρησι[ς] } μὲ ἐπι- βίζα } στροφὴ	ein Visum für Ein- u. Ausreise
τὸ θέαμα	der Anblick, das Schauspiel		

ΕΡΩΤΗΣΕΙΣ: Ποιὸ εἶναι τὸ σπουδαιότερο μεταφορικὸ μέσο στὴ[ν] σημερινὴ Ἑλλάδα; Κυκλοφοροῦν καὶ μέσα στὴν Ἀθήνα παντοῦ τὰ λεωφορεῖα; Κυκλοφοροῦν καὶ ταξιὰ μέσα στὴν Ἀθήνα; Πολλὰ ταξιά; Πότε παίρνομε ἕνα ταξί; Ὑπάρχει σιδηροδρομικὴ συγκοινωνία στὴν Ἑλλάδα; Κάνουν τὰ ὠτομοτρὶς τὴν ἴδια διαδρομὴ μὲ τὸ[ν] σιδηρόδρομο; Κάνουν τὰ ὠτομοτρὶς λιγότερους ἐνδιάμεσους σταθμοὺς ἀπὸ τὸ[ν] σιδηρόδρομο; Κάνουν καὶ τὰ λεωφορεῖα τὶς ἴδιες μεγάλες διαδρομὲς ὅπως ὁ σιδηρόδρομος καὶ τὰ ὠτομοτρίς; Πηγαίνουν τὰ λεωφορεῖα πρὸς κάθε κατεύθυνσι;

Das bestimmende Pronomen

('Η ὁριστικὴ ἀντωνυμία)

ὁ ἴδιος, ἡ ἴδια, το ἴδιο selbst, selber, der-, die-, dasselbe, der, die, das eigene

μόνος μου, μόνη μου, μόνο μου[1] selbst, von mir aus (als Initiative)

Es dient zur Verstärkung oder genaueren Bezeichnung:

ἐγὼ ὁ ἴδιος τοῦ τὸ εἶπα ich selbst sagte es ihm
σεῖς ἡ ἴδια εἴχατε τὸ θάρρος νὰ Sie selbst hatten den Mut, ihm die
τοῦ πῆτε τὴν ἀλήθεια; Wahrheit zu sagen?
σεῖς καὶ ἐμεῖς μένομε στὸν ἴδιο Sie (ihr) und wir wohnen in derselben
δρόμο Straße
ἡ Μήδεια [ἐ]σκότωσε τὰ ἴδια της Medea tötete ihre eigenen Kinder mit
τὰ παιδιὰ μὲ τὰ ἴδια της τὰ χέρια ihren eigenen Händen

---

[1] Statt μόνος μου kann man auch μονάχος μου o. μοναχός μου sagen.

τὸ ἔκανα μόνη μου χωρὶς νὰ μοῦ   ich habe es von mir aus getan, ohne
τὸ πῆ κανείς   daß es mir jemand sagte
ἡ μητέρα μας τὸ [ἐ]σκέφϑηκε   unsere Mutter kam selbst (von sich aus)
(ο. σκέφτηκε) αὐτὸ μόνη της   auf diesen Gedanken

WEITERE BEISPIELE:

ξυρίζεσϑε (ο. ξυρίζεστε) μόνος rasieren Sie sich selbst?
σας¹;
τὸ παιδάκι πλένεται μόνο του   das kleine Kind wäscht sich selbst
μόνος του [ἐ]πῆρε ὅλη τὴν εὐϑύνη von sich aus nahm er die ganze Ver-
ἐπάνω του   antwortung auf sich
τὸ πρᾶγμα ἐννοεῖται μόνο του   die Sache versteht sich von selbst
                                 (= von sich aus)

AUFGABE 20:

Hast du es selbst gesehen? Nein, nicht ich selbst sondern meine Angehörigen.
Du selbst sagtest es mir, erinnerst du dich nicht daran? (δὲν τὸ θυμᾶσαι). Er
selbst ging als erster über die Brücke ([ἐ]πέρασε πρῶτος τὴ[ν] γέφυρα). Die
Studentinnen taten es von sich aus. Haben Sie es auch von sich aus getan? Die
gleiche kleine Insel sieht verschieden aus (φαίνεται ἀλλοιώτικο), wenn das Licht
nicht dasselbe ist. Doch, (πώς,) es ist dieselbe kleine Insel, an der wir gestern
vorbeifuhren, unsere kleine Insel.

III. Deklination: Klasse der Neutra: auf -ος

Sing.	Nom.	A. τὸ	εἶδος	B. τὸ	μέγεθος
	Gen.	τοῦ	εἴδους	τοῦ	μεγέθους
	Akk.	τὸ	εἶδος	τὸ	μέγεθος
	Vok.		εἶδος		μέγεθος
Plur.	Nom.	τὰ	εἴδη	τὰ	μεγέθη
	Gen.	τῶν	εἰδῶν	τῶν	μεγεθῶν
	Akk.	τὰ	εἴδη	τὰ	μεγέθη
	Vok.		εἴδη		μεγέθη
			die Art		die Größe

Die Substantive auf -os sind im Gen. Plur. endbetont.
Die Substantive der Gruppe B werden im Genitiv Singularis sowie im Nominativ,

---

¹ Bei ausgesprochen reflexiven Verben ist das deutsche „selbst" μόνος μου.

Akkusativ und Vokativ Pluralis auf der zweitletzten Silbe betont: τοῦ μεγέθους, τὰ μεγέθη.

Demnach werden dekliniert: τὸ ἄλσος (der Park), τὸ δάσος (der Wald), τὸ ἔδαφος (der Boden) u. a.

Τὰ ταξιὰ (Die Taxis)

Κάθε ταξὶ ἔχει κι᾽ ἕνα ταξίμετρο.	Jedes Taxi hat auch einen Taximeter
Λέμε στὸν σωφέρ: πήγαινέ μας (ἢ πηγαίν[ε]τε μας) στὴν Κηφισιὰ¹ ἢ στὸ Φάληρο¹ κ.τ.λ.	Wir sagen dem Fahrer (o. Chauffeur): fahr uns (o. fahren Sie uns) nach Kifissia oder Phaliron usw.
Στὸ τέλος τὸν [ἐ]ρωτοῦμε: πόσο κάνει ἡ διαδρομή; ἢ: πόσο σοῦ (ἢ σᾶς) ὀφείλω;	Zum Schluß fragen wir ihn: wieviel kostet die Fahrt? oder: wieviel bin ich dir (o. Ihnen) schuldig?

Zeitwort

I. Konjugation: Imperativ der Verben auf -ω

A. Verben mit sigmatischem Aorist

	Indikativ	Konjunktiv	Imperativ	
Präsens (schenken)	χαρίζω	νὰ χαρίζω		
		νὰ χαρίζῃς	χάριζε	schenk!
		νὰ χαρίζῃ	ἂς χαρίζῃ	er soll (= möge) schenken
		νὰ χαρίζωμε	ἂς χαρίζωμε	schenken wir!
		νὰ χαρίζετε	χαρίζετε	schenkt oder schenken Sie!
		νὰ χαρίζουν	ἂς χαρίζουν	sie sollen (= mögen) schenken
Einm. Fut.	θὰ χαρίσω ↖			
Aorist	[ἐ]χάρισα	νὰ χαρίσω		
	χάρισες	νὰ χαρίσῃς	χάρισε	schenk!
	χάρισε	νὰ χαρίσῃ	ἂς χαρίσῃ	er soll (= möge) schenken
	χαρίσαμε	νὰ χαρίσωμε	ἂς χαρίσωμε	schenken wir!
	χαρίσατε	νὰ χαρίσετε	χαρίσ[ε]τε	schenkt oder schenken Sie!
	χάρισαν	νὰ χαρίσουν	ἂς χαρίσουν	sie sollen (= mögen) schenken

---

¹ Vororte von Athen

B. Verben mit sigmalosem Aorist

	Indikativ	Konjunktiv	Imperativ	
Präs.	βάζω	νὰ βάζω		
		νὰ βάζῃς	βάζε	leg!
		νὰ βάζῃ	ἂς βάζῃ	er soll legen
		νὰ βάζωμε	ἂς βάζωμε	legen wir!
		νὰ βάζετε	βάζετε	legt o. legen Sie!
		νὰ βάζουν	ἂς βάζουν	sie sollen legen
Einm. Fut.	θὰ βάλω ↖			
Aor.	ἔβαλα	νὰ βάλω		
		νὰ βάλῃς	βάλε	leg!
		νὰ βάλῃ	ἂς βάλῃ	er soll legen
		νὰ βάλωμε	ἂς βάλωμε	legen wir!
		νὰ βάλετε	βάλ[ε]τε	legt o. legen Sie!
		νὰ βάλουν	ἂς βάλουν	sie sollen legen

Einen eigenen Imperativ besitzt das Neugriechische nur für die 2. Pers. des Singulars und Plurals:

ταξίδευε   reise! (wiederholt)   ταξίδεψε   reise! (einmalig)
ταξιδεύετε   reist o. reisen Sie!   ταξιδέψ[ε]τε   reist o. reisen Sie!

Sonst werden zur Bildung des Imperativs die Formen des Konjunktivs zur Hilfe genommen, wobei die Partikel ἂς vor jede Person gesetzt wird. Nur πᾶμε (= gehen wir) steht sehr oft ohne ἂς: πᾶμε λοιπόν! gehen wir also!
Es gibt auch einen Imperativ der 1. Pers. Sing., sowie es einen der 1. Pers. Plur. gibt:

ἂς πάω   { also, ich gehe
                  { ich will gehen

ἂς ἀνάψω τὸ φῶς   { also, ich zünde das Licht an
                       { ich will das Licht anzünden

ἂς τῆς τὸ [εἰ]ποῦμε   wir wollen es ihr doch sagen

BEDEUTUNG DES IMPERATIVS

Der Unterschied zwischen dem Imperativ Präsens und Imperativ Aorist ist derselbe wie zwischen dem Imperfekt und Aorist, den beiden Futura und dem Konjunktiv Präsens und Konjunktiv Aorist.
Der Imperativ Präsens drückt aus: die Dauer, Wiederholung, das Gewohnte.
Der Imperativ Aorist dagegen das Einmalige einer Handlung oder eines Zustandes oder die als einmalig angesehene Handlung.

Ind. Präs.	Imperat. Präs.	Ind. Aor.	Imperat. Aor.
δίνω	δίνε – δίνετε	ἔδωσα	δῶσε – δῶστε
φωνάζω	φώναζε – φωνάζετε	[ἐ]φώναξα	φώναξε – φωνάξ[ε]τε
ταξιδεύω	ταξίδευε – ταξιδεύετε	ταξίδεψα	ταξίδεψε – ταξιδέψτε
τρώγω	τρῶγε – τρῶτε	ἔφαγα	φά[γ]ε – φᾶτε
φέρνω	φέρνε – φέρνετε	ἔφερα	φέρε – φέρτε

ἄκου[ε] τὸν πατέρα σου, παιδί
  μου, γιατὶ θέλει τὸ καλό σου
ἄκου[σε] τί θὰ σοῦ [εἰ]πῶ τώρα
φώναζε ὅσο θέλεις
φώναξέ με μόλις ἔλθη ὁ γιατρὸς
φέρνε μου κάθε πρωὶ λίγο ζεστὸ
  νερὸ στὸ δωμάτιο
φέρτε μου ἕνα βάζο γιὰ τὰ λου-
  λούδια

hör (immer) auf deinen Vater, mein
  Kind, denn er meint es gut mit dir
hör zu, was ich dir jetzt sagen werde
schrei soviel du willst!
ruf mich, sobald der Arzt kommt
bring mir jeden Morgen ein wenig
  warmes Wasser ins Zimmer!
bringen Sie mir eine Vase für die Blu-
  men!

(Ausdrücke mit dem Imperativ s. gr. L. S. 119 u. 121)

Unregelmäßiger Imperativ

1. auf **-α, -ᾶτε** u. **-ῆτε** im Imperativ Präsens oder Imperativ Aorist

a) im Imperativ Präsens:

	Indikativ	Konjunktiv	Imperativ
Präsens	τρέχω	νὰ τρέχω	τρέχα – τρεχᾶτε
			(selten: τρέχε – τρέχετε)
Aorist	ἔτρεξα	νὰ τρέξω	τρέξε – τρέξ[ε]τε
Präsens	φεύγω	νὰ φεύγω	φεύγα – φευγᾶτε
			(selten: φεῦγε – φεύγετε)
Aorist	ἔφυγα	νὰ φύγω	φύγε – φύγετε

Diese Imperative der Gegenwart τρέχα, φεύγα werden auch für die einmalige Handlung, also auch an Stelle des Imperativ Aorist angewandt. Das ist wohl auf das im Neugriechischen immer mehr zunehmende Übergewicht des Vokales α über die anderen Vokale zurückzuführen.

b) Im Imperativ Aorist:

Präsens	ἔρχομαι	νὰ ἔρχωμαι	νὰ ἔρχεσαι – { νὰ ἔρχεσθε / νὰ ἔρχεστε
Aorist	{ ἦλθα / ἦρθα	{ νὰ ἔλθω / νὰ ἔρθω	ἔλα – ἐλᾶτε

Präsens	ἀνεβαίνω	νὰ ἀνεβαίνω	ἀνέβαινε – ἀνεβαίνετε
Aorist	ἀνέβηκα	νὰ ἀνεβῶ	ἀνέβα – ἀνεβῆτε
			(seltener ἀνεβᾶτε)
Präsens	κατεβαίνω	νὰ κατεβαίνω	κατέβαινε – κατεβαίνετε
Aorist	κατέβηκα	νὰ κατεβῶ	κατέβα – κατεβῆτε
			(seltener κατεβᾶτε)

2. auf -ὲς u. -έστε o. -ῆτε im Imperativ Aorist

Präsens	βλέπω	νὰ βλέπω	βλέπε – βλέπετε
Aorist	εἶδα	νὰ [ἴ]δῶ	[ἴ]δὲς u. ἰδὲ – δέστε o. δῆτε
Präsens	βρίσκω	νὰ βρίσκω	βρίσκε – βρίσκετε
Aorist	ἦβρα o. ἐβρῆκα	νὰ βρῶ	βρὲς – βρέ/σ/τε o. βρῆτε
	ηὖρα o. εὑρῆκα	νὰ εὕρω	
Präsens	λέ[γ]ω	νὰ λέ[γ]ω	λέγε – λέγετε
Aorist	εἶπα	νὰ [εἶ]πῶ	πὲς – πέστε o. πῆτε
Präsens	πίνω	νὰ πίνω	πίνε – πίνετε
Aorist	ἤπια	νὰ πιῶ	πιὲ[ς] – πιέ[σ]τε o. πιῆτε

3. auf -α oder -ὲς und (-ᾶτε) oder -ῆτε im Imperativ Aorist

	Indikativ	Konjunktiv	Imperativ	
Präs.	βγαίνω	νὰ βγαίνω	βγαῖνε – βγαίνετε	herauskommen,
Aor.	[ἐ]βγῆκα	νὰ βγῶ	ἔβγα o. βγὲς –	ausgehen
			(ἐβγᾶτε) o. βγῆτε	
Präs.	μπαίνω	νὰ μπαίνω	μπαῖνε – μπαίνετε	hineingehen
Aor.	[ἐ]μπῆκα	νὰ μπῶ	ἔμπα o. μπὲς –	
			(ἐμπᾶτε) o. μπῆτε	

Imperativ Aorist einiger Verben

auch in gekürzter oder abweichender Form

	Indikativ	Konjunktiv	Imperativ	
Präsens	ἀκούω	ν' ἀκούω	ἄκου[ε] – ἀκοῦτε	hören
Aorist	ἄκουσα	ν' ἀκούσω	ἄκου[σε] – ἀκοῦστε	
Präsens	ἀφήνω	ν' ἀφήνω	ἄφηνε – ἀφήνετε	lassen
Aorist	ἄφησα / ἄφηκα	ν' ἀφήσω	ἄφησε – ἀφήσ[ε]τε und familiär: ἄσε – ἄστε	
Präsens	σωπαίνω	νὰ σωπαίνω	σώπαινε – σωπαίνετε	schweigen
Aorist	ἐσώπασα	νὰ σωπάσω	σώπα (σώπασε) – σωπάστε	
Präsens	πηγαίνω / πάω	νὰ πηγαίνω	πήγαινε – πηγαίνετε	gehen
Aorist	[ἐ]πῆγα	νὰ πάω	πήγαινε (und sehr familiär ἄντε) – πᾶτε u. πηγαίνετε	

Verneint wird der Imperativ durch den Konjunktiv und die Partikel μὴ [v]

Präsens	διάβαζε	lies!	μὴ διαβάζῃς	lies nicht!	
	διαβάζετε	lesen Sie!	[μὴ διαβάζετε	lesen Sie nicht!	
				(Dauer o. Wiederholung)	
Aorist	διάβασε		μὴ διαβάσῃς	lies nicht!	
	διαβάστε		μὴ διαβάστε	lesen Sie nicht!	
				(einmal. Handlung)[1]	
μὴν ὁμιλῆτε μὲ τὸν ὁδηγὸν				sprechen Sie nicht mit dem Führer (= Fahrer)	

AUFGABE 21

Schließe das Fenster! Schließ es! Schließ nicht immer die Tür (ἡ πόρτα)! Gut, er soll die Tür schließen. Schließen wir die Haustüre (ἡ ἐξώπορτα)! Bleib hier! Bleib jetzt nicht hier! Bleiben Sie hier! Studiere, wo du willst! Studiere nicht gleich im Ausland (τὸ ἐξωτερικό)! Studieren Sie in unserer Stadt! Kehre nicht immer spät am Abend zurück! Ruf den Herrn! Ruf ihn! Ruf ihn nicht! Rufen Sie sie!

Der Imperativ in Verbindung mit den Personalpronomen

πές μου	sag mir!	μὴ μοῦ πῆς	sag mir nicht!
πές μου το	sag es mir!	μὴ μοῦ τὸ πῆς	sag es mir nicht!
πέστε μου	sagen Sie mir!	μὴ μοῦ πῆτε	sagen Sie mir nicht!
πέστε μού το	sagen Sie es mir!	μὴ μοῦ τὸ πῆτε	sagen Sie es mir nicht!

(Vgl. § 35: Enklitische Wörter)

διάβασέ μου	lies mir!	μὴ μοῦ διαβάσῃς	lies mir nicht!
διάβασέ μου το	lies es mir!	μὴ μοῦ τὸ διαβάσῃς	lies es mir nicht!
διαβάστε μάς το	lesen Sie es uns!	μὴ μοῦ τὸ διαβάστε	lesen Sie es mir nicht!

Das indirekte Objektiv (hier der Genitiv der Person) kann beim Imperativ aber (im Gegensatz zum Indikativ und Konjunktiv) auch nach dem direkten Objekt (Akk.) stehen. Wie im Deutschen: φέρ' το μου, διάβασέ το μου usw.

Redensarten:

γιά ἔλα ἐδῶ	komm **mal** her!
γιά πές μου τί ἔχεις	sag mir **mal**, was du hast

---

[1] In den Ämtern, Geschäften, Verkehrsmitteln u.a. dominiert die Schrspr.: ὤθησον u. ὠθήσατε τὴν θύρα: drück u. drücken Sie die Tür (w.: stoß u. stoßen Sie).

δὲ[ν] μοῦ λέτε, μήπως εἴδατε   sagen Sie mir, haben Sie vielleicht
τὸν ἐπιστάτη;   den Aufseher gesehen?

δὲ[ν] μοῦ λέτε, μήπως ξέρετε   sagen Sie mir, wissen Sie vielleicht
τὴν διεύθυνσι τοῦ ταχυδρόμου;   die Adresse des Briefträgers?

Aus dem Präsens, dem Aorist und der feststehenden Form lassen sich sehr leicht
alle anderen Zeiten eines Verbs bilden:

Indik. Präs. γράφ-ω	Imperf. ἔγραφ-α	Fut. cont. θὰ γράφ-ω
Konj. Präs. νὰ γράφ-ω	Imperat. γράφ-ε,	Partiz. Präs. γράφοντας
	γράφ-ετε	
Indik. Aorist ἔγραψ-α	Konj. νὰ γράψ-ω	Imperat. γράψε, γράψετε
festst. Form γράψ-ει (vgl. L. 10)		Einmal. Fut.: θὰ γράψω
Perf. Ind. ἔχω γράψει	Konj. νὰ ἔχω γράψει	Imperat. ἔχε γράψει
Plusquamp. εἶχα γράψει		(schreiben)
Fut. exact. θὰ ἔχω γράψει		

Verben der I. Konjugation: Aktive Form auf -ω

Gesamt-Übersicht

	Indikativ	Konjunktiv	Imperativ	Festst. Form	Partizip
Präs.	κλείν-ω	νὰ κλείν-ω			schließen
	κλείν-εις	νὰ κλείν-ης	κλεῖν-ε		
	κλείν-ει	νὰ κλείν-η	ἂς κλείν-η		
	κλείν-ομε[1]	νὰ κλείν-ωμε[1]	ἂς κλείν-ωμε[1]		κλείν-οντας
	κλείν-ετε	νὰ κλείν-ετε	κλείν-ετε		
	κλείν-ουν	νὰ κλείνουν	ἂς κλείν-ουν		
Impf.	ἔκλειν-α				
	ἔκλειν-ες				
	ἔκλειν-ε				
	ἐκλείν-αμε				
	ἐκλείν-ατε				
	ἔκλειν-αν				
Futur. contin.	θὰ κλείν-ω (Wie Konj. Präsens)				
	θὰ κλείν-ης				
	θὰ κλείν-η				
	θὰ κλείν-ωμε[1]				
	θὰ κλείν-ετε				
	θὰ κλείν-ουν				

---

[1] Oder: -ουμε

	Indikativ	Konjunktiv	Imperativ	Festst. Form	Partizip

Einml. θὰ κλεί-σω
Futur. θὰ κλεί-σης
      θὰ κλεί-ση
      θὰ κλεί-σωμε[1]
      θὰ κλεί-σετε
      θὰ κλεί-σουν

Aorist ἔκλει-σα   νὰ κλεί-σω
        ἔκλει-σες   νὰ κλεί-σης   κλεῖ-σε
        ἔκλει-σε   νὰ κλεί-ση   ἂς κλεί-ση   κλεί-σει
        ἐκλεί-σαμε   νὰ κλεί-σωμε[1] ἂς κλεί-σωμε[1]
        ἐκλεί-σατε   νὰ κλεί-σετε   κλεί-σ[ε]τε
        ἔκλει-σαν   νὰ κλεί-σουν   ἂς κλεί-σουν

Perf. ἔχω κλείσει   νὰ ἔχω   κλείσει
       ἔχεις κλείσει   νὰ ἔχης κλείσει ἔχε   κλείσει
       ἔχει κλείσει   νὰ ἔχη κλείσει ἂς ἔχη κλείσει
       ἔχομε κλείσει   νὰ ἔχωμε κλείσει ἂς ἔχωμε κλείσει
       ἔχετε κλείσει   νὰ ἔχετε κλείσει ἔχετε κλείσει
       ἔχουν κλείσει   νὰ ἔχουν κλείσει ἂς ἔχουν κλείσει

Plusq. εἶχα κλείσει
perf.   εἶχες κλείσει
       εἶχε κλείσει
       εἴχαμε κλείσει
       εἴχατε κλείσει
       εἶχαν κλείσει
       (s. gr. L. §§ 199–200)

Futur. θὰ ἔχω κλείσει
exact. θὰ ἔχης κλείσει
       θὰ ἔχη κλείσει
       θὰ ἔχωμε κλείσει
       θὰ ἔχετε κλείσει
       θὰ ἔχουν κλείσει

I. Kondition. θὰ ἔκλεινα   } s. S. 133 f
II. Kondition. θὰ εἶχα κλείσει

---

[1] Oder: -σουμε

AUFGABE 22:

Πές μου τὴν ἀλήθεια. Πέστε μας ὅλη τὴν ἀλήθεια. Πέστε μας τί ἐκάνατε χθὲς ὅλο τὸ πρωί. Μὴ μοῦ [εἶ]πῆς πῶς δὲν εἶχες καιρό. Μὴ λὲς ψέμματα. ['Ι]δές τον πῶς εἶναι. Δές την τί νόστιμη ποὺ εἶναι. Δέστε τὰ ἄστρα πῶς λάμπουν ἀπόψε. Πιὲς νερὸ ἀπ' τὴν πηγή. Πιῆτε λίγο κρασί. Μὴν πίνης κρύο νερό, ὅταν εἶσαι ἱδρωμένος. Σὲ παρακαλῶ, μὴν πιῆς ἀμέσως νερό, γιατὶ εἶσαι ἱδρωμένος. "Ελα μαζί μου. 'Ελᾶτε νὰ πᾶμε ὅλοι μαζὶ στὴν Κρήτη. 'Ελᾶτε νὰ πᾶμε μὲ τὴ βάρκα, ποὺ ἔχει ὡραῖο φεγγάρι ἀπόψε.

AUFGABE 23:

Trink es! Trink Wasser aus der Quelle! Trink es nicht gleich! Trinken Sie geharzten Wein (ἡ ρετσίνα ο. τὸ ρετσινάτο). Ich bitte Sie, trinken Sie jetzt nicht diesen Wein! Sehen Sie diesen Menschen! Sieh ihn (an)! Sag mir die Wahrheit! Sag sie mir! (Πές μου την!) Sag sie mir nicht (μὴ μοῦ τὴν πῆς)! Komm doch! ("Ελα λοιπόν!) Kommen Sie doch! Warum kommst du nicht? Warum kommst du gar nicht? (διόλου ο. καθόλου?) Sagen Sie was Sie wollen! Sagen Sie nicht was Sie denken, sagen Sie lieber (καλύτερα) nichts. Komm schnell herunter! Kommen Sie jetzt nicht herunter! Es ist alles durcheinander (ὅλα εἶναι ἄνω κάτω). Gib mir die Rechnung! Geben Sie mir die andere Rechnung! Bringen Sie mir eine Stehlampe! Denke jetzt an nichts!

Ausdruck:

τρέχα γύρευε	es ist aussichtslos o. sehr schwierig (w.: Lauf und suche!)

Δέκατο τρίτο μάθημα

XIII

Ο ΕΥΤΥΧΙΣΜΕΝΟΣ[1]

Μιὰ φορὰ ἀρρώστησ' ἕνας βασιλιὰς καὶ τοῦ' πανε[2] νὰ βρῆ ἕναν εὐτυχισμένο ἄνθρωπο, νὰ βάλη τὸ πουκάμισό του νὰ γενῆ καλά.
'Εξεκινήσανε τὰ παιδιά του νὰ βροῦνε τὸν εὐτυχισμένο, νὰ φέρουν τὸ πουκάμισό του νὰ τὸ βάλη ὁ βασιλιὰς νὰ γιάνη.

---

[1] Aus: Μαρίας 'Αμαριώτου: 'Ιστορίες τῆς μανούλας μου. Παραμύθια, ἱστορίες, παραδόσεις. 'Αθήνα 1948. Es sind Geschichten einer kretischen Erzählerin, »Παπαδιώ 'Αμαριωτάκη« aus Καστέλλι Φουρνῆς, die im September 1961 im Alter von 91 Jahren verstorben ist.
[2] = τοῦ εἶπανε

Ἐπήγανε κι' ἐγυρέψανε καὶ δὲν εὑρήκανε. Κι' ἐγυρίζανε¹ στὸ σπίτι τους. Ὕστερα ἐνυχτωθήκανε καὶ εἴδανε μέσα στὸ σκοτάδι ἕνα φῶς. Ντὰ ἐμεῖς ἐνυχτωθήκαμε, ἂς πᾶμε σ' αὐτὸ τὸ φῶς νὰ περάσωμε τὴ νύχτα. Πᾶνε στὸ φῶς καὶ βρίσκουνε ἕναν ἄνθρωπο ὁλομόναχο στὴν ἐξοχή. Τοὺς ἀποδέχθηκε κι' ἐκαθήσανε.
Μιὰ στιγμὴ τὸν ἀκοῦνε νὰ λέη:
– Δόξα σοι ὁ Θεός. Καλὰ πέρασα καὶ σήμερα. Εὐτυχισμένος εἶμαι. Δόξα σοι ὁ Θεός. Εὐτυχισμένος εἶμαι.
– Σὰν εἶσαι εὐτυχισμένος, δῶσε μας τὸ πουκάμισό σου νὰ τὸ πᾶμε τοῦ πατέρα μας, νὰ τὸ φορέση νὰ γενῆ καλά.
Λέει: Ντὰ δὲ φορῶ.

Wörter

ἀρρωσταίνω, ἀρρώστησα	krank werden	ὁλομόναχος, -η, -ο	mutterseelenallein
ὁ βασιλιὰς	der König	ἡ ἐξοχὴ	das Land (im Gegensatz zur Stadt), die Sommerfrische
τὸ πουκάμισο	das Hemd		
ξεκινῶ	sich auf den Weg machen	ἀποδέχομαι, δέχομαι	aufnehmen, empfangen
[ὑ]γιαίνω, ἔγιανα	gesund werden, sein	περνῶ καλὰ	es geht mir gut
γυρεύω, [ἐ]γύρεψα	suchen, verlangen	πηγαίνω, Aor. [ἐ]πῆγα	(hier:) hinbringen
βρίσκω, Aorist εὑρῆκα u. [ἐ]βρῆκα	finden, ich fand o. habe gefunden		
ὕστερα	dann, nachher	φορῶ	tragen (am Körper als Bekleidung)
νυχτώνομαι	von der Nacht überrascht werden	ἡ παράδοσι	die Sage, die Überlieferung, die Tradition
ντὰ (Kretisch)	aber		
περνῶ u. -άω	verbringen		

ΔΙΑΛΟΓΟΣ
μεταξὺ ἑνὸς ξένου καὶ ἑνὸς Ἕλληνος

Ξ.: Ἂν φθάσωμε καμιὰ φορὰ βράδυ σ' ἕνα χωριό, μποροῦμε νὰ διανυκτερεύσωμε τότε στὸ ὕπαιθρο;

Ἑ.: – Ἀκοῦστε. Ἂν τυχὸν καὶ δὲν ὑπάρχη ξενοδοχεῖο ἐκεῖ τὸ καλύτερο ποὺ ἔχετε νὰ κάνετε εἶναι νὰ πᾶτε κατ' εὐθεῖαν στὸ σπίτι τοῦ παπᾶ. Ἐρωτῆστε ποῦ μένει. Ὁ παππᾶς θὰ σᾶς φιλοξενήση ἢ στὸ δικό του ἢ σὲ κανένα συγγενικὸ ἢ γνωστό του σπίτι.

---

¹ Der kretische Dialekt setzt auch bei mehrsilbigen Verben gern das Augment.

Wörter

φθάνω, ἔφθασα	ankommen	φιλοξενῶ	jmd. als Gast aufneh-
διανυκτερεύω,	übernachten		men
διανυκτέρευσα		συγγενικός, -ή, -ὁ	verwandt
ἄν τυχὸν καὶ	wenn . . . zufällig	γνωστός, -ή, -ὁ	bekannt
κατ' εὐθεῖαν	direkt		

Aus der Schriftsprache übernommene Adjektive

Verschiedene Adjektive der Schriftsprache sind auch in der Volkssprache in Gebrauch:

1. auf   -ης, -ες: ὁ καὶ ἡ εὐγενὴς- -*εὐγενὲς[1]   (höflich)
2. auf   -ων, -ουσα, -ον: μέλλων, -ουσα, -ον[2]   (zukünftig)
3. auf   -ων, -ον: ὁ καὶ ἡ εὐγνώμων, τὸ* εὔγνωμον[3]   (dankbar)

1. Adjektive auf -ής, -ὲς und ⸜ης, -ες

ἀγενὴς	unhöflich;	εἰλικρινὴς	aufrichtig
δυστυχὴς	unglücklich	εὐτυχὴς	glücklich u. a.
αὐθάδης	frech	στοιχειώδης	elementar u. a.

der Genitiv Plur. ist endbetont.

Sing. Nom.	ὁ u. ἡ	πολυτελὴς	τὸ	πολυτελὲς
Gen.	τοῦ u. τῆς	πολυτελοῦς	τοῦ	πολυτελοῦς
Akk.	τὸν u. τὴν	πολυτελῆ	τὸ	πολυτελὲς
Plur. Nom.	οἱ	πολυτελεῖς	τὰ	πολυτελῆ
Gen.	τῶν	πολυτελῶν	τῶν	πολυτελῶν
Akk.	τοὺς u. τὶς	πολυτελεῖς	τὰ	πολυτελῆ
		(luxuriös)		

Die Steigerung der Adjektive

Komparativ - Superlativ

I. BILDUNG DES KOMPARATIVS

1. Er wird umschrieben durch πιὸ (mehr) und den Positiv des Adjektivs

νόστιμος – πιὸ νόστιμος   hübsch – hübscher
παλιὸς – πιὸ παλιὸς   alt – älter (im Gegensatz zu neu)
καινούριος – πιὸ καινούριος   neu – neuer

---

[1] Ὁ εὐγενὴς bedeutet auch „der Adlige".
[2] s. S. 143
[3] s. S. 144

Von allen Adjektiven, soweit sie gesteigert werden können, läßt sich diese Form bilden.

2. Er wird in einem Wort gebildet, indem die Endungen ∠τερος, ∠τερη, ∠τερο der sächlichen Form des Adjektivs angefügt werden.

Es bilden den Komparativ:

a) auf **-ότερος, -ότερη, -ότερο** bzw. **-ώτερος, -ώτερη, -ώτερο** die Adjektive auf -ος, -η, -ο und -ος, -α, -ο:

φθηνός – φθηνότερος   φθηνή – φθηνότερη   φθηνὸ – φθηνότερο
νέος – νεώτερος   νέα – νεώτερη   νέο – νεώτερο u.a. (s. § 51)

b) auf **-ύτερος, -ύτερη, -ύτερο**, die Adjektive auf -ύς, -ιά, -ὺ: βαθύς – βαθύτερος βαθιά – βαθύτερη   βαθὺ – βαθύτερο u. a. und von den Adjektiven auf -ος die folgenden: καλὸς, κοντὸς (kurz, klein), μεγάλος, πρῶτος (erster), πρωτύτερος (früherer).

Dazu einige Adjektive, die zwei Formen haben, auf -ύτερος und -ότερος: γλυκός, ἐλαφρὸς und χοντρὸς – χοντρύτερος und χοντρότερος (dick – dicker)

c) auf **-έστερος, -έστερη, -έστερο** die Adjektive auf -ής, -ὲς und auf ∠ης, -ες: ἀκριβὴς – ἀκριβέστερος (pünkltich, genau), στοιχειώδης – στοιχειωδέστερος (elementar).

Unregelmäßige Komparative

γέρος – γεροντότερος   alt – älter
κακὸς – χειρότερος   böse – böser
πολὺς – περισσότερος   viel – mehr (es sind Adjektive im Griechischen hier)
ἁπλὸς – ἁπλούστερος   einfach – einfacher

GEBRAUCH:

Ὁ Ὄλυμπος εἶναι ψηλότερος (o. πιὸ ψηλὸς) **ἀπὸ** τὸν Παρνασσό.
Ἡ Ἀττικὴ εἶναι πιὸ μικρὴ (o. μικρότερη) **ἀπ'** τὴν Πελοπόννησο.

Der Olymp ist höher **als** der Parnaß.
Attika ist kleiner **als** die Peloponnes.
Durch die Präposition **ἀπὸ** und den Akkusativ.

II. BILDUNG DES SUPERLATIVS UND ELATIVS

1. Der Superlativ wird durch Umschreibung gebildet; der bestimmte Artikel wird vor den Komparativ in seinen beiden Formen gesetzt:

ὁ πιὸ μεγάλος ο. ὁ μεγαλύτερος   der größte
ἡ πιὸ καλή ο. ἡ καλύτερη   die beste
τὸ πιὸ ἀρχαῖο ο. τὸ ἀρχαιότερο   das älteste (im Sinne von antik)

ὁ Πειραιὰς εἶναι τὸ μεγαλύτερο λιμάνι τῆς Ἑλλάδος
ἡ πιὸ καλή ἰδέα εἶναι ἡ δική σας
τὸ ἀρχαιότερο ἄγαλμα τοῦ μουσείου εἶναι αὐτὸ ἐδῶ

Piräus ist der größte Hafen Griechenlands
der beste Gedanke ist Ihrer
die älteste Statue des Museums ist diese hier

2. Der Elativ (d. h. die Form des Adjektivs, die einen sehr großen Grad der Eigenschaft anzeigt) wird durch die Endung -τατος (-ότατος ο. -ώτατος, -ύτατος, -έστατος) gebildet, die an die sächliche Form des Adjektivs angehängt wird:

ἀστεῖος – ἀστειότατος   komisch – sehr komisch
βαρὺς – βαρύτατος   schwer – sehr schwer
ἀκριβὴς – ἀκριβέστατος   pünktlich – sehr pünktlich

Unregelmäßige Superlative:

λίγος – ἐλάχιστος   wenig – sehr wenig (als Adjektiv)
μικρὸς – ἐλάχιστος   klein – sehr klein
μεγάλος – μέγιστος   groß – sehr groß
καλὸς – ἄριστος   gut – sehr gut
ἁπλὸς – ἁπλούστατος   einfach – sehr einfach (s. §§ 50 u. 51)

Die Steigerung der Partizipien wird umschrieben:

Ἦταν ὁ πιὸ ἀφῃρημένος ἀπ' ὅλους.
Er war der zerstreuteste von allen.

Vergleiche im Positiv:

τόσον . . . ὅσον (statt ὅσον auch ὅπως, καθὼς): so . . . wie
Εἶναι τόσον σχολαστικὸς ὅσον καὶ ὁ πατέρας του.
Er ist so pedantisch wie auch sein Vater.
μᾶλλον . . . παρὰ: eher . . . als
Εἶναι μᾶλλον παχὺς παρὰ ἀδύνατος.
Er ist eher stark als mager.

(s. gr. L. §§ 153–156)

AUFGABE 24:

Der Parnaß ist niederer als der Olymp. Der Olymp ist der höchste Berg von Griechenland. Der Hafen von Piräus ist größer als der Hafen von Saloniki. Die

Sommerfrische (ἡ ἐξοχὴ) (ἡ) Συκιά ist kleiner als Ξυλόκαστρον. Der Kiefernwald (ὁ πευκιάς), der Ξυλόκαστρον mit Συκιά verbindet (συνδέει), ist der schönste (τὸ δάσος) Wald am Meeresufer des Korinthischen Meerbusens (στὴν παραλία τοῦ Κορινθιακοῦ κόλπου). Das Meeresufer von Ξυλόκαστρον ist eins der schönsten von ganz Griechenland (ὅλης τῆς Ἑλλάδος). Das Leben in den griechischen Dörfern und auf den kleinen griechischen Inseln ist einfach, sehr einfach, tausendmal einfacher als in Athen (παρὰ στὴν Ἀθήνα ο. στὰς Ἀθήνας) oder in Patras (παρὰ στὴν Πάτρα ο. στὰς Πάτρας). Das Leben ist auch billiger dort, viel billiger und die Menschen einfacher. Nehmen wir dieses Zimmer! Es ist geräumiger (πιὸ εὐρύχωρο) und heller als das Zimmer im ersten Stock. Das hellste und geräumigste Zimmer ist dieses hier. Die Sonne ist jeden Tag wärmer. Das ist nicht wahr (δὲν εἶναι ἀλήθεια), aber wir möchten, daß sie täglich wärmer ist (θέλομε νὰ εἶναι). Wenn die Sterne in der Nacht glänzen, dann ist es nie ganz (ἐντελῶς) dunkel. Der arme Mann auf dem Lande, der kein Hemd trug, war vielleicht (ἴσως) einer der glücklichsten Menschen der Welt.

Ausdruck:

ἄναψε τὸ αἷμα μου ich wurde sehr zornig (w.: mein Blut erhitzte sich)

Δέκατο τέταρτο μάθημα

XIV

Ὁ Ἀλέκος εἶναι μαθητὴς τῆς τρίτης τάξεως τοῦ δημοτικοῦ σχολείου. Μᾶς λέει: Τὸ πρωὶ σηκώνομαι στὶς ἑπτά (7). Ἀφοῦ σηκωθῶ πηγαίνω στὸ λουτρὸ καὶ πλένομαι. Ἐκείνη τὴν ὥρα τὸ λουτρὸ εἶναι πάντα ἐλεύθερο γιὰ μᾶς τὰ παιδιά. Ἀνοίγω τὴ[ν] βρύση καὶ τὸ νερὸ τρέχει. Πλένομαι μὲ κρύο νερὸ συνήθως. Τὸ[ν] χειμώνα ὅμως ὅταν κάνη πολὺ κρύο πλένομαι μὲ χλιαρὸ νερό. Ἀφοῦ πλυθῶ (μετὰ τὸ πλύσιμο) σκουπίζομαι μὲ τὴν πετσέτα. Ὅταν σκουπίζωμαι μοῦ ἀρέσει νὰ τρίβωμαι δυνατά. Ἀφοῦ λοιπὸν σκουπισθῶ (= σκουπιστῶ) καὶ τριφθῶ (= τριφτῶ), ντύνομαι γλήγορα-γλήγορα. Ἀφοῦ ντυθῶ (= μετὰ τὸ ντύσιμο), χτενίζομαι (κτενίζομαι) μὲ τὸ χτένι μου (= κτένι μου). Ἀφοῦ κτενισθῶ (= χτενιστῶ) πηγαίνω στὴν τραπεζαρία καὶ πίνω τὸ γάλα μου μαζὶ μὲ τ᾽ ἀδέλφια μου καὶ τοὺς γονεῖς μου.
Ἕνα διάστημα δὲν ἤμουνα καλά, ἤμουνα ἄρρωστος. Ὅταν ἤμουν πιὰ καλύτερα σηκωνόμουν[α] κάθε μέρα ἀργότερα ἀπ᾽ τ᾽ ἄλλα μου τ᾽ ἀδέλφια. Τί ὡραῖα ποὺ ἤτανε! Ὅταν πλενόμουν[α], σκουπιζόμουν[α], ντυνόμουν[α], χτενιζόμουν[α], κανείς, μὰ ἀπολύτως κανεὶς δὲ μοῦ᾽ λεγε: βιάσου ἢ κάνε

γλήγορα, γιατί 'ναι ἀργά. Ἦταν ἔκτακτα γιατὶ ὅλη τὴν ἡμέρα ἔκανα ὅ, τι ἤθελα.
Τώρα ὅμως εἶμαι καλά, ἐντελῶς καλά. 'Απὸ αὔριο λοιπὸν θὰ σηκώνωμαι κι' ἐγὼ ἐνωρὶς τὸ πρωὶ μαζὶ μὲ τ' ἄλλα μου τ' ἀδέλφια. Θὰ πλένωμαι, θὰ σκουπίζωμαι, θὰ ντύνωμαι, θὰ χτενίζωμαι (κτενίζωμαι.) γλήγορα-γλήγορα ὅπως καὶ πρίν. Τελείωσαν τὰ ψέμματα.
Αὔριο λοιπὸν τὸ πρωὶ θὰ σηκωθῶ κι' ἐγὼ ἐνωρίς, θὰ πλυθῶ, θὰ σκουπισθῶ (= σκουπιστῶ), θὰ ντυθῶ, θὰ χτενισθῶ (κτενιστῶ) γλήγορα ὅπως καὶ οἱ ἄλλοι. Ἔτσι κι' ἔγινε. Τὴν ἄλλη μέρα ὁ 'Αλέκος σηκώθηκε μαζὶ μὲ τοὺς ἄλλους. Πλύθηκε, σκουπίσθηκε (-στηκε), ντύθηκε, χτενίσθηκε (κτενίστηκε) γλήγορα κι' ἐπῆγε μαζί τους στὸ σχολεῖο.

Ausdruck:

Τελείωσαν τὰ ψέμματα   Der Ernst des Lebens beginnt (w.: Die Lügen haben ein Ende genommen)

Wörter

ἡ τάξι	die Klasse	⎰κτενίζομαι, χτενί- ⎱χτενίζομαι, σθηκα	sich kämmen
σηκώνομαι, [ἐ]σηκώθηκα	aufstehen	τὸ χτένι	der Kamm
ἀφοῦ σηκωθῶ	nach dem Aufstehen (w. nach dem ich aufgestanden bin)	τὸ ντύσιμο	das Ankleiden
		τὰ ἀδέλφια ο. ἀδέρφια	die Geschwister
πλένομαι, [ἐ]πλύθηκα	sich waschen	ἕνα διάστημα	eine Zeitlang
ἐλεύθερος, -η, -ο	frei	βιάζομαι, [ἐ]βιάσθηκα	sich beeilen
χλιαρός, -ή, -ὸ	lauwarm		
τὸ πλύσιμο	das Waschen	ἔκτακτα	hier: wunderbar (w.: außerordentlich)
σκουπίζομαι, σκουπίσθηκα	sich abtrocknen	ὅ τι ο. ὅ, τι	was (Relativprono-men)
ἡ πετσέτα	das Handtuch	ἐντελῶς	ganz
τρίβομαι, τρίφθηκα	sich reiben, sich frot-tieren	ὁ γιατρὸς	der Arzt
τὸ τρίψιμο	das Reiben, das Frot-tieren	τελειώνω, -ωσα	ein Ende haben, be-enden, fertig ma-chen
ντύνομαι, [ἐ]ντύθηκα	sich ankleiden		

Der substantivierte Infinitiv

Der substantivierte Infinitiv hat öfter die Endungen -σιμο (-ξιμο, -ψιμο) und -μα:

ντύνομαι	θὰ ντυθῶ	[ἐ]ντύθηκα	τὸ ντύσιμο	das Ankleiden
τρέχω	θὰ τρέξω	ἔτρεξα	τὸ τρέξιμο	das Laufen
τρίβω	θὰ τρίψω	ἔτριψα	τὸ τρίψιμο	das Reiben
καπνίζω	θὰ καπνίσω	[ἐ]κάπνισα	τὸ κάπνισμα	das Rauchen

Oder: er wird umschrieben durch τὸ + Konjunktiv:

τὸ νὰ τρῶς τόσο λίγο δὲν κάνει   daß du so wenig ißt, ist nicht gut
τὸ νὰ καπνίζης δύο τρία τσιγάρα daß du zwei, drei Zigaretten an einem
τὴν ἡμέρα, δὲν μπορεῖ νὰ σὲ   Tage rauchst, kann dir nicht schaden
βλάψῃ usw.

Oder durch: ἀφοῦ, πρὶν (o. προτοῦ) [νὰ] + Konj. Aorist: ἀφοῦ διαβάσω (nach dem Lernen); πρὶν [νὰ] διαβάσω: (vor dem Lernen); τὴν ὥρα ποὺ διαβάζω (beim Lernen) (τὴν ὥρα ποὺ + Ind. Präsens).

Von den alten substantivierten Infinitiven haben sich einige auf Warnungstafeln erhalten, wie z. B.:

ἀπαγορεύεται τὸ πτύειν   es ist verboten zu spucken

III. Deklination

Klasse der Neutra auf -μα und auf -σιμο (-ψιμο, -ξιμο)

Sing. Nom.	τὸ	βῆμα[1]	τὸ ποίημα	τὸ πλύσιμο
Gen.	τοῦ	βήματος	τοῦ ποιήματος	τοῦ πλυσίματος
Akk.	τὸ	βῆμα	τὸ ποίημα	τὸ πλύσιμο
Plur. Nom.	τὰ	βήματα	τὰ ποιήματα	τὰ πλυσίματα
Gen.	τῶν	βημάτων	τῶν ποιημάτων	τῶν πλυσιμάτων
Akk.	τὰ	βήματα	τὰ ποιήματα	τὰ πλυσίματα

der Schritt   das Gedicht   das Waschen Pl. das viele Waschen

Danach werden dekliniert: τὸ στόμα (der Mund), τὸ σῶμα (der Körper), τὸ κατάστημα (das Geschäft), τὸ πρόβλημα (das Problem), τὸ τρέξιμο (das Laufen), τὸ τρίψιμο (das Reiben) u. a. Wie βῆμα wird auch τὸ γάλα (Milch) dekliniert. Diese Substantive haben im Gen. Sing. und in allen Fällen des Plur. eine Silbe mehr.

Zeitwort

Die passiv-reflexive Form der Verben

Die neugriechische Sprache hat entgegengesetzt zur deutschen nur eine Form für die passive und reflexive Form der Verben. Der aktiven Form auf -ω entspricht die passiv-reflexive Form auf -μαι, speziell der aktiven Form auf -ω der I. Konjugation, die passiv-reflexive Form auf -ομαι.

---

[1] Die δημ. setzt bei den zweisilbigen Substantiven auf -μα, wenn die betonte Silbe ein α, ι, υ ist, eine ὀξεία ('). Die meisten Kenner des Altgriechischen setzen jedoch den dort u. in der καθ. üblichen Akzent.

Während man also im Deutschen das reflexive Verb, z. B. „sich verstecken"
(=κρύβομαι), durch das Aktivum und das reflexive Personalpronomen bildet
(ich verstecke mich, du versteckst dich, er versteckt sich usw.), gibt es diese
Verbindung im Neugriechischen nicht. Hier bedeutet κρύβομαι sowohl „sich
verstecken" wie „versteckt werden".
In mehreren Fällen aber hat die pass.-refl. Form eine aktiv-transitive Bedeutung:
τὸν συλλογίζομαι (ich denke an ihn) – oder eine aktiv-intransitive: ξεκαρδίζομαι
στὰ γέλοια (aus vollem Halse lachen). Umgekehrt kann ein aktiv-transitives
Verb: ἀλλάζω δέκα μάρκα (ich wechsle 10 Mark) auch eine reflexive Bedeutung
haben: ἀλλάζει ὁ ἄνθρωπος; (ändert sich der Mensch?)
Die richtige Bedeutung geht aus dem Sinn des jeweiligen Satzes – ohne Schwie-
rigkeit – hervor.
Im allgemeinen ist zu sagen, daß im Vergleich zum Deutschen das Griechische
einen viel geringeren Gebrauch vom Passiv macht. Die aktive Ausdrucksweise
wird unbedingt vorgezogen.

Verben der I. Konjugation: Passiv-reflexive Form auf -ομαι

Gesamt-Übersicht

	Indikativ	Konjunktiv	Imperativ	Festst. Form	Part. Perf.
Präsens	ντύν-ομαι	νὰ ντύν-ωμαι			
	ντύν-εσαι	νὰ ντύν-εσαι	νὰ ντύν-εσαι		
	ντύν-εται	νὰ ντύν-εται	ἀς ντύν-εται		
	ντυν-όμαστε	νὰ ντυν-όμαστε	ἀς ντυν-όμαστε	sich ankleiden	
	⎰ντύν-εσθε	⎰νὰ ντύν-εσθε	⎰νὰ ντύν-εσθε	u. angekleidet	
	⎱ντύν-εστε	⎱νὰ ντύν-εστε	⎱νὰ ντύν-εστε	werden	
	ντύν-ονται	νὰ ντύν-ωνται	ἀς ντύν-ωνται		
Imper-fekt	[ἐ]ντυν-όμουν	(Die 1. und 2. Pers. Sing. aller Verben auf -μαι kann			
	ντυν-όσουν	im Imperfekt auch durch -α am Ende ergänzt werden,			
	ντυν-όταν	die 3. Pers. durch -ε: ντυνόμουνα, ντυνόσουνα, ντυνό-			
	ντυν-όμαστε	τανε.)			
	ντυν-όσαστε				
	ντυν-ονταν[1]				
Futur. conti-nuum	θὰ ντύν-ωμαι	(Es wird wie Konj. Präs. konjugiert)			
	θὰ ντύν-εσαι				
	θὰ ντύν-εται				
	θὰ ντυν-όμαστε				
	⎰θὰ ντύν-εσθε				
	⎱θὰ ντύν-εστε				
	θὰ ντύν-ωνται				

---

[1] Oder: ντυν-όντουσαν; mit Ausnahme dieser Form gilt die 3. Pers. Plur. des Imperfektes der
Verben auf -μαι auch für die 3. Pers. des Singulars. Nicht aber im umgekehrten Fall.

	Indikativ	Konjunktiv	Imperativ	Festst. Form.	Part. Perf.
Einmal. Futur.	θὰ ντυ-θῶ				

Aorist	[ἐ]ντύ-θηκα[1]	νὰ ντυ-θῶ			
	ντύ-θηκες	νὰ ντυ-θῆς	ντύ-σου		
	ντύ-θηκε	νὰ ντυ-θῆ	ἂς ντυ-θῆ	ντυ-θῆ	
	ντυ-θήκαμε	νὰ ντυ-θοῦμε	ἂς ντυ-θοῦμε		
	ντυ-θήκατε	νὰ ντυ-θῆτε	ντυ-θῆτε		
	ντύ-θηκαν	νὰ ντυ-θοῦν[ε]	ἂς ντυ-θοῦν[ε]		

Perfekt	ἔχω ντυ-θῆ	νὰ ἔχω ντυ-θῆ			ντυ-μένος
	ἔχεις ντυ-θῆ	νὰ ἔχῃς ντυ-θῆ	ἔχε ντυ-θῆ		ντυ-μένη
	ἔχει ντυ-θῆ	νὰ ἔχῃ ντυ-θῆ	ἂς ἔχῃ ντυ-θῆ		ντυ-μένο
	ἔχομε ντυ-θῆ	νὰ ἔχωμε ντυ-θῆ	ἂς ἔχωμε ντυ-θῆ		

Plus-quam-perfekt	εἶχα ντυθῆ			usw.	

Futur. exact.	θὰ ἔχω ντυ-θῆ				

I. Konditional. θὰ ντυν-όμουν
II. Konditional. θὰ εἶχα ντυ-θῆ ⎫S. 133f

Aus dem pass.-refl. Aorist lassen sich also die anderen aus dem Aoriststamm gebildeten Zeiten sehr leicht formen:

pass.-refl. Aor.:	[ἐ]ντύθηκα
einm. Fut. bzw. Konj. Aor:	θὰ (νὰ) ντυθῶ
2. Pers. Sing. Imperat. Aor.:	ντύσου
festst. Form:	ντυθῆ

Die 1. Pers. Plur. des Indikativ Präsens fällt mit der des Imperfekts zusammen. Beide haben die gleiche Verbalform: ντυνόμαστε, welche als reflexives Verb bedeutet: 1. „wir kleiden uns an" und 2. „wir kleideten uns an".

Das Augment kann bei den Verben auf -ομαι weggelassen werden. Man gewöhne sich aber daran, daß man es gedruckt lesen wird nicht nur in der Presse, sondern auch in den Prospekten der Reisebüros, ab und zu in Theaterprogrammen u. dgl.

---

[1] In der Schrspr. lauten diese Endungen: im Sing.: -θην, -θης, -θη u. 3.Pers.Plur.: -θησαν oder -ην, -ης, -η u. -ησαν. Sie sind in einzelnen Ausdrücken auch in der Volksspr. erhalten, wie: ἡ παράστασι ἀνεβλήθη: die Vorstellung wurde aufgeschoben; τί συνέβη;: was ist geschehen? u.a.

Der Konj. Präs. fällt mit dem Indik. Präs. lautlich zusammen, wobei die Partikel νὰ vor alle Personen gesetzt wird. Die Schreibweise des Konj. setzt in der Endung der 1. Pers. Sing. und 3. Pers. Plur. an Stelle des ο ein ω. νὰ ντύνωμαι, νὰ ντύνωνται.

Bildung der Aoristform und des pass. Partiz. Perfekts
der Verben auf -ομαι

Die Bildung des Aorist der Verben auf – ομαι geht auf die aktive Form des Verbs zurück, bzw. auf den aktiven Aorist.

Bei den aktiven Verben (auf -ω) der I. Konjugation unterscheiden wir:

A. Verben mit einem sigmatischen Aorist
B. Verben mit einem sigmalosen Aorist

Beide Gruppen, soweit sie eine pass.-refl. Form haben, bilden einen pass.-refl. Aor. auf -θηκα.
Die Endung des pass. Partiz. Perf. ist -μένος, -μένη, -μένο, (Vgl. S. 72f)

A. Aoristform und pass. Part. Perf. der Verben auf -ομαι, deren akt. Form einen sigmatischen Aorist hat (vgl. S. 63)

Im allgemeinen entsprechen:

akt. Aorist	pass.-refl. Aorist	pass.-Part. Perfekt
	-θηκα	-μένος
-σα	{ -σθηκα ⟨ -στηκα[1]	-σμένος
-ψα	{ -φθηκα ⟨ φτηκα[1]	-μμένος -μένος
-ξα	{ -χθηκα ⟨ -χτηκα[1]	-γμένος

Das gilt für alle Verben auf -ομαι, die regelmäßig sind und deren aktive Form auf -ω einen der auf Seite 63 angegebenen Stammauslaut hat:

---

[1] Die Schreibweise der δημ. bei den Aoristendungen: -στηκα, -φτηκα u. -χτηκα sowie -αύτηκα u. -εύτηκα, wird, soweit sie schon gesagt wird, bei den Beispielen hier durchgeführt.

akt. Präs.	akt. Aorist	pass.-refl. Aorist	pass. Part. Perf.	
I. ἀκούω	ἄκουσα	ἀκούστηκα	— [1]	
II. ράβω	ἔραψα	[ἐ]ράφτηκα	ραμμένος	(genäht werden)
παύω	ἔπαψα	[ἐ]παύτηκα	παυμένος	(entlassen werden)
παντρεύω	[ἐ]πάντρεψα	παντρεύ-τηκα	παντρε-μένος	(sich verheiraten)
ἑρμηνεύω	ἑρμήνευσα	ἑρμηνεύ-θηκα	ἑρμηνευμέ-νος	(interpretiert werden)
III. διαλέγω	[ἐ]διάλεξα	[ἐ]διαλέ-χτηκα	διαλεγμένος	(gewählt werden)
IV. πείθω	ἔπεισα	[ἐ]πείστηκα	πεπεισμένος [2]	(überzeugt werden)
διαβάζω	[ἐ]διάβασα	[ἐ]διαβά-στηκα	διαβασμένος	(gelesen werden)
V. 1.a) μορφώνω	[ἐ]μόρφωσα	[ἐ]μορφώ-θηκα	μορφωμένος	(sich bilden)
1.b) κλείνω	ἔκλεισα	[ἐ]κλείστηκα	κλεισμένος	(sich verschließen)

2.a) und 2.b) (Vgl. S. 63) haben ganz selten eine passive Form.

| 2.c) συσταίνω | [ἐ]σύστησα | [ἐ]συστήθηκα | συστημένος | (sich vorstellen = s. Namen sagen) |
| 3. {αὐξάνω / αὐξαίνω | αὔξησα | αὐξήθηκα | αὐξημένος | (größer, höher, vermehrt werden). |

B. Aoristform u. pass. Part. Perf. der Verben auf -ομαι, deren aktive Form einen sigmalosen Aorist hat (vgl. S. 63f)

Im allgemeinen entspricht:

akt. Aorist	pass.-refl. Aorist	pass. Part. Perf.
	-θηκα	-μένος
-α		
	-νθηκα (seltener)	-σμένος

Im einzelnen empfiehlt sich ein ständiger Vergleich mit S. 63f. Die Verben auf -ομαι, deren aktive Form zu den Gruppen I. bis inklusive III. 1) gehört, sind unter den unregelmäßigen Verben zu finden (s. § 63). Vom Präsens und Aorist aus, sind die übrigen Zeiten leicht zu bilden.

---

[1] Das Partiz. Perf. ist bei mehreren Verben nicht mehr in Gebrauch. Ξακουσμένος (berühmt).
[2] Altes Part. Perf. mit Reduplikation bei einigen Verben noch heute in Gebrauch.

III. 2. a) akt. Präs.   akt. Aorist   pass.-refl. Aorist   pass. Part. Perf.

σερβίρω   [ἐ]σέρβιρα   σερβιρίστηκα   σερβιρισμένος (sich ser-
                                                                    vieren)

2. b) ἀπομακρύνω   ἀπομάκρυνα   ἀπομακρύν-   ἀπομακρυ-   (sich ent-
                                            θηκα   σμένος   fernen)

2. c) Keine passive Form

2. d) ζεσταίνω   [ἐ]ζέστανα   [ἐ]ζεστάθηκα   ζεσταμένος   (sich wär-
                                                                    men)

θερμαίνω   [ἐ]θέρμανα   [ἐ]θερμάν-   θερμασμένος   (sich wär-
                                    θηκα   men)

(s. gr. L. S. 498–512; Beispiele u. Ausdrücke S. 512–516)

Verben auf -σκω

Die pass.-refl. Form dieser wenigen Verben auf -σκω ist, soweit eine vorhanden
ist, unter den unregelmäßigen Verben (s. § 63) zu finden, mit Ausnahme von

$\begin{cases} \text{πρήσκω} \\ \text{πρήζω} \end{cases}$ (ärgern) [ἐ]πρήσθηκα   πρησμένος (anschwellen).

Zweiter pass. – refl. Aorist

Eine Reihe von Verben auf -ομαι, die verschiedenen Gruppen angehören, bildet
einen Aorist auf -ηκα (statt -θηκα bzw. -τηκα). Es ist der sogenannte zweite
pass.-refl. Aorist, bei dem sich öfter der Stammvokal ändert, nämlich: der e-Laut
in einen a-Laut. Bei mehreren Verben tritt das auch im pass.-Partiz. Perfekt ein.
Manche dieser Verben haben eine Doppelform im Aorist, auf -θηκα bzw. -τηκα
und -ηκα:

A. mit demselben Stammvokal:

βάφομαι	$\begin{cases} \text{βάφτηκα} \\ \text{βάφηκα} \end{cases}$	βαμμένος	(sich schminken, gefärbt werden)
πνίγομαι	πνίγηκα	πνιγμένος	(ertrinken)
κόβομαι	κόπηκα	κομμένος	(sich schneiden) u.a.

B. mit verändertem Stammvokal:

βρέχομαι	βράχηκα	βρεγμένος	(naß werden)
καίομαι	κάηκα	καμένος	(sich verbrennen)
στρέφομαι	στράφηκα	[ἐ]στραμμένος	(sich wenden)

[ἐ]ντρέπομαι	ντράπηκα	⎫	ohne	(sich schämen)
φαίνομαι	φάνηκα	⎬	Partizip	(erscheinen)
χαίρομαι	χάρηκα	⎭	Perfekt	(sich freuen)

u. ihre Komposita

(s. a. unregelm. Verben § 63 u. gr. L. S. 506 ff)

Deponentia

Bei einer Reihe von Verben gibt es keine aktive, sondern nur die passiv-reflexive
Form auf -ομαι (Deponentia).
Diese Verben werden genau so gebildet und konjugiert wie alle anderen Verben
auf -ομαι:

Präs. ἐργάζομαι Aorist $\begin{cases} ἐργάσθηκα \\ ἐργάστηκα \end{cases}$ Part.Perf. ἐργασμένος (arbeiten)

Eine Anzahl davon ist unregelmäßig (c. § 63 u. gr. L. s. 508 ff)

Präs. εὔχομαι Aorist εὐχήθηκα Part.Perf. – (wünschen)

Das Perfekt, Plusquamperfekt und Futurum exactum
der pass.-refl. Verben

Es hat auch zwei Formen wie bei den Verben auf -ω.
Perfekt: ἔχω ντυθῆ oder εἶμαι ντυμένος: „ich habe mich angekleidet" oder
„ich bin angekleidet worden".

Die erste Form wird durch ἔχω und die feststehende Form des passiv-refl. Verbs
gebildet, die zweite durch εἶμαι und das passive Partizip Perfekt. Danach lautet das
Plusquamperfekt:

εἶχα ντυθῆ oder ἤμουνα ντυμένος: „ich hatte mich angekleidet" oder
„ich war angezogen [worden]".

Futurum exactum:

θὰ ἔχω ντυθῆ oder θὰ εἶμαι ντυμένος: „ich werde mich angekleidet
haben" oder „ich werde angekleidet [worden] sein".

Von dieser 2. Form wird viel weniger Gebrauch gemacht. Dem Fremden sei
geraten nur die erste Form anzuwenden, vor allem deshalb, weil viele Verben in
der Volksspr. ihr pass. Partizip Perfekt im Laufe der Zeit verloren haben.
Es ist klar, daß ein vorhandenes pass. Partizip Perfekt immer, wenn es sinn-
gemäß ist, an Stelle eines Adjektives treten kann, wie z. B.:

εἶσαι δηλωμένος στὴν ἀστυνομία   du bist bei der Polizei angemeldet

Einiges über den Imperativ

1. ÜBER DIE BILDUNG DES PRÄSENS:

Die 2. Person Singularis ist gleich der 2. Person Singularis des Konjunktivs:
νὰ ντύνεσαι heißt es in beiden Fällen.

Im Plural ist es ebenso: Konjunktiv und Imperativ: $\begin{cases} \text{νὰ ντύνεσθε} \\ \text{νὰ ντύνεστε.} \end{cases}$

Die anderen Personen werden, wie bei den Verben auf -ω, mit ἂς und der entsprechenden Form des Konjunktivs gebildet, manchmal auch durch den Konjunktiv selbst wiedergegeben: $\begin{cases} \text{ἂς ντύνεται:} \\ \text{νὰ ντύνεται} \end{cases}$ „er soll sich anziehen".

2. ÜBER DIE BILDUNG DES AORIST:

Die 2. Person Sing. hat die Endung -σου, wie ντύνομαι – (sich anziehen) –
ντύσου, bzw. -ψου: παντρεύομαι – (sich verheiraten) – παντρέψου, bzw. -ξου:
δέχομαι – (empfangen) – δέξου.
Die Endungen der anderen Personen des Imp. Aor. sind die gleichen wie die
des Konj. Aorist.
Der Imperativ Aorist von σηκώνομαι „aufstehen" ist nur in gekürzter Form
üblich: σήκω[1]) „steh auf!". Die Endung -σου fällt hier weg. Die Verneinung:
μὴ σηκωθῆς: steh nicht auf!

στέκομαι „stehen, stehen bleiben, sich stellen"
[ἐ]στάθηκα   Imperativ Aorist: στάσου: bleib stehen! warte!
                                 σταθῆτε: bleibt stehen! wartet!

μὴ φύγῃς ἀμέσως, στάσου νὰ σοῦ   geh nicht gleich weg, warte, daß ich dir
[εἰ]πῶ κάτι.   etwas sage.

AUFGABE 25: Μετάφρασι:

Um wieviel Uhr stehen Sie am Morgen auf? Was machen Sie nach dem Aufstehen?
Ist das Bad immer frei? Waschen Sie sich mit warmem, lauwarmem oder kaltem
Wasser? Was machen Sie nach dem Waschen? Nach dem Anziehen? Gehen Sie
täglich in das Speisezimmer der Pension? Was trinken Sie oder was nehmen Sie
am Morgen?
Als Sie krank waren, blieben Sie den ganzen Tag im Bett? Als es Ihnen besser
ging, standen Sie später als die anderen auf? Wuschen Sie sich, zogen Sie sich an,
und kämmten Sie sich damals immer später als die andern? Wann werden Sie
morgen aufstehen? Werden Sie gleich ins Bad gehen um sich zu waschen? Ich
werde mich schnell anziehen.

---

[1] Σήκω neben σήκωσε gilt zugleich für den akt. Imperat.: σήκω το o. σήκωσέ το (heb es auf!).

Um wieviel Uhr sind Sie gestern aufgestanden? Wann haben Sie sich gewaschen, abgetrocknet, angezogen? Werden Sie wirklich (ἀλήθεια) täglich um dieselbe Stunde aufstehen, sich waschen, sich abtrocknen, sich ankleiden und kämmen?

Ausdruck:

κόπηκε τὸ αἷμα μου   ich bin zu Tode erschrocken (w.: mein Blut ist abgeschnitten = stand still.)

Δέκατο πέμπτο μάθημα

XV

ΕΝΟΙΚΙΑΖΕΤΑΙ ΕΝΑ ΔΩΜΑΤΙΟ

Ἄκουσα ὅτι (ο. πῶς) ἐνοικιάζεται ἕνα δωμάτιο στὴν ὁδὸν Ἀσκληπιοῦ ἀριθμὸς (ἀρ.) 12 στὸ τρίτο πάτωμα καὶ τρέχω νὰ τὸ ἰδῶ. Ἀπὸ κάτω ἀπ' τὸ[ν]δρόμο βλέπω ὅτι τὸ τρίτο πάτωμα εἶναι τὸ τελευταῖο καὶ πὼς (= ὅτι) ἔχει καὶ μιὰ τεράτσα ἀπὸ πάνω. Κι' αὐτὸ φαίνεται ἀμέσως ἀπὸ κάτω. Χτυπῶ (κτυπῶ) τὸ κουδούνι, μοῦ ἀνοίγουν καὶ μπαίνω μέσα στὸ σπίτι. Μία γυναικεία φωνὴ ἀκούεται ἀπὸ πάνω: – Ποιὸς εἶναι; – Ἦλθα γιὰ τὸ δωμάτιο. – Ἀνεβῆτε. Ἀρχίζω ν' ἀνεβαίνω τὶς σκάλες. Τὶς ἀνεβαίνω γλήγορα-γλήγορα, γιατὶ εἶμαι πολὺ περίεργος νὰ μάθω ἂν τὸ δωμάτιο ποὺ ἐνοικιάζεται, εἶναι κατάλληλο γιὰ μένα. Ἐπάνω μὲ ὑποδέχεται ἡ κυρία τοῦ σπιτιοῦ. Σκέπτομαι: ἡ μέλλουσα νοικοκυρά μου ἴσως. Μοῦ λέει: περάστε καὶ μοῦ δείχνει τὸ δωμάτιο. Ἡ πρώτη πόρτα δεξιὰ στὸ[ν] διάδρομο. Εἶναι μικρό, γωνιαῖο, ἔχει δυὸ παράθυρα, ἕνα βορεινὸ κι' ἕνα ἀνατολικὸ καὶ εἶναι πολὺ φωτεινό. Ἔχει ὅ,τι χρειάζεται: ἕνα κρεββάτι, ἕνα κομμοδῖνο, μία ντουλάπα γιὰ τὰ ροῦχα, ἕνα κομμό, ἕνα ντιβάνι, ἕνα τραπέζι καὶ τρεῖς καρέκλες. Ναί, κι' ἕνα γραφεῖο καὶ μία μικρὴ βιβλιοθήκη. Νιπτήρας δὲν ὑπάρχει, ὅλοι πλένονται στὸ λουτρὸ ποὺ εἶναι δίπλα στὸ δωμάτιο. – Εὐτυχῶς ποὺ δὲν ἔχει παρὰ δύο μικρὲς καὶ πολὺ ὄμορφες μάλιστα εἰκόνες.
Τὸ ἐνοίκιο εἶναι τετρακόσιες (400) δραχμὲς τὸ[ν] μήνα. Ἐρωτῶ: – Εἶναι καὶ τὸ φῶς μέσα; – Μάλιστα. Διστάζω ἀκόμα νὰ τὸ πάρω, γιατὶ 400 δραχμὲς εἶναι πολλὲς γιὰ μένα. Λέω ὅμως στὸν ἑαυτό μου, ὅτι ἡ θέσι τοῦ σπιτιοῦ εἶναι κεντρικὴ καὶ δὲ[ν] θὰ ἔχω ἀνάγκη ἀπὸ τρὰμ ἢ λεωφορεῖο, κι' ἔτσι δὲ[ν] θὰ ἐπιβαρύνεται τὸ ἐνοίκιο μὲ ἔξοδα κινήσεως. Ἐξ ἄλλου ἡ κυρία φαίνεται συμπαθητικὴ κι' ἐλπίζω νὰ περάσω καλὰ μαζί της. Καὶ τί ὡραία θέα ποὺ ἔχει! Ἀποφασίζω λοιπὸν νὰ τὸ πάρω καὶ μάλιστα γιὰ ἕξι μῆνες γιὰ νὰ ἔχω ἥσυχο τὸ κεφάλι μου. Ὅσο γιὰ τὸ ἐνοίκιο ἐλπίζω νὰ τὰ βγάλω πέρα.

Wörter

ὁ ἀριθμός — die Nummer, die Zahl
ὁ τελευταῖος, -αία, -αῖο — der, die, das letzte
ἡ τεράτσα, — die Terrasse
φαίνομαι, ἐφάνηκα — zu sehen sein, aussehen
κτυπῶ u.
κτυπάω ο.
χτυπῶ u. ⎱ -ησα schlagen
χτυπάω
τὸ κουδούνι — die Klingel, die Hausglocke
κτυπῶ (χτυπῶ), — läuten, klingeln
τὸ κουδούνι
γυναικεῖος, -εία, -εῖο — weiblich
ἡ σκάλα — die Treppe, die Stufe
περίεργος, -η, -ο — neugierig
κατάλληλος, -η, -ο — geeignet
ὑποδέχομαι, — empfangen
ὑποδέχθηκα
μέλλων, -ουσα, -ον — zukünftig
(s. S. 143f)
ἡ νοικοκυρά — die Hausfrau
γωνιαῖος, -αία, -αῖο — Eck-, eckig
βορεινός, -ή, -ὸ — nördlich
ἀνατολικός, -ή, -ὸ — östlich
χρειάζομαι, — brauchen[1]
[ἐ]χρειάσθηκα
ἡ ντουλάπα ο. τὸ — der Schrank
ντουλάπι

τὸ ντιβάνι — der Diwan
τὸ γραφεῖο — der Schreibtisch
τὸ ροῦχο — das Wäsche-, das Kleidungsstück
τὰ ροῦχα — die Wäsche, die Kleider
ὁ νιπτήρας — der Waschtisch
δίπλα — neben(an)
τὸ ἐνοίκιο — die Miete
μέσα — (hier) inbegriffen
διστάζω, [ἐ]δίστασα — zögern
κεντρικός, -ή, -ὸ — zentral
ἔχω ἀνάγκη ἀπὸ — brauchen[1]
ἐπιβαρύνομαι, ἐπι- — belastet sein
βαρύνθηκα
τὸ ἔξοδο — die Ausgabe
ἡ κίνησι — die Bewegung
τὰ ἔξοδα κινήσεως — das Fahrgeld, die Fahrauslagen
ἐξ ἄλλου — außerdem
ἐλπίζω, ἤλπισα — hoffen
περνῶ καλὰ μαζί της — es geht mir gut bei ihr
ἥσυχος, -η, -ο — ruhig
τὸ κεφάλι — der Kopf
ὅσο γιὰ τὸ ἐνοίκιο — was die Miete betrifft
τὰ βγάζω πέρα — fertig werden mit ...
δυτικός, -ή, -ὸ — westlich
νότιος, -α, -ο — süfdlich

ΕΡΩΤΗΣΕΙΣ: Εἶδες ἐσὺ τὸ δωμάτιο ποὺ ἐνοικιάζεται; Σὲ ποιὸ πάτωμα εἶναι; Εἶναι εὐρύχωρο καὶ φωτεινό; Πόσα παράθυρα ἔχει καὶ πόσες πόρτες; Εἶναι ἐπιπλωμένο; Ἔχει καλὰ ἔπιπλα; Τὸ κρεββάτι ἔχει δυὸ κουβέρτες; Μιὰ μάλλινη καὶ μιὰ βαμπακερή; Πόσα μαξιλάρια ἔχει; Ὑπάρχει σωμιές (die Federmatratze); Ἔχει σεντόνια λινὰ ἢ βαμπακερά; Τὸ στρῶμα εἶναι μαλακὸ ἢ σκληρό;

ΔΙΑΛΟΓΟΣ

μεταξὺ μιᾶς νοικοκυρᾶς καὶ ἑνὸς κυρίου, ποὺ ψάχνει δωμάτιο

. . . .

Κύριος: – Τί κοστίζει τὸ δωμάτιο;
Νοικοκ.: – 150 δραχμὲς τὸν μῆνα, προπληρωτέες κάθε πρώτη τοῦ μηνός.

---

[1] S. gr. L. § 271.

K.: – Σὰν πολλὰ εἶναι γιὰ μᾶς. Εἴμαστε, βλέπετε, φοιτηταί.
N.: – Μὰ εἶναι καὶ τὸ ἠλεκτρικὸ καὶ τὸ νερὸ μέσα στὸ ἐνοίκιο. Ἡ κεντρικὴ
θέρμανσι εἶναι φυσικὰ χωριστά.
K.: – Πόσο κάνει;
N.: – 80 δραχμὲς γιὰ ὅλο τὸ[ν]χειμώνα. Θὰ πληρώνετε ὅμως τὸ ποσὸ ποὺ
ἀναλογεῖ στὸν κάθε μήνα κάθε πρώτη τοῦ μηνός.
K.: – Καλὰ θὰ τὸ πάρω. Θέλετε προκαταβολή;
N.: – Ναί. Ἀρκεῖ νὰ μοῦ δῶστε τὸ μισὸ ἐνοίκιο. – Μιὰ στιγμὴ νὰ σᾶς γράψω
τὴν ἀπόδειξι. – Ὁρίστε.
K.: – Εὐχαριστῶ, χαίρετε.

Wörter

εὐρύχωρος, -η, -ο	geräumig	σὰν πολλὰ εἶναι	es scheint mir, daß es
τὸ ἔπιπλο	das Möbel		ein wenig zuviel ist
ἐπιπλωμένος, -η, -ο	möbliert	ἡ θέρμανσι	die Heizung
ψάχνω, ἔψαξα	suchen	ἀναλογεῖ	entspricht
προπληρωτέος, -α, -ο	vorauszuzahlen	ἡ προκαταβολὴ	die Anzahlung
προπληρώνω,	vorauszahlen	ἡ ἀπόδειξι	die Quittung
προπλήρωσα			

Das Fragepronomen

1. **Τί;** = was? Es ist undeklinierbar

τί ἔπαθες;	was ist dir geschehen (passiert)? o. was hast du?
τί συμβαίνει;	was geschieht? Was ist los?
τί θὰ συμβῆ;	was wird geschehen?
τί συνέβη;	was ist geschehen?
τί τρέχει;	was ist los?

a) τί in Verbindung mit einem Substantiv = was für ein?
o. was für ein! wieviel? oder wieviele!

τί ζέστη!	was für eine Hitze!
τί ὄνειρο εἶδες ἀπόψε;	was für einen Traum hattest du heute nacht (w.: sahst du)?
τί ὥρα εἶναι;	wieviel Uhr ist es?
τί κόσμος!	wieviele Leute!

b) τί in Verbindung mit einem Adjektiv und Substantiv
= was für ein! wieviel(e)!

τί περίεργο πρόσωπο!	was für ein merkwürdiges Gesicht!
τί πολλὰ βιβλία!	wieviele Bücher!

Wenn bei a) o. b) ein Verb hinzugefügt wird, dann tritt sehr oft davor ποὺ (das nicht übersetzt wird). Das gleiche gilt für das weiter unten stehende c):

τί ζέστη ποὺ κάνει σήμερα!   was für eine Hitze ist heute!
τί τρέλλα εἶναι αὐτή!   was für eine Verrücktheit ist das!

(es wird häufig gesagt. Es klingt milder als im Deutschen)

τί τρέλλα ποὺ εἶναι!   wie entzückend ist er (, sie, es)!
τί κόσμος ποὺ ἦταν ἐκεῖ!   wieviele Leute waren dort!

c) τί in Verbindung mit einem Adjektiv o. Partizip o. Adverb = wie!

τί ὄμορφη ποὺ εἶναι!   wie hübsch sie ist!
τί ὡραία ποὺ εἶναι!   wie schön sie ist!
τί ἰδιότροπος ποὺ εἶναι!   wie eigensinnig er ist!
τί ὄμορφα ποὺ εἶναι ἐδῶ [πέρα]!   wie hübsch ist es hier!

(πέρα dient zur Verstärkung von ἐδῶ)

2. ποιός; (ποιά;) = wer?
ποιός; ποιά; ποιό; = welcher? welche? welches?

ποιὸς	ποιὰ	ποιὸ
ποιοῦ, ποιανοῦ	ποιᾶς, ποιανῆς	ποιοῦ, ποιανοῦ
ποιὸν	ποιὰ[ν]	ποιὸ
ποιοὶ	ποιὲς	ποιὰ
ποιῶν, ποιανῶν	ποιῶν, ποιανῶν	ποιῶν, ποιανῶν
ποιούς, ποιανοὺς	ποιὲς	ποιὰ

Für das deutsche „wer?" wird ποιός; gesagt. Nur wenn es klar ist, daß es sich ausschließlich um weibliche Personen handelt, sagt man ποιά.

ποιὸς ἀνεβαίνει τὶς σκάλες;   wer steigt über die Treppe herauf (o. hinauf)?
ποιὰ τὸ εἶπε, ἡ Κατίνα ἢ ἡ Ἑλένη;   wer sagte es, Käthe oder Helene?
ποιοὺς συγγραφεῖς προτιμᾶς;   welche Schriftsteller ziehst du vor?

Das alte Fragepronomen τίς; (wer?) ist in der männl.-weibl. Form mit Ausnahme des Genit. Sing. und seltener Plur., nur in der strengen Schriftsprache in Gebrauch. So kann man statt des Gen. Sing. ποιανοῦ; (wessen?) auch **τίνος** bzw. **τίνων;** sagen.

ποιανοῦ (o. τίνος) εἶναι τὸ μπα-   wessen ist (wem gehört) dieser Bade-
νιερὸ αὐτό; τῆς Ἀγγελικῆς;   anzug? [der] Angeliki?
ποιανοῦ εἶναι τὰ λουλούδια;   wem gehören die Blumen?
δὲν ξέρω τίνος νὰ τὸ [εἰ]πῶ   ich weiß nicht, wem ich es sagen soll

3. πόσος; πόση; πόσο; = wieviel? wie groß o. wie klein?

Dieses Pronomen wird wie das entsprechende Adjektiv (s. L. 7) dekliniert. Es bezieht sich auf die Quantität, die Größe.

πόσα κιλά ζυγίζει τὸ καρπούζι αὐτό;	wieviel Kilo wiegt diese Wassermelone?
πόση ὥρα [ἐ]πέρασε;	wieviel Zeit (innerhalb eines Tages) ist vergangen?
πόσος καιρὸς [ἐ]πέρασε;	wieviel Zeit verging? (im allgemeinen)
πόσες τοῦ μηνὸς εἶναι σήμερα;	der wievielte ist heute? (w.: wieviel – Tage – des Monats sind heute?

AUFGABE 26: Μετάφρασι

Wie lange (= wieviel Zeit) warten Sie hier, eine Viertelstunde oder nur 5 Minuten? Wieviel Stunden arbeiten Sie täglich? Wieviele Minuten sind vergangen? Wieviele Monate warten Sie schon? Der wievielte ist heute? Wieviele Monate sind Sie in Deutschland? Was für ein Mensch ist sie? Was für ein Werk ist das? Was sagten Sie eben (τώρα δά;)? Was wollen Sie von mir? Wieviel Uhr ist es? Wer hat Heimweh (ἡ νοσταλγία)? Wer hat Heimweh in der Fremde (ἡ ξενητειά)? Mit wem sprachen Sie früher (πρίν)? Wem gehört dieser Mantel? Er gehört dem Studenten. Er gehört ihm (εἶναι δικό του).

II. Deklination: Klasse der Feminina auf -ὰ (ungl.)

Sing.			Plur.		
Nom.	ἡ γιαγιὰ		Nom.	οἱ γιαγιάδες	
Gen.	τῆς γιαγιᾶς		Gen.	τῶν γιαγιάδων	
Akk.	τὴν γιαγιὰ		Akk.	τὶς γιαγιάδες	
Vok.	γιαγιὰ		Vok.	γιαγιάδες	
	(Großmutter)				

Diese Substantive haben im Plural eine Silbe mehr.
Danach werden dekliniert: ἡ μαμὰ (die Mama), ἡ ντανττὰ (die Kinderfrau), ἡ κυρὰ (die Frau in der sehr einfachen δημ). u. a.

ἡ μάν[ν]α (die Mutter) (nicht endbetont):

Plur.: οἱ μάν[ν]ες oder μαν[ν]άδες – Gen. Plur. **nur** τῶν μαν[ν]άδων

II. Deklination: Klasse der Feminina auf -οὺ (ungl.)

Sing.			Plur.		
Nom.	ἡ	μαϊμοὺ	Nom.	οἱ	μαϊμοῦδες
Gen.	τῆς	μαϊμοῦς	Gen.	τῶν	μαϊμούδων
Akk.	τὴ[ν]	μαϊμοὺ	Akk.	τὶς	μαϊμοῦδες
Vok.		μαϊμοὺ	Vok.		μαϊμοῦδες

der Affe

Danach werden dekliniert: ἡ ἀλεποὺ (der Fuchs), ἡ γλωσσοὺ (ist eine Frau, die eine scharfe Zunge hat), ἡ καπελοὺ (die Modistin) u. a.

Zeitwort

Verben der II. Konjugation: Aktive Contracta, 1. Klasse auf -ῶ und -άω

Gesamt-Übersicht

	Indikativ	Konjunktiv	Imperativ	Partizip
Präs.	ἀγαπ-ῶ u. -άω	νʼ ἀγαπ-ῶ (-άω)		
	ἀγαπ-ᾶς	νʼ ἀγαπ-ᾶς	ἀγάπ-α	lieben
	ἀγαπ-ᾶ u. -άει	νʼ ἀγαπ-ᾶ u. -άῃ	ἂς ἀγαπ-ᾶ u. -άῃ	
	ἀγαπ-οῦμε u. -ᾶμε	νʼ ἀγαπ-οῦμε u. -ᾶμε	ἂς ἀγαπ-οῦμε u. -ᾶμε	ἀγαπ-
	ἀγαπ-ᾶτε	νʼ ἀγαπ-ᾶτε	ἀγαπ-ᾶτε	ώντας
	ἀγαπ-οῦν u. -ᾶν	νʼ ἀγαπ-οῦν u. -ᾶν	ἂς ἀγαπ-οῦν u. -ᾶν	
Imperf.	ἀγαπ-οῦσα			
	ἀγαπ-οῦσες			
	ἀγαπ-οῦσε			
	ἀγαπ-ούσαμε			
	ἀγαπ-ούσατε			
	ἀγαπ-οῦσαν			
Futur. contin.	θʼ ἀγαπ-ῶ u. -άω (wie Konj. Präs.)			
Einmal. Futur.	θʼ ἀγαπήσω			
Aorist	ἀγάπησα	νʼ ἀγαπήσω		
	ἀγάπησες	νʼ ἀγαπήσῃς	ἀγάπησε	Festst. Form:
	ἀγάπησε	νʼ ἀγαπήσῃ	ἂς ἀγαπήσῃ	ἀγαπήσει
	ἀγαπήσαμε	νʼ ἀγαπήσωμε	ἂς ἀγαπήσωμε	
	ἀγαπήσατε	νʼ ἀγαπήσετε	ἀγαπήσ[ε]τε	
	ἀγάπησαν	νʼ ἀγαπήσουν	ἂς ἀγαπήσουν	

Lektion 15 119

	Indikativ	Konjunktiv	Imperativ	Partizip

Perfekt ἔχω ἀγαπήσει   νὰ ἔχω ἀγαπήσει
        ἔχεις ἀγαπήσει   νὰ ἔχῃς ἀγαπήσει   ἔχε ἀγαπήσει
        ἔχει ἀγαπήσει   νὰ ἔχῃ ἀγαπήσει   ἂς ἔχῃ ἀγαπήσει
                        u.s.w.

Plusq. εἶχα ἀγαπήσει   u.s.w.
perf.

Fut. θὰ ἔχω ἀγαπήσει   u.s.w.
exactum

I. Konditionalis θὰ ἀγαποῦσα ⎫
II. Konditionalis θὰ εἶχα ἀγαπήσει ⎬ s. S. 133f

    Das Imperfekt besitzt noch eine zweite Form auf -αγα:

ἀγάπ-αγα	ἀγαπ-άγαμε
ἀγάπ-αγες	ἀγαπ-άγατε
ἀγάπ-αγε	ἀγάπ-αγαν

Bei diesen Verben auf -ῶ u. -άω wird oft der Imper. Präs. auf -α, -ᾶτε statt des Imper. Aor. auch für die einmalige Handlung gebraucht:

ρώτα με   oder   ρώτησέ με   frag mich!
ρωτᾶτε με oder   ρωτῆστε με fragt mich o. fragen Sie mich!

Dasselbe gilt für die umschriebene Verneinung des Imperativs durch den Konjunktiv und μή:

μὴ μοῦ χαλᾶς τὸ χατήρι   erfülle mir den Wunsch! (w.: versag
                           mir nicht die Bitte)

Der Aorist endigt:

1. auf -ησα   3. auf -ηξα   ⎫
2. auf -ασα   4. auf -αξα   ⎬ nur
                         5. Doppelformen ⎭ ausnahmsweise

1. ἐρωτῶ – ἐρώτησα (fragen)   3. τραβῶ – ἐτράβηξα (ziehen)
   ἀπαντῶ – ἀπάντησα (antworten) 4. πετῶ – ἐπέταξα (fliegen)
2. περνῶ – ἐπέρασα (vorbeigehen,   ⎧ ἐφύσηξα
   eintreten, verbringen)   5. φυσῶ ⎨   (blasen)
                                ⎩ ἐφύσησα

(s. gr. L. S. 516–523 inklusiv Beispiele u. Ausdrücke)

AUFGABE 27: Μετάφρασι

Ein junger Mann (ὁ νέος) ist gekommen, um das Zimmer zu sehen, das vermietet wird. In welchem Stock wird ein Zimmer vermietet? Es ist kein modernes (μοντέρνο) Zimmer. Es macht aber nichts. Warum zögern Sie, das Zimmer zu nehmen? Weil es sehr teuer ist. Ich fragte dich, ob die Lage des Hauses zentral ist. Um wieviel Uhr kommst du am Abend vorbei? Um 8 Uhr komme ich vorbei. Bitte, tritt ein, treten Sie ein! Wo verbrachtest du Ostern? Wir verbrachten Ostern auf dem Land. Wie ist es Ihnen gegangen? Ich will ihn nicht danach (γι' αὐτό) fragen, denn er kann noch nicht darüber (γι' αὐτό) sprechen (μιλῶ). Morgen werde ich auf den Brief antworten (ἀπαντῶ σὲ . . .). Gestern antwortete ich auf die Postkarte. Als ich Sie auf der Straße traf (συναντῶ), blieben Sie stehen (σταματῶ) und sprachen mit mir. Warum lachen Sie (γελῶ)? Ich (betont) lache? Nein, Sie lachen nicht, Sie lächeln (χαμογελῶ) nur ein wenig ironisch (λίγο εἰρωνικά). Ist es wahr? Ja, es ist wahr. Schauen Sie (κοιτάζω, ἐκοίταξα), wie ruhig (ἥσυχα) der Adler (ὁ ἀητὸς) fliegt!

Ausdruck:

πετῶ ἀπ τὴν χαρά μου!   Ich bin außer mir vor Freude! (w.: ich
                         fliege vor Freude.

Δέκατο ἕκτο μάθημα

XVI

ΕΝΑ ΝΕΟΕΛΛΗΝΙΚΟ ΑΣΤΕΙΟ

Δυὸ φίλοι κουβέντιαζαν μιὰ μέρα καὶ διηγόνταν ὁ ἕνας στὸν ἄλλο διάφορα ποὺ τοὺς εἶχαν τύχει στὴ[ν] ζωή τους. Ὁ ἕνας λοιπὸν καυχιόταν ὅλη τὴν ὥρα κι' ἔλεγε, πὼς ὅ, τι καὶ νὰ τοῦ συμβῆ, αὐτὸς θὰ βρῆ πάντα τὸν τρόπο νὰ τὰ βγάλη πέρα. Αὐτὸ ἐφούρκισε λίγο τὸν ἄλλο καὶ γιὰ νὰ τὸν πειράξη τοῦ λέει: – Δὲ[ν] μοῦ λές, τί θὰ κάνης ἂν βρεθῆς στὴν ἔρημο καὶ παρουσιασθῆ μπροστά σου ἕνα λιοντάρι; – Εὔκολο πράγμα. Θὰ βγάλω τὸ πιστόλι μου καὶ θὰ τὸ σκοτώσω. – Κι' ἂν δὲν ἔχης πιστόλι; Θὰ βγάλω τὸ μαχαίρι μου νὰ τὸ σφάξω. – Καλά, κι' ἂν δὲν ἔχης μαχαίρι μαζί σου; – Θὰ σκαρφαλώσω σ' ἕνα δένδρο (δέντρο). – Κι' ἂν δὲν ὑπάρχη δένδρο ἐκεῖ; Τότε γυρίζει καὶ τοῦ λέει ὁ ἄλλος; – Μὰ δὲ[ν] μοῦ λές, σὲ παρακαλῶ, μὲ ποιανοῦ τὸ μέρος εἶσαι; Μὲ τοῦ λιονταριοῦ ἢ μὲ τὸ δικό μου;

Wörter

τὸ ἀστεῖο	der Witz	τυχαίνει	(s. §§ 62,3 es passiert, es kommt
κουβεντιάζω, -σα	plaudern	τυχαίνουν u. 63)	vor
διηγοῦμαι (s. S. 151)	erzählen	καυχιέμαι (s. S. 145)	prahlen

ὅλη τὴν ὥρα	die ganze Zeit über, in einem fort	παρουσιάζομαι, -σθηκα	erscheinen
μοῦ συμβαίνει, συνέβη	es geschieht mir	τὸ λιοντάρι	der Löwe
ὁ τρόπος	die Art (und Weise)	τὸ πιστόλι	die Pistole
τὰ βγάζω πέρα	fertig werden mit ...	τὸ μαχαίρι	das Messer
φουρκίζω, -σα	reizen	σφάζω, ἔσφαξα	schlachten
ἡ ἔρημος	die Wüste	σκαρφαλώνω, -ωσα	klettern

AUFGABE: Der Lesetext soll erzählt werden.

ΔΙΑΛΟΓΟΣ ΣΤΟ ΚΟΥΡΕΙΟ

Κουρέας: – ᾿Ορίστε. Περάστε.
Πελάτης: – Τὰ μαλλιά μου θέλουν κόψιμο καὶ λούσιμο.
Κ.: – Καθῆστε παρακαλῶ. Πῶς τὰ θέλετε;
Π.: – ῎Οπως τὰ ἔχω. ᾿Απὸ μπροστὰ καὶ τὰ πλάγια κόψτε τα λίγο, ἀπὸ πίσω πιὸ πολύ.
Κ.: – ῎Εννοια σας. Μὴν ἀνησυχῆτε. Καὶ νὰ σᾶς τὰ λούσω μετά;
Π.: – Ναί. Καὶ ξυρίστε με κατόπιν. σᾶς παρακαλῶ.
. . . .
Π.: – Τί σᾶς χρεωστῶ;
Κ.: – . . . . δραχμές.

῾Ο πελάτης πληρώνει, δίνει ἕνα μικρὸ φιλοδώρημα στὸν μικρό, χαιρετάει καὶ φεύγει, λέγοντας μὲ τὸ[ν] νοῦ του: ὅλη ἡ ὑπόθεσι κοστίζει ὅσο καὶ στὴν πατρίδα μου.

ΔΙΑΛΟΓΟΣ ΣΤΟ ΚΟΜΜΩΤΗΡΙΟ

Κομμωτής: – Παρακαλῶ;
Πελάτισσα: – Θέλω νὰ μοῦ λούσετε τὰ μαλλιά μου καὶ μετὰ νὰ μοῦ κάνετε περμανάντ. Πέστε μου ὅμως τί θὰ στοιχίση.
Κ.: – . . . . δραχμές.
Π.: – Καὶ μιζαμπλί;
Κ.: – . . . . δραχμές
Π.: – Καλά. Κάντε μου περμανάντ.
. . . .

Wörter

τὸ κουρεῖο	das Herrenfriseurgeschäft	ὁ πελάτης, ἡ πελάτισσα	der Kunde, die Kundin
ὁ κουρέας	der Herrenfriseur	τὸ κόψιμο	das [Haar-]Schneiden

τὸ λούσιμο	das Haarwaschen	λέ[γ]ω μὲ τὸ[ν] νοῦ μου	sich sagen
τὸ πλά[γ]ι	die Seite (im Gegen-		
	satz zu vorn und	ἡ ὑπόθεσι	die Angelegenheit
	hinten)	τὸ κομμωτήριο	das Damenfriseurge-
ἀνησυχῶ	sich beunruhigen		schäft
λούζω	die Haare waschen	ὁ κομμωτὴς	der Damenfriseur
ξυρίζω	rasieren	περμανὰντ	Dauerwellen
χρ[ε]ωστῶ u. -άω	schuldig sein	μιζαμπλὶ	Wasserwellen
		στοιχίζω	kosten

I. Deklination: Klasse der Maskulina auf -οῦς

Sing. Nom.	ὁ παππούς	Plur. Nom.	οἱ παππούδες
Gen.	τοῦ παπποῦ	Gen.	τῶν παππούδων
Akk.	τὸν παπποῦ	Akk.	τοὺς παππούδες
Vok.	παπποῦ	Vok.	παππούδες

Dazu gehören nur folgende: ὁ ᾿Ιησοῦς (Jesus), ὁ νοῦς (der Verstand), *ὁ πλοῦς (die Wasserfahrt), *ὁ ροῦς (der Fluß = das Fließen).

Ausdrücke (ἐκφράσεις):

ἔχω τὸ[ν] νοῦ μου	acht geben
[ἔχε] τὸ[ν] νοῦ σου στὸ παιδὶ	gib auf das Kind acht!
ὁ νοῦς σου εἶναι πάντα ἐκεῖ	du denkst immer daran

I. Deklination: Klasse der Substantive auf -ὲς

Sing. Nom.	ὁ καφὲς	Plur. Nom.	οἱ καφέδες
Gen.	τοῦ καφὲ	Gen.	τῶν καφέδων
Akk.	τὸν καφὲ	Akk.	τοὺς καφέδες
Vok.	καφὲ	Vok.	καφέδες

Es sind nur wenige Substantive, die von Fremdwörtern abstammen wie: ὁ πουρὲς (das Püree), ὁ μιναρὲς (das Minarett) u. a.

Die Deklination der Eigennamen

Die Eigennamen behalten den Artikel und werden dekliniert wie die Substantive gleichen Geschlechtes und gleicher Endung.

Taufnamen: ὁ Γιάννης, τοῦ Γιάννη, τὸν Γιάννη, Plur. οἱ Γιάννηδες. Ὁ Χρῆστος, τοῦ Χρήστου, τὸν Χρῆστο; von den auf -ος endigenden haben viele im Vokativ die Endung -ο (statt -ε). So ruft man: Χρῆστο, Πέτρο, Νῖκο u.a. Bei längeren Namen wird jedoch gewöhnlich der Vok. auf -ε vorgezogen: Γεράσιμε, ᾿Αλέξανδρε, u.a. Weibliche wie ἡ Νίκη, ἡ Μαρία, ἡ Ραλλού, ἡ Δέσπω (s. S. 130) werden wie die weibl. Substantive auf -η, -α, -οὐ dekliniert.

Für die **Familiennamen** gilt dasselbe: ὁ κύριος Ράλλης, ὁ κ. Παναγόπουλος usw. Undeklinierbar sind sie dann, wenn sie nur in der Genitiv-Form vorkommen, wie ὁ κ. ᾿Αθανασίου, ὁ κ. Γεωργίου usw.; es sind dann Taufnamen, die zu Familiennamen wurden), oder fremden Ursprungs wie ὁ κ. Μίντλερ, ᾿Αβέρωφ u.a. Die Familiennamen der Frauen und Töchter stehen im Genitiv des männl. Namens und sind daher ebenfalls undeklinierbar: ἡ κυρία καὶ οἱ δεσποινίδες Δούκα.
Außerdem sind Fremdwörter wie τὸ Πάσχα (Ostern), ὁ ᾿Αδὰμ (Adam), ὁ Γκαῖτε (Goethe), ὁ Σίλλερ (Schiller) u.a. undeklinierbar.

Städtenamen: ὁ Πύργος, ὁ Πειραιάς – καθ. ὁ Πειραιεύς, τοῦ Πειραιῶς, τὸν Πειραιᾶ (Piräus) – ἡ Ἀθήνα, τῆς ᾿Αθήνας, τὴν ᾿Αθήνα, ἡ Κόρινθος, τὸ Λαύριον, τὸ ῎Αργος, usw. Einige stehen in der καθ. in der Pluralform, u. in der δημ., teilweise im Sing.: αἱ ᾿Αθῆναι, τῶν ᾿Αθηνῶν, τὰς ᾿Αθήνας (καθ.,) ἡ Ἀθήνα (δημ.); ebenso: αἱ Πάτραι – ἡ Πάτρα, αἱ Θῆβαι – ἡ Θήβα; αἱ Σέρραι (καθ.) lautet in der δημ. οἱ, τὶς Σέρρες u.a. Verschiedene Städtenamen stehen im Plural des Maskulinums: οἱ Δελφοὶ (Delphi) oder des Neutrums: τὰ ᾿Ιωάννινα.

Das Zeitwort

Verben der II. Konjugation: Aktive Contracta, 2. Klasse auf (έ-ω) -ῶ[1]

Gesamt-Übersicht

	Indikativ	Konjunktiv	Imperativ	Festst. Form	Partizip
Präs.	ὁδηγ-ῶ	νὰ ὁδηγ-ῶ			führen
	ὁδηγ-εῖς	νὰ ὁδηγ-ῆς	ὁδήγ-ει		ὁδηγ-ώντας
	ὁδηγ-εῖ	νὰ ὁδηγ-ῆ	ἂς ὁδηγ-ῆ		
	ὁδηγ-οῦμε	νὰ ὁδηγ-οῦμε	ἂς ὁδηγ-οῦμε		
	ὁδηγ-εῖτε	νὰ ὁδηγ-ῆτε	ὁδηγ-εῖτε		
	ὁδηγ-οῦν	νὰ ὁδηγ-οῦν	ἂς ὁδηγοῦν		

Impf.   ὁδηγ-οῦσα u.s.w.

Futur.   θὰ ὁδηγ-ῶ (wie Konj. Präs.)
contin.

---

[1] In den Wörterbüchern ist in der Regel bei jedem Contractum vermerkt, ob es der -ῶ u. -άω oder der -ῶ (-έω) Klasse angehört.

	Indikativ	Konjunktiv	Imperativ	Festst. Form	Partizip

Ein. Θὰ ὁδηγήσω ↖

Futur.

Aorist	ὁδήγησα	νὰ ὁδηγήσω			
	ὁδήγησες	νὰ ὁδηγήσῃς	ὁδήγησε		
	ὁδήγησε	νὰ ὁδηγήσῃ	ἂς ὁδηγήσῃ	ὁδηγήσει	
	ὁδηγήσαμε	νὰ ὁδηγήσωμε	ἂς ὁδηγήσωμε		
	ὁδηγήσατε	νὰ ὁδηγήσετε	ὁδηγήσ[ε]τε		
	ὁδήγησαν	νὰ ὁδηγήσουν	ἂς ὁδηγήσουν		

Perfekt	ἔχω ὁδηγήσει	νὰ ἔχω ὁδηγήσει		
	ἔχεις ὁδηγήσει	νὰ ἔχῃς ὁδηγήσει	ἔχε ὁδηγήσει	
	ἔχει ὁδηγήσει	νὰ ἔχῃ ὁδηγήσει	ἂς ἔχῃ ὁδηγήσει	u.s.w.

Plusq. εἶχα ὁδηγήσει u.s.w.
perf.

Futur. Θὰ ἔχω ὁδηγήσει u.s.w.
exact.

I. Konditionalis Θὰ ὁδηγοῦσα ⎫
II. Konditionalis Θὰ εἶχα ὁδηγήσει ⎭ s. a. S. 133 f

Ausnahme: ζῶ, ζῆς, ζῆ (leben) wird in der zweiten und dritten Person Singularis und in der zweiten Pluralis mit -η geschrieben.
Die Contracta auf (-έω) -ῶ und die auf -ῶ und -άω haben gemeinsam:

1. die erste und dritte Person Pluralis: ἀγαποῦμε – ὁδηγοῦμε
   ἀγαποῦν – ὁδηγοῦν
2. das Partizip Präsens auf -ώντας: ἀγαπώντας – ὁδηγώντας
3. das Imperfekt auf -οῦσα: ἀγαποῦσα – ὁδηγοῦσα
4. den Aorist auf -ησα und das einmalige Futurum auf -ήσω für einen großen Teil ihrer Verben: ἀγάπησα – θ' ἀγαπήσω, ὁδήγησα – θὰ ὁδηγήσω
5. die feststehende Form auf -ήσει für einen großen Teil ihrer Verben: ἀγαπήσει, ὁδηγήσει
   ἔχω – εἶχα ἀγαπήσει, ὁδηγήσει   ich habe – ich hatte geliebt, geführt
   θὰ ἔχω ἀγαπήσει, ὁδηγήσει   ich werde geliebt, geführt haben

Der Aorist der Verben auf (-έω) -ῶ endigt:

1. auf -ησα

2. auf -εσα

1. ἀργῶ – ἄργησα (sich verspäten)
   ἐξηγῶ – ἐξήγησα (erklären, übersetzen)
   ζῶ – ἔζησα (leben)

2. παρακαλῶ – παρακάλεσα (bitten)
συγχωρῶ – ἐσυγχώρεσα (verzeihen)
φορῶ – ἐφόρεσα (tragen am Körper, anziehen)

μὴν ἀργήσης νὰ ἔλθης	kommt nicht spät!
θ' ἀργήσῃ ἀκόμη τὸ φαΐ;	wird das Essen noch lange brauchen?
πόσα χρόνια ἐζήσατε στὸ ἐξωτε- ρικό;	wieviel Jahre lebten sie im Ausland?
τὴν παρακαλῶ νὰ τὸ ἐξηγήσῃ	ι bitte sie es zu erklären
τὸν ἐσυγχώρεσε ἀμέσως	er verzieh ihm sofort
φόρεσε αὐτὸ τὸ μπλὲ φόρεμα	zieh dieses blaue Kleid an.

Eine ganze Reihe der Contrakta auf (-έω) -ῶ wird im Indik., Konjunkt. und Imper. Präs., im Impf. u. Fut. cont. auch nach den Contrakta auf -ῶ u. -άω konjugiert. Die Zahl dieser Verben läßt sich nicht fest abgrenzen. Sicher ist nur, daß die Zahl der Contrakta auf (-έω) -ῶ zugunsten der auf -ῶ u. -άω zurückgeht:

Mit Aoristendung -ησα:

μιλῶ -[ἐ]μίλησα: sprechen; συζητῶ -[ἐ]συζήτησα: diskutieren u. a.

Mit Aoristendung -εσα:

χωρῶ -[ἐ]χώρεσα: Platz haben; πονῶ -[ἐ]πόνεσα: Schmerzen haben u. a.

ὅλα τὰ ροῦχα δὲν χωροῦν (ο. χωρᾶν) στὴν βαλίτσα	alle Kleider haben nicht Platz im Handkoffer
τὰ ροῦχα ἐχώρεσαν	die Kleider haben Platz gehabt

Diese Contrakta – wie die Verben der Klasse auf -ῶ u. -άω – bilden größtenteils zusätzlich auch ein Imperf. auf -αγα und einen Imperat. Präs. fast nur auf -α, -ᾶτε, der auch für die einmalige Handlung gilt:

z.B.: βοηθῶ Imperf. [ἐ]βοηθοῦσα u. [ἐ]βοήθαγα helfen
Imperat. Präs. βόηθα, βοηθᾶτε

(s. gr. L. S. 523–530 inklusiv Beispiele u. Ausdrücke)

πονῶ (Schmerzen haben, weh tun)

μοῦ und μὲ πονεῖ, σοῦ und σὲ πονεῖ	es tut mir weh, es tut dir weh
τοῦ und τὸν πονεῖ, τῆς u. τὴν πονεῖ	es tut ihm u. ihr weh
μᾶς, σᾶς, τοὺς πονεῖ	es tut uns, euch (Ihnen), ihnen weh

AUFGABE 28: Μετάφρασι

Sagen Sie mir, bitte (δὲ[ν] μοῦ λέτε, σᾶς παρακαλῶ), braucht die Straßenbahn immer lange, bis sie kommt? (ἀργεῖ [νὰ ἔλθῃ]) Die Linie 30 (τὸ 30 τὸ τράμ) braucht immer so lange, bis sie kommt. Die Briefe aus Griechenland brauchen manchmal lange, bis sie kommen. Die Postkarte war nicht lange unterwegs.

Entschuldige mich, daß (μὲ συγχωρεῖς ποὺ) ich mich oft verspäte. Entschuldigen Sie mich, daß ich mich verspätete. Damals verspätete ich mich sehr oft. Werden Sie mir verzeihen können? (θὰ μὲ συγχωρέσετε;)

Die Mutter erklärt es den Kindern: Sie hat es ihnen erklärt. Ich kann es dir nicht vor den andern (μπροστὰ στοὺς ἄλλους) erklären.

Tun dir die Augen weh? Nein, sie tun mir nicht weh. Tut dir der Kopf weh? Nein, nichts tut mir weh.

Was für einen Mantel trägst du? Was werden Sie morgen auf dem Ball (στὸ χορὸ) tragen (anziehen)?

Leben Sie in Deutschland? Wo lebten Sie damals? Wann lebten Sie in Deutschland? Leben Sie in Ihrer Heimat?

Ausdrücke:

ζῆ καὶ βασιλεύει	er lebt und es geht ihm sogar sehr gut
ζῆ καὶ παραζῆ	(w.: er lebt und herrscht als König; er lebt und ob er lebt!)

Δέκατο ἕβδομο μάθημα

XVII

ΕΝΑ ΠΕΡΑΣΤΙΚΟ ΚΡΥΟΛΟΓΗΜΑ

Ξυπνῶ σήμερα μὲ πονοκέφαλο. Δὲν αἰσθάνομαι τὸν ἑαυτό μου καλά. Τὸ κεφάλι μου εἶναι βαρὺ καὶ ὅλο μου τὸ σῶμα μὲ πονεῖ. Λέω μὲ τὸ[ν] νοῦ μου: πρέπει νὰ πάρω μία ἀσπιρίνη. Μὰ δὲ[ν] θέλω νὰ ξυπνήσω τὸ[ν] φίλο μου, ποὺ κοιμᾶ- ται ἀκόμα. Παρηγοριέμαι μὲ τὴν ἐλπίδα πὼς δὲ[ν] θ' ἀργήση νὰ ξυπνήση. Σὲ λίγο νοιώθω πὼς ἔχω πυρετὸ καὶ ὅτι ὁ πυρετὸς ἀνεβαίνει ὅσο περνάει ἡ ὥρα. Ἐπὶ τέλους ἐξύπνησεν ὁ φίλος μου. Μὲ κοιτάζει ἔκπληκτος καὶ λέει: – Τί ἔπαθες; Εἶσαι ἄρρωστος; – Σὰ[ν] νὰ εἶμαι λίγο κρυωμένος. Συνάχι καὶ βήχας. Φτερνίζομαι μιά, δυό, τρεῖς, τέσσερεις, ἀμέτρητες φορές. Γελοῦμε κι' οἱ δυό μας γιὰ τὸ φτέρνισμα ποὺ δὲν ἔχει τελειωμό. Βρίσκομε τὸ χαμένο θερμόμετρο, τὸ βάζω καὶ τὸ βγάζω ἔπειτα ἀπὸ 7–8 (ἑπτὰ ὡς ὀκτὼ) λεπτά. Ἔχω τριάντα ἐννέα (39) βαθμοὺς πυρετό. Ὁ φίλος μου τρομάζει λίγο πρὸς στιγμήν. Σηκώνε- ται, ἑτοιμάζεται καὶ παίρνει στὸ τηλέφωνο τὸν Ἕλληνα φίλο μας. Ἡ ὑπηρέτρια τοῦ λέει ὅτι μόλις ἔφυγε ὁ κύριός της γιὰ τὸ γραφεῖο του. Τὸν ἐρωτᾶ: – Θέλετε νὰ τοῦ παραγγείλω τίποτα; – Ὄχι, εὐχαριστῶ. Πὲς πολλοὺς χαιρετισμοὺς μόνον.

Ὁ πορτιέρης τοῦ ξενοδοχείου, εἰς τὸν ὁποῖον ἀποτάθηκε ὁ φίλος μου, τοῦ λέει: Μὴ σᾶς μέλη, ἔχομε ἕνα πολὺ καλὸ γιατρό, δικό μας ἄνθρωπο. Σταθῆτε μιὰ στιγμὴ νὰ τὸν πάρω στὸ τηλέφωνο. Σὲ λίγο ἔρχεται ὁ γιατρός, μοῦ βάζει τὸ θερμόμετρο στὴν μασχάλη καὶ μὲ ἐξετάζει πολὺ καλά. Ἔπειτα μοῦ λέει: Δὲν εἶναι τίποτα σοβαρό. Εἴθε ὅμως πολὺ κρυωμένος. Καθῆστε στὸ κρεββάτι σήμερα. Πάρτε ἀπὸ καμιὰ ἀσπυρίνη, θὰ σᾶς γράψω καὶ δυὸ συνταγές. Δείχνοντάς μου τὴν πρώτη μοῦ ἐξηγεῖ, ὅτι εἶναι κάτι χαπάκια γιὰ τὸ[ν] βήχα. – Θὰ πάρετε ἀπὸ ̣δυὸ (χαπάκια) τρεῖς φορὲς τὴν ἡμέρα. Κι᾿ ἀπ᾿ αὐτὸ ἐδῶ τὸ γιατρικὸ θὰ πάρετε ἀπὸ δέκα σταγόνες σὲ λίγο νερὸ πέντε φορὲς τὴν ἡμέρα. Τὸ βράδυ θὰ ξαναπεράσω ἐν ἀνάγκη. Πάρτε με στὸ τηλέφωνο. Περαστικά σας. – Ἀκοῦστε, γιατρέ. Ἂν πέσῃ ὁ πυρετὸς ὡς τὸ βράδυ, μὴν κάνετε τὸν κόπο νὰ ξαναπεράσετε. Τί σᾶς ὀφείλω γιὰ τὴ βίζιτα; (ο. ἐπίσκεψι); – . . . . . δραχμές. – Ὁρίστε τις. – Ἐν τάξει, κύριε. Χαίρετε.
Ὁ φίλος μου φέρνει τὰ φάρμακα ἀπ᾿ τὸ διπλανὸ φαρμακεῖο, κι᾿ ἐγὼ ἀρχίζω νὰ τὰ παίρνω. Θέλω ὅμως νὰ γίνω γλήγορα καλὰ καὶ ἀκολουθῶ κατὰ γράμμα τὶς ὁδηγίες τοῦ γιατροῦ, ἐγὼ ποὺ ὅταν εἶμαι στὴν πατρίδα μου, τὰ κοροϊδεύω ὅλ᾿ αὐτά. Τὸ ἀπόγεμα πέφτει σιγά-σιγὰ ὁ πυρετὸς καὶ ὡς τὸ βράδυ εἶμαι ἀπύρετος. Τὴν ἄλλη ἡμέρα εἶμαι καλά.

Wörter

ξυπνῶ u. -άω, -ησα	aufwachen, -wecken	φτερνίζομαι, -νίσθηκα	niesen
ὁ πονοκέφαλος	die Kopfschmerzen	ἀμέτρητος, -η, -ο	unzählig, unzählbar
αἰσθάνομαι, αἰσθάνθηκα	fühlen	τὸ φτέρνισμα	das Niesen
τὸ σῶμα	der Körper	δὲν ἔχει τελειωμὸ	es will kein Ende nehmen
ἡ ἀσπυρίνη	das Aspirin		
παρηγοριέμαι, -ρήθηκα	sich trösten	τὸ θερμόμετρο	das Thermometer
		ὁ βαθμὸς	der Grad, die Zensurnote
ἡ ἐλπίδα	die Hoffnung		
νοιώθω, ἔνοιωσα	sich fühlen	τρομάζω, [ἐ]τρόμαξα	erschrecken
ὁ πυρετὸς	das Fieber	πρὸς στιγμὴν	für einen Augenblick
ὅσο	je mehr	ἑτοιμάζομαι, -μάσθηκα	sich bereit machen
ἐπὶ τέλους	endlich		
ἔκπληκτος, -η, -ο	erstaunt	ἡ ὑπηρέτρια	das Dienstmädchen
	es geschieht mir etwas Negatives, es passiert mir etwas	μόλις	eben [jetzt]
παθαίνω τί ἔπαθες; s. § 63		τίποτα	in Fragesätzen: etwas
		ἀποτείνομαι, ἀποτάθηκα	sich wenden
	hier: was ist mit dir los? was hast du?		
σὰν νὰ εἶμαι	es scheint, daß ich bin	μὴ σὲ μέλη = ἔννοια σου	sei ohne Sorge
τὸ συνάχι	der Schnupfen	μὴ σᾶς μέλη = ἔννοια σας	seien Sie, seid ohne Sorge
ὁ βήχας	der Husten		

ἡ μασχάλη	die Achselhöhle	ἐν τάξει	es ist in Ordnung
ἐξετάζω, -τασα	untersuchen	τὸ φάρμακο	die Arznei
σοβαρός, -ή, -ὸ	ernst	τὸ φαρμακεῖο	die Apotheke
κρυωμένος	erkältet	ἀκολουθ(έω) -ῶ u.	folgen
καθῆστε στὸ κρεββάτι	bleiben Sie im Bett	-άω, -ησα	
ἡ συνταγὴ	das Rezept	κατὰ γράμμα	in allem, Wort für
ἀπὸ δυό, ἀπὸ τρία	[je] zwei, [je] drei		Wort
τὸ γιατρικὸ	die Arznei	ἡ ὁδηγία	die Anweisung, die
ἡ σταγόνα	der Tropfen		Führung
ξανὰ	wieder	κοροϊδεύω,	sich lustig machen
ἐν ἀνάγκη	wenn es notwendig ist	[ἐ]κορόϊδεψα	
ὀφείλω (nur Präs. u.	schuldig, verpflichtet	σιγὰ-σιγὰ	nach und nach
Imperf.)	sein	ἀπύρετος, -η, -ο	fieberfrei

Ausdrücke:

μὲ πιάνει πυρετὸς	ich bekomme Fieber
παθαίνω συνάχι, βήχα	Schnupfen, Husten bekommen
παθαίνω κόψιμο, εὐκοιλιότητα	Leibschmerzen, Durchfall bekommen
κάνω ἐμετὸ	sich erbrechen

Zwei kleine Ratschläge
(Δύο μικρὲς συμβουλὲς)

μὲ τὸ λαδερὸ φαγητὸ τρῶτε πάν-τοτε καὶ ψωμὶ	zu der Ölspeise eßt immer auch Brot (dazu)
τὸ πεπόνι ζητάει πάντοτε λίγο κρασὶ	die Zuckermelone verlangt immer ein wenig Wein
μὴ ξεχάστε τὶς δύο αὐτὲς συμ-βουλὲς γιὰ νὰ μὴ πάθετε τί-ποτα	vergeßt nicht diese beiden Ratschläge, damit euch nichts (an Krankheit) zustößt

II. Deklination: Klasse der Feminina auf -ος

Diese Gruppe enthält Substantive, welche gemeinsamer Besitz der Schrift- und Volkssprache sind.

Sing. Nom.	ἡ	μέθοδος	Plur. Nom.	οἱ	μέθοδοι
Gen.	τῆς	μεθόδου	Gen.	τῶν	μεθόδων
Akk.	τὴ[ν]	μέθοδο	Akk.	τὶς	μεθόδους
Vok.		μέθοδο	Vok.		μέθοδοι

Es werden danach dekliniert: ἡ διάλεκτος (der Dialekt), ἡ παράγραφος (der Paragraph), ἡ πάροδος (die Seitengasse), ἡ ὁδὸς (die Straße) u. a. Ἡ ὁδὸς Σταδίου: die Stadiumstraße (mit Genit.).

Die den männlichen Berufsbezeichnungen auf -ος entsprechenden weiblichen haben ohne Veränderung nur den weiblichen Artikel:

ὁ ἰατρὸς (= γιατρός: der Arzt) – ἡ ἰατρὸς (die Ärztin), ὁ ἠθοποιὸς (der Schauspieler) – ἡ ἠθοποιὸς (die Schauspielerin), ὁ δικηγόρος (der Rechtsanwalt) – ἡ δικηγόρος (die Rechtsanwältin) u. a.

II. Deklination: Eigennamen auf -ω

Singular		
Nominativ	ἡ	Δέσπω
Genitiv	τῆς	Δέσπως
Akkusativ	τὴ[ν]	Δέσπω
Vokativ		Δέσπω

Hierher gehören weibliche Vornamen wie ἡ Βασίλω, ἡ Μέλπω u. a.

Dazu gehören noch das Substantiv ἡ ἠχὼ (das Echo) und der Ortsname Κὼ (eine Insel d. Dodekanes).

ΑΛΛΑΓΜΑ ΧΡΗΜΑΤΩΝ

(Geldwechsel)

Ἕνας ξένος ποὺ βρίσκεται στὴν Ἀθήνα καὶ θέλει ν' ἀλλάξη χρήματα, ἐρωτᾶ καὶ τοῦ λένε: «Πᾶτε στὴν Τράπεζα τῆς Ἑλλάδος. Εἶναι στὴν ὁδὸν Πανεπιστημίου. Μόλις μπῆ, βλέπει ἀπέναντι στὴν εἴσοδο ἐπάνω σ' ἕνα τραπέζι μία πινακίδα ποὺ λέει: Πληροφορίαι. Πλησιάζει καὶ ὅταν ἔλθη ἡ σειρά του, λέει στὸν ὑπάλληλο:

Ξ.: – Ἔχω γερμανικὰ μάρκα (ἢ ἀγγλικὲς λίρες ἢ δολλάρια ἢ δινάρια ἢ λιρέττες ἢ φράγκα-γαλλικὰ ἢ ἐλβετικὰ ἢ βελγικὰ – κ.τ.λ.). Ποῦ νὰ τ' ἀλλάξω, σᾶς παρακαλῶ;
Ὑπ.: – Τί συνάλλαγμα ἔχετε;
Ξ.: – Γερμανικὰ μάρκα.
Ὑπ.: – Βλέπετε ἐκείνη τὴν πινακίδα στὸ βάθος ποὺ λέει: «Συνάλλαγμα» (Devisen); Ἐκεῖ νὰ πᾶτε καὶ νὰ δεῖξτε καὶ τὸ διαβατήριό σας. Θὰ σᾶς τὰ ἀλλάξουν στὴν τρέχουσα τιμὴ τοῦ μάρκου.
Ξ.: – Σᾶς εὐχαριστῶ πολύ.
Ὑπ.: – Ὁ ὑπάλληλος τοῦ συναλλάγματος μιλάει καὶ ξένες γλῶσσες.

Wörter

τὸ ἄλλαγμα	das Wechseln, das Umtauschen	τὸ γερμανικὸ μάρκο	die deutsche Mark
ἡ Τράπεζα τῆς Ἑλλάδος	die Bank von Griechenland	ἡ ἀγγλικὴ λίρα	das englische Pfund
		τὸ δολλάριο	der Dollar
αἱ πληροφορίαι	die Auskunft (ein Plur. aus der Schrspr.; s. a. § 116,4.	τὸ δινάριο	der Dinar
		ἡ λιρέττα	die italienische Lire
		τὸ γαλλικό, ἑλβετικό, βελγικὸ φράγκο	der französische, schweizer, belgische Frank
πλησιάζω, [ἐ]πλησίασα	sich nähern	στὴν τρέχουσα τιμὴ	zum Tageskurs

Das Reflexivpronomen
('Η αὐτοπαθὴς ἀντωνυμία)

Das neugriechische Reflexivpronomen dient nicht wie das deutsche zur Bildung der reflexiven Verben (= aktive Form des Verbs + reflexives Personalpronomen: ich ziehe mich an, du ziehst dich an usw.).

DAS NEUGRIECHISCHE REFLEXIVPRONOMEN

A. 1. Pers. Sing. Gen.	τοῦ ἑαυτοῦ μου	meiner mir } (selbst)
Akk.	τὸν ἑαυτό μου	mich (selbst)
Plur. Gen.	τοῦ ἑαυτοῦ μας	unserer uns } (selbst)
Akk.	τὸν ἑαυτό μας	uns (selbst)
2. Pers. Sing. Gen.	τοῦ ἑαυτοῦ σου	deiner dir } (selbst)
Akk.	τὸν ἑαυτό σου	dich (selbst)
Plur. Gen.	τοῦ ἑαυτοῦ σας	euer o. Ihrer euch o. sich } (selbst)
Akk.	τὸν ἑαυτό σας	euch o. sich (selbst)
3. Pers. Sing. Gen.	τοῦ ἑαυτοῦ του o. της	seiner o. ihrer sich } (selbst)
Akk.	τὸν ἑαυτό του o. της	sich (selbst)
Plur. Gen.	τοῦ ἑαυτοῦ των (τους)	ihrer sich } (selbst)
Akk.	τὸν ἑαυτό τους	sich (selbst)

Das Reflexivpronomen steht immer in Verbindung mit dem bestimmten Artikel und dem Possessivpronomen. Es bezieht sich auf das Subjekt des Satzes und nimmt die Stellung eines Substantivs ein. Z. B.:

μὲ αὐτὰ ποὺ κάνεις, ξέρεις πῶς   durch das, was du tust, weißt du, daß du
   εἶσαι ἐχθρὸς τοῦ ἑαυτοῦ σου;   dein eigener Feind bist (deiner selbst)
μὴ σκέπτεσαι πάντοτε τὸν ἑαυτό   denke nicht immer an dich selbst
   σου
λέω στὸν ἑαυτό μου πὼς ἔχεις   ich sage mir, daß du recht hast
   δίκιο
πρόσεχε τὸν ἑαυτό σου!   gib auf dich acht!

Das neugriechische Reflexivpronomen tritt in Erscheinung in Verbindung mit
nur wenigen Verben. Einige Beispiele der häufigsten dieser Verbindungen –
Verb und Reflexivpronomen – sind:

λέω στὸν ἑαυτό μου   ich sage mir
αἰσθάνομαι [τὸν ἑαυτό μου] καλὰ   ich fühle mich gesund
⌠ αἰσθάνομαι τὸν ἑαυτό μου ἄρ-   ich fühle mich krank
⎨   ρωστο
⌡ αἰσθάνομαι ἄρρωστος, -η
ἔχει μεγάλη ἰδέα τοῦ ἑαυτοῦ του   er ist sehr von sich eingenommen (w.:
                                     er hat eine große Meinung von sich
                                     selbst)
βλέπω τὸν ἑαυτό μου στὸν κα-   ich sehe mich im Spiegel
   θρέφτη
μιλάω γιὰ τὸν ἑαυτό μου   ich spreche von mir selbst
ὁ ἐγωκεντρικὸς ἄνθρωπος εἶναι   der egozentrische Mensch ist in sich
   κλεισμένος στὸν ἑαυτό του   selbst verschlossen
ξεχνῶ τὸν ἑαυτό μου   ich vergesse mich selbst

Das Reflexivpronomen kann auch durch ὁ ἴδιος, ἡ ἴδια, τὸ ἴδιο (= selbst betont
werden

σκέπτεσαι ἔτσι καὶ γιὰ τὸν ἴδιο τὸν ἑαυτό σου;
denkst du auch über dich selbst so?

Außerdem gibt es noch einen – offiziell nicht anerkannten aber durchaus le-
bendigen – Nominativ:

ὁ ἑαυτός μου[1]   (mein eigenes) Ich
πολὺ σὲ ἀπασχολεῖ ὁ ἑαυτός σου   dein Ich beschäftigt dich sehr
ὁ ἑαυτός σου παίζει πολὺ μεγάλο   dein Ich spielt eine sehr große Rolle
   ρόλο

Für die Wechselwirkung – an Stelle des deutschen reziproken Pronomens „ein-
ander" – wird gebraucht:

---

[1] „Ὁ Ἑαυτούλης μου (Mein liebes Ich)" ist eine Komödie von Δ. Ψαθᾶ. Athen 1944.

1. das reflexive Verb auf -μαι im Plur.:

μάτια πού δὲ[ν] βλέπονται, γλή-   Augen, die sich nicht sehen, vergessen
γορα λησμονιοῦνται (παροι-   einander schnell
μία)

(Sprichwort = aus den Augen, aus dem Sinn)

B. 2. das aktive Verb auf -ω in Verbindung mit ὁ ἕνας . . . τὸν ἄλλο[ν],
ἡ μία . . . τὴν ἄλλη, τὸ ἕνα . . . τὸ ἄλλο:

ὁ ἕνας ἀγαπάει τὸν ἄλλον   sie lieben sich
ἡ μία βλέπει τὴν ἄλλη   sie sehen sich

C. 3. das aktive Verb in Verbindung mit [ἀνα]μεταξύ μας, σας, τους = unter
uns, euch (o. Ihnen), sich:

τὰ παιδιὰ μαλλώνουν μεταξύ   die Kinder streiten miteinander
τους

AUFGABE 29:

Ich sage mir, daß es natürlich ist, daß man an sich denkt. Ob ich mich noch
daran erinnere? (῎Αν τὸ θυμοῦμαι ἀκόμη;) Doch! (πώς!) Ich sehe mich durch
den großen Saal (ἡ σάλα o. ἡ αἴθουσα) gehen (περνῶ), die gegenüberliegende
Tür (ἡ ἀπέναντι πόρτα) öffnen und durch den zweiten Saal gehen. Der Arzt fragt
den Kranken: Wie fühlen Sie sich heute? Er antwortet, daß er sich nicht sehr
wohl fühle. Wir sprechen alle von uns selbst. Ein Mensch sagt: Wenn ich etwas
verteile, glaube ich, daß ich mich nicht vergesse. Ich sehe mich im Spiegel. Ich
sage mir, daß es so nicht weitergehen kann (ὅτι δὲν μπορεῖ νὰ ἐξακολουθήσῃ αὐτὴ
ἡ κατάστασι = w.: daß dieser Zustand nicht fortdauern kann).

Zeitwort

Der Konditionalis

Der Konditionalis ist die bedingte Ausdrucksform des Zeitwortes im Hauptsatz.
Er bezeichnet Handlungen nicht als wirklich wie der Indikativ, sondern als
möglich.

    I. Konditionalis
    II. Konditionalis

Der I. Konditionalis wird gebildet durch die Partikel θὰ und das Imperfekt:
πηγαίνω – [ἐ]πήγαινα

    I. Konditionalis: θὰ πήγαινα   ich ginge, ich würde gehen

Der II. Konditionalis wird gebildet durch die Partikel θὰ und das Plusquamperfekt: πηγαίνω – εἶχα πάει

II. Konditionalis: θὰ εἶχα πάει ich wäre gegangen

Der II. Konditionalis kann durch den I. Konditionalis ersetzt werden, niemals aber wenn πιὰ oder κιόλα (oder ἤδη aus der Schriftsprache = schon, bereits), im Satz enthalten ist:

θὰ εἶχα πάει ἐκεῖ oder θὰ πή-   ich wäre hingegangen
γαινα ἐκεῖ

mit πιὰ aber nur:

θὰ εἶχα πάει πιὰ (ο. κιόλα) ἐκεῖ   ich wäre schon hingegangen

Beispiele:

ὁ ἠθοποιὸς θὰ ἔπαιζε ἀπόψε, ἀρ-   der Schauspieler würde heute abend
ρώστησε ὅμως   spielen, er wurde aber krank
θὰ εἶχα δηλωθῆ (oder θὰ δηλω-   ich hätte mich bei der Polizei gemeldet,
νόμουν) στὴν ἀστυνομία, δὲν   ich wußte aber nicht, daß es not-
ἤξερα ὅμως ὅτι ἦταν ἀνάγκη   wendig ist

mit πιὰ (ο κιόλα) aber nur:

θὰ εἶχα δηλωθῆ πιὰ στὴν ἀστυ-   ich hätte mich schon bei der Polizei
νομία   gemeldet

Beim II. Konditionalis (und beim I. Konditionalis, wenn er die Stelle des II. Konditionalis einnimmt) ist die Handlung als abgeschlossen gedacht.

AUFGABE 30:

Vorige Woche (τὴν περασμένη ἑβδομάδα) war ich krank. Ich war sehr erkältet. Ich bekam starkes Fieber, hustete und hatte einen starken Schnupfen. Meine Eltern wollten (ἤθελαν) gleich den Arzt rufen. Ich bat sie aber bis zu Mittag zu warten. Ich wußte es genau (τὸ ἤξερα καλὰ), daß meine Mutter mich gesund machen würde. Ich nahm im Laufe des Tages verschiedene Pillen gegen die Erkältung ein (γιὰ τὸ κρυολόγημα) und mußte sehr schwitzen (ἱδρώνω). Im Laufe des Nachmittags fiel das Fieber und am Abend war ich fieberfrei.
Ich würde es sofort tun, aber es ist nicht notwendig. Wir würden heute abend auf die Akropolis steigen, es scheint aber leider nicht der Mond (δὲν ἔχει φεγγάρι). Wir würden in allem (Wort für Wort) den Anweisungen des Arztes folgen, wir sind aber Gott sei Dank (δόξα τῷ Θεῷ) nicht krank. Ich hätte Ihnen das Telegramm geschickt. ich hatte aber nicht Ihre Adresse. Ich hätte Ihnen schon bis gestern das Geld geschickt, aber ich war krank und ganz allein (ἐντελῶς μόνος).

Ausdruck:

Χάνω τὸν ἑαυτό μου   ich verliere mein Ich

Δέκατο ὄγδοο μάθημα

XVIII

ΔΥΟ ΑΝΕΚΔΟΤΑ ΤΟΥ ΝΑΣΤΡΕΔΙΝ ΧΟΤΖΑ[1]

I. Ἡ ἡλικία του

Κάποτε ρωτήσανε τὸν Χότζα πόσων χρονῶν εἶναι.

– Μὰ τὴν πίστι μου, τοὺς λέει, δὲν ξέρω ἀκριβῶς. Ἀλλὰ θὰ εἶμαι τριάντα ὀκτὼ ἢ σαράντα.

– Πῶς, ἐσὺ δὲ[ν] θυμᾶσαι πόσων χρονῶν εἶσαι;

– Διάβολε, φυσικώτατο πράγμα . . . Λογαριάζω τὰ χρέη μου, τὰ εἰσοδήματά μου, τὰ ζῶα μου καὶ τὸν παρά μου. Ὅσο γιὰ τὰ χρόνια δὲν τὰ μετρῶ ποτέ μου, γιατὶ ξέρω πὼς κανένας δὲν θὰ σκεφθῆ (σκεφτῆ) νὰ μοῦ τὰ κλέψη, καὶ ὅτι δὲν θὰ τὰ χάσω ποτέ μου.

II. Ὁ Ταμερλάνος

Τὴν ἐποχὴ ποὺ κατακτοῦσε τὴν Ἀνατολὴ ὁ Ταμερλάνος σὲ ὁποιαδήποτε πόλι καὶ ἂν ἔθανε (ἔφτανε), καλοῦσε ὅλους τοὺς προύχοντας καὶ τοὺς χοτζάδες καὶ τοὺς ρωτοῦσε:

– Ἐγώ, δίκαιος εἶμαι ἢ ἄδικος; Εἴτε ὅμως τοῦ ἀπαντοῦσαν ὅτι εἶναι δίκαιος εἴτε ὅτι εἶναι ἄδικος, τοὺς ἀποκεφάλιζε. Ὅταν ἔφθασε καὶ στὸ Ἄκ Σεχὶρ οἱ προύχοντες ποὺ εἶχαν μάθει τὴν συνήθεια τοῦ Ταμερλάνου τὰ χρειάσθηκαν (-στηκαν). Ἦταν ἀδύνατο νὰ γλυτώσουν ἀπ' τὰ χέρια τοῦ τρομεροῦ κατακτητοῦ, ὁ ὁποῖος τὴ[ν] ζωὴ τῶν ἀνθρώπων δὲν τὴν ἐλογάριαζε καθόλου. Ταραγμένοι ἔτρεξαν ἀμέσως στὸν Χότζα καὶ πέφτοντας στὰ πόδια του τοῦ εἶπαν:

– Ὅ, τι θὰ κάνης, κάνε, ἀρκεῖ νὰ μᾶς ἀπαλλάξης ἀπ' τὸν ἐφιάλτη αὐτόν.

– Ἀγαπητοί μου, ἀπάντησε ὁ Χότζας. Αὐτὴ ἡ ὑπόθεσι, μὴ φαντασθῆτε (φανταστῆτε), πὼς εἶναι εὔκολο νὰ τελειώση. Ἀπὸ μένα δὲν ἐξαρτᾶται τίποτα. Ὡς τόσο ἐλπίζω νὰ τὰ καταφέρω μὲ τὴ[ν] βοήθεια τοῦ Ἀλλάχ. Καὶ λέγοντας αὐτὰ βάζει τὸν καινούριο του ζουμπὲ καὶ τὸ μεταξωτό του σαρίκι καὶ πάει στὸ παλάτι τοῦ Ταμερλάνου. Οἱ ὑπασπισταὶ ἔσπευσαν ἀμέσως νὰ τὸν ἀναγγείλουν.

– Μεγαλειότατε, ἦλθε ὁ Χότζας ποὺ θὰ ἀπαντήση στὰ ἐρωτήματά σας.

– Ἂς ἔλθη μέσα, εἶπε ἀγέρωχος ὁ Ταμερλάνος.

Ὅταν μπῆκε μέσα ὁ Ταμερλάνος τοῦ ἀπηύθυνε τὰ γνωστὰ ἐρωτήματα, εἰς τὰ ὁποῖα ὁ Χότζας ἀπήντησε:

– Ἐσύ, οὔτε δίκαιος εἶσαι οὔτε ἄδικος. Ἁπλῶς εἶσαι ἕνας ἀμερόληπτος

---

[1] Er ist ein sprichwörtlich gewordener türkischer Volksphilosoph, der das Leben mit Klugheit, Humor und Witz betrachtete. Er war Lehrer und Priester von Beruf, und lebte im 14./15. Jhdt. Unzählige Geschichten, Anekdoten und Späße zeugen von seiner Philosophie, einer Art humorvoller Volksweisheit.

βασιλεύς, εἰς τὸν ὁποῖον ὁ μόνος δίκαιος κριτὴς ὁ Θεός, ἀνέθεσε νὰ κρίνῃ ἐμᾶς τοὺς ἀδίκους καὶ ἁμαρτωλούς.

Πραγματικὰ ἡ ἀπάντησι ποὺ περίμενε ὁ Ταμερλάνος ἦταν αὐτὴ καὶ γι᾽ αὐτὸ ἐκράτησε κοντά του τὸν Χότζα καὶ τὸν περιποιήθηκε ἰδιαιτέρως.

Wörter

τὸ ἀνέκδοτο	die Anekdote	ὁ ὁποῖος, ἡ ὁποία, τὸ	der, die das (Relativ-
κάποτε	einst	ὁποῖο	pronomen)
ſ ἡ πί͵τι	ſ der Glaube	λογαριάζω, -ασα	rechnen
ὶ μὰ τὴν πίστι μου	ὶ bei meinem Glauben	καθόλου	gar nicht
ἀκριβῶς	genau	ἀπαλλάττω,	befreien
θυμοῦμαι, θυμήθηκα	sich erinnern	ἀπήλλαξα	
ὁ διάβολος	der Teufel	ὁ ἐφιάλτης	der Alpdruck
τὸ χρέος	die Schuld, die Pflicht	φαντάζομαι,	sich vorstellen
τὸ εἰσόδημα	das Einkommen	[ἐ]φαντάσθηκα	
ὁ παρὰς	das Geld	ὡς τόσο	jedoch
ὅσο . . . γιὰ	was . . . betrifft	τὰ καταφέρνω,	es fertig bringen
κλέβω	stehlen	[ἐ]κατάφερα	
κατακτῶ u.-άω,-ησα	erobern	ὁ ζουμπὲς	eine Art Stola
ἡ 'Ανατολὴ	der Osten, Anatolien	τὸ παλάτι	das Schloß
ὅποιοσ-, ὅποια-,	welcher –, welche –,	ὁ ὑπασπιστὴς	der Adjutant
ὁποιοδήποτε (s. S.	welches immer	ἀναγγέλλω,	ankündigen
161 b)		ἀνήγγειλα	
καλῶ (-έω),	kommen lassen, ein-	Μεγαλειότατε!	Majestät (Anrede)!
[ἐ]κάλεσα	laden	τὸ ἐρώτημα	die Frage
οἱ προύχοντες	die angesehenen Bür-	ἀγέρωχος, -η, -ο	hochmütig
	ger eines Ortes	ἀπευθύνω	richten an
ὁ χότζας	der Priesterlehrer	s. S. 64 III 2 b	
δίκαιος, -η, -ο	gerecht	ἁμαρτωλὸς	sündig
ἄδικος, -η, -ο	ungerecht	ἀμερόληπτος, -η, -ο	unparteiisch
εἴτε . . . . εἴτε	ob . . . oder, entwe-	ὁ βασιλεὺς-βασιλιὰς	der König
	der . . . oder	ὁ κριτὴς	der Richter
ἀποκεφαλίζω, -λισα	enthaupten	ἀναθέτω, ἀνέθεσα	auftragen
ἡ συνήθεια	die Gewohnheit	πραγματικὰ	tatsächlich
γλυτώνω -ωσα	davonkommen	κρατῶ, [ἐ]κράτησα	halten, behalten
τρομερός, -ή, -ὸ	schrecklich	περιποιοῦμαι,	als Gast pflegen, be-
ὁ κατακτητὴς	der Eroberer	περιποιήθηκα	wirten (hier)

Das deutsche unbestimmte (und unpersönliche) Pronomen „man" im Griechischen

Die neugriechische Sprache besitzt dieses unbestimmte Pronomen nicht. Es wird ersetzt:

1. durch die 2. Pers. Sing. u. Plur. eines Verbs

ἀδικεῖς χωρὶς νὰ τὸ θέλῃς   man ist ungerecht ohne es zu wollen

2. durch die 3. Pers. Sing. eines Verbs und „κανείς"

„Κανείς" wird nur im ersten Satz gesetzt, ganz gleich ob es der Haupt- oder Nebensatz ist. Es steht nicht an 1. Stelle.

ὅταν κανείς ἔχῃ πολλὴ δουλειά, wenn man viel Arbeit hat, wird man
νευριάζει καμιά φορὰ manchmal (leicht) nervös
πηγαίνει κανείς μὲ τὸ τραῖνο man fährt mit dem Zug hin
ἐκεῖ

Κανείς an erster Stelle mit Negation = niemand:

κανείς δὲν μᾶς εἶδε niemand sah uns

3. durch die 1. Pers. Plur.

παίρνομε πρῶτα μιὰ βούρτσα καὶ man nimmt zuerst eine Bürste und bür-
βουρτσίζομε τὸ ροῦχο stet das Kleidungsstück

4. durch die 3. Pers. Plur.

τί σοῦ εἶπαν ἐκεῖ; was hat man dir dort gesagt?

5. durch die 3. Pers. eines passiv-reflexiven Verbs
                in Sätzen wie:

ἡ ζέστη δὲν ὑποφέρεται σήμερα die Hitze ist heute nicht zu ertragen
                  man kann heute die Hitze nicht er-
                  tragen

ἔτσι παίζονται τὰ κλασσικὰ ἔργα so muß (o. soll) man die klassischen
                  Werke spielen

(Vgl. gr. L. § 190, 4.)

III. Deklination: Klasse der Neutra auf -ας, -ως (-ος) (ungl.)

Sing. Nom.	τὸ	κρέας	τὸ	φῶς
Gen.	τοῦ	κρέατος	τοῦ	φωτὸς
Akk.	τὸ	κρέας	τὸ	φῶς
Vok.		κρέας		φῶς
Plur. Nom.	τὰ	κρέατα	τὰ	φῶτα
Gen.	τῶν	κρεάτων	τῶν	φώτων
Akk.	τὰ	κρέατα	τὰ	φῶτα
Vok.		κρέατα		φῶτα
		das Fleisch		das Licht

Es sind ganz wenige Substantive, die so dekliniert werden.
Bei den Substantiven auf -ας rückt im Gen. Plur. die Betonung auf die zweitletzte Silbe: τῶν κρεάτων.

Es werden dekliniert:

Wie τὸ κρέας: τὸ κέρας (das Horn, poet.), τὸ τέρας (das Ungeheuer), τὸ πέρας (nur im Plural) (das Ende).

ἐπῆγε ὡς τὰ πέρατα τῆς γῆς	er ging bis ans Ende der Welt
τὰ Φῶτα o. ἡ ἑορτὴ τῶν Φώτων	der Feiertag der Hl. Drei Könige
φῶς φανερὸ	das ist klar (w.: sichtbares [o. klares] Licht)

Wie τὸ φῶς[1] werden dekliniert:

τὸ καθεστὼς (der Status quo, die bestehende politische Ordnung) und τὸ γεγονὸς (das Ereignis). Der Genitiv u. der ganze Plural werden auf der **vorletzten** Silbe betont.

Das Zeitwort

Hilfsverben

Die drei Verben ἔχω, εἶμαι, θέλω haben eine doppelte Funktion.

1. Sie sind selbständig wie jedes andere Verb:

ἔχω διάθεσι o. ὄρεξη[2]	ich habe Lust
εἶμαι εὔθυμος	ich bin lustig
θέλω νερὸ	ich will (= ich möchte) Wasser (haben)

2. Sie dienen als Hilfsverben zur Bildung der zusammengesetzten Zeiten eines neugriechischen Verbes:

a) **ἔχω**: haben

	Präsens				*Imperfekt*
Indikativ	Konjunktiv	Imperativ		Partizip Präsens	
ἔχω	νὰ ἔχω	2. ἔχε, 3. ἂς ἔχη		ἔχοντας	εἶχα

Das Verb ἔχω ist elliptisch und hat nur den Präsensstamm. Das Futurum continuum θὰ ἔχω wird demnach auch für das einmalige und das Futurum exactum gebraucht, der I. auch für den II. Konditionalis, das Imperfekt auch für das Perfekt und Plusquamperfekt:

---

[1] φῶς μου! = mein Licht! Zärtlichkeitsausdruck für kleine Kinder, junge Mädchen und Frauen, manchmal auch für Männer.

[2] ἡ ὄρεξη bedeutet auch: der Appetit.

εἶχα $\left\{\begin{array}{l}\text{ich hatte}\\\text{ich habe gehabt}\\\text{ich hatte gehabt}\end{array}\right.$ θὰ εἶχα $\left\{\begin{array}{l}\text{ich hätte o. ich würde haben}\\\text{ich hätte gehabt}\end{array}\right.$

die Verneinung des Imperativs: μὴν ἔχῃς τόσους ἐνδοιασμοὺς hab nicht so viele Bedenken!

Als Hilfsverb bilden ἔχω, εἶχα und θὰ ἔχω in Verbindung mit der „feststehenden Form" eines andern Verbs (und viel seltener mit dem Partizip Perfekt) sein Perfekt, Plusquamperfekt und Futurum exactum:

(Ausdrücke mit ἔχω, s. gr. L. S. 185 u. § 277)

b) εἶμαι: sein

	Präsens			*Imperfekt*
Indikativ	Konjunktiv	Imperativ	Partizip Präsens	
εἶμαι	νὰ εἶμαι	νὰ εἶσαι	ὄντας	ἤμουν (s. S. 64)

Auch εἶμαι hat nur den Präsensstamm. So fallen wie bei ἔχω auch hier das Futurum continuum, das einmalige und das Futurum exactum, der I. und II. Konditionalis und die drei Vergangenheiten zusammen:

ἤμουν $\left\{\begin{array}{l}\text{ich war}\\\text{ich bin gewesen}\\\text{ich war gewesen}\end{array}\right.$ θὰ ἤμουν $\left\{\begin{array}{l}\text{ich wäre o. ich würde sein}\\\text{ich wäre gewesen}\end{array}\right.$

Imperativ: νὰ εἶσθε (εἶστε) συνεπὴς στὸ[ν] λόγο σας (w.:) seid (o. seien Sie) konsequent in eurem (o. Ihrem) Wort = steht (o. stehen Sie) zu eurem (o. Ihrem) Wort

die Verneinung: μὴν εἶσαι τόσο λυπημένος sei nicht so traurig
(Person)

Die fehlenden Formen können bei selbständigem Gebrauch des Verbs auch durch die entsprechenden von στέκομαι – στέκω (stehen) ersetzt werden:

Einmaliges Futurum:	θὰ σταθῶ:	ich werde sein
Aorist:	[ἐ]στάθηκα:	ich war, ich bin gewesen
Perfekt:	ἔχω σταθῆ:	ich bin gewesen
Plusquamperfekt:	εἶχα σταθῆ:	ich war gewesen

μοῦ στάθηκε καλὸς φίλος   er war mir ein guter Freund

Ebenso bilden als Hilfsverb εἶμαι, ἤμουν, θὰ εἶμαι in Verbindung mit dem Partizip Perfekt eines Verbes die 2. – auch seltenere – Form der zusammengesetzten Zeiten der pass.-refl. Verben:

πλένομαι: Perfekt: ἔχω πλυθῆ (o. εἶμαι πλυμένος)
Plusquamperfekt: εἶχα πλυθῆ (o. ἤμουν πλυμένος)
Futurum exactum: θὰ ἔχω πλυθῆ (o. θὰ εἶμαι πλυμένος)
(Ausdrücke mit εἶμαι s. gr. L. S. 186)

c) **θέλω**: wollen (u. haben wollen)

Indik. Präs.:	θέλω	Imperf.:	ἤθελα	
	θέλεις u. θὲς		ἤθελες	Part.
	θέλει u. θὲ		ἤθελε	Präs.: θέλοντας
	θέλομε u. θέμε		[ἠ]θέλαμε	
	θέλετε u. θέτε		[ἠ]θέλατε	
	θέλουν u. θὲν		ἤθελαν	
Fut. cont.:	θὰ θέλω			
Einmal. Fut.:	θὰ θελήσω			
Aorist:	[ἠ]θέλησα			

τί θέλεις; θέλεις τίποτα;   was willst du? willst du etwas?
θέλω νὰ σοῦ [εἰ]πῶ κάτι   ich will dir etwas sagen

θέλω bedeutet auch: 1. „braųchen" und 2. „wünschen" (s. gr. L. §§ 271 u. 286)

θέλω μιὰ ὥρα γιὰ νὰ πάω σπίτι   ich brauche eine Stunde, um nach
μου   Hause zu gehen
θέλω νὰ σὲ [ἰ]δῶ   ich möchte (o. ich wünschte) dich (zu)
                                 sehen
(Ausdrücke mit θέλω s. gr. L. S. 187)

θέλει und die Partikel νά, die vor alle Personen des Konjunktivs – größtenteils –
gesetzt wird, ist im Laufe der Zeiten zu θὰ geworden. Die Partikel θὰ wird vor
die beiden Futura, das Futurum exactum und den I. und II. Konditionalisgesetzt:

προσκυνῶ (anbeten, verehren, das Heiligenbild küssen), θὰ προσκυνῶ, θὰ προ-
σκυνήσω, θὰ ἔχω προσκυνήσει, θὰ προσκυνοῦσα, θὰ εἶχα προσκυνήσει.

Beim Einkaufen:

θέλω ἕνα τέταρτο κιλὸ γάλα καὶ   ich möchte 125 Gramm Milch und 1
ἕνα γιαούρτι   Joghurt

AUFGABE 31:

Es gibt unzählige (ἀναρίθμητα) Anekdoten von Νάστρεδιν Χότζα. In unserer
zweiten Anekdote ließ Tamerlan in jeder Stadt die angesehenen Bürger kommen
und fragte sie immer das gleiche, nämlich, ob er gerecht oder ungerecht sei.
Es ist nicht leicht, daß diese Angelegenheit ein Ende nimmt. Ich sage mir, daß
diese Gewohnheit (ἡ συνήθεια) schlecht (κακὴ) ist. Der Kranke sagt zum Arzt,
daß er sich gar nicht wohl fühlt (ὅτι δὲν αἰσθάνεται τὸν ἑαυτό του καθόλου καλά).

Wie fühlen Sie sich, fragt der Arzt den Kranken. Von München bis nach Athen braucht man mit dem Flugzeug (μὲ τὸ ἀεροπλάνο) nur 3 Stunden. Seit vielen Jahren bin ich nicht mehr nach Rom gefahren. Seit wann sind Sie nicht mehr in Ihre Heimat gefahren? Seit wann haben Sie nicht gegessen? Ich würde den Brief schreiben, ich habe aber nichts bei mir. Ich hätte das Buch schon gelesen, ich hatte aber keine Zeit.

Ausdruck:

θέλεις ξύλο   du verdienst Schläge
                                (w: du brauchst Holz)

Δέκατο ἔννατο μάθημα

XIX

ΕΝΑ ΤΑΞΙΔΙ ΜΕ ΤΟ ΒΑΠΟΡΙ

Έλληνες φίλοι μας μᾶς ἐκάλεσαν νὰ περάσωμε μερικὲς ἡμέρες στὸ σπίτι τους στὶς Σπέτσες. Μᾶς εἶχαν γράψει: «Κάθε πρωὶ στὶς ὀκτὼ φεύγουν ἕνα δυὸ πλοῖα ἀπ' τὸν Πειραιᾶ μὲ δρομολόγιο: Αἴγινα, Μέθανα, Πόρος, ... Ὕδρα, Σπέτσες. Τὸ [βαπόρι] Νεράιδα κάνει κάθε μέρα τὸ δρομολόγιο αὐτό. Ἡ ἀποβάθρα εἶναι στὴν προκυμαία». Ἐδεχθήκαμε μετὰ χαρᾶς τὴν πρόσκλησί τους καὶ τοὺς ἀπαντήσαμε πὼς θὰ πᾶμε ἔπειτα ἀπὸ τρεῖς ἡμέρες.
Τὴν ἡμέρα ἐκείνη ὅμως ἀργήσαμε νὰ ξυπνήσωμε τὸ πρωί, κι' ἔτσι ὅταν ἐ-φθάσαμε (ἐφτάσαμε) στὸν Πειραιᾶ δὲν ὑπῆρχε πιὰ καιρὸς νὰ βγάλωμε εἰσι-τήρια στὸ πρακτορεῖο ποὺ εἶναι ἀπέναντι στὴν ἀποβάθρα. Μπαρκάραμε λοιπὸν γλήγορα-γλήγορα καὶ τὸ πλοῖο ξεκίνησε ἀμέσως. Ἐβγῆκε ἀπ' τὸ λιμάνι κι' ἔπλεε τώρα στ' ἀνοιχτά.
Στὴν ἀρχὴ τοῦ ταξιδιοῦ δὲ[ν] μιλούσαμε πολύ. Ἡ γύρω ὀμορφιὰ μᾶς εἶχε μαγέψει. Τὰ βλέπαμε ὅλα τόσον ὡραῖα ἀπ' τὸ κατάστρωμα. Σὲ λίγο ἀνεβαίνει ὁ ἐλεγκτὴς στὸ κατάστρωμα καὶ τοῦ ζητοῦμε νὰ μᾶς βγάλη δύο εἰσιτήρια γιὰ τὶς Σπέτσες. Μᾶς ἀπαντᾶ: – Τὸ πλοῖο (τὸ βαπόρι) πηγαίνει σήμερα ἐξαιρετικῶς μόνο ὡς τὸν Πόρο. Θὰ βγῆτε ἔξω ἐκεῖ καὶ θὰ συνεχίστε στὶς 5 μ.μ. μὲ τὸ (πλοῖο) Πίνδος.
Οἱ συνεπιβάτες μας μᾶς ἐξήγησαν: – Νὰ πᾶτε νὰ [ἰ]δῆτε τὸ Μοναστήρι τοῦ Πόρου, ποὺ βρίσκεται στὴν ἄλλη πλευρὰ τοῦ νησιοῦ. Τὸ Μοναστήρι εἶναι μέσα στὰ πεῦκα. Ἀξίζει τὸν κόπο νὰ πᾶτε ὡς ἐκεῖ. Ἄλλωστε ὑπάρχει καὶ συγκοι-νωνία μὲ τὸ λεωφορεῖο.

Ἔτσι κι ᾿ἔγινε. ᾿Αλλ᾿ ὅταν κατεβήκαμε στὸν Πόρο ἀπ᾿ τὸ λεωφορεῖο, τὰ χάσαμε πρὸς στιγμήν. ᾿Ενοιώσαμε πὼς βρισκόμαστε σ᾿ ἕνα ἀπ᾿ τὰ ὡραιότερα σημεῖα τῆς χώρας. Μπροστά μας τὸ κάτασπρο μοναστήρι μέσα στὰ γύρω πεῦκα καὶ στὰ κυπαρίσσια τῆς αὐλῆς του καὶ κάτω ὄχι πολὺ μακριὰ ἡ ἀνοιχτὴ ἀπέραντη θάλασσα κάτω ἀπ᾿ τὸν μεγάλο ἥλιο. Χίλιες ἀποχρώσεις τοῦ γαλάζιου καὶ χρυσοῦ. ᾿Αλήθεια τύχη ποὺ εἴχαμε καὶ δὲν πετύχαμε βαπόρι ποὺ θὰ πήγαινε κατ᾿ εὐθεῖαν.
῞Οταν ἐφθάσαμε (ἐφτάσαμε) ἀργὰ τὸ βράδυ στὶς Σπέτσες, οἱ φίλοι μας μᾶς ὑποδέχθηκαν (-χτηκαν) μὲ μεγάλη χαρά.
Παροιμία: κάθε ἐμπόδιο γιὰ καλό.

Wörter

τὸ ταξίδι	die Reise	πλέω, ἔπλευσα	auf dem Wasser fahren
τὸ βαπόρι, τὸ πλοῖο,	das Schiff	στ᾿ ἀνοιχτὰ	im offenen Meer
τὸ καράβι		μαγεύω, [ἐ]μάγεψα	bezaubern
οἱ Σπέτσες	eine Insel östlich von	τὸ κατάστρωμα	das Deck
	Peloponnes	ὁ ἐλεγκτὴς	der Kontrolleur
τὸ δρομολόγιο	die Reiseroute	ἐξαιρετικῶς	ausnahmsweise
ἡ Αἴγινα	eine Insel im Saroni-	συνεχίζω (intrans. u.	(hier:) weiterfahren,
	schen Meerbusen	trans. + Akk.),	fortfahren etwas zu
τὰ Μέθανα	ein Badeort (Warm-	συνέχισα	tun
	bäder) auf der Pe-	ὁ συνεπιβάτης	der Mitpassagier
	loponnes	τὸ μοναστήρι	das Kloster
ὁ Πόρος	eine Insel östlich der	ἡ πλευρὰ	die Seite
	Peloponnes	ἄλλωστε	übrigens
ἡ ῞Υδρα	eine Insel östlich der	τὸ σημεῖο	der Punkt
	Peloponnes	ἡ χώρα	das Land, der Ort, die
ἡ νεράιδα	die Fee		Stadt
ἡ ἀποβάθρα	der Landungsplatz	τὰ χάνω	den Kopf verlieren
ἡ προκυμαία	der Kai	γύρω	rings herum
μετὰ χαρᾶς	mit Freude, sehr gern	ἀπέραντος, -η, -ο	unbegrenzt, unendlich
ἡ πρόσκλησι	die Einladung	ἡ ἀπόχρωσι	die Schattierung
βγάζω εἰσιτήρια,	Fahr- oder Eintritts-	πετυχαίνω, [ἐ]πέτυχα	treffen, erreichen, ge-
ἔβγαλα	karten lösen		lingen
τὸ πρακτορεῖο	die Agentur	πετυχαίνω βαπόρι	ein Schiff bekommen
μπαρκάρω,	sich einschiffen	τὸ ἐμπόδιο	das Hindernis
[ἐ]μπάρκαρα			

ΔΙΑΛΟΓΟΣ

῾Υπάλληλος ταξειδιωτικοῦ γραφείου: – Παρακαλῶ;

Ξένος: – Λέμε νὰ πᾶμε στὴν Κρήτη. Τί συγκοινωνία ὑπάρχει;
῾Υπ.: – Μπορεῖτε νὰ πᾶτε μὲ κανένα βαπόρι ἢ νὰ πετάξτε μὲ τὸ ἀεροπλάνο.

Ξέν.: – Τί (ο. πόσο) κοστίζει ἡ πρώτη (= ά) θέσι καὶ τί ο. (πόσο) ἡ δεύτερη
        (= β') μὲ τὸ βαπόρι;
Ὑπ.: – Ἡ πρώτη θέσι κάνει . . . . δραχμές, ἡ δεύτερη . . . . δρχ.
Ξέν.: – Καὶ ἡ τρίτη (= γ') θέσι;
Ὑπ.: – Νὰ σᾶς δώσω μία συμβουλή; Μὴν πᾶτε τρίτη θέσι. Εἶναι κατάστρωμα
        καὶ θὰ ταλαιπωρηθῆτε τὴ[ν] νύχτα.
Ξέν.: – Καλά. Πόσα κρεββάτια ἔχουν οἱ καμπίνες τῆς πρώτης θέσεως καὶ
        πόσα τῆς δεύτερης;
Ὑπ.: – Τῆς πρώτης ἕνα ἢ δύο, τῆς δεύτερης τέσσερα ὡς ἔξι συνήθως.
Ξέν.: – Τί κοστίζει τὸ ἀεροπλάνο;
Ὑπ.: – Τὸ εἰσιτήριο κάνει . . . . . δραχμές. Τὸ ἀεροδρόμιο εἶναι στὸ Ἑλληνικό.
        Θὰ σᾶς πάη τὸ αὐτοκίνητο ὡς ἐκεῖ.
Ξέν.: – Καλά. Κρατῆστε μου δύο εἰσιτήρια μὲ τὸ ἀεροπλάνο γιὰ τὸ Σάββατο
        καὶ ἐπειδὴ λέμε νὰ γυρίσωμε ἀπ' τὴν Κρήτη μὲ τὸ βαπόρι, δῶστε μου
        δύο εἰσιτήρια πρώτης θέσεως γιὰ τὸ ἄλλο Σάββατο.
Ὑπ.: – Μάλιστα. Σ'ἕνα τέταρτο θὰ σᾶς τὰ ἔχω ἕτοιμα τὰ εἰσιτήρια. Περάστε
        νὰ τὰ πάρετε.

Wörter

ταξειδιωτικός, -ή, -ὸ	Reise-
λέμε	(hier) wir haben vor
ἡ συγκοινωνία	die Verbindung, der Verkehr
ταλαιπωροῦμαι, -ρήθηκα	durch äußere Umstände leiden, sich strapazieren

τὸ ἀεροδρόμιο	der Flugplatz
ἡ Κρήτη	die Insel Kreta
κρατ(-έω) -ῶ u. -άω, Aor. [ἐ]κράτησα	reservieren (bei Fahr- u. Eintrittskarten)

Weitere Adjektive aus der Schriftsprache

Adjektive auf -ων, -ουσα, -ον und -ών, -οῦσα, -ὸν

Es sind alte Partizipien, von denen einige auch in der Volkssprache an Stelle
von Adjektiven erhalten sind.

Sing. Nom.	ὁ	ἐνδιαφέρων	ἡ ἐνδιαφέρουσα	τὸ	ἐνδιαφέρον
Gen.	τοῦ	ἐνδιαφέροντος	τῆς ἐνδιαφέρουσας	τοῦ	ἐνδιαφέροντος
Akk.	τὸν	ἐνδιαφέροντα	τὴν ἐνδιαφέρουσα	τὸ	ἐνδιαφέρον
Plur. Nom.	οἱ	ἐνδιαφέροντες	οἱ ἐνδιαφέρουσες	τὰ	ἐνδιαφέροντα
Gen.	τῶν	ἐνδιαφερόντων	– –	τῶν	ἐνδιαφερόντων
Akk.	τοὺς	ἐνδιαφέροντας	τὶς ἐνδιαφέρουσες	τὰ	ἐνδιαφέροντα

der, die, das interessante

Danach werden dekliniert: ὁ ἀπὼν – ἡ ἀπούσα – τὸ ἀπὸν (der, die, das abwesende), ὁ ἐπείγων – ἡ ἐπείγουσα – τὸ ἐπεῖγον (der, die, das eilige), ὁ μέλλων – ἡ μέλλουσα – τὸ μέλλον (der, die, das zukünftige), ὁ παρελθὼν – ἡ παρελθούσα) – τὸ παρελθὸν (der, die, das vergangene).
Bei den endbetonten wie ὁ ἀπών, ὁ παρὼν (der anwesende) bleibt der Akzent unverrückt auf der gleichen Silbe.
Der verlorengegangene weibl. Gen. Plur. wird umschrieben: μία ἀπὸ τὶς πιὸ ἐνδιαφέρουσες θεωρίες = eine der interessantesten Theorien.

Das Neutrum dieser Adjektive ist oft zugleich ein Substantiv und bedeutet: τὸ ἐνδιαφέρον (das Interesse), τὸ μέλλον (die Zukunft), τὸ παρελθὸν (die Vergangenheit), τὸ παρὸν (die Gegenwart).
Ebenso: ὁ παράγων (der Faktor) u. ὁ ὁρίζων (der Horizont) sind alte Partizipien. (Ausdrücke s. gr. L. S. 286).

Adjektive auf -ων, -ον

Sing. Nom.	ὁ	u. ἡ	εὐγνώμων	τὸ	*εὔγνωμον
Gen.	τοῦ	u. τῆς	εὐγνώμονος	τοῦ	εὐγνώμονος
Akk.	τὸν	u. τὴν	εὐγνώμονα	τὸ	εὔγνωμον
Vok.					

Plur. Nom.	οἱ	εὐγνώμονες	τὰ	εὐγνώμονα
Gen.	τῶν	εὐγνωμόνων	τῶν	εὐγνωμόνων
Akk.	τοὺς	⎰εὐγνώμονας (Schrspr.)	τὰ	εὐγνώμονα
	τοὺς u. τὶς	⎱εὐγνώμονες (Volksspr.)		
Vok.				

der, die, das dankbare

Danach werden dekliniert: *ἀγνώμων (undankbar), *μεγαλόφρων (großmütig), *ταπεινόφρων (demütig) u. a.

Die δημ. macht fast nur von εὐγνώμων einen Gebrauch:

σᾶς εἶμαι πολὺ εὐγνώμων[1]	ich bin Ihnen (euch) sehr dankbar
ὁ εὐγνώμων φίλος σου	dein dankbarer Freund
ἡ εὐγνώμων ἐγγονή σου	deine dankbare Enkelin

---

[1] Für dankbar sagt das Volk gewöhnlich: σοῦ χρ[ε]ωστῶ εὐγνωμοσύνη (w.: ich schulde dir Dankbarkeit).

Das Zeitwort

II. Konjugation: Contracta, Passiv-reflexive Form

1. Klasse: Verben auf -ιέμαι

Gesamt-Übersicht

	Indikativ	Konjunktiv	Imperativ	Festst. Form	Part. Perf.
Präsens	ἀγαπ-ιέμαι	ν' ἀγαπ-ιέμαι			
	ἀγαπ-ιέσαι	ν' ἀγαπ-ιέσαι	ν' ἀγαπ-ιέσαι	sich lieben (rez.),	
	ἀγαπ-ιέται	ν' ἀγαπ-ιέται	ἀς ἀγαπ-ιέται	geliebt werden	
	ἀγαπ-ιόμαστε[1]	ν' ἀγαπ-ιόμαστε[1]	ἀς ἀγαπ-ιόμαστε[1]		
	{ ἀγαπ-ιέσθε	{ ν' ἀγαπ-ιέσθε	{ ν' ἀγαπ-ιέσθε		
	{ -ιέστε	{ -ιέστε	{ -ιέστε		
	ἀγαπ-ιοῦνται	ν' ἀγαπ-ιοῦνται	ἀς ἀγαπ-ιοῦνται		

Imperf.	ἀγαπ-ιόμουν
	ἀγαπ-ιόσουν
	ἀγαπ-ιόταν
	ἀγαπ-ιόμαστε
	ἀγαπ-ιόσαστε
	{ ἀγαπ-ιόνταν
	{ -ιοῦνταν[2]

Futur. contin. θ' ἀγαπ-ιέμαι (wie Konj. Präs.)

Einml.	θ' ἀγαπηθῶ
Futur	θ' ἀγαπηθῆς
	θ' ἀγαπηθῆ
	θ' ἀγαπηθοῦμε
	θ' ἀγαπηθῆτε
	θ' ἀγαπηθοῦν

Aorist	ἀγαπήθηκα	ν' ἀγαπηθῶ		
	ἀγαπήθηκες	ν' ἀγαπηθῆς	ἀγαπήσου	
	ἀγαπήθηκε	ν' ἀγαπηθῆ	ἀς ἀγαπηθῆ	ἀγαπηθῆ
	ἀγαπηθήκαμε	ν' ἀγαπηθοῦμε	ἀς ἀγαπηθοῦμε	
	ἀγαπηθήκατε	ν' ἀγαπηθῆτε	ἀγαπηθῆτε	
	ἀγαπήθηκαν	ν' ἀγαπηθοῦν	ἀς ἀγαπηθοῦν	

---

[1] Oder: -ιούμαστε.
[2] Oder: -ιόντουσαν. s. S. 107 Anm. 1.

| | Indikativ | Konjunktiv | Imperativ | Festst. Form | Part. Perf. |

Indikativ   Konjunktiv   Imperativ   Festst.   Part.
Form   Perf.

Perfekt ἔχω ἀγαπηθῆ   νὰ ἔχω ἀγαπηθῆ   ἀγαπημένος
         ἔχεις ἀγαπηθῆ νὰ ἔχῃς ἀγαπηθῆ ἔχε ἀγαπηθῆ usw.

Plusq.   εἶχα ἀγαπηθῆ usw.
perf.

Futur.   θὰ ἔχω ἀγαπηθῆ usw.
exact.

I. Konditionalis θ' ἀγαπιόμουν   ⎫
II. Konditionalis θὰ εἶχα ἀγαπηθῆ ⎬ s. S. 133f
                                   ⎭

Zweite, seltenere Form des Perfekt, Plusquamperfekt und Futur. exact.:

εἶμαι ἀγαπημένος – ἤμουν ἀγαπημένος – θὰ εἶμαι ἀγαπημένος

Dem Fremden möchte man vom Gebrauch dieser Form abraten.

Die 1. Pers. Plur. Imperf. wird auch hier für die 1. Pers. Plur. des Präsens verwendet. So heißt: ἀγαπιόμαστε sowohl „wir lieben uns" als auch „wir liebten uns".

Welche Verben der pass.-refl. Form haben die Endung -ιέμαι?

A. Die Contracta auf -ῶ u. -άω – bilden ihre pass.-refl. Form auf -ιέμαι wie:

γεννῶ (u. γεννάω) gebären – γεννιέμαι geboren werden

B. Ein Teil der Contracta auf (-έω) -ῶ – bildet seine pass.-refl. Form ebenfalls auf -ιέμαι. Ein Drittel dieser Verben hat zugleich eine Form auf -οῦμαι.

φορῶ (aus -έω) tragen – φοριέμαι getragen werden

Es sind dies größtenteils diejenigen Verben aus der (-έω) -ῶ-Klasse, welche die doppelte Form haben, auf (-έω) -ῶ und -ῶ u. -άω[1]).

C. Eine Reihe von Verben der II. Konjugation, die nur eine pass.-refl. Form haben (Deponentia) wie: χασμουριέμαι gähnen. Einige haben zugleich eine Form auf -οῦμαι.

BILDUNG DER ZEITEN

Der Konj. u. Imperat. Präs. sowie das Imperf. und das Futur. cont. der Verben auf -ιέμαι wird nach dem auf Seite 145 angeführten Beispiel von ἀγαπιέμαι

---

[1] Bei A. u. B. kann es sich auch um Verben handeln, die im Plur. stehen und als Ausdruck der Wechselwirkung dienen, wie:

ἀγαπιόμαστε   wir lieben uns usw.

gebildet. Für die weitere Bildung der Zeiten aber ist der jeweilige Aoriststamm der aktiven Form des Contractums ausschlaggebend.

A.	akt. Form.	pass.-refl. Form	Part. Perf.
1. Aorist auf	-ησα	-ήθηκα	-ημένος
2. Aorist auf	-ασα	-άσθηκα (-άστηκα)	-ασμένος
3. Aorist auf	-ηξα	-ήχθηκα (-ήχτηκα)	-ηγμένος
4. Aorist auf	-αξα	-άχθηκα (-άχτηκα)	-αγμένος

A. a. Pr.	a. A.	p.-r. Pr.	p.-r. Ao.	p. P. P.[1]	
1. γεννῶ	-ησα	γενν-ιέμαι	γενν-ήθηκα	-ημένος	(geboren werden)
2. γελ-ῶ	-ασα	γελ-ιέμαι	γελ-άστηκα	-ασμένος	(sich täuschen)

seltener:

3. βαστ-ῶ	-ηξα	βαστ-ιέμαι	βαστ-ήχτηκα	-ηγμένος	(sich halten)
4. πετ-ῶ	-αξα	πετ-ιέμαι	πετ-άχτηκα	-αγμένος	(aufspringen)

B.	akt. Form	pass.-refl. Form	Part. Perf.
1. Aorist auf	-ησα	-ήθηκα	-ημένος
2. Aorist auf	-εσα	-έθηκα o. $\begin{cases} -έσθηκα \\ -έστηκα \end{cases}$	-εμένος o. -εσμένος[2]

B.	a. A.	p.-r. Pr.	p.-r. Aos.	p. p. P.	
1. φιλ-ῶ	-ησα	φιλ-ιέμαι	φιλ-ήθηκα	-ημένος	(geküßt werden)
τιμωρ-ῶ	-ησα	$\begin{cases} τιμωρ-ιέμαι \\ τιμωρ-ούμαι \end{cases}$ τιμωρ-ήθηκα	-ημένος	(bestraft werden)
2. φορ-ῶ	-εσα	φορ-ιέμαι	φορ-έθηκα	-εμένος	(getragen werden)
καλ-ῶ	-εσα	(καλ-ιέμαι)	καλ-έστηκα	-εσμένος	(eingeladen werden)

C. Präsens	Aorist	Pass. Part. Perf.	
χασμουριέμαι	χασμουρ-ήθηκα	–	(gähnen)
$\begin{cases} παραπον-ιέμαι \\ παραπον-ούμαι \end{cases}$	παραπον-έθηκα	παραπονεμένος	(sich beklagen)

Beispiele:

ἡ γριούλα εἶπε: ποῦ νὰ θυμᾶμαι   die alte Frau sagte: wie kann ich mich
πότε γεννήθηκα   erinnern, wann ich geboren bin.

---

[1] Gekürzt aus: aktives Präsens, akt. Aorist, pass.-refl. Präs., pass. refl. Aorist, pass. Partizip Perfekt.

[2] Die Endungen $\begin{cases} -έσθηκα, \\ -έστηκα, \end{cases}$ -εσμένος gelten nur für καλῶ (einladen) (und auch τελῶ (feierlich begehen) und ihre Komposita).

τρυπήθηκα στὸ μεγάλο δάχτυλο καὶ στὸν δείχτη	ich stach mich in den Daumen und in den Zeigefinger.
συναντιέσαι μαζί τους συχνά;	triffst du dich mit ihnen oft?
θὰ συναντηθοῦμε ὅλοι ἀπόψε στὸ θέατρο	wir werden uns alle heute abend im Theater treffen.
γελιέσαι εὔκολα;	irrst du dich leicht?
θὰ προσέξω [γιὰ] νὰ μὴ γελασθῶ (ο. γελαστῶ)	ich werde achtgeben um mich nicht zu täuschen.

(s. gr. L. S. 531–539 inklusiv Beispiele u. Ausdrücke)

AUFGABE 32:

Wir wollen einen Ausflug (ἡ ἐκδρομὴ) nach (der Insel) Ägina (ἡ Αἴγινα) machen. Wir fragten unsere griechischen Freunde, von wo aus (ἀπὸ ποῦ) das Schiff in Piräus (ὁ Πειραιὰς) abfährt, das nach Ägina fährt. Sie antworteten uns: Der Landungsplatz ist an einem bestimmten Platz (σ᾽ ἕνα ὁρισμένο μέρος) des Kais. Sie werden mit der elektrischen Bahn nach Piräus fahren (πηγαίνω) und dort fragen Sie irgend jemand (κάποιον): Von wo fahren die Schiffe nach Ägina ab? Er wird es Ihnen zeigen und es ist einfacher, wenn Sie zu Fuß (πεζῇ) hingehen und nicht mit der Straßenbahn fahren. Der Weg ist 10 Minuten. Gegenüber dem Landungsplatz ist die Agentur und das beste ist, wenn Sie dort (Ihre) die Karten kaufen (= nehmen). Sie können sie natürlich auch auf dem Schiffsdeck kaufen, aber wenn Sie weiter (μακρύτερα) mit dem Schiff fahren, ist es vorzuziehen (εἶναι προτιμότερο) sie in der Agentur zu kaufen. Denn, wenn die Reiseroute des Schiffes geändert wird (ἂν ἀλλάξη) und das nicht in der Zeitung steht (καὶ δὲν τὸ λέει ἡ ἐφημερίδα) erfahren Sie es rechtzeitig (ἐγκαίρως). Wir fragten: Geschieht das oft? Sie antworteten wahrheitsgetreu (σύμφωνα μὲ τὴν ἀλήθεια): Nein, nein, selten. Für alle Fälle (γιὰ κάθε ἐνδεχόμενο) ist es so besser. Außer, wenn Sie die Überraschungen (ἡ ἔκπληξι) lieben. Dann ist es eine andere Sache (τότε ἀλλάζει τὸ πρᾶγμα).

AUFGABE 33:

1. Das Kind, das heute geboren wird . . . Die Kinder, die heute geboren werden (γεννιέμαι) . . . Ich kann mich mit ihm nicht messen (μετριέμαι), denn er ist stärker als ich. Von wem wurden die Wahlstimmen (ἡ ψῆφος) gezählt (μετριέμαι)? Grüßt ihr euch, wenn ihr euch trefft (χαιρετιέμαι- συναντιέμαι)? Aber natürlich, wir grüßen uns, wenn wir uns treffen.

2. Täuscht du dich (γελιέμαι) manchmal in einem Menschen? Ich glaube schon. Ich täuschte mich in diesem Fremden.

3. Ich halte mich fest (βαστιέμαι), um nicht zu fallen. Er hielt sich fest, um nicht das Gleichgewicht zu verlieren (χάνω τὴν ἰσορροπία μου).

4. Immer wenn er seinen Namen hört, springt er auf (πετιέμαι). Er lief schnell für einen Augenblick ins byzantinische Institut (πετιέμαι).

Ausdruck:

μοῦ βγάζεις τὴν ψυχὴ [ἀνάποδα]

du plagst mich (w.: du holst mir die Seele [verkehrt] heraus

Εἰκοστὸ μάθημα

XX

ΤΟ ΤΗΛΕΦΩΝΟ

Ἔχω νὰ κάμω ἕνα ἐπεῖγον τηλεφώνημα, σὰν ξένος ὅμως ποὺ εἶμαι, βρίσκομαι σὲ κάποια ἀμηχανία ἀπὸ ποῦ θὰ μπορέσω νὰ τηλεφωνήσω. Ἐκείνη τὴ[ν] στιγμὴ περνάει μιὰ πατριώτισσά μου ποὺ εἶναι ἐγκατεστημένη στὴν Ἀθήνα καὶ τὴ[ν] ρωτῶ σχετικῶς. Μὲ προθυμία μὲ κατατοπίζει: Τὸ βλέπετε αὐτὸ ἐδῶ; Νομίζετε πὼς εἶναι κιόσκι. Εἶναι ὅμως θάλαμος τηλεφώνου. Ἀπέξω πάνω-πάνω στὶς τέσσερεις πλευρὲς ἔχει τὴν ἴδια πινακίδα μὲ τὴν ἴδια ἐπιγραφή:
– ΕΔΩ ΤΗΛΕΦΩΝΕΙΤΕ. Ἀπέναντι στὸ θάλαμο τηλεφώνου ἐδῶ στὴ[ν] γωνία τοῦ δρόμου εἶναι ἕνα κιόσκι ποὺ πουλάει κέρματα πρὸς μία δραχμὴ τὸ ἕνα. Μὲ συνοδεύει ὡς τὸ κιόσκι, ζητάει ἕνα κέρμα καὶ μοῦ τὸ προσφέρει. Μοῦ ἐξηγεῖ: πολλὰ κιόσκια ἔχουν τηλέφωνο βαλμένο πρὸς τὰ ἔξω, πληρώνετε 1 δρχ. καὶ τηλεφωνεῖτε, ἂν δὲν σᾶς πειράζη ὁ θόρυβος τοῦ δρόμου.
– Σὲ ὅλη τὴν Ἑλλάδα ὑπάρχουν τὰ αὐτόματα τηλέφωνα. Στὴν Ἀθήνα μπορεῖτε νὰ τηλεφωνῆστε ἀπὸ πολλὰ καταστήματα, ἰδίως στὶς γειτονιές. Δὲν εἶναι δύσκολο νὰ τ' ἀναγνωρίστε, γιατὶ ἢ ἔχουν ἀπέξω μιὰ ἐπιγραφὴ ποὺ λέει: «Ἐδῶ τηλεφωνεῖτε» ἢ βλέπετε στὴν προθήκη τοῦ καταστήματος ἕνα τηλέφωνο, βαλμένο πρὸς τὰ ἔξω, ὥστε νὰ φαίνεται ἀμέσως. Οἱ διαβάτες τὸ βλέπουν ἔτσι εὔκολα. Κατάλογος τηλεφώνου ὑπάρχει φυσικὰ παντοῦ.
– Καὶ στὴν ἐπαρχία;
– Τηλεφωνεῖτε κατὰ τὸν ἴδιο τρόπο. Εὐχαριστῶ τὴν πατριώτισσα γιὰ τὶς ὁδηγίες της. Συμφωνοῦμε νὰ συναντηθοῦμε τὸ βράδυ στὸ Σύνταγμα (ο. στὴν πλατεία τοῦ Συτάγματος), τὴ[ν] χαιρετῶ καὶ χωρίζομε. Ἐγὼ μπαίνω στὸ[ν] θάλαμο τηλεφώνου, ρίχνω τὸ κέρμα, σηκώνω τὸ ἀκουστικό, παίρνω τὸν ἀριθμὸ (ο. τὸν ἀριθμὸ ποὺ θέλω). Ἀκούω ἕνα συνεχῆ βόμβο. Μιλοῦν. Κλείνω τὸ τηλέφωνο καὶ ξαναπαίρνω τὸν ἀριθμὸ ἔπειτα ἀπὸ λίγα λεπτά. Τώρα κτυπάει (χτυπάει) τὸ τηλέφωνο. Δόξα σοι ὁ Θεός, ἡ γραμμὴ εἶναι ἀνοικτή.

Wörter

ἐπείγων, ἐπείγουσα, eilig, express	τὸ τηλεφώνημα das Telefongespräch
ἐπεῖγον	ἡ ἀμηχανία die Verlegenheit

ὁ πατριώτης	der Landsmann	συμφωνῶ, -νησα	vereinbaren, einver-	
ἡ πατριώτισσα	die Landsmännin		standen sein	
εἶμαι ἐγκαταστημέ-	ich wohne, ich lebe,	συναντῶ u. -άω,	treffen, begegnen	
νος	ich habe mich nie-	-τησα		
	dergelassen	χωρίζω, -ρισα	trennen, sich scheiden	
σχετικῶς	diesbezüglich		lassen	
ἡ προθυμία	die Bereitwilligkeit	τὸ ἀκουστικὸ	der Hörer des Tele-	
κατατοπίζω, -ισα	orientieren (trans.)		fonapparates	
ὁ θάλαμος	das Gemach	παίρνω τὸν ἀριθμὸ	die Telefonnummer	
ὁ θάλαμος τηλεφώνου	die Telefonzelle		durchwählen	
ἡ ἐπιγραφὴ	die Überschrift	συνεχής, -ὲς	andauernd, ununter-	
τὸ κέρμα	(hier) die Telefon-		brochen	
	münze	ὁ βόμβος	das Summen	
συνοδεύω, -ευσα	begleiten	κλείνω τὸ τηλέφωνο	den Hörer einhängen	
τὸ αὐτόματο	das Telefon zum	ξαναπαίρνω τὸν	die Telefonnummer	
τηλέφωνο	Durchwählen	ἀριθμό, -πῆρα	wieder durchwählen	
τὸ κατάστημα	das Geschäft	τὸ τηλέφωνο χτυπάει	das Telefon läutet	
ἀναγνωρίζω, -ισα	erkennen, anerkennen	(κτυπάει)		
ἡ προθήκη	das Schaufenster	ἡ γραμμὴ	der Strich, die Reihe,	
ὥστε	so daß		die Zeile	
ἡ ἐπαρχία	die Provinz	ἡ γραμμὴ εἶναι	die Leitung ist frei	
κατὰ	nach –	ἀνοικτὴ		

Ungleiche Adjektive

Die folgenden drei Klassen der „ungl." Adjektive gehören zusammen. Es sind nicht viele Adjektive und die meisten von ihnen gehören der Alltagssprache an:

Adjektive auf -ης, -α, -ικο (ungl.)

Sing.	Nom.	ὁ	ζηλιάρης	ἡ	ζηλιάρα	τὸ	ζηλιάρικο
	Gen.	τοῦ	ζηλιάρη	τῆς	ζηλιάρας	τοῦ	ζηλιάρικου
	Akk.	τὸ[ν]	ζηλιάρη	τὴ[ν]	ζηλιάρα	τὸ	ζηλιάρικο
Plur.	Nom.	οἱ	ζηλιάρηδες	οἱ	ζηλιάρες	τὰ	ζηλιάρικα
	Gen.	τῶν	ζηλιάρηδων	–	–	τῶν	ζηλιάρικων
	Akk.	τοὺς	ζηλιάρηδες	τὶς	ζηλιάρες	τὰ	ζηλιάρικα

der, die, das eifersüchtige

Danach werden dekliniert: τεμπέλης (faul), πεισματάρης (trotzig), γρινιάρης (Nörgler) u. a.

Adjektive auf -ής, -ού, -[ι]άρικο (ungl.)

Sing.	Nom.	ὁ	κουρελὴς	ἡ	κουρελοὺ	τὸ	κουρελιάρικο
	Gen.	τοῦ	κουρελῆ	τῆς	κουρελοῦς	τοῦ	κουρελιάρικου
	Akk.	τὸν	κουρελὴ	τὴν	κουρελοὺ	τὸ	κουρελιάρικο

Plur. Nom.	οἱ	κουρελῆδες	οἱ	κουρελοῦδες	τά	κουρελιάρικα
Gen.	τῶν	κουρελήδων	τῶν	κουρελούδων	τῶν	κουρελιάρικων
Akk.	τούς	κουρελῆδες	τἰς	κουρελοῦδες	τά	κουρελιάρικα

der, die, das zerlumpte

Danach werden dekliniert: μπεκρής -μπεκροῦ – μπεκρίδικο (Säufer) u. a.

Die weibliche Form kann auch auf -[ίδ]ισσα und die sächliche auf -ίδικο endigen, wie: μερακλής – μερακλίδισσα – μερακλίδικο (gefühlvoll) u. a.

Adjektive auf -άς, -ού, -άδικο

Sing. Nom.	ὁ	φωνακλάς	ἡ	φωνακλοὐ	τό	φωνακλάδικο
Gen.	τοῦ	φωνακλᾶ	τῆς	φωνακλοῦς	τοῦ	φωνακλάδικου
Akk.	τό[ν]	φωνακλά	τή[ν]	φωνακλοὐ	τό	φωνακλάδικο
Plur. Nom.	οἱ	φωνακλάδες	οἱ	φωνακλοῦδες	τά	φωνακλάδικα
Gen.	τῶν	φωνακλάδων	τῶν	φωνακλούδων	τῶν	φωνακλάδικων
Akk.	τούς	φωνακλάδες	τἰς	φωνακλοῦδες	τά	φωνακλάδικα

der, die, das gern und oft schreiende

Danach werden dekliniert: ὁ λογάς (der Schwätzer), ὁ φαγάς (der Vielfraß), ὁ φαφλατάς (der Prahler und Schwätzer) usw.

Das Zeitwort

II. Konjugation: Contracta, Passiv-reflexive Form

2. Klasse: Verben auf -οῦμαι, -εῖσαι, -εῖναι

in der 1., 2. u. 3. Pers. Ind. Präs.

Gesamt-Übersicht

	Indikativ	Konjunktiv	Imperativ	Festst. Form	Part. Perf.
Präsens	κιν-οῦμαι	νά κιν-οῦμαι			
	κιν-εῖσαι	νά κιν-ῆσαι	νά κιν-ῆσαι		sich
	κιν-εῖται	νά κιν-ῆται	ἄς κιν-ῆται		bewegen
	κιν-ούμαστε	νά κιν-ούμαστε	ἄς κιν-ούμαστε		
	⌠ κιν-εῖσθε	⌠ νά κιν-ῆσθε	⌠ νά κιν-ῆσθε		
	⌊ -εῖστε	⌊ -ῆστε	⌊ -ῆστε		
	κιν-οῦνται	νά κιν-οῦνται	ἄς κιν-οῦνται		

	Indikativ	Konjunktiv	Imperativ	Festst. Form	Part. Perf.

Imperf. [ἐ]κιν-ιόμουν
      κιν-ιόσουν
      κιν-ιόταν
      κιν-ιόμαστε¹)
      κιν-ιόσαστε
      { κιν-ιόνταν
         -ιοῦνταν²)

Futur.   θὰ κιν-οῦμαι (wie Konj. Präs.)
contin.

Einml.   θὰ κινηθῶ   usw.
Futur

Aorist   [ἐ]κινήθηκα   νὰ κινηθῶ
      κινήθηκες   νὰ κινηθῆς   κινήσου
      κινήθηκε   νὰ κινηθῆ   ἀς κινηθῆ   κινηθῆ
      κινηθήκαμε   νὰ κινηθοῦμε   ἀς κινηθοῦμε
      κινηθήκατε   νὰ κινηθῆτε   κινηθῆτε
      κινήθηκαν   νὰ κινηθοῦν   ἀς κινηθοῦν

Perfekt   ἔχω κινηθῆ   νὰ ἔχω κινηθῆ
      ἔχεις κινηθῆ   νὰ ἔχης κινηθῆ   ἔχε κινηθῆ usw.   κινημένος,
                                                        -η, -ο

Plusq.   εἶχα κινηθῆ usw.
perf.

Fut.   θὰ ἔχω κινηθῆ usw.
exact.

I. Konditionalis   θὰ κινιόμουν   }
II. Konditionalis   θὰ εἶχα κινηθῆ   }   s. S. 133f

Welche Verben der passiv-reflexiven Form haben die Endung οῦμαι?

A. Ein Teil der 2. Klasse der aktiven Verben der II. Konjugation – der Contracta auf (-έω) -ῶ – bildet seine passiv-reflexive Form auf -οῦμαι:

    ἐνοχλῶ (stören) – ἐνοχλοῦμαι (gestört werden)
    ἀφαιρῶ (subtrahieren) – ἀφαιροῦμαι (zerstreut sein)

---

¹ Oder: -ούμαστε wie im Präsens.
² Oder: -ιόντουσαν. s. S. 107 Anm. 1.

Es sind dies diejenigen Contracta auf (-έω) -ῶ, die überwiegend nur diese eine Form auf (-έω) -ῶ besitzen wie ἐνοχλῶ, ἀφαιρῶ und einige welche beide Formen haben, die auf (-έω) -ῶ und -ῶ u. -άω, wie ζητῶ, ζητεῖς, ζητεῖ und ζητάω, ζητᾶς, ζητᾶ (verlangen, suchen).

B. Einige Verben der II. Konjugation – Contracta –, die nur eine passiv-reflexive Form haben (Deponentia) wie: συνεννοοῦμαι (sich verständigen) usw.

C. Eine Reihe von Verben, die eine pass.-refl. Doppelform haben auf -οῦμαι, -εῖσαι, -εῖται und -ιέμαι, -ιέσαι, -ιέται und somit beiden Klassen, der 1. und 2. Klasse der passiv-reflexiven Contracta angehört wie: εὐχαριστοῦμαι u. εὐχαριστιέμαι u.a. Die aktive Form dieser Verben wird teils nur nach der einen Form auf (-έω) -ῶ, wie ἐπαινῶ, ἐπαινεῖς, ἐπαινεῖ (loben) – ἐπαινοῦμαι u. παινιέμαι und teils nach beiden Formen der Contracta, auf (-έω) -ῶ und -ῶ u. -άω konjugiert: προσκαλῶ, προσκαλεῖς, προσκαλεῖ und προσκαλάω, προσκαλᾶς, προσκαλάει (einladen) – προσκαλοῦμαι u. προσκαλιέμαι. Hierher gehören auch einige Deponentia.

BILDUNG DER ZEITEN:

Der Konj. u. Imperat. Präs. sowie das Imperf. und das Fut. cont. der Verben auf -οῦμαι wird nach dem auf S. 151 angeführten Beispiel von κινοῦμαι gebildet. Für die weitere Bildung der Zeiten ist der jeweilige Aoriststamm der aktiven Form ausschlaggebend.

1. Akt. Aor. auf ησα	p.-r. Aor.[1] ήθηκα	p. P. P.[1] -ημένος
2. Akt. Aor. auf -εσα	p.-r. Aor. { -έθηκα o. { -έσθηκα[3]	p. P. P. { -εμένος o. { -εσμένος[3]

	A. a. Pr.	a. A. p.-r. Pr.	p.-r. Aor.	p. P. Perf.[1]	
1.	ἀγνο-ῶ	‒ησα ἀγνο-οῦμαι	ἀγνο-ήϑηκα	-ημένος	(ignoriert werden)
	Part. Präs.: ἀγνοούμενος[2] : vermißt				
	ζητ-ῶ	‒ησα ζητ-οῦμαι	ζητ-ήϑηκα	-ημένος	(gesucht werden)
2.	ἀποτελ-ῶ	‒εσα ἀποτελ-οῦμαι	ἀποτελ-έστηκα	-εσμένος	(bestehen aus)
B.	Präs.: περιποιοῦμαι	περιποιήϑηκα	περιποιημένος		(pflegen, bewirten)
	συνεννοοῦμαι	συνεννοήϑηκα	συνεννοημένος		(sich verständigen)

---

[1] Gekürzt aus: aktives Präsens, aktiver Aorist, pass.-refl. Präs., pass.-refl. Aoistr, passives Partizip Perfekt.

[2] Eine Reihe von Verben auf -μαι beider Konjugationen hat ein Partizip- Präsens auf (wie χαρούμενος: erfreut), -ούμενος, -όμενος (wie τὸν ἐρχόμενο χρόνο: nächstes Jahr), -άμενος (wie ὁ λεγάμενος: der Besagte).

[3] Nur τελῶ u. καλῶ u. ihre Komposita.

C. εὐχαριστ-ῶ   -ησα $\begin{cases}\text{εὐχαριστ-οῦμαι}\\\text{εὐχαριστ-ιέμαι}\end{cases}$ -ήθηκα   -ημένος   (es macht mir ein Vergnügen)

ἐπαιν-ῶ   -εσα $\begin{cases}\text{ἐπαιν-οῦμαι}\\\text{παιν-ιέμαι}\end{cases}$ παιν-έθηκα -εμένος   (gelobt werden, sich rühmen)

BEISPIELE

ἡ τύχη του ἀγνοήθηκε ἀπ' ὅλους — sein Schicksal war allen unbekannt geblieben

ὁ γιός του εἶναι ἀγνοούμενος — sein Sohn ist vermißt

εὐχαριστήθηκα χθὲς μὲ τὴν καλὴ συντροφιά — es war mir gestern ein Vergnügen bei der guten Gesellschaft

στενοχωρεῖται μὲ τὸ παραμικρὸ — er ist aus dem geringsten Anlaß bedrückt.

(s. gr. L. S. 541–547 inklusiv Beispiele u. Ausdrücke).

ΔΙΑΛΟΓΟΣ

μεταξὺ δύο γνωστῶν, ἑνὸς Βέλγου καὶ ἑνὸς Ὁλλανδοῦ, ποὺ πρόκειται (ο. λένε) νὰ ταξιδέψουν τὸν Ἰούνιο στὴν Ἑλλάδα

Βέλ.: – Πῶς θὰ πᾶτε στὴν Ἑλλάδα, μὲ τὸ βαπόρι ἀπ' τὴν Βενετία ἢ τὸ Μπρίντιζι ἢ μὲ τὸ τραῖνο;

Ὁλ.: – Λέμε νὰ πᾶμε μὲ τὸ Ταουερνεξπρές. Πηγαίνει, βλέπετε, κατ' εὐθεῖαν, καὶ δὲν ἔχει πάντοτε καθυστέρησι. Ἔρχεται πολλὲς φορὲς στὴν ὥρα του. Κι' ἐσεῖς;

Βελ.: – Ἐμεῖς λέμε νὰ κατεβοῦμε πρῶτα στὴν Βενετία, νὰ τὴν ἰδοῦμε, κι' ἀπ' ἐκεῖ μ' ἕνα ἑλληνικὸ πλοῖο στὸν Πειραιά.

ἡ καθυστέρησι: die Verspätung, στὴν ὥρα του (της usw.) pünktlich.

AUFGABE 34:

Vor einigen Tagen (πρὸ μερικῶν ἡμερῶν) kaufte ich in einem Kiosk einige Telephonmünzen um sie zu haben, wenn ich sie (zufällig) brauchen sollte (ἂν τύχη νὰ [o. καὶ] τὰ χρειασθῶ [o. χρειαστῶ]). Heute vormittag mußte ich Herrn Müller (Μύλλερ) anrufen. Ich trat also in eine Telephonzelle ein und werden Sie es glauben, so komisch und lächerlich es auch war (ὅσο ἀστεῖο καὶ γελοῖο κι' ἂν ἤτανε), ich hatte ein wenig Herzklopfen (τὸ καρδιοχτύπι). Also: ich warf die Münze ein, hob den Hörer und wählte die Nummer (= ich nahm die Nummer). Von der anderen Seite sagte eine männliche (ἀνδρικὴ) Stimme: Hier Hotel Athen (ξενοδοχεῖον Ἀθηνῶν), sprechen Sie! (λέγετε). Ich sagte auf griechisch so deutlich als möglich (ὅσον τὸ δυνατὸν πιὸ καθαρά): Bitte, rufen Sie Herrn Müller ans Telephon. – Einen Augenblick, ich will nachsehen, ob er noch zu Hause ist. Ich wartete nicht lange (πολλὴ ὥρα). Ich hörte Schritte und dann die mir bekannte Stimme von Herrn Müller. Ich war begeistert (ἐνθουσιασμένος), daß (ποὺ) ich nun meine Muttersprache (ἡ μητρική μου γλῶσσα) sprach.

AUFGABE 35:

A. Er wird von allen ignoriert. Sein Vater war vermißt. Eine Zeitungsannonce (ἀγγελία ἐφημερίδας): es werden zwei ineinandergehende Zimmer (συνεχόμενα δωμάτια) gesucht (ζητοῦμαι). Es wird ein Klavier (τὸ πιάνο) zu kaufen (πρὸς ἀγορὰν) gesucht.

B. Der kleine Bub ahmt alle nach (μιμοῦμαι). Er hat seine Bekannten nachgeahmt. Wie verständigst du dich mit ihm, nachdem er nicht griechisch und du nicht schwedisch (σουηδικὰ) kannst? Im Notfall (ἐν ἀνάγκη) mit Gesten (ἡ χειρονομία).

C. Es macht mir ein großes Vergnügen mit ihr zu diskutieren (συζητῶ). Wir waren sehr bedrückt (στενοχωρημένος) über den Tod seines Bruders (ὁ θάνατος).

Ausdruck:

εἶμαι περαστικὸς   ich bin auf einen Sprung vorbeigekommen.

Εἰκοστὸ πρῶτο μάθημα

XXI

Ο ΔΑΙΔΑΛΟΣ ΚΑΙ Ο ΙΚΑΡΟΣ[1])

῎Οποιος πέρασε ποτὲ ἀπὸ τὸ ῾Ηράκλειο τῆς Κρήτης θὰ πῆγε βέβαια καὶ στὴν Κνωσσό, ὅπου ἕνας γέρος ὁδηγὸς τὸν περνᾶ ἀπὸ διαδρόμους καὶ παραδιαδρό-μους, ἀνάμεσα σὲ πέτρες γκρεμισμένες καὶ ἀγριολούλουδα[2]), ἐξηγώντας μὲ μονότονη φωνή:
– «᾿Εδῶ εἶναι ὁ κοιτὼν τοῦ Μίνωος . . . ἐδῶ ὁ θρόνος του . . . . . ἐδῶ ἡ με-γάλη αἴθουσα, ἐδῶ τὸ κελάρι . . . .»
Βέβαια εἶναι πολὺ χαλασμένο τώρα τὸ παλάτι τοῦ μεγάλου Μίνωος· καμιὰ κάμαρα δὲν ἔχει τὴ στέγη της καὶ λίγοι τοῖχοι μένουν ὄρθιοι· οἱ περισσότεροι μάλιστα διακρίνονται μόνο ἀπὸ τὴ βάσι τους. Μ' ὅλα αὐτὰ ὅμως, ἀπὸ τὸ λίγο ποὺ διατηρεῖται, μπορεῖ κανεὶς νὰ φαντασθῆ περίπου τὸ μέγεθος τοῦ παλατιοῦ ποὺ θὰ ἦταν ἀπέραντο καὶ πλουσιώτατο. ῏Ηταν δίπατο καὶ εἶχε ὑπόγεια μεγάλα, ποὺ λένε πὼς ἦταν ὁ περίφημος Λαβύρινθος, ὅπου ζοῦσε ὁ Μινώταυρος, ἐκεῖνο τὸ τέρας μὲ ταύρου κεφάλι.

---

[1] Aus: ῾Αλεξάνδρα Δέλτα: Μῦθοι καὶ θρῦλοι (Sagen und Legenden).
[2] Vor den Restaurierungen geschrieben.

Στὰ παλιὰ χρόνια ἦταν πασίγνωστο τὸ παλάτι τῆς Κνωσσοῦ καὶ ὅλοι ἐθαύμαζαν τὸ Δαίδαλο, τὸν ᾿Αθηναῖο, ποὺ τὸ εἶχε χτίσει.

῾Ο Μίνως καμάρωνε τὴν κατοικία του, περνοῦσε ἀπὸ μιὰ σὲ ἄλλη αἴθουσα, ἔβλεπε τὶς παρδαλὲς τοιχογραφίες, τ᾿ ἀγάλματα, τοὺς στύλους, καὶ ἡ καρδιά του φούσκωνε ἀπὸ ὑπερηφάνεια καὶ ἔλεγε:
– «Τέτοιο παλάτι δὲν ὑπάρχει ἄλλο στὸν κόσμο!»
Μιὰ μέρα λοιπὸν θέλησε ὁ Δαίδαλος νὰ ἐπιστρέψη στὴν πατρίδα του, μὰ ὁ Βασιλιὰς τὸν φώναξε καὶ τοῦ εἶπε:
– «Ἂν φύγης, πρέπει πρῶτα νὰ μοῦ δώσης τὸν λόγο σου, ὅτι ποτέ σου δὲν θὰ χτίσης ὡραιότερο ἢ καὶ ὅμοιο παλάτι μὲ τὸ δικό μου».
῾Ο Δαίδαλος ὅμως ἀγαποῦσε τὴν τέχνη του.
– «Δὲν μπορῶ νὰ μὴν ἐργάζωμαι ὅσο ἔχω δύναμι», εἶπε τοῦ Βασιλιᾶ. Τότε θύμωσε ὁ Μίνως καὶ τὸν κράτησε ἀναγκαστικὰ στὴν Κνωσσό, μαζὶ μὲ τὸ γιό του, τὸν ῎Ικαρο, ποὺ ἔλεγαν ὅτι ἔμελλε νὰ γίνη τεχνίτης μεγαλύτερος καὶ ἀπὸ τὸν πατέρα του.
῾Ο Δαίδαλος ὅμως μὲ ὅλη τὴν καλοπέραση ποθοῦσε τὴν ἐλευθερία του καὶ μέρα νύχτα δούλευε γιὰ νὰ ἐπιστρέψη στὴν ᾿Αθήνα.
Μιὰ μέρα φώναξε τὸν ῎Ικαρο στὸ ἐργαστήριό του καὶ τοῦ ἔδειξε τὸ τελευταῖο του ἔργο, τὴν τελευταία του ἐφεύρεσι, δύο μεγάλα ζευγάρια φτερὰ σὰν τοῦ πουλιοῦ.
– «Τὰ βλέπεις;», τοῦ εἶπε, «αὐτὰ θὰ μᾶς πᾶνε πίσω στὴν πατρίδα».
Τοῦ φόρεσε τὸ ἕνα ζευγάρι καί, ἐνῶ τοῦ τὸ στερέωνε στοὺς ὤμους μὲ κερί, τοῦ μάθαινε πῶς νὰ μεταχειρίζεται τὰ φτερά.
– «Νὰ ἀνεβαίνης μὲ τὸν ἄνεμο καὶ νὰ κατεβαίνης μὲ τὸν ἄνεμο, σὰν τὰ πουλιά», ἔλεγε, «καὶ νὰ μὴν πᾶς πολὺ ψηλά, μήπως σοῦ λειώση ὁ ἥλιος τὸ κερί, οὔτε πολὺ χαμηλά, μήπως ὁ ἀφρὸς τῆς θάλασσας σοῦ βρέξη τὰ φτερά. Πέτα ἥσυχα καὶ τακτικὰ σὰν τὴν ἀγριόπαπια.
Πήγαινε τώρα καὶ νὰ θυμᾶσαι τὰ λόγια μου· ἐγὼ ἔρχομαι πίσω σου».

Wörter

τὸ ῾Ηράκλειο	eine Stadt auf Kreta (= τὸ μεγάλο Κάστρο ἢ Χάνδαξ)	ὁ Μίνως	ein mythischer König auf Kreta
ἡ Κνωσσὸς	eine uralte Stadt auf Kreta in der Nähe von ῾Ηράκλειον	ὁ θρόνος	der Thron
		ἡ στέγη	das Dach
		ὄρθιος, -α, -ο	aufrecht, stehend
		ἡ βάσι	die Basis
περνῶ u. -άω, -ασα	(hier) führen durch...	διατηροῦμαι, -ρήθηκα	erhalten sein o. werden
ὁ παραδιάδρομος	der Nebengang (= Nebenkorridor)		
		δίπατος, -η, -ο	mit zwei Stockwerken
ἀνάμεσα σὲ	zwischen	τὸ ὑπόγειο	das Kellergeschoß
γκρεμισμένος, -η, -ο	herabgestürzt		
{ ὁ κοιτών[ας] { ἡ κρεββατοκάμαρα	das Schlafzimmer	τὸ τέρας (s. S. 137)	das Ungeheuer
		ὁ ταῦρος	der Stier

156 Lektion 21

πασίγνωστος, -η, -ο	allbekannt	θυμώνω, -ωσα	böse werden
ὁ Δαίδαλος	der Erbauer des La-	ἀναγκαστικά	zwangsweise (= un-
	byrinths im Palast		ter Zwang)
	von Knossos	ὁ τεχνίτης	Handwerker
ἡ κατοικία	die Wohnung	μὲ ὅλο, ὅλη, ὅλο	trotz (Vgl. § 79,6.)
παρδαλός, -ή, -ό	bunt	ἡ καλοπέραση	das gute Leben, das
ἡ τοιχογραφία	die Wandmalerei		Wohlergehen
ὁ στύλος	die Säule	ἡ ἐλευθερία	die Freiheit
ὅσο	solange, soviel (im	τὸ ζευγάρι	das Paar
	deutschen Neben-	στερεώνω, -ωσα	befestigen
	satz)	λειώνω, -ωσα	schmelzen
ἡ δύναμι	die Kraft	ἡ ἀγριόπαπια	die Wildente

ΤΑΞΙΔΙΑ ΜΕ ΤΟΝ ΤΟΥΡΙΣΜΟ. ΔΙΑΛΟΓΟΣ

Ξένος: – Θέλω νὰ πάω στοὺς Δελφοὺς καὶ στὴν Ὀλυμπία, ἀλλ' ὄχι μόνος μου.

Ἕλλην: – Ἀκοῦστε τί νὰ κάνετε. Πᾶτε στὰ γραφεῖα τοῦ τουρισμοῦ κι' ἐρω-τῆστε. Μιλοῦν καὶ ξένες γλῶσσες ἐκεῖ. Οἱ ἐκδρομὲς τοῦ τουρισμοῦ εἶναι πολὺ καλὰ διοργανωμένες, χωρὶς νὰ εἶναι ἀκριβές. Καὶ γίνονται ταχτι-κώτατα (τακτικώτατα). Πηγαίνει καλὸς κόσμος καὶ εἶμαι βέβαιότατος πὼς θὰ βρῆτε καὶ συντροφιά.

Ξέν.: – Καλά, νὰ πάω λοιπόν.

Ἕλλ.: – Ξέρετε τί; Ἐπειδὴ ἄκουσα πὼς μετακόμισαν τὰ γραφεῖα τοῦ του-ρισμοῦ, θὰ πληροφορηθῶ ποῦ εἶναι τώρα καὶ θὰ σᾶς πῶ, δηλ. (= δηλαδὴ) θὰ σᾶς πάρω στὸ τηλέφωνο.

Ξέν.: – Σᾶς εὐχαριστῶ γιὰ τὴν καλωσύνη σας (oder statt des ganzen Satzes nur: καλωσύνη σας: das ist sehr nett von Ihnen).

Wörter

ὁ τουρισμὸς	der Tourismus, der	μετακομίζω	umziehen
	Fremdenverkehr	ἡ καλωσύνη	die Güte
διοργανώνω	organisieren	καλωσύνη σου, σας	das ist sehr nett von
ἡ συντροφιά	die Gesellschaft		dir, Ihnen (euch)

Das Relativpronomen

(Ἡ ἀναφορικὴ ἀντωνυμία)

Die Relativpronomen beziehen sich auf Substantive, Adjektive und Pronomen. Sie leiten einen Nebensatz ein. Das gebräuchlichste Relativpronomen ist πού.

1. ποὺ = der, die, das; welcher, welche, welches

Es ist undeklinierbar und wird für alle drei Geschlechter sowie für alle Fälle des Singulars und Plurals angewandt:

τὸ κοριτσάκι ποὺ μᾶς ἔφερε πρωὶ   das kleine Mädchen, das uns früh am
πρωὶ τὰ σῦκα   Morgen die Feigen brachte

Um die andern Fälle auszudrücken wird gewöhnlich das verbundene Personal- oder Possessivpronomen zur Hilfe genommen und dem Verb des Relativsatzes hinzugefügt.

2. ὁ ὁποῖος, ἡ ὁποία, τὸ ὁποῖο = der, die, das: welcher, welche, welches

Dieses Pronomen gehört eigentlich der Schriftsprache an. Es wird in der Volksspr. anstelle von ποὺ verwendet: 1. einem feineren Stil zuliebe 2. um eine Unklarheit zu vermeiden 3. in einem Satz mit mehreren ποὺ 4. in Verbindung mit einer Präposition; hier wird ihm meist der Vorrang vor ποὺ gegeben.

Die Relativpronomen ποὺ und ὁ ὁποῖος

Singular

ποὺ	der, die, das	ὁ	ὁποῖος	ἡ	ὁποία	τὸ	ὁποῖο
ποὺ .. του, της	dessen, deren	τοῦ	ὁποίου	τῆς	ὁποίας	τοῦ	ὁποίου
ποὺ τοῦ, τῆς	dem, der	στὸν	ὁποῖον	στὴν	ὁποία	στὸ	ὁποῖο
ποὺ [τὸν, τὴν, τὸ]	den, die, das	τὸν	ὁποῖον	τὴν	ὁποία	τὸ	ὁποῖο

Plural

ποὺ	die	οἱ	ὁποῖοι	οἱ	ὁποῖες	τὰ	ὁποῖα
ποὺ .. τους	deren	τῶν	ὁποίων	τῶν	ὁποίων	τῶν	ὁποίων
ποὺ τοὺς	denen	στοὺς	ὁποίους	στὶς	ὁποῖες	στὰ	ὁποῖα
ποὺ [τούς, τίς, τὰ]	die	τοὺς	ὁποίους	τὶς	ὁποῖες	τὰ	ὁποῖα

τὰ ἀγόρια ποὺ κολυμποῦν στὴν   die Knaben, die im Meer schwimmen
θάλασσα

τ'ἀγοράκι τοῦ κυρίου ὁ ὁποῖος   der kleine Knabe des Herrn, der mit
ἔφθασε μαζί μας   uns ankam

τὸ δάσος ποὺ τὰ δέντρα του   der Wald, dessen Bäume dicht sind
εἶναι πυκνὰ

ἡ τσιγγάνα (ο. ἡ γύφτισσα) ποὺ   die Zigeunerin, zu der wir Vertrauen
τῆς ἔχομε ἐμπιστοσύνη   haben

ὁ τσιγγάνος (ο. ὁ γύφτος) ποὺ   der Zigeuner, den wir in der Däm-
[τὸν] εἴδαμε τὸ σουρούπωμα   merung sahen

ἡ πατρίδα ποὺ τῆς (ο. γιὰ τὴν   das Vaterland, für das er sein Leben
ὁποία) [ἐ]θυσίασε τὴν ζωή   opferte
του
ἡ ἀστυνομία ποὺ (εἰς τὴν ὁποία)   die Polizei, auf die er ging
ἐπῆγε

Abweichend vom Deutschen:

ὁ δικαστὴς τοῦ ὁποίου (mit dem   Der Richter, dessen Stimme nicht sehr
Artikel) ἡ φωνὴ δὲν εἶναι   laut ist.
πολὺ δυνατὴ

3. ὅποιος, ὅποια, ὅποιο = wer

Dieses Pronomen wird wie das entsprechende Adjektiv dekliniert, wie νόστιμος
(s. S. 54). Es kann sowohl substantivisch als auch adjektivisch gebraucht werden.
Im zweiten Fall bedeutet es „welcher, welche, welches".
In der Verbindung von ὅποιος (sowie von den nächsten zwei Relativpronomen
ὅ, τι und ὅσος) mit einem Verb fällt beim Futurum fast immer die Partikel θὰ
weg: ὅποια ἔλθη πρώτη = wer (weibl.) zuerst kommen wird.

ὅποιος τὸ ξέρει, ἂς τὸ πῇ   wer es weiß, soll es sagen
πάρε ὅποιο φόρεμα θέλεις   nimm, welches Kleid du willst!

4. ὅ, τι[1] = was, alles was

Es ist undeklinierbar und wird substantivisch und adjektivisch gebraucht. Als
Adjektiv bedeutet es „was (immer) . . . . . an; welcher, welche ‚welches".

ὅ, τι [ἰ]δῆς, κράτα το μυστικὸ   was du sehen wirst, behalt es für dich
                                 (w.: als Geheimnis)
ὅ, τι νέα ξέρεις, πές μας τα   was du an Neuigkeiten weißt, sag sie
                                 uns
ἔλα, ὅ, τι ὥρα θέλεις   komm, zu welcher Zeit du willst

5. ὅσος, ὅση, ὅσο = soviel, so groß

ὅσοι, ὅσες, ὅσα = alle die; soviele; ὅσα bedeutet auch „alles was"

Dieses Pronomen wird wie das entsprechende Adjektiv dekliniert. Im Sing. wird
es nur adjektivisch gebraucht:

ὅσο κρασὶ ἔχομε, θὰ τὸ πιοῦμε   soviel Wein wir haben, werden wir
                                 trinken

---

[1] ὅ, τι als Zeitadverb (= μόλις) = „eben, kaum" wird ebenfalls mit Komma geschrieben: ὅ,
τι ἔφθασε (ἔφτασε) ὁ μπαμπᾶς = eben ist der Papa angekommen.

ὅσα τραγούδια μοῦ ἔμαθες	alle Lieder, die du mir beibrachtest
ἀγόρασε νότες ὅσες θέλεις	kauf dir Noten, soviele du willst
ὅσοι ἔλθουν νὰ μείνουν	alle, die kommen werden, sollen bleiben
ὅσα μοῦ ξήγησες χθές, τὰ κατάλαβα καλὰ	was du mir gestern erklärt hast, habe ich gut verstanden

es korrespondieren:

a) **ὅσος** ..... auf **τόσος** = soviel ..... soviel,
so groß (o. klein) ..... [eben]so groß (o. klein)
ὅσοι ..... auf **τόσοι** = so viele ..... so viele

ὅσο εἶναι αὐτὸ τὸ δωμάτιο, τόσο εἶναι καὶ τὸ ἄλλο	so groß dieses Zimmer ist, so groß ist auch das andere
ὅσοι ἦλθαν, τόσοι νὰ φύγουν	soviele gekommen sind, soviele sollen [auch] weggehen

b) **τόσος** ..... auf **ὅσος** = soviel ..... wie; so groß (o. klein) ..... wie
τόσοι ..... auf **ὅσοι** = so viele wie

τόση εἶναι ἡ χαρά της, ὅση καὶ ἡ δική μου	ihre Freude ist so groß wie auch (die) meine
τόσοι ἦλθαν, ὅσους, περιμέναμε	es kamen so viele wie wir erwartet hatten

Die Unbestimmtheit von ὅποιος, ὅ, τι, ὅσος
kann hervorgehoben, verallgemeinert werden durch:

a) **κι' ἂν (o. καὶ νὰ)**   b) **-δήποτε**   c) **-δήποτε + κι' ἂν (o. καὶ νὰ)**

a) **κι' ἂν** (< καὶ ἂν) o. **καὶ νὰ** + Konjunktiv

für die Gegenwart und Zukunft + Indikativ für die Vergangenheit

I. ὅποιος ⎫
II. ὅ, τι ⎬ κι' ἂν (o. καὶ νὰ) + Konjunktiv bedeuten auf deutsch:
III. ὅσος ⎭

I. wer (o. welcher, -e, -es) ⎫
II. was (o. welcher, -e, -es) ⎬ auch [immer] ⎱ Infinitiv + [Präsens von]
III. soviel; so groß ⎭ [auch] immer ⎰ „mögen"

I. ὅποιος κι' ἂν ἔλθη, πές του νὰ περιμένη	wer immer auch kommen mag, sag ihm, er soll (o. möchte) warten
II. ὅ, τι κι' ἂν μᾶς τραγουδήσης, θὰ εὐχαριστηθοῦμε	was immer du uns vorsingen magst, es wird uns Freude machen

III. Vers: μὴν τοὺς κλαῖς, ὁ καημός   beweine sie nicht, mag dein Kummer
σου ὅσος καὶ νά 'ναι /   auch noch so groß sein /

(τοὺς = sie = τοὺς νεκροὺς = die Toten)

Bei der Übersetzung der Vergangenheit ins Deutsche fällt gewöhnlich das
modale Hilfsverb weg:

ὅ, τι κι' ἂν ἔκανε, ἔγκλημα δὲν   was er auch getan hat, ein Verbrechen
ἤτανε   war es nicht

"Οποιος ⎫
"Ο, τι   ⎬ κι' ἂν ο. καὶ νὰ kennen manchmal als Ellipse ὅποιος νά, ὅ, τι νά,
"Οσος   ⎭ ὅσος νὰ auftreten: dasselbe gilt für c)

ὅ, τι φροῦτα νὰ πάρης ἀπ' αὐτὸν   welches Obst du auch von diesem Ge-
τὸν μανάβη, θὰ εἶναι φρέσκα   müsehändler kaufen magst, es wird
                                  frisch sein

b) mit dem unbestimmten -δήποτε (ὁποιοσδήποτε, ὁποιαδήμοτε, ὁποιοδήποτε
ὁτιδήποτε, ὁσοσδήποτε usw.), das undeklinierbar ist, während das Pronomen
(mit Ausnahme von ὅ, τι) weiter dekliniert wird: Gen. ὁποιουδήποτε, ὁποιασδή-
ποτε usw. (Syntax wie a)

ὁποιονδήποτε ρωτήσης ἐδῶ πέρα,   wen immer du hier in der Nähe fragst
θὰ σοῦ [εἰ]πῆ τὸ ἴδιο   (o. fragen magst), er wird dir das
                                Gleiche sagen.

c) durch -δήποτε + κι' ἂν ο. καὶ νὰ oder als Ellipse (nur durch νὰ)

Die Syntax und Bedeutung ist die gleiche wie bei a) und b):

ὁσεσδήποτε βαλίτσες κι' ἂν ἔχετε   soviel Koffer Sie auch haben mögen
ὁσαδήποτε χρήματα νὰ ἔχης   soviel Geld du auch haben magst

Für „derjenige, der; diejenige, die; dasjenige, das" sagt man auf griechisch
αὐτὸς ο. ἐκεῖνος πού, αὐτὴ ο. ἐκείνη πού, αὐτὸ ο. ἐκεῖνο πού:

αὐτὴ πού σοῦ εἶπε αὐτό, νὰ   diejenige, die dir das sagte, mußt du
ξέρης πὼς σοῦ εἶπε ψέματα   wissen, hat dir eine Lüge gesagt

AUFGABE 36:

Das Café, das hier in der Nähe ist (ἐδῶ κοντὰ ο. στὴν γειτονιά μας), ist ein
kleines ruhiges Café (ἥσυχο καφενεδάκι). Der Honig von Arkadien, dessen
Farbe dunkel ist (τὸ μέλι τῆς 'Αρκαδίας πού τὸ χρῶμα του εἶναι σκοῦρο), weil
die Bienen dort zu den Tannen fliegen (w.: gehen) (γιατὶ οἱ μέλισσες πᾶνε ἐκεῖ
στὰ ἔλατα), riecht nach Tannen (μυρίζει ἔλατο). Die Taverne (ἡ ταβέρνα), die
wir gestern sahen... Der Cafébesitzer (ὁ καφετζής), dem wir fünf Drachmen
gaben... Die Zigeunerin (ἡ τσιγγάνα), zu der wir Vertrauen (ἡ ἐμπιστοσύνη)

haben ... Das Restaurant, in dem wir täglich essen ... Das Hotel (τὸ ξενοδοχεῖο), in dem wir wohnen ... Der Herr, mit dem wir eben (τώρα δὰ ἀκριβῶς) sprachen (μιλῶ u. -άω) ... Der Metzger (ὁ χασάπης), von dem wir das Fleisch kaufen (entweder ποὺ oder ἀπὸ τὸν ὁποῖο) ... Der Bäcker (ὁ ψωμάς), der in unserer Nähe ist und von dem wir das Brot kaufen, das sehr schmackhaft (νόστιμο) ist ... Wer kommt (w.: kommen wird), soll warten (νὰ περιμένη). Wer (weibl.) von euch gut tanzen kann (ξέρει καλὸ χορό) ... Kauf dir, welche Bluse (ἡ μπλούζα) dir gefällt. Also gut (καλὰ λοιπόν), was du mir sagen wirst, ich werde es tun. Was er getan hat, war nicht recht (σωστό). Wir werden trinken (θὰ πιοῦμε), soviel geharzten Wein (ἡ ρετσίνα) wir haben. Soviel Tannen (τὸ ἔλατο) ich auch in Arkadien (ἡ Ἀρκαδία) sah, alle waren sie wunderbar (ἔκτακτα) und rochen stark (κι' ἐμύριζαν δυνατά). Was wir auch in den Wäldern (τὸ δάσος) von Arkadien sahen, es machte uns Eindruck (μᾶς ἔκανε ἐντύπωσι). Wer immer auch dort gewesen ist und seine Berge von der Höhe (ἀπὸ ψηλὰ) sah, wird vielleicht (ἴσως) nie mehr in seinem Leben diesen Anblick (ἡ θέα) vergessen (ξεχνῶ u. -άω).

ΔΙΑΛΟΓΟΣ ΣΤΟ ΤΕΛΩΝΕΙΟ

μεταξὺ μιᾶς ξένης καὶ τοῦ ὑπαλλήλου ποὺ ἐλέγχει τὶς ἀποσκευὲς τῶν ταξιδιωτῶν
. . . .
Ὑπ.: – Ἔχετε τίποτα νὰ δηλῶστε;

Ξ.: – Μόνον κάτι μικροδωράκια. Κοιτάξτε καὶ μόνος σας.

Ὑπ.: – Ἡ γούνα εἶναι δική σας;

Ξ.: – Μάλιστα.

Ὑπ.: – Εἶναι περασμένη στὸ διαβατήριό σας;

Ξ.: – Εἶναι. Ὅπως ἐπίσης κι' αὐτὴ ἐδῶ ἡ φωτογραφικὴ μηχανή.

Ὑπ.: – Νὰ ἰδῶ τὸ διαβατήριό σας, παρακαλῶ.

Ξ.: – Ἐδῶ εἶναι γραμμένο.

Ὑπ.: – Ἐν τάξει καὶ καλὸ ταξίδι, δεσποινίς.

Ξ.: – Εὐχαριστῶ.

Wörter

τὸ τελωνεῖο	das Zollamt	τὸ μικροδωράκι	das kleine Geschenk
τὸ βαγόνι	der Eisenbahnwagen	ἡ γούνα	der Pelz
ἐλέγχω	kontrollieren, tadeln	περασμένος, -η, -ο	eingetragen, vergangen
οἱ ἀποσκευὲς	das Gepäck		gen
δηλώνω	(hier) zum Verzollen anmelden	ἡ φωτογραφικὴ μηχανὴ	der Photoapparat
		ἐν τάξει	in Ordnung

Das Zeitwort

II. Konjugation: Contracta, Passiv-reflexive Form

3. Klasse: Verben auf -οῦμαι (o. -ᾶμαι), -ᾶσαι, -ᾶται
in der 1., 2. u. 3. Pers. Sing. des Indikativ Präsens

Gesamt-Übersicht

	Indikativ	Konjunktiv	Imperativ	Festst. Form
Präs.	λυποῦμαι	νὰ λυπ-οῦμαι		es tut mir leid,
	u. -ᾶμαι	u. -ᾶμαι		Mitleid haben mit
	λυπ-ᾶσαι	νὰ λυπ-ᾶσαι	νὰ λυπ-ᾶσαι	jemand (mit Akk.)
	λυπ-ᾶται	νὰ λυπ-ᾶται	ἂς λυπ-ᾶται	
	λυπ-όμαστε	νὰ λυπ-όμαστε	ἂς λυπ-όμαστε	
	⌠λυπ-ᾶσθε	⌠νὰ λυπ-ᾶσθε	⌠νὰ λυπ-ᾶσθε	
	⌡λυπ-ᾶστε	⌡νὰ λυπ-ᾶστε	⌡νὰ λυπ-ᾶστε	
	λυπ-οῦνται	νὰ λυπ-οῦνται	ἂς λυπ-οῦνται	

Imperf. [ἐ]λυπ-όμουν
      λυπ-όσουν
      λυπ-όταν
      λυπ-όμαστε
      λυπ-όσατε
      ⌠λυπ-όνταν
      ⌡λυπ-οῦνταν[1])

Futur.
contin. θὰ λυποῦμαι u. -ᾶμαι (Es wird wie Konj. Präs. konjugiert)

Einml.
Futur. θὰ λυπηθῶ usw.

Aorist [ἐ]λυπήθηκα   νὰ λυπηθῶ
       λυπήθηκες   νὰ λυπηθῆς   λυπήσου
       λυπήθηκε   νὰ λυπηθῆ   ἂς λυπηθῆ   λυπηθῆ
       λυπηθήκαμε   νὰ λυπηθοῦμε ἂς λυπηθοῦμε
       λυπηθήκατε   νὰ λυπηθῆτε   λυπηθῆτε
       λυπήθηκαν   νὰ λυπηθοῦν   ἂς λυπηθοῦν

---

[1] Oder: -όντουσαν. s. S. 107 Anm. 1.

	Indikativ	Konjunktiv	Imperativ	Part. Perf.

Perfekt   ἔχω λυπηθῆ   νὰ ἔχω λυπηθῆ   λυπημένος
            ἔχεις λυπηθῆ   νὰ ἔχῃς λυπηθῆ   ἔχε λυπηθῆ usw.   -η, -ο

Plusq.
perf.   εἶχα λυπηθῆ   usw.

Futur.
exact.   θὰ ἔχω λυπηθῆ   usw.

I. Konditionalis   θὰ λυπόμουν   ⎫
II. Konditionalis   θὰ εἶχα λυπηθῆ   ⎬ s. S. 133f
                                        ⎭

Zu dieser Klasse gehören nur vier Verben und ihre Composita:

θυμοῦμαι: sich erinnern; mit Akk.: τὸν θυμοῦμαι[1]
κοιμοῦμαι: schlafen, schlafen gehen
λυποῦμαι: bedauern, es tut mir leid, Mitleid haben mit jemand; mit Akk.:
    τὸν λυποῦμαι: er tut mir leid
φοβοῦμαι: sich fürchten, befürchten; mit Akk.: τὸν φοβοῦμαι: ich fürchte ihn

(Nur λυποῦμαι hat eine akt. Form: λυπῶ traurig machen, betrüben)
s. gr. L. S. 548–550

ΠΑΡΟΙΜΙΑ (Sprichwort):

φοβᾶται ὁ Γιάννης τὸ θεριὸ καὶ   Hans hat vor dem wilden Tier – Unge-
τὸ θεριὸ τὸ[ν] Γιάννη   heuer – Angst und das wilde Tier
                                   vor Hans

Εἰκοστὸ δεύτερο μάθημα

XXII

(ΣΥΝΕΧΕΙΑ = Fortsetzung)

Γρήγορος καὶ εὐκίνητος πέταξε ὁ Ἴκαρος καὶ ἀνέβηκε ψηλὰ στὸν οὐρανό.
– «Γενήκαμε πουλιά!», φώναζε τοῦ πατέρα του ποὺ ἀκολουθοῦσε πιὸ ἀργά·
«ὅ, τι θέλομε κάνομε!»

---

[1] Die Form der καθ. *ἐνθυμοῦμαι gehört zu den Verben auf -οῦμαι, -εῖσαι, -εῖται. Nur sie steht in den Wörterbüchern.

– «Ἥσυχα καὶ τακτικά», ἐσυμβούλευε ὁ γέρος, μὰ ὁ Ἴκαρος μόνο ποὺ γελοῦσε.
Παίζοντας ἀνεβοκατέβαινε στὸν ἀέρα καὶ φώναζε:
– «Γιὰ δὲς τὴ θάλασσα, πῶς ἀγριεύει καὶ ἀφρίζει! ζηλεύει τὰ φτερά μας!».
Κατέβαινε χαμηλὰ χαμηλὰ ὡς στὰ κύματα κ' ἔπειτα σὰν ἀστραπὴ πετιοῦνταν
πάλι ἐπάνω γελώντας.
– Ὁ κόσμος εἶναι δικός μας!, φώναζε τοῦ πατέρα του. Μὰ ὁ Δαίδαλος ἀνή-
συχος τὸν παρακολουθοῦσε ἀδιάκοπα μὲ τὸ βλέμμα.
Ἔξαφνα ἔβγαλε μιὰ φωνή:
– «Ἴκαρε, γύρνα πίσω!».
Τὸν εἶδε ποὺ ἀνέβαινε σὰν ἀετὸς κατὰ τὸν ἥλιο καὶ τρόμος τὸν ἔπιασε. Μὲ
καρδιοχτύπι, ἀλλὰ καὶ μὲ κρυφὴ ὑπερηφάνεια κοίταζε τὸ γιό του ποὺ ὅλο
ἀνέβαινε καὶ ψηλότερα, μὰ κάτι τοῦ ἔσφιγγε τὴν καρδιὰ καὶ τοῦ προέλεγε κακό.
– «Τί τρέλα!», σκέπτουνταν.
Ὁ Ἴκαρος ὅλο καὶ μίκραινε· μόλις φαίνουνταν τώρα σὰν τελεία στὸ κοκκι-
νόχρυσο φῶς τοῦ ἥλιου. Ἔξαφνα ὅμως ἄρχισε νὰ χαμηλώνη καὶ νὰ μεγαλώνη
στὰ μάτια τοῦ πατέρα.
Μεγάλωνε, μεγάλωνε· τώρα ἔμοιαζε πουλί, τώρα ἔπαιρνε ἀνθρώπινη μορφὴ
καὶ φρικιασμένος ἔβγαλε ὁ Δαίδαλος μιὰ φωνή.
Τὰ φτερὰ ξεκολημένα ἀπὸ τοὺς ὤμους κρέμουνταν ἄχρηστα στὰ χέρια τοῦ
Ἴκαρου, κ' ἐκεῖνος ὁ ἴδιος ὁ γκρεμίζουνταν βαρὺς σὰν πέτρα. Ὥρμησε ὁ Δαίδα-
λος νὰ τὸν πιάση, μὰ δὲν πρόφτασε, καὶ ὁ Ἴκαρος ἔπεσε στὰ κύματα ποὺ τὸν
σκέπασαν.
Ὧρες πολλὲς πετοῦσε ὁ Δαίδαλος γύρω γύρω ἐπάνω ἀπὸ τὰ νερὰ ζητώντας
τὸ σῶμα τοῦ γιοῦ του. Ἐπιτέλους τὸν λυπήθηκαν οἱ Ὠκεανίδες, οἱ νεράιδες
τῆς θάλασσας· ἔφεραν τὸ σῶμα ἀπὸ τὰ βάθη καὶ τὸ σήκωσαν σ' ἕνα κῦμα.
Τὸ μάζεψε ὁ Δαίδαλος στὴν ἀγκαλιά του καὶ μὲ κόπο ἔφθασε στὴ στεριά,
γερασμένος καὶ σπασμένος.
Ἔθαψε τὸν Ἴκαρο κοντὰ στὴ θάλασσα, γιὰ νὰ τὸν νανουρίζη τὸ κῦμα, καὶ τὰ
φτερά, τὸ τελευταῖο του ἔργο, τὰ πέταξε στὴ θάλασσα.
Ἔπειτα ἔφυγε καὶ κανεὶς δὲν ξέρει ποῦ πῆγε, τί γίνηκε, οὔτε σὲ ποιὰ γῆ εἶναι
ὁ τάφος του.

Wörter

εὐκίνητος, -η, -ο	beweglich	ὁ τρόμος	der Schrecken
ἀφρίζω	schäumen	κρυφός, -ή, -ὸ	geheim
πετιέμαι, πετάχτηκα	aufspringen (hier: sich in die Höhe schwin-	ἡ ὑπερηφάνεια	der Stolz
	gen)	ὅλο [καὶ]	in einem fort
		προλέγω, προεῖπα	voraussagen
ἀνήσυχος, -η, -ο	beunruhigt, unruhig	ἡ τρέλ[λ]α	die Verrücktheit
παρακολουθῶ (-έω)	verfolgen	φαίνομαι, [ἐ]φάνηκα	zu sehen sein
-ησα		ἡ τελεία	der Punkt (eines
γυρνῶ u. -άω, γύρισα	zurückkehren		Satzes)
ὁ ἀετὸς	der Adler	κοκκινόχρυσος, -η, -ο	goldrot

μεγαλώνω, -ωσα   groß werden
φρικιῶ u. -άω, -ασα   erschauern
ξεκολνῶ ⎫   sich loslösen (intrans.)
ξεκολλῶ ⎭ -λησα   u. loslösen (trans.)
ἄχρηστος, -η, -ο   unbrauchbar
ὁρμῶ u. -άω, -ησα   stürzen (= schnell
     laufen; hier: schnell
     fliegen)
οἱ 'Ωκεανίδες   die Wassernymphen
     (die Töchter des
     Okeanos, des Got-

tes des Weltstro-
mes, der nach der
alten Vorstellung
die Erde und das
Meer umgab)

ἡ στεριά   das Festland
γερνῶ u. -άω, -ασα   alt werden
σπά[ζ]ω, -σα   brechen
θάβω, ἔθαψα   begraben
νανουρίζω, -ρισα   singend einschläfern

Zahlwörter

1. Ordnungszahlen

1. πρῶτος, -ώτη, -ο = 1ος, 1η, 1ο[ν]	50. πεντηκοστὸς
2. δεύτερος κ.τ.λ. = 2ος κ.τ.λ.	60. ἑξηκοστὸς
3. τρίτος = 3ος	70. ἑβδομηκοστὸς
4. τέταρτος ≐ 4ος	80. ὀγδοηκοστὸς
5. πέμπτος = 5ος	90. ἐνενηκοστὸς
6. ἕκτος = 6ος	100. ἑκατοστὸς
7. ἕβδομος = 7ος	101. ἑκατοστὸς πρῶτος
8. ὄγδοος κ.τ.λ.	118. ἑκατοστὸς δέκατος ὄγδοος
9. ἔνατος	200. διακοσιοστὸς
10. δέκατος	300. τριακοσιοστὸς
11. ἐνδέκατος	400. τετρακοσιοστὸς
12. δωδέκατος	500. πεντακοσιοστὸς
13. δέκατος τρίτος	600. ἑξακοσιοστὸς
17. δέκατος ἕβδομος	700. ἑπτακοσιοστὸς
18. δέκατος ὄγδοος	800. ὀκτακοσιοστὸς
20. εἰκοστὸς	900. ἐννιακοσιοστὸς
22. εἰκοστὸς δεύτερος	1 000. χιλιοστὸς
30. τριακοστὸς	2 000. δισχιλιοστὸς
40. τεσσερακοστὸς	1 000 000. ἑκατομμυριοστὸς

Mit Ausnahme von 2, 7, 8 und z.T. von 17, 18 haben die Ordnungszahlen von 1–19 die Endung -τος, von 20 und aufwärts die Endung -στός. (Vgl. die deutschen Ordnungszahlen: von 2–19 haben sie die Endung -ter, von 20 und aufwärts die Endung -ster.) Die sächl. Form ohne Artikel ist dann das dazugehörige Adverb: πρῶτον: erstens, δεύτερον: zweitens, τρίτον: drittens usw.
Die Ordnungszahlen werden wie Adjektive gebraucht und richten sich in

Geschlecht, Zahl und Fall nach dem zugehörigen Substantiv. Sie werden wie die Adjektive auf -ος, -η, -ο dekliniert (s. S. 53).

ἡ πρώτη φορά	das erste Mal
ὁ δεύτερος γάμος	die zweite Ehe
τὸ τρίτο παιδὶ	das dritte Kind
τὶς πρῶτες φορὲς	die ersten Male usw.
τὴν πρώτη φορά ποὺ τὸν εἶδα	als ich ihn das erste Mal sah

δεύτερη – das Weibliche von δεύτερος – hat in älteren, aber noch gebräuchlichen, feststehenden Ausdrücken aus der καθ. auch eine Form auf -α: ἕνα εἰσιτήριο δευτέρας θέσεως neben dem moderneren: ἕνα εἰσιτήιο, δεύτερη θέσι, παρακαλῶ: eine Fahrkarte zweiter Klasse, bitte.

Δευτέρα, Τρίτη, Τετάρτη, Πέμπτη – zu ergänzen ἡμέρα τῆς ἑβδομάδος –: Montag, Dienstag, Mittwoch, Donnerstag. Hier dienen die Ordnungszahlen als Wochennamen.

In Ausdrücken aus der καθ. – z. B. bei Bekanntmachungen wird ebenfalls die καθ. benützt: τὸ πλοῖον ἀναχωρεῖ ἐκ Πειραιῶς, Κυριακήν, ὥραν 7ην (= ἑβδόμην) μ. μ.: das Schiff fährt von Piräus um 7 Uhr abends ab.

Über das Datum s. S. 48.

In Dokumenten und anderen öffentlichen Schreiben wird das Datum in der Sprache und Rechtschreibung des Textes (καθ.) geschrieben: 'Εν 'Αθήναις (o. 'Αθήναι) τῇ 5η Αὐγούστου 1951; zu lesen: ἐν 'Αθήναις, τῇ πέμπτη Αὐγούστου χίλια ἐννεακόσια πενήντα ἕνα.

In der Reihenfolge historischer Persönlichkeiten schreibt man die Ordnungszahlen mit Anfangsbuchstaben: Βασίλειος ὁ Δεύτερος, Γρηγόριος ὁ Πέμπτος usw. oder in der altgriechischen Nummerierung durch Buchstaben. (s. § 52)

Als Substantive u. Eigennamen: ἡ σαρακοστή: die Fastenzeit (40 Tage) vor allem die vor Ostern: ἡ Πεντηκοστή (50 Tage): der Feiertag Pfingsten; ἡ Πρωτοχρονιά: das Neujahr; ἡ πρώτη o. πρεμιέρα: die Ur- o. Erstaufführung.

2. Die Bruchzahlen

Die Ordnungszahlen werden teilweise auch als Bruchzahlen gebraucht, bzw. die sächliche Form für den Nenner eines Bruches. Für den Zähler wird die Grundzahl verwendet:

$\frac{1}{2}$ = ἕν[α] δεύτερο, als Substantiv = τὸ μισό, davon das Adjektiv: μισός, μισή, μισὸ (Schriftsprache: τὸ ἥμισυ), $\frac{1}{3}$ = ἕνα τρίτο, $\frac{1}{4}$ = ἕνα τέταρτο, $\frac{3}{5}$ = τρία πέμπτα, $\frac{4}{8}$ = τέσσερα ὄγδοα usw.

3. Vervielfältigungszahlen

Ihre Endung ist **-πλός, -ή, -ό**. Sie werden wie die Adjektive auf -ός, -ή, -ὸ dekliniert. Sie bestimmen die Zahl der gleichen Teile, woraus etwas besteht: ἁπλὸς: einfach, διπλὸς: doppelt, τριπλὸς: dreifach usw.:

beim Bestellen:

ἕνα διπλὸ [καφὲ]	einen doppelten [Kaffee]
διπλὴ μερίδα πατάτες	eine doppelte Portion Kartoffeln

4. Verhältniszahlen

Verhältniszahlen drücken aus, wie oft etwas größer ist als etwas anderes. Ihre Endung ist **-πλάσιος, -πλάσια, -πλάσιο.**

ἁπλός, -ή, -ὸ	einfach
διπλάσιος	zweimal so viel
τριπλάσιος	dreimal so viel, dreifach
τετραπλάσιος	viermal so viel, vierfach usw.
τὸ διπλάσιο ποσὸ	die doppelte Summe
ὁ τριπλάσιος δρόμος	die dreifache Strecke

5. Sammelzahlen

a) Weibliche Substantive auf **-άδα** für eine ganz bestimmte Zahl oder Menge:

ἡ ἁγία Τριάδα	die heilige Dreifaltigkeit
ἡ ἑβδομάδα	die Woche
ἡ δωδεκάδα oder ἡ ντουζίνα	das Dutzend
οἱ μαθήτριες ἐμπῆκαν στὸ στάδιο	die Schülerinnen betraten das Stadion
σὲ τετράδες	in Vierer-Reihen

b) Weibliche Substantive auf **-αριὰ** in Verbindung mit καμιὰ

(der weiblichen Form des unbestimmten Pronomens κανεὶς oder κανένας), vor Zeit-, Maß- und Wertbestimmungen bedeuten „ungefähr":

καμιὰ ὥρα θὰ πέρασε	es wird wohl ungefähr eine Stunde vergangen sein
μόνο καμιὰ πενηνταριὰ ἄνθρωποι ἤμαστε χθὲς (χτὲς) στὴ διάλεξι	nur ungefähr fünfzig Personen waren wir gestern im Vortrag
τὸ ἐπιστημονικὸ αὐτὸ ἔργο κοστίζει καμιὰ εἰκοσαριὰ μάρκα	dieses wissenschaftliche Werk kostet ungefähr zwanzig Mark

6. Zahladjektive

Sie endigen auf **-άρης** und **-άρα**:

τριαντάρης   ein Mann von dreißig Jahren
τριαντάρα   eine Frau von dreißig Jahren
σαραντάρης, πενηντάρης, ἑξηντάρης usw.

7. Zahlsubstantive

Auf **-άρι**:

τὸ δυάρι	
τὸ τριάρι	a) der Zweier, Dreier usw. bei den
τὸ τεσσάρι	Spielkarten
τὸ πεντάρι	b) die Schulnoten von 2–10
τὸ ἑξάρι usw.	(οἱ βαθμοὶ τοῦ σχολείου)

auf **-άρικο**:

τὸ πεντάρικο	ein Geldschein von 5 Drachmen
τὸ δεκάρικο	ein Geldschein von 10 Drachmen
τὸ εἰκοσάρικο	ein Geldschein von 20 Drachmen
τὸ πενηντάρικο (o. τὸ πενηντάρι)	ein Geldschein von 50 Drachmen
τὸ ἑκατοστάρικο (o. ἑκατοστάρι)	ein Geldschein von 100 Drachmen

auf **-άρα**:

ἡ πεντάρα	ein Geldstück von 5 Lepta (λεπτὸ = griechischer Pfennig)
ἡ δεκάρα	ein Geldstück von 10 Lepta

auf **-αράκι**:

τὸ πενηνταράκι	eine 50-Lepta-Münze ($=\frac{1}{2}$ Drachme)

Ausdrücke:

δὲν ἔχω πεντάρα τσακιστὴ	ich habe gar kein Geld (w.: ich habe keine zerbrochene 5-Lepta-Münze)
ἔχω ἀπενταρίες	ich bin gar nicht gut bei Kassa

AUFGABE 37:

Heute haben wir nicht den Ersten des Monats, sondern den Dritten und morgen den Vierten. Der Tenor (ὁ τενόρος) Caruso war das elfte Kind seiner Eltern. Kam der Schauspieler als erster an? (ἔφθασε o. ἔφτασε) πρῶτος?; Wer kam als zweiter und dritter an? Das erste und zweite Mal geschah (συνέβη) nichts. Wir fahren von Athen nach Piräus mit der Elektrischen [Bahn] (πηγαίνομε ἀπ' τὴν 'Αθήνα στὸν Πειραιὰ μὲ τὸν ἠλεκτρικὸ [σιδηρόδρομο]). Wir fahren nicht erster Klasse nach Piräus, sondern zweiter Klasse. Wir werden ihm die Hälfte oder ein Drittel geben. Zwei Drittel können wir ihm nicht geben. Die doppelte Summe? Nein, das ist zuviel! Liegt dieser Stoff doppelbreit? Ja. Wo war der Trauergottesdienst. (τὸ μνημόσυνο)? In der Dreifaltigkeitskirche (στὴν 'Αγία Τριάδα). Wieviel Personen waren dort? Ungefähr dreißig, vierzig, nicht mehr. Was für eine Note ich in der Klassenarbeit (ὁ διαγωνισμὸς) bekommen habe? Ich glaube, Note sieben oder acht. Bitte, können Sie mir einen 50- oder einen 100-Drachmen-Schein wechseln? Bestelle du den Wein, bitte. Hundert Gramm für dich und hundert für mich.

Irreale Bedingungssätze

Es sind Bedingungssätze, bei denen die Bedingung eine Unwirklichkeit aus-drückt. Zwei Beispiele aus der deutschen Sprache:

1. Wenn ich heute oder morgen Zeit hätte, würde ich hinfahren.
2. Wenn ich gestern hingegangen wäre, hätte ich ihn gesehen.

1. Wenn in der griechischen Sprache das Irreale (das Unwirkliche) sich auf die Gegenwart oder Zukunft bezieht, dann steht:

im Nebensatz ἂν +Imperfekt
im Hauptsatz θὰ +Imperfekt

z. B. ἂν ὁ καιρὸς ἦταν ζεστός, θὰ   wenn das Wetter warm wäre, würden
[ἐ]κάναμε μπάνιο   wir baden
ἂν ἔβλεπα σήμερα τὸν ἠθοποιό,   wenn ich heute den Schauspieler sähe,
θὰ τοῦ ἔδινα τὸ δράμα   würde ich ihm das Drama geben

2. Wenn das Irreale sich auf die Vergangenheit bezieht, dann steht:

a) im Nebensatz ἂν +Imperfekt
im Hauptsatz θὰ +Imperfekt

z. B. ἂν τελείωνα ἐγκαίρως, θὰ ἐρ-   wenn ich rechtzeitig fertig geworden
χόμουνα ἐνωρίτερα   wäre, wäre ich früher gekommen

b) im Nebensatz ἂν +Plusquamperfekt
im Hauptsatz θὰ +Plusquamperfekt

z. B. ἂν εἶχα τελειώσει ἐγκαίρως, θὰ   wenn ich rechtzeitig fertig geworden
εἶχα ἔλθει ἐνωρίτερα   wäre, wäre ich früher gekommen

Um die Gleichförmigkeit des Plusquamperfekts zu vermeiden, kann man im Nebensatz das Imperfekt und im Hauptsatz das Plusquamperfekt setzen oder auch umgekehrt.

c) Wenn im Hauptsatz oder im Nebensatz πιά oder κιόλα[ς] (o. ἤδη aus der Schrspr. = „schon") steht, dann darf nur das Plusquamperfekt gesetzt werden.

z. B. ἄν εἶχα τελειώσει πιά στὶς 8,   wenn ich schon um 8 Uhr fertig gewor-
    θὰ ἐρχόμουνα ἐνωρίτερα   den wäre, wäre ich früher gekommen

Manchmal wird im Nebensatz statt ἄν „νά" gesagt.

AUFGABE 38:

Wenn ich seine Adresse (ἡ διεύθυνσι) hätte, würde ich ihm eine Karte schicken. Wenn der Student heute in die Oper (ἡ ὄπερα) ginge, würde er eine italienische Oper sehen. Wenn du es gut erklärtest (ἐξηγῶ), würden wir es verstehen. Wenn ich mich verspätete (ἀργῶ), würde ich mich entschuldigen (ζητῶ συγγνώμην). Wenn meine Augen mich nicht schmerzten (μοῦ o. μὲ πονοῦν) würde ich es gleich abschreiben (ἀντιγράφω). Wenn Sie mich bis zum Abend benachrichtigten (εἰδοποιῶ), wäre ich Ihnen dankbar (εἶμαι εὐγνώμων).
Wenn ich gestern seine Adresse gehabt hätte, hätte ich ihm eine Karte geschrieben. Wenn der Student gestern in die Oper gegangen wäre, hätte er eine italienische Oper gesehen. Wenn du es gut erklärt hättest, hätten wir es verstanden. Wenn ich mich damals verspätet hätte, hätte ich mich entschuldigt. Wenn meine Augen mich damals nicht geschmerzt hätten, hätte ich es gleich abgeschrieben. Wenn Sie mich damals bis zum Abend benachrichtigt hätten, wäre ich Ihnen dankbar gewesen. Wenn ich es mir gut überlegt hätte (σκέπτομαι) hätte ich es niemals getan. Wenn ich das Wörterbuch bräuchte (= brauchen würde, χρειάζο-μαι), würde ich Sie darum bitten (θὰ σᾶς παρακαλοῦσα νὰ μοῦ τὸ δώσετε o. δῶστε). Wenn ich schon fertig [geworden] wäre, würde ich es sagen.

Ausdruck:

δὲν ἔχω μάτια νὰ τὸν ἰδῶ   ich schäme mich vor ihm (w.: ich habe
                              keine Augen ihn zu sehen)

Εἰκοστὸ τρίτο μάθημα

XXIII

ΤΟ ΤΑΧΥΔΡΟΜΕΙΟ

Θέλομε νὰ ταχυδρομήσωμε ἕνα γράμμα γιὰ τὴ Σουηδία κι᾽ ἄλλο ἕνα γιὰ τὴ Νορβηγία. Σὰν ξένοι ποὺ εἴμαστε δὲν ξέρομε καλά-καλὰ τί γραμμα-τόσημο νὰ βάλωμε στὸ γράμμα μας. Πηγαίνομε λοιπὸν στὸ κεντρικὸ ταχυ-δρομεῖο τῶν ᾿Αθηνῶν. ᾿Ανεβαίνομε τὰ λίγα σκαλοπάτια καὶ φθάνομε σ᾽ ἕνα

εὐρύχωρο πλακοστρωμένο χῶρο. Γύρω-γύρω εἶναι οἱ διάφορες θυρίδες. Δια-βάζομε τὶς ἐπιγραφές τους: γραμματόσημα, ἔντυπα, συστημένα, πόστ ρεστάντ, ταχυδρομικαὶ ἐπιταγαὶ¹) κ.τ.λ.
Μπροστὰ ἀπὸ τρεῖς θυρίδες στέκεται οὐρὰ ὁ κόσμος. Μπαίνομε καὶ ἐμεῖς σὲ μιὰ οὐρὰ καὶ σιγά-σιγὰ προχωρώντας, φθάνομε μπροστὰ ἀπ' τὴ θυρίδα. Ὅταν ἔρχεται ἡ σειρά μας λέμε στὸν (ἢ στὴν) ὑπάλληλο: – Ἕνα [γραμμα-τόσημο] ἐξωτερικοῦ, παρακαλῶ, γιὰ τὴ Σουηδία. Ἀεροπορικῶς. Ζητοῦμε ἄλλα δυὸ [γραμματόσημα] ἐξωτερικοῦ, τρία [γραμματόσημα] ἐσωτερικοῦ, δύο ἐνταῦθα, τρία γιὰ καρτποστὰλ ἐξωτερικοῦ καὶ μερικὰ γιὰ ταχυδρομικὰ δελτάρια. Στὸ τέλος τοῦ δίνομε ἕνα «ἐπεῖγον» γράμμα κι' ἕνα συστημένο, ποὺ τὸ ἀφήνομε ἀνοικτό. Αὐτὸς τὸ ζυγίζει, μᾶς δίνει τὰ σχετικὰ γραμματόσημα καὶ μᾶς λέει: Πηγαίνετε στὴν θυρίδα ἐκεῖ ποὺ λέει «συστημένα». Ἐκεῖ τὸ δίνομε πάλι ἀνοικτό, ὁ ὑπάλληλος κοιτάζει τί περιέχει ὁ φάκελλος, μᾶς τὸ ἐπιστρέφει νὰ τὸ κλείσωμε, γράφει τὴν ἀπόδειξι κι' ἐμεῖς τὴν βάζομε στὸ πορτοφόλι μας.
Ἔπειτα ζητοῦμε μιὰ ἐπιταγὴ γιὰ νὰ στείλωμε κάτι χρήματα στὴ Θεσσαλο-νίκη. Ὁ ὑπάλληλος μᾶς ἐρωτᾶ: – Πόσα χρήματα θὰ στείλετε; Πεντακόσιες (500) δραχμές. Μᾶς δίνει τὸ σχετικὸ γραμματόσημο καὶ προσθέτει: – Συμπλη-ρῶστε τὸ δελτίο τῆς ἐπιταγῆς καὶ πηγαίνετε (ο. πᾶτε) στὴν θυρίδα ἐκείνη, ποὺ βλέπετε στὸ βάθος. Γράφομε τὴν ἐπιταγή μας. Ψάχνομε καὶ βρίσκομε τὴ θυρίδα γιὰ τὶς ἐπιταγές, πληρώνομε τὶς 500 δρχ. καὶ ὁ ὑπάλληλος μᾶς δίνει τὴν ἀπόδειξι.
Δὲν ἐτελειώσαμε ἀκόμη. Πρέπει νὰ κάνωμε ἕνα τηλεγράφημα στὴν Ὀλυμπία νὰ μᾶς κρατήσουν σ' ἕνα ξενοδοχεῖο ἐκεῖ ἕνα δωμάτιο γιὰ δύο βραδυές. Πουθενὰ ὅμως δὲ βρίσκεται ἡ σχετικὴ ἐπιγραφή. Ἐρωτοῦμε λοιπὸν ἕνα ἡλικιωμένο κύριο, ποὺ δὲ φαίνεται βιαστικός. Μᾶς ἀπαντᾶ: – Τὸ τηλεγραφεῖο βρίσκεται (ο. εὑρίσκεται) στὸ ἴδιο κτίριο, ἡ εἴσοδός του εἶναι ἀπέξω στὸν ἄλλο δρόμο. Κατεβῆτε καὶ στρίψτε τὴ γωνία δεξιά, ἐκεῖ εἶναι. Τὸ βρήκαμε εὐκολώτατα, ἐδώσαμε τὸ τηλεγράφημά μας (= τηλ/μα), πληρώσαμε καὶ μᾶς ἔδωσαν τὴν ἀπόδειξι. – Γραμματοκιβώτια ἔχει καὶ ἀπέξω καὶ μέσα στὸ ταχυδρομεῖο.

Wörter

τὸ ταχυδρομεῖο	die Post	τὸ σκαλοπάτι	die Stufe
ταχυδρομῶ, -ησα	(eine Postsendung)	πλακοστρωμένος	mit Marmorplatten
ταχυδρομίζω, -ισα	aufgeben		ausgelegt
ἡ Σουηδία	Schweden	ὁ χῶρος	der Raum
ἡ Νορβηγία	Norwegen	ἡ θυρίδα	der Schalter
τὸ γραμματόσημο	die Briefmarke	τὸ ἔντυπο	die Drucksache

¹ Im Postamt mit großen Buchstaben geschrieben: ΓΡΑΜΜΑΤΟΣΗΜΑ, ΕΝΤΥΠΑ, ΣΥΣΤΗΜΕΝΑ, ΠΟΣΤ ΡΕΣΤΑΝΤ, ΤΑΧΥΔΡΟΜΙΚΑΙ ΕΠΙΤΑΓΑΙ.

συστημένος, -η, -ο	eingeschrieben	ἡ κάρτα ο. καρτπο-	die Ansichtskarte
πόστ-ρεστάντ	postlagernd	στὰλ	
ἡ ταχυδρομικὴ	die Postanweisung	ἐπεῖγον	expreß, durch Eil-
ἐπιταγὴ			boten
ἡ οὐρὰ	die Schlange beim An-	περιέχω	enthalten
	stellen; sonst: der	τὸ πορτοφόλι	die Brieftasche, die
	Schwanz		Geldbörse
τὸ ἐξωτερικὸ	das Ausland	τὸ πορτοφολάκι	die kleine Geldbörse
ὁ, ἡ ὑπάλληλος	der Beamte, die Beamtin der, die Angestellte	σχετικός, -ή, -ὸ	hier: dazugehörend; sonst: einschlägig
ἀεροπορικῶς	mit Luftpost	συμπληρώνω,-ωσα	ergänzen
ἁπλὸ (γραμματόση-μο)	gewöhnliche Brief-marke (keine Luft-postbriefmarke)	τὸ δελτίο τῆς ἐπιταγῆς	das Formular der Post-anweisung
		ἡ 'Ολυμπία	Olympia
		πουθενὰ	nirgends
τὸ ἐσωτερικὸ	das Inland	ἡλικιωμένος, -η, -ο	alt, älterer
ἐνταῦθα	(aus der Schrspr.)	τὸ τηλεγραφεῖο	das Telegraphenamt
	hier; gemeint ist:	τὸ κτίριο, τὸ χτίριο	das Gebäude
	Ortsverkehr	στρίβω τὴ γωνία,	um die Ecke gehen
μερικοί, -ές, -ὰ	einige	ἔστριψα	
τὸ [ταχυδρομικὸ] δελτάριο	die Postkarte	τὸ γραμματοκιβώ-τιο	der Briefkasten

ΔΙΑΛΟΓΟΣ

μεταξὺ ἑνὸς ὑπαλλήλου τοῦ τηλεγραφείου καὶ ἑνὸς ξένου

Ξ.: – Θέλω νὰ κάνω ἕνα τηλεγράφημα στὸ ἐξωτερικό. Πόσο ἔχει ἡ λέξι, παρακαλῶ;

Ὑπ.: – 'Εξαρτᾶται ποῦ θὰ τηλεγραφῆστε.

Ξ.: – Στὴ Δανία (Dänemark).

Ὑπ.: – Τότε ἔχει ἡ λέξι τόσες δρχ.

Ξ.: – Καλά. Καὶ πότε, λέτε, πὼς θὰ φθάσῃ τὸ τηλ/μα (= τηλεγράφημα) στὴν Κοπεγχάγη (Kopenhagen);

Ὑπ.: – Ὑποθέτω αὔριο τὸ πρωί.

Das unbestimmte Pronomen
('Η ἀόριστη ἀντωνυμία)

1. "Ενας, μιὰ (ο. μία), ἕνα = einer, eine, eins

Es ist dasselbe Wort wie das Zahlwort und der unbestimmte Artikel:

ἦλθε ἕνας καὶ μὲ ρώτησε   es kam einer und fragte mich

2. κανένας ο. κανείς, καμιὰ ο. καμία, κανένα =

jemand, man, [irgend]ein, niemand, kein

Es wird wie ἕνας, μιὰ o. μία, ἕνα dekliniert (ohne Plural): s. S. 27.

a) **κανείς** bedeutet in der Aussage und in der Frage ohne Vern. „jemand, man, [irgend]ein":

ἂν περάση κανείς πές του ὅτι εἶμαι στὸ γραφεῖο μου	wenn jemand vorbei kommt, sag ihm, daß ich in meinem Büro bin
ὅταν ταξειδεύει κανεὶς στὴν Ἑλλάδα	wenn man nach Griechenland reist
μήπως ἔχετε νὰ μοῦ δανείστε κανένα βιβλίο;	haben Sie vielleicht [irgend]ein Buch, daß Sie mir leihen könnten?
ἦλθε κανείς; Ὄχι!	kam jemand? Nein!

Die Form κανεὶς kommt an Stelle eines Substantivs, κανένας an Stelle eines Substantivs oder Adjektivs vor.

b) **κανείς** bedeutet im verneinenden Satz und in der verneinenden Frage „niemand, kein":

Das Griechische hat eine Doppelverneinung:

κανεὶς νὰ μὴ φύγη	niemand soll weggehen
δὲν ξέρει κανένα δημοτικὸ τραγούδι	er kennt kein Volkslied

Wenn κανεὶς ohne Verb steht, bedeutet es „niemand":

δὲν τηλεφώνησε κανείς; ὄχι, κανείς	hat niemand angerufen? Nein, niemand!

3. **κάποιος, κάποια, κάποιο** = jemand (aber ein bestimmter, ein gewisser jemand)

κάποιος εἶναι ἔξω καὶ θέλει νὰ σᾶς [ἰ]δῆ	jemand ist draußen und möchte Sie sprechen (w.: Sie sehen)
ποιὸς τὸ εἶπε; κάποιος	wer sagte es? jemand

Als Adjektiv bedeutet κάποιος -a, -o „**ein, eine, ein**":

τώρα δὲν εὐκαιρῶ, γιατὶ ἔχω κάποια δουλειά	jetzt habe ich keine Zeit, denn ich habe eine (aber eine bestimmte) Arbeit
μέσα ἀπ' τὰ ἔλατα εἴδαμε ἔξαφνα κάποιο χωριὸ πέρα μακριά	zwischen den Tannen sahen wir plötzlich in der Ferne ein Dorf

Der Plural von κάποιος bedeutet im substantivischen und adjektivischen Gebrauch „**manche, einige** (aber bestimmte, gewisse)":

κάποιοι ἦλθαν καὶ μᾶς ἔφεραν αὐτὰ τὰ νέα	es kamen einige und brachten uns diese Neuigkeiten

4. **μερικοί, μερικές, μερικά** = einige

Es wird wie καλοί, -ές, -ά dekliniert (s. S. 54)

μερικοὶ ἄνθρωποι εἶναι ἄστεγοι   einige Menschen sind obdachlos

5. **κάτι** o. **κατιτί** = etwas

Es ist ein undeklinierbares Neutrum und steht

a) an Stelle eines Substantivs und drückt dann gewönhlich etwas Bestimmtes und viel seltener etwas Unbestimmtes aus:

ἔμαθα κάτι ποὺ σ' ἐνδιαφέρει   ich erfuhr etwas, was dich interessiert
θέλω νὰ σοῦ [εἰ]πῶ κάτι   ich will dir etwas sagen

b) an Stelle eines Adjektivs im Plural und dann bedeutet κάτι „**einige**" (jedenfalls eine sehr kl. Zahl) oder **besondere** sowohl im positiven als auch im negativen Sinn:

κάτι φίλοι μου μὲ περιμένουν   einige Freunde von mir erwarten mich
ἀπόψε   heute abend
εἶδα κάτι σταφύλια!   ich sah besonders schöne o. schlechte
    Trauben

6. **τίποτε (τίποτα)** ist undeklinierbar und bedeutet

A. **nichts** (doppelte Verneinung)

a) als Antwort auf eine Frage (als Ellipse):

τί ἔχεις; τίποτε   was hast du? nichts

b) im negativen Satz:

δὲν ἔχω τίποτε μαζί σου   ich habe nichts gegen dich

c) in der negativen Frage.

δὲν ἐφάγατε τίποτε ἀκόμη;   habt ihr (haben Sie) noch nichts geges-
    sen?

B. **etwas, irgend etwas** (= etwas Unbestimmtes, im Gegensatz zu κάτι, das sich meistens auf etwas Bestimmtes bezieht):

διηγήσου, διηγηθῆτε μου τίποτε!   erzähl, erzählt (erzählen Sie) mir [irgend]
    etwas (nichts Bestimmtes)
ἄκουσες τίποτα;   hörtest du [irgend] etwas?

Als Adjektiv bedeutet es **[irgend] etwas, irgendwelche** (Plural):

εἶδες τίποτε ὕποπτο;   sahst du [irgend] etwas Verdächtiges?
ἔμαθαν τίποτα νέα;   erfuhren sie [irgend welche] Neuigkei-
    ten?

7. κάμποσος, κάμποση, κάμποσο drückt eine unbestimmte Menge aus

Es bedeutet ungefähr „ziemlich viel o. nicht viel, aber genügend":

περιμένεις πολλή ώρα; ναί, κάμ-
ποση ώρα
θέλεις λεπτά (ο. λεφτά); εὐχα-
ριστῶ, ἔχω κάμποσα (λεπτά)
ἀκόμη

wartest du (schon) lange? ja, ziemlich
lange (Zeit)
brauchst du Geld? danke, ich habe
noch ziemlich viel (o. nicht viel,
aber genügend)

Ausdruck:

κάνει τὸν καμπόσο

er tut, als ob er jemand wäre

8. κάθε, καθένας, καθεμιά (καθεμία), καθένα = jeder, -e, -es

Κάθε ist undeklinierbar und steht nur an Stelle eines Adjektivs, gewöhnlich ohne,
selten mit Artikel. Καθένας steht an Stelle eines Substantivs und Adjektivs.

κάθε δευτερόλεπτο
κάθε μέρα, (μέρα παρὰ μέρα),
κάθε τρεῖς, τέσσερεις ἡμέρες
κ.τ.λ.

jede Sekunde
jeden Tag (jeden zweiten Tag), alle
drei, vier Tage usw.

καθένας (καθεμιὰ ο. καθεμία, καθένα), an Stelle eines Substantivs oder Adjektivs,
mit oder ohne Artikel, wird nur im Sing. wie folgt dekliniert:

Nom.	καθένας	καθεμιὰ	καθένα
Gen.	καθενὸς	καθεμιᾶς ο. καθεμιανῆς	καθενὸς
Akk.	καθένα	καθεμιὰ ο. καθεμιανὴ	καθένα

ὁ καθένας νὰ ἔλθη μὲ τὴ σειρά του   ein jeder soll der Reihe nach kommen

9. καθετὶ = alles, alles was

Es ist ein undeklinierbares Neutrum, das mit oder ohne Artikel im Nom. u. Akk.
Sing. als Substantiv in Gebrauch ist:

τὸ καθετὶ ποὺ μᾶς ἔδειξε ἦταν
ἐνδιαφέρον
θὰ σημειώσω καθετὶ ποὺ θ'
ἀκούσω

alles, was er uns zeigte, war interessant

ich will mir alles, was ich hören werde,
notieren

10. ὁ δεῖνα, ὁ τάδε = der Soundso (wenn man den Namen wegläßt)

ἦλθε σήμερα ὁ τάδε καὶ μοῦ 'φερε
(= μοῦ ἔφερε) αὐτὰ ἐδῶ τὰ
πράγματα

heute kam der Soundso und brachte
mir diese Sachen hier

11. ὁ ἄλλος, ἡ ἄλλη, τὸ ἄλλο = der, die, das andere

μήπως ἦλθε ὁ ἄλλος ποὺ [τὸν] περιμέναμε;	kam vielleicht der andere den wir erwarteten?
ἄλλος . . . . . ἄλλος	einer . . . . . ein anderer
ἄλλοι . . . . . ἄλλοι	die einen . . . . die andern
ἄλλος εἶναι εὔθυμος, ἄλλος μελαγχολικὸς	der eine ist heiter (o. lustig), der andere schwermütig

[κι'] ἄλλος, [κι'] ἄλλη, [κι'] ἄλλο bedeutet „noch":

θέλεις [κι'] ἄλλο; θέλω.	willst du noch (haben)? ich möchte
θέλεις [κι'] ἄλλο τσάι;	willst du noch Tee haben?
τί ἄλλο θέλεις;	was willst du noch?

[κι'] ἄλλος ἕνας bedeutet „noch einer" usw.

τὸ αὐτοκίνητο ἔχει θέσι γιὰ τέσσερεις· ἂς μπῆ [κι'] ἄλλος ἕνας	das Auto hat Platz für vier; noch einer soll einsteigen!

AUFGABE 39:

Wenn man nach Europa (ἡ Εὐρώπη) reist, wird man von den anderen beneidet (οἱ ἄλλοι τὸν ζηλεύουν ἢ τὸν μακαρίζουν). Man wartet so lange (τόση ὥρα) beim Zahnarzt! Man fährt nach (der Insel) Delos (ἡ Δῆλος) auch von (der Insel) Mykonos (ἡ Μύκονος) aus mit einem Motorboot, das auch ein Segel hat (μὲ μία ἀτμάκατο ποὺ ἔχει καὶ πανί). Haben Sie vielleicht (= μήπως leitet nur eine Frage ein) einen Füllfederhalter (τὸ στυλὸ) bei sich (μαζί σας)? Schrieb vielleicht jemand? Nein, niemand. Warum hat niemand geschrieben? Niemand soll sprechen. Wenn jemand kommt, sag ihm (πές του), daß ich bis 6 Uhr nachmittags (ὡς τὶς 6 μ.μ.) in meinem Büro sein werde. Wir müssen ungefähr eine Viertelstunde warten. Wir sind nur ungefähr fünfzig Personen (καμιὰ πενηνταριὰ πρόσωπα): Jemand wartet auf Sie draußen (ein Bestimmter; eben der, der draußen wartet). Eine (bestimmte) Verwandte von mir (ἡ συγγενὴς) kam und kaufte einige griechische Stickereien (τὸ κέντημα).

AUFGABE 40:

Sag mir etwas! Sie wissen etwas! Ein paar (eine geringe Zahl) Kinder sind im Hof (ἡ αὐλή). Ich kaufte ein paar Zeitungen. Hast du etwas? Nein, nichts. Hast du etwas erfahren (μαθαίνω)? Bekamst du vielleicht irgendwelche Zeitungen? Erzähl mir etwas (noch Unbestimmtes). Ich warte ziemlich lange (κάμποση ὥρα). Du bist ziemlich lange im Meer gewesen, komm jetzt heraus (ἔβγα τώρα ἔξω). Jedes Frühjahr zu Ostern haben wir vor (λέω), nach Griechenland zu reisen. Jeder von euch kann jetzt ganz gut (ἀρκετὰ καλὰ) neugriechisch (νεοελληνικά).

Alles (o. ein jedes = τὸ καθετὶ) interessiert uns, wenn wir reisen. Der Soundso schrieb mir aus Afrika (ἡ Αφρική). Eine Zigeunerin (auch ἡ γύφτισσα) sagt: ich möchte diese anderen dünnen Armbänder (τὸ λεπτὸ βραχιόλι) haben, welche klirren (κροτῶ), wenn man die Hände bewegt (ὅταν κουνᾶς τὰ χέρια σου).

Wunschsätze

Die Wunschsätze können ausgedrückt werden durch:

A. das Verb θέλω (wollen) o. θέλω + ein Verb
B. durch die Partikel νὰ + ein Verb

A. durch die Formen θέλω, ἤθελα und θὰ ἤθελα ohne o. mit e. Verb

Alle drei Formen bedeuten dann im Deutschen „ich möchte", „ich wünschte" und können auch zur Bildung von Wunschsätzen des erfüllbaren Wunsches dienen.

1. θέλομε λίγο πάγο γιὰ μιὰ κομ-   wir möchten etwas Eis für eine Kom-
   πρέσσα   presse
   δὲ θέλομε νὰ τὸν ἀφήσωμε μόνο   wir möchten ihn nicht allein lassen

Auf θέλω folgt immer der Konjunktiv, gewöhnlich der Konj. Aor.

2. ἤθελα νὰ σᾶς ἐχάριζα κάτι   ich möchte Ihnen etwas schenken
   ἤθελα νὰ τὸν εὐχαριστοῦσα (o.   ich möchte ihm für alles danken
   εὐχαρίσταγα) γιὰ ὅλα
   oder: ἤθελα νὰ τὸν εὐχαριστήσω
   γιὰ ὅλα

Auf ἤθελα folgt νὰ + Imperf. oder Konj. gewöhnlich Aor.; ἤθελα + Konj. kann sich aber auch auf die Vergangenheit beziehen, während ἤθελα νὰ + Imperf. eindeutig einen Wunsch der Gegenwart oder Zukunft ausdrückt.

3. θὰ ἤθελα νὰ μὴ φύγης   ich möchte, daß du nicht weggehst
   θὰ ἤθελα νὰ μείνης ἐδῶ   ich wünschte, du bliebest hier

Gewöhnlich folgt auf θὰ ἤθελα Konj. Aor.

Wenn man um etwas bittet, ist θὰ ἤθελα am höflichsten. Beim Einkaufen von Lebensmitteln und ähnlichem jedoch wird θέλω gesagt.

B. durch νὰ + ein Verb

Wunschsätze des unerfüllten Wunsches durch:

1. a) νὰ + Imperf., wenn sich ein Wunsch auf die Gegenwart o. Zukunft bezieht:

νὰ ἤμουνα ἐκεῖ τώρα!   wäre ich jetzt dort!

νὰ καταλάβαινα τὸ ποίημα!   ich möchte das Gedicht verstehen!
                      o. könnte ich das Gedicht verstehen!

Die Verneinung ist μὴ[ν]

νὰ μὴν εἶχε τὸ τραῖνο καθυστέ-   hätte der Zug keine Verspätung!
ρησι!

νὰ μὴν ἔβρεχε ὅλο τὸ καλοκαίρι!   wenn es nicht im ganzen Sommer
                      regnete!

b) Wenn sich der Wunsch auf die unmittelbare Gegenwart bezieht oder intensiver ausgedrückt wird, dann kann er gewöhnlich durch den selbständigen Konj. Aor. wiedergegeben werden:

νὰ ἰδοῦμε κι' ἐμεῖς αὐτὸ τὸ φίλμ   auch wir möchten diesen Film sehen!
(ο. αὐτὴν τὴν ταινία)

νὰ πάω κι' ἐγὼ τώρα ἐκεῖ!   auch ich möchte jetzt hingehen!

Ausdruck:

Θεὸς φυλάξη!   Gott möge es verhüten!

2. Wenn sich ein Wunsch auf die Vergangenheit bezieht, durch:

a) νὰ + Imperf.
b) νὰ + Plusquamperf.

Wenn im Wunschsatz πιά, κιόλα (o. ἤδη aus der Schrspr.) = „schon" enthalten ist, dann nur durch Plusquamperfekt:

a) νὰ μὴν τὸ εἶχα πεῖ τότε! ⎫
b) νὰ μὴν τὸ ἔλεγα τότε! ⎬   hätte ich es damals nicht gesagt!
               ⎭

aber nur: νὰ εἶχα τελειώσει πιά! wäre ich schon fertig (geworden)!

Die Partikel νὰ läßt sich auch durch ἂς ersetzen.

AUFGABE 41:

Wenn der Zug gleich käme! Wenn wir einen Platz bekommen könnten (βρίσκω θέσι)! Wenn es nicht notwendig wäre (εἶναι ἀνάγκη) umzusteigen (ἀλλάζω τραῖνο, w.: den Zug wechseln)! Wenn wir den Gepäckschein (τὴν ἀπόδειξι γιὰ τὶς ἀποσκευὲς) schnell finden könnten (= fänden)! Wenn wir den Gepäckschein schon gefunden hätten! Ich möchte Wasser haben! Hätte ich ein bißchen frisches Wasser! Hätten wir damals mehr Wasser gehabt! Ein kleiner Bub sagt: Könnte ich tun, was ich will! Könnten wir jetzt gleich nach Athen fliegen!

AUFGABE 42:

Er möchte auch dieses interessante (ἐνδιαφέρ-ων, -ουσα, -ον) Buch (τὸ βιβλίο)
lesen. Möchten Sie mir etwas sagen? Möchten Sie immer in dieser Stadt leben?
Wärest auch du hier! Ein kleines Mädchen sagt: „Wäre ich schon erwachsen
(μεγάλη)!" oder „Wie schön wäre es, wenn ich schon erwachsen wäre!" Wie
schön wäre es, wenn wir im Frühjahr nach Kreta fahren könnten! Könnte er
schon Griechisch! Wäre er glücklich! Hätten wir die Fahrkarten in der Agentur
gekauft! Wären wir mit dem 8-Uhr-Zug (μὲ τὸ τραῖνο τῶν ὀκτὼ) nach Piräus
gefahren! Wären wir (doch) nach Griechenland gefahren, wie wir es vorhatten
(ὅπως τὸ εἴχαμε σκοπό)!

VERS:

Πάντ' ἀνοιχτὰ πάντ' ἄγρυπνα τὰ μάτια τῆς ψυχῆς μου.
Immer offen immer wach die Augen der Seele mein.

III. Ergänzungen zur Flexionslehre

Zum Substantiv, Adjektiv, Zahlwort und Verb

Verkleinerungsformen

§ 41 Die Endungen, die am häufigsten vorkommen, sind:

-άκης (männl.), -άκας, -άκος, -ούλης: ὁ ἀδερφὸς (der Bruder) -ὁ ἀδερφούλης u.a.
-ίτσα (weibl.), -ούδα, -ούλα: ἡ γάτα (die Katze) -ἡ γατίτσα o. γατούλα u.a.
-άκι (sächl.), $\left\{ \begin{array}{l} \text{-ούδι} \\ \text{-ουδάκι'} \end{array} \right.$ -ούλι: τὸ φιλὶ (der Kuß) -τὸ φιλάκι u.a.

-όπουλο, -οπούλα (sächl. u. weibl.) bedeutet: der Sohn oder die Tochter dessen,
der durch die Wurzel des Wortes ausgedrückt wird: ὁ βασιλιὰς (der König)
-τὸ βασιλόπουλο (der Königssohn) -ἡ βασιλοπούλα (die Königstochter) u.a.

Vergrößerungsformen

§ 42 Sie beziehen sich auf verschiedene Körperteile, auf Tiernamen und auf menschliche Eigenschaften. Ihre Bedeutung ist oft ironisch. Hier seien nur die wichtigsten der Vergrößerungsendungen angeführt:

-ος (männl.): ἡ βροντὴ (der Donner) -ὁ βρόντος (ein sehr lautes Geräusch – für ein schweres Fallen) u.a.
-αρος (männl.): ὁ σκύλος -ὁ σκύλαρος (der große Hund) u.a.
-α (weibl.) τὸ κεφάλι -ἡ κεφάλα (der große Kopf) u.a.
-άρα (weibl.): ἡ κοιλιὰ -ἡ κοιλιάρα (der große Bauch) u.a.

Ausdruck:

Θεέ μου, ἐπῆρα μιὰ τρομάρα   mein Gott, wie bin ich erschrocken!
                              (w.: ich nahm einen großen Schrecken)

(s. gr. L. §§ 63–65)

§ 43 Es gibt **Substantive mit 2 Pluralformen** mit verschiedener oder etwas abgewandelter Bedeutung, wie: ὁ λόγος – τὰ λόγια: das Wort – die Worte und ὁ λόγος – οἱ λόγοι: die Rede, der Grund – die Reden, die Gründe u.a. Oder auch mit gleicher Bedeutung, wie: ὁ γονιὸς – οἱ γονιοὶ u. γονεῖς: die Eltern.
(s. gr. L. §§ 81–82)

181

Undeklinierbare Substantive

§ 44 Sie haben immer die gleiche Endung. Nur der Artikel wird dekliniert. Es sind: Substantive fremder Abstammung. Wenn sie sich nicht auf Personen beziehen, sind sie gewöhnlich sächl. Geschlechtes: τὸ ζενὶθ (der, das Zenit), τὸ μπὰρ (die Bar), ὁ σωφὲρ (der Chauffeur, der Fahrer) u.a. Hierher gehören auch die Namen des griechischen Alphabets: τὸ ἄλφα (α), τὸ βῆτα (β) usw.

Einige Substantive, die nur vom Volk in der hier angeführten Form in Gebrauch sind: τὸ βιὸς (die Habe), ἡ γῆς (die Erde) u.a.

(s. gr. L. § 119)

Substantive,
deren Form zum Teil oder ganz der Schriftsprache angehört

§ 45 1. Einige Neutra auf -ov, -αν, -εν, -υ:

Sing. Nom. u. Akk.	τὸ	ὄν	τὸ	καθῆκον
Gen.	τοῦ	ὄντος	τοῦ	καθήκοντος
Plur. Nom. u. Akk.	τὰ	ὄντα	τὰ	καθήκοντα
Gen.	τῶν	ὄντων	τῶν	καθηκόντων
		das Wesen		die Pflicht

Danach werden dekliniert: τὸ παρελθὸν (die Vergangenheit), τὸ παρὸν (die Gegenwart), τὸ προϊὸν (das Produkt); τὸ ἐνδιαφέρον (das Interesse), τὸ μέλλον (die Zukunft), τὸ περιβάλλον (die Umwelt, das Milieu), τὸ συμφέρον (das Interesse).

Sing. Nom. u. Akk.	τὸ	πᾶν	τὸ	σύμπαν
Gen.	τοῦ	παντὸς	τοῦ	σύμπαντος
Plur. Nom.	τὰ	πάντα	τὰ	σύμπαντα
Gen.	τῶν	πάντων	τῶν	συμπάντων
		die Hauptsache		das Weltall

Sing. N. u. A.	τὸ	μηδὲν	τὸ	φωνῆεν	Pl. N. u. A. τὰ φωνήεντα
Gen.	τοῦ	μηδενὸς	τοῦ	φωνήεντος	Gen. τῶν φωνηέντων
	das Nichts, die Null			der Vokal	

Τὸ μηδὲν hat keinen Plural. Für die Null als Zahl im Plural: τὰ μηδενικά.

Sing. N. u. A.	τὸ	ὀξὺ	δόρυ	Pl. N. u. A.	τὰ ὀξέα δόρατα
Gen.	τοῦ	ὀξέος	δόρατος	Gen.	τῶν ὀξέων δοράτων
	die Säure	der Speer			

46 2. Einige männliche Substantive auf -τωρ:

S. N.	ὁ	αὐτοκράτωρ (καϑ.)	– αὐτοκράτορας (δημ.)	Pl. N.οἱ	αὐτοκράτορες
Gen.	τοῦ	αὐτοκράτορος	– αὐτοκράτορα	Gen. τῶν	αὐτοκρατόρων
Akk.	τὸν	αὐτοκράτορα	– αὐτοκράτορα	Akk. τοὺς	{ αὐτοκράτορας καϑ. αὐτοκράτορες δημ.

Ebenso werden dekliniert: ὁ δικτάτωρ (der Diktator), ὁ ῥήτωρ (der Redner) und einige andere. Hierher gehört auch: ὁ καῖσαρ (der Cäsar).

47 Einige männl. u. weibl. Substantive auf -ψ und ξ:

Sing. Nom.	ὁ	πρίγκιψ[1] (καϑ.)	– πρίγκιπας[1] (δημ.)	Pl. N. οἱ	πρίγκιπες
Gen.	τοῦ	πρίγκιπος	– πρίγκιπα	Gen. τῶν	πριγκίπων
Akk.	τὸν	πρίγκιπα	– πρίγκιπα	Akk. τοὺς τοὺς	{ πρίγκιπας (καϑ.) πρίγκιπες (δημ.)

der Prinz

Wie ὁ πρίγκιψ werden dekliniert: ὁ καὶ ἡ μύωψ (der und die Kurzsichtige), ὁ καὶ ἡ πρεσβύωψ (der und die Weitsichtige).

Sing. Nom.	ὁ u. ἡ	πρόσφυξ	Pl. N. οἱ	πρόσφυγες (Flüchtling)
Gen.	τοῦ u. τῆς	πρόσφυγος	Gen. τῶν	προσφύγων
Akk.	τὸν u. τὴν	πρόσφυγα	Akk. { τοὺς τοὺς u. τὶς	πρόσφυγας (καϑ.) πρόσφυγες (δημ.)

Ὁ κῶδιξ (der Codex), Gen. τοῦ κώδικος, Nom. Pl. οἱ κώδικες.

48 Einige männl. u. weibl. Substantive auf -ων und Eigennamen auf -ων und -ών.

Sing. Nom.	ὁ u. ἡ	ἐπιστήμων	Pl. N. οἱ	ἐπιστήμονες
Gen.	τοῦ u. τῆς	ἐπιστήμονος	τῶν	ἐπιστημόνων (καϑ. nur männl.)
Akk.	τὸν u. τὴν	ἐπιστήμονα	Akk. { τοὺς τοὺς u. τὶς	ἐπιστήμονας ἐπιστήμονες (δημ.)

(Wissenschaftler)

Ebenso werden dekliniert: ὁ und ἡ ἀρχιτέκτων (der Architekt, die Architektin), ὁ Παρϑενών (Parthenon), ὁ Πλάτων (Plato), usw. Bei Eigennamen wird die Endung des Genitivs mit ω in der ersten Silbe geschrieben: -ωνος, z. B.: τοῦ Πλάτωνος, τοῦ Παρϑενῶνος.

---

[1] ἡ πριγκίπισσα ist die weibliche Form.

183

§ 49 5. Einige weibliche Substantive auf -ις:

Sing. Nom.	ἡ καλλιτέχνις	Pl. N.	οἱ καλλιτέχνιδες
Gen.	τῆς καλλιτέχνιδος	Gen.	τῶν καλλιτέχνιδων
Ak.	τὴν καλλιτέχνιδα	Akk.	τὶς καλλιτέχνιδες
	die Künstlerin		

Ebenso: ἡ ταξιθέτις (die Platzanweiserin), ἡ ἐπιβάτις (der weibl. Passagier).
Die männl. Formen: ὁ καλλιτέχνης, ταξιθέτης, ἐπιβάτης.

(Vgl. gr. L. §§ 124–132)

§ 50 <h2 style="text-align:center">Unvollständige Steigerungsformen</h2>

1. ohne Positiv

ἄνω (oben): ἀνώτερος – ἀνώτατος (höherer – höchster)
κάτω (unten): κατώτερος – κατώτατος (unterer – unterster)
ὑπέρ (über): ὑπέρτερος – ὑπέρτατος (höher stehend – höchst stehend)

εἶναι ἀνώτερος ὑπάλληλος	er ist ein höherer Beamter
φέρεται καλὰ πρὸς τοὺς κατωτέρους	er benimmt sich gut seinen Untergebenen gegenüber.
εἶναι ὑπέρτερος ὅλων	er übertrifft sie alle (es ist ein Satz aus der Schrspr.).

2. Komparative ohne Positiv und Superlativ

προτιμότερος	– lieber	μεταγενέστερος	– später
προγενέστερος	– früher	πρωτύτερος	– früher

(s. gr. L. §§ 153 u. 156)

Rechtschreibung der Steigerungsformen

§ 51 Die Steigerungsformen -ότερος und -ότατος werden mit ω in der drittletzten Silbe geschrieben, wenn die Silbe davor (also die viertletzte des Wortes) ein ε oder ο (Omikron) hat und nicht darauf zwei oder ganz selten drei Konsonanten – wie bei ἄσπρος: weiß – folgen:

ξερὸς – ξερώτερος – ξερώτατος (trocken)

Hat die Silbe vor -ότερος, -ότατος ein η, ω oder einen Doppellaut oder folgen darauf zwei oder ganz selten drei Konsonanten, dann werden die Steigerungsformen mit ο (Omikron) geschrieben:

σκληρὸς – σκληρότερος – σκληρότατος (hart)
γενναῖος – γενναιότερος – γενναιότατος (tapfer)
ζεστὸς – ζεστότερος – ζεστότατος (warm)

Das gleiche tritt ein, wenn vor den Endungen -ότερος, -ότατος ein α, ι oder υ
steht, doch richten sich die des Altgriechischen Kundigen überwiegend nach den
komplizierten Regeln des Altgriechischen und der Schrspr., so daß je nach
Art der Silbe (theoretisch „lang" oder „kurz") vor der Endung -ος des Positivs,
ο oder ω in den Steigerungsformen geschrieben wird.

(s. gr. L. § 155)

52 Die arabischen Ziffern (τὰ ἀραβικὰ ψηφία) werden in bestimmten Fällen durch
die Buchstaben des griechischen Alphabets ersetzt: α′ (1), β′ (2), γ′ (3), δ′ (4),
ε′ (5), στ′ (6), ζ′ (7), η′ (8), θ′ (9), ι′ (10), κ′ (20), λ′ (30), μ′ (40), ν′ (50), ξ′ (60),
ο′ (70), π′ (80), ϟ′ (κόπα = 90), ρ′ (100), σ′ (200), τ′ (300), υ′ (400), φ′ (500),
χ′ (600), ψ′ (700), ω′ (800), ϡ′ σαμπὶ = 900).
Von 1000 und aufwärts wird der Strich links unten gesetzt: ͵α = 1000, ͵σ =
10 000, ͵ρ = 100 000 usw.

Bei einer mehrstelligen Zahl erhalten nur der erste und letzte Buchstabe (= Ziffer)
die ὀξεία (′): ͵αϟιβ′ = 1912.
Die Ordnungszahlen werden gewöhnlich durch die großen Buchstaben wieder-
gegeben: Α′ = erster, ΣΤ′ = sechster usw.

Augment

53 Einige Verben haben statt des e-Lautes einen i-Laut (η) als Augment wie:
θέλω – ἤθελα (wollen), ξέρω – ἤξερα (wissen) usw. Andere wieder verwandeln
das ε u. ει, womit das Verb beginnt, wie ἔχω, εἶμαι (haben, sein) in ει u. η:
εἶχα, ἤμουν:

54 Der erste Teil der zusammengesetzten Verben ist in der Hauptsache eine Prä-
position. In der καθ. (wie im Altgriechischen) wird bei diesen Verben bei der
Bildung der Vergangenheit das Augment vor das einfache Verb gesetzt, so daß
es zwischen die Präposition u. das Verb kommt. Das ist dann das sogenannte
innere Augment:

συνθέτω συνέθεσα komponieren

Es gibt in der δημ. eine ganze Reihe von zusammengesetzten Verben, die im
Imperfekt u. Aorist eine Doppelform haben, sowohl eine mit dem inneren
Augment, als auch eine mit dem syllabischen, wie:

μεταφράζω μετέφρασα übersetzen
[ἐ]μετάφρασα

185

Je nach dem Bildungsstand des Sprechers oder seines Partners wird hier die eine oder andere Form gebraucht.
Jedoch bei den meisten Verben der δημ. wird das zusammengesetzte Verb nicht mehr als solches empfunden u. das Augment vor das ganze Wort gesetzt:

προσέχω   [ἐ]πρόσεξα   achtgeben

Die Volksspr. aber, die dauernd auch durch die Schriftspr. bereichert wird, hat von ihr eine Reihe von Verben[1]) und vor allem viele Komposita übernommen – und übernimmt weiter – und zwar mit dem in der Schriftspr. üblichen inneren Augment. Damit kann auch ein Wegfallen des Vokals der 2. Silbe der zweisilbigen (auch der alten) Präpositionen verbunden sein, wie z. B.: ἀμφιβάλλω – ἀμφέβαλα (zweifeln) oder eine Veränderung des Konsonanten der alten Präposition, wie: ἐκφράζω – ἐξέφρασα (ausdrücken), ἐγκρίνω- ἐνέκρινα (billigen).

Von den häufigst vorkommenden Verben dieser Art 2 als Beispiel:

Präsens		Aorist	
*ἐκδίδω		ἐξέδωσα	herausgeben als Verleger
*ὑπάρχω	Imperf.	ὑπῆρχα	existieren, sein; unp. ὑπάρχει, ὑπάρχουν:
	Aorist	ὑπῆρξα	es gibt

Wendet man nun diese Verben ohne das aus der Schriftsprache stammende innere Augment an, so klingen sie befremdend und unnatürlich. Dies gilt jedoch in der Hauptsache für den Singular. Der Plural hat sich weitgehend der Volkssprache angeglichen. So sagt man: ἀμφιβάλαμε ἂν θὰ ἔλθετε wir zweifelten, ob Sie kommen, ἐγκρίναμε τὴν ἀπόφασί του wir billigten seinen Entschluß, usw. (S. gr. L. §§ 207–216)

Hinweise zum Gebrauch der Zeiten

§ 55 **Imperfekt** (S. S. 62 ff.):

1. Immer wenn im Satz der Vergangenheit Wörter der Wiederholung oder Dauer vorkommen:

ἐρχόταν συχνὰ στὸ σπίτι μας   er kam oft zu uns

Ist das der Fall bei einem Nebensatz oder dem dazu gehörenden Hauptsatz, so müssen die Verben beider Sätze im Imperfekt stehen, da die Handlung gleichzeitig verläuft:

ὅταν μᾶς ἐπισκεπτόταν, μᾶς   wenn er uns besuchte, las er uns dann
ἐδιάβαζε ποῦ καὶ ποῦ κανένα   und wann ein Gedicht von sich vor
ποίημά του

---

[1] Diese Verben sind hier sowie im ganzen Buch mit einem Stern versehen.

2. Immer wenn im Deutschen „wenn" (zeitlich) + Imperfekt steht: wenn er uns schrieb, freuten wir uns ὅταν μᾶς ἔγραφε, χαιρόμαστε

3. Außerdem dient das Imperfekt noch zur Hervorhebung einer Situation (vor andern), zu ihrer Schilderung, z. B.: Aus einem Märchen[1]):

Ἐπήγανε κι' ἐγυρέψανε καὶ δὲν εὑρήκανε. Κι' ἐγυρίζανε στὸ σπίτι τους. Ὕστερα νυχτωθήκανε.

Sie gingen und suchten und fanden nicht. Und sie befanden sich nun auf dem Heimweg (w.: sie kehrten nach Hause zurück). Dann wurden sie von der Nacht überrascht.

Die Verben des 1. u. 3. Satzes stehen im Aorist, das Verb des 2. Satzes unvermittelt im Imperfekt, damit die Aufmerksamkeit des Hörers auf die Verzögerung gelenkt wird.

§ 56 **a) Einmaliges Futurum** (s. S. 71 ff.):

Wenn im deutschen Satz „wenn" (zeitlich o. als Bedingung) + Präsens steht und das Verb des Hauptsatzes im Futurum, wie: „wenn er verreist, wird er uns benachrichtigen", muß im Griechischen berücksichtigt werden, daß die Handlung in **beiden** Sätzen noch in der Zukunft liegt und daher auch das Verb des Nebensatzes im Futurum stehen muß. Die Partikel θὰ fällt nach ὅταν u. ἂν gewöhnlich weg:

ὅταν (o. ἂν) πάῃ ταξίδι. Θὰ μᾶς   wenn er verreist, wird er uns benach-
εἰδοποιήσῃ   richtigen.

(Das ist eine der größten Klippen bei der Übersetzung aus dem Deutschen ins Griechische.)

b) Aorist (s. S. 62 ff.)

Der Aorist kann aber auch den Anfang oder das Ende einer Handlung bezeichnen und erhält dann eine punktuelle Bedeutung:

ἄρχισαν ἀμέσως νὰ λογαριάζουν   sie begannen sofort zu rechnen
ἔπαψαν νὰ τραγουδοῦν   sie hörten auf zu singen.

Außerdem hat der Aorist auch die Bedeutung des Perfekt und in Verbindung mit der Partikel θὰ die eines Futurum Exactums (s. S. 79)

---

[1] Μαρίας Ἀμαριώτου: Ἱστορίες τῆς μανούλας μου. Ἀθῆναι 1948.

§ 57 a) Konjunktiv Präsens

Nach den Verben: ἀρχίζω (anfangen), ἐξακολουθῶ (fortfahren), παύω (aufhören) – alle 3 mit νὰ + Konjunkt. –, kann nur der Konj. Präsens stehen:

εἶναι μεσάνυκτα καὶ ἐξακολουθεῖ νὰ σχεδιάζη	es ist Mitternacht und er fährt fort zu zeichnen.

b) Konj. Perfekt (s. S. 79)

Er hat die – doppelte – Bedeutung des Fut. Exact. im Indikativ:

σὲ 5 λεπτὰ πρέπει νὰ ἔχω φύγει	in 5 Minuten muß ich weggegangen sein
τέτοια ὥρα πρέπει νὰ ἔχη φθάσει (ο. νὰ ἔφθασε) τὸ ἀεροπλάνο ἐκεῖ	um diese Stunde muß (ο. muß wohl) das Flugzeug dort angekommen sein

§ 58 Das Verb χαίρομαι u. die Verben der Gemütsbewegung im allgemeinen

Für das deutsche „sich freuen" . . . zu + Infinitiv und „sich freuen", daß + Indikativ sagt der Grieche χαίρομαι (Schriftspr.: χαίρω). Auf χαίρομαι folgt πού (= daß) + Indik., wenn es sich um etwas Bestimmtes handelt, z. B.: χαίρομαι πού σὲ βλέπω: ich freue mich dich zu sehen, oder: ἐχάρηκα πού ἤλθατε: ich freute mich, daß Sie gekommen sind, usw.; χαίρομαι mit νὰ + Konjunkt. bezieht sich auf etwas noch nicht näher Bestimmtes, oder noch nicht Eingetroffenes oder etwas Allgemeines oder einen Wunsch, z. B. χαίρομαι νὰ σὲ βλέπω ich freue mich dich zu sehen (überhaupt, im allgemeinen); θὰ χαρῶ νὰ σᾶς ἰδῶ αὔριο ich werde mich freuen Sie morgen zu sehen, usw.

Auf den Aorist ἐχάρηκα folgt immer πού, da der Aorist etwas Abgeschlossenes ausdrückt und sich somit auf etwas Bestimmtes bezieht: [ἐ]χάρηκα πού πῆρα γράμμα της ich habe mich gefreut, daß ich einen Brief von ihr erhalten habe. Auf das Futurum θὰ χαρῶ, das einen Grad der Unbestimmtheit enthält, folgt gewöhnlich νὰ: θὰ χαρῶ νὰ μάθω γλήγορα τὰ ἑλληνικά: ich werde mich freuen, schnell griechisch zu lernen.

χαίρομαι + Akk.: sich freuen an, genießen: κάθεται στὸ μπαλκόνι καὶ χαίρεται τὸν ἥλιο: er sitzt auf dem Balkon und genießt die Sonne; χαίρομαι γιὰ: sich freuen über, auf: χαίρεσαι γιὰ τὰ νέα; χαίρεσαι γι' αὔριο; freust du dich über die Neuigkeiten? freust du dich auf morgen?

Die gleiche Syntax haben: εὐχαριστοῦμαι: es macht mir ein Vergnügen, λυποῦμαι: es tut mir leid u. ähnliche Verben so wie auch Umschreibungen dieser Begriffe, wie: ich bin glücklich (εὐτυχής), erfreut (χαρούμενος) u. ä.

AUFGABE 43:

Er freute sich, daß die Schauspielerin wieder gesund (καλὰ [στὴν ὑγεία της) war. Er war erfreut, ihn oft zu sehen. Freust du dich über dieses Geschenk (τὸ δῶρο)? Doch (πώς). Es hat uns leid getan, daß er nicht gekommen ist. Es wird mir leid tun, dich morgen nicht im Theater zu sehen. Es macht mir Vergnügen, in Konzerte zu gehen. Es macht mir Vergnügen, daß wir jetzt alle zusammen ins Theater gehen. Er war traurig (λυπημένος), daß er nicht mit uns reisen (ταξιδεύω) konnte.

§ 59 Verben mit gekürzten Formen

S. S. 29. Wie ἀκούω werden konjugiert: καίω (brennen), κλαίω (weinen), φταίω (schuld sein) und die beiden Futura θὰ πάω (ich werde gehen) und θὰ φάω (ich werde essen); wie τρώγω > τρώω die Verben φυλάγω > φυλάω (hüten) und σκάζω > σκάω (platzen).

§ 60 Das deutsche Verb **lassen** (ἀφήνω) als modales Hilfsverb (= veranlassen) im Griechischen:

1. Aktiver und refl. Infinitiv + lassen = die akt. oder refl. Form eines Verbs (in irgend einer Zeit) ohne „lassen":

φτειάχνω ροῦχα   ich lasse mir Kleider machen
ξυρίζεται στὸ κουρεῖο   er läßt sich im Friseurgeschäft rasieren.

2. durch κάνω νὰ . . . (o. καὶ) + Indikat. oder ἀφήνω νὰ . . . (o. καὶ) + Indik.):
τοὺς ἔκανα (o. ἄφησα) „νὰ περιμένουν" (o. „καὶ περίμεναν"): ich ließ sie warten.

Über die deutschen modalen Hilfsverben s. gr. L. §§ 281–288.

Elliptische Verben

§ 61 Die Verben, die nur in den aus einem Stamm, gewöhnlich dem Präsensstamm, gebildeten Zeiten vorkommen, heißen elliptische Verben. Einige sind nur in einzelnen Formen oder Zeiten in Gebrauch:

	Präsens	Imperfekt	
	ἀνήκω	ἀνῆκα	gehören
unp.	ἀξίζω(νὰ . . .)	ἄξιζα	wert sein
	ἀφορᾶ	ἀφοροῦσε	es bezieht sich, es betrifft
	διαφέρω	διέφερα	verschieden sein
	ἐνδιαφέρω	ἐνδιέφερα	interessieren

189

	Präsens	Imperfekt	
	εἶμαι	ἤμουν	sein
unp.	*ἐπείγει	–	es eilt
	ἔχω	εἶχα	haben
unp.	μὲ μέλει	μὲ ἔμελε	es liegt mir daran, es geht mich an, es kümmert mich
	ξέρω	ἤξερα	wissen, kennen, können (als Wissen)
	πάσχω	ἔπασχα	leiden
	περιμένω	[ἐ]περίμενα	warten, erwarten
unp.	πρέπει νὰ . . .	ἔπρεπε νὰ . . .	müssen
	πρόκειται [νὰ]	ἐπρόκειτο	vorhaben, sollen (= vorhaben)
	σκοπεύω¹ [νὰ]	[ἐ]σκόπευα	vorhaben
	τρέμω	ἔτρεμα	zittern
	χρ[ε]ωστῶ u. a.	⎰ [ἐ]χρωστοῦσα ⎱ [ἐ]χρώσταγα	schuldig sein, verdanken

BEISPIELE:

τὸ βιβλίο αὐτὸ ἀνήκει εἰς τὸ (στὸ) βυζαντινὸ ἰνστιτοῦτο	dieses Buch gehört dem Byzantinischen Institut
εἶμαι τῆς γνώμης	ich bin der Meinung
τὰ ἔχει μαζί του	1. er ist böse auf ihn 2. sie hat es mit ihm
ἡ ὑπόθεσι αὐτὴ ἐπείγει	diese Angelegenheit eilt

(S. gr. L. §§ 290–292)

Unpersönliche Verben

§ 62 Unpersönlich nennt man die Verben, die sich nicht auf eine Person beziehen und nur in der 3. Person Singularis und manchmal auch in der 3. Person Pluralis gebraucht werden. Es sind:

1. Verben, die sich auf die Tageszeit oder auf das Wetter beziehen:

ἀστράφτει	ἄστραψε	es blitzt
βρέχει	ἔβρεξε	es regnet
ξαστερώνει	ξαστέρωσε	es wird sternklar
φέγγει	ἔφεξε	es ist, wird hell
πάει ἡ βροχή, ξαστέρωσε u. a.		der Regen ist vorbei, es ist sternklar geworden

---

¹ σκοπεύω: „zielen" ist kein ellipt. Verb.

2. Die Verben

ἀπαγορεύεται [νά . . . .]	es ist verboten
ἀρκεῖ [νά . . .]	es genügt, vorausgesetzt, daß . . .
ἀφορᾶ (mit Akk.)	es betrifft
ἐπιτρέπεται [νά . . .]	es ist erlaubt
τί μέλλει νά γίνῃ;	{ was ist (vom Schicksal) bestimmt, daß werden soll?
συμβαίνει [νά . . .] u. a.	es geschieht, es kommt vor, daß . . .

Auf diese Verben folgt oft der Konjunktiv.

θά σέ στείλω νά σπουδάσῃς στήν Εὐρώπη, ἀρκεῖ νά μάθῃς πρῶτα μιά ξένη γλώσσα	ich werde dich zum Studieren nach Europa schicken, vorausgesetzt (w.: es genügt), daß du zuerst eine fremde Sprache lernst

3. Auch viele andere Verben kann man unpersönlich anwenden. Öfter auch in Verbindung mit einem Personalpronomen.

τοῦ ἀξίζει ὁ ἔπαινος . . .	er verdient das Lob
γίνεται (νά . . .)	es geht
σέ πειράζει; δέν μέ πειράζει νά . . .	stört es dich? es stört mich nicht, es macht mir nichts, } daß . . .
τί τρέχει;	was ist los?

τυχαίνει (ο. volkstümlicher: λαχαίνει) + Konjunktiv (statt **νά** auch **καί**)

1. zufällig + Verb
2. es kommt vor, es gibt sich, daß . . . + Verb

ἄν τύχῃ ο. λάχῃ νά (ο. καί) τούς ἰδῇς, πές τους χαιρετίσματα	wenn du sie (männl. Plur.) zufällig siehst, sag ihnen Grüße (grüße sie)
καμμιά φορά μόνον τυχαίνει νά πηγαίνωμε ἐκεῖ	nur manchmal gibt es sich, daß wir hinfahren (o. gehen)

Das deutsche „es gibt" = ὑπάρχει, ὑπάρχουν ist im Griechischen auch ein persönliches Verb: ὑπάρχω: ich existiere.

φθάνει (φτάνει), νά . . .	es genügt, vorausgesetzt, daß . . . (w.: es genügt, daß . . .)
φαίνεται ὅτι (ο. πώς)	es scheint, daß . . .
μέ ἐνδιαφέρει	es interessiert mich
μοῦ ἔρχεται στό νοῦ u. a.	es fällt mir ein

(S. gr. L. §§ 293–297)

Unregelmäßige Verben in alphabetischer Reihenfolge

§ 63 Einmaliges Futurum, Imperativ Aorist und die feststehende Form werden nur dann neben dem Aorist angeführt, wenn sie eine abweichende Form haben. Doppelformen sind durch einen Strich verbunden. Sind sie nicht gleichwertig, so wird die zweite Form in Klammern gesetzt.
Die eingeklammerten Präpositionen für die Komposita stehen nicht in alphabetischer Reihe, sondern nach der Häufigkeit der Benützung.
Verbalformen mit mehr als drei Silben stehen ohne Augment, außer wenn sie der Schrspr. angehören.

Präsens	Aktiver Aorist	Pass.-refl. Aorist	Pass. Part. Perf.
{ ἁμαρταίνω { *ἁμαρτάνω	ἁμάρτησα		
ἀνασταίνω	ἀνάστησα	ἀναστήθηκα	ἀναστημένος
*ἀνατέλλω	ἀνέτειλα		
ἀνεβαίνω	ἀνέβηκα, θ' ἀνεβῶ–ἀνέβω, ἀνέβα, -ῆτε, ἀνεβῆ–ἀνέβη¹)		ἀνεβασμένος
*ἀπονέμω	ἀπένειμα	ἀπονεμήθηκα	
ἀπισταίνω	ἀπόστασα	(Pass.-refl. Präs.)	ἀποσταμένος
ἀρέσω, Imperf. ἄρεσα–ἄρεζα	ἄρεσα	*ἀρέσκομαι	
ἀρταίνω	ἄρτυσα	ἀρτύθηκα	ἀρτυμένος
{ αὐξαίνω { *αὐξάνω	αὔξησα	αὐξήθηκα	αὐξημένος
ἀφήνω	ἄφησα u. ἀφῆκα ἄφησε u. ἄσε	{ ἀφέθηκα { ἀφήθηκα	ἀφημένος
{ βάζω { -βάλλω (προ-, { προσ-, ἀνα-, { κατα-, ἀμφ[ι]-	ἔβαλα -βαλα -έβαλα	βάλθηκα { -βλήθηκα { -εβλήθηκα	βαλμένος -βλημένος
βγάζω	ἔβγαλα	βγάλθηκα	βγαλμένος
βγαίνω	[ἐ]βγῆκα, θὰ βγῶ, ἔβγα– βγές, βγῆτε, βγῆ		
βλέπω (προ-, παρα-, ἀπο-)	εἶδα, θὰ [ἰ]δῶ, δὲς–(ἰδέ), δῆτε– δέστε, δεῖ aber auch πρό- βλεψα, παράβλεψα usw.	εἰδώθηκα, θὰ ἰδωθῶ aber auch { προβλέφθηκα { -φτηκα usw.	ἰδωμένος

---

¹ Die feststehende Form der Verben ἀνεβαίνω, βαίνω, διαβαίνω, κατεβαίνω, μπαίνω wird ausnahmsweise mit η geschrieben.

Präsens	Aktiver Aorist	Pass.-refl. Aorist	Pass. Part. Perf.
βόσκω	βόσκησα	βοσκήθηκα	βοσκημένος
βούλομαι (poet.)		βουλήθηκα	
βρέχω (κατα-)	ἔβρεξα	βράχηκα	βρε[γ]μένος
		καταβράχηκα	
		⌈καταβρέχθηκα	
		⌊-χτηκα	
⌈ βρίσκω	βρῆκα (ἤβρα), θὰ βρῶ, βρέθηκα		
	βρές βρέστε – βρῆτε, βρεῖ		
⌊ *εὑρίσκω	εὑρῆκα (ηὗρα), θὰ εὕρω		
βυζαίνω	ἐβύζαξα	⌈βυζάχθηκα	βυζαγμένος
		⌊-χτηκα	
γέρνω	ἔγειρα		γερμένος
γίνομαι	ἔγινα – θὰ γίνω	γίνηκα – γένηκα	
	(θὰ γενῶ)		γινωμένος
γδέρνω	ἔγδαρα	γδάρθηκα	γδαρμένος
*δέομαι		δεήθηκα	
δέρνω	ἔδειρα	δάρθηκα	δαρμένος
διαβαίνω	διάβηκα, θὰ διαβῶ,		
	διάβα, -ῆτε, διαβῆ		
*διαμαρτύρομαι		διαμαρτυρήθηκα	διαμαρτυρημένος
*διδάσκω	ἐδίδαξα	διδάχθηκα	διδαγμένος
δίνω	ἔδωσα – ἔδωκα	δόθηκα	δοσμένος –
	δῶσε, δώσει		δομένος
⌈ ἐγκατασταίνω[1])	ἐγκατάστησα	ἐγκαταστάθηκα	ἐγκαταστημένος
⌊ (*ἐγκαθιστῶ)			
εἰσάγω	εἰσήγαγα	εἰσάχθηκα	
ἐκθέτω	ἐξέθεσα	ἐξετέθηκα	ἐκτεθειμένος
ἔρχομαι	ἦλθα – ἦρθα, θὰ ἔλθω –		
	ἔρθω, ἔλα, ἐλᾶτε,		
	ἔλθει – ἔρθει		
εὔχομαι (προσ-)		εὐχήθηκα	
θαρρῶ	θάρρεψα		
θέλω, ἤθελα	[ἠ]θέλησα		
θέτω	ἔθεσα	-τέθηκα	-τεθειμένος (ἐκ-,
(s. o. ἐκθέτω)			μετα-, κατα-
			u.a.)
*καθιστῶ[1])	κατέστησα, θὰ καταστήσω		
κάθομαι	κάθησα (ἔκατσα)		καθισμένος
καίω	ἔκαψα	κάηκα	καμένος

---

[1] Das alte Verb ἵστημι kann in den zusammengesetzten Verben der Volksspr. verschiedene Formen annehmen: -ιστάνω, -[ι]σταίνω, -ιστῶ.

193

Präsens	Aktiver Aorist	Pass.-refl. Aorist	Pass. Part. Perf.
κάνω	ἔκανα – ἔκαμα		καμωμένος
καταλαβαίνω	κατάλαβα		
κατεβαίνω	κατέβηκα, θὰ κατεβῶ –		κατεβασμένος
	κατέβω, κατέβα, -ῆτε,		
	κατεβῆ – κατέβη		
κλαίω	ἔκλαψα	⎰κλάφθηκα	κλαμένος
		⎱ -φτηκα	
λαβαίνω	ἔλαβα – λαβα		
(μετα-; προ-)			
λαχαίνω	ἔλαχα		
λέ[γ]ω	εἶπα, θὰ πῶ, πές,	⎰εἰπώθηκα	εἰπωμένος
	πέστε – πῆτε, πεῖ	⎱ἐλέχθηκα	
μαθαίνω	ἔμαθα unpers.	μαθεύτηκε	μαθημένος
⎰μακραίνω	μάκρυνα	ἀπομακρύνθηκα	ἀπομακρυσμένος
⎱-μακρύνω (ἀπο-)			
μένω	ἔμεινα		
μπαίνω	[ἐ]μπῆκα, θὰ μπῶ,		μπασμένος
	ἔμπα – μπές		
	μπῆτε, μπῆ		
ντρέπομαι		ντράπηκα	
παθαίνω		ἔπαθα	
παίρνω	[ἐ]πῆρα, θὰ πάρω		παρμένος
παραγγέλνω	παράγγειλα	παραγγέλθηκα	παραγγελμένος
so auch:			
*ἀγγέλλω	*ἤγγειλα		
παράγω	παρήγαγα	3. Pers. παράχθηκε	
	θὰ παραγάγω		
⎰παριστάνω[1])	παρέστησα	παραστάθηκα	
⎱παρασταίνω			
⎰πεθαίνω	[ἐ]πέθανα		πεθαμένος
⎱*ἀποθνήσκω			
πετυχαίνω	πέτυχα		πετυχημένος
πέφτω	ἔπεσα		πεσμένος
⎰πηγαίνω	[ἐ]πῆγα, θὰ πάω,		πηγαιμένος
⎱ πάω	πήγαινε – πᾶτε, πάει		
πίνω	ἤπια, θὰ πιῶ, πιέ[ς], πιώθηκα		πιωμένος
	πιῆτε – πιέ[σ]τε,		
	πιεῖ		
πλένω	ἔπλυνα	πλύθηκα	πλυμένος

---

¹ S. o. Anm. von ἐγκατασταίνω.

Präsens	Aktiver Aorist	Pass.-refl. Aorist	Pass. Part. Perf.
πλέω (ἐπι-, περι-, κατα-, δια-)	*ἔπλευσα		
πνέω (ἀνα-, εἰσ-, ἐμ-)	ἔπνευσα	ἐμπνεύσθηκα -στηκα	ἐμπνευσμένος
σέβομαι		σεβάσθηκα -στηκα	
σέρνω	ἔσυρα	σύρθηκα	συρμένος
σπέρνω	ἔσπειρα	σπάρθηκα	σπαρμένος
στέκομαι (παρα-) στέκω, Imperat. Präs.: στέκα – ᾶτε		στάθηκα Imp. Aor. στάσου, σταθῆτε	
στέλνω	ἔστειλα	στάλθηκα	σταλμένος
στρέφω (κατα-)	ἔστρεψα	στράφηκα	στραμμένος -στρεμμένος
Pass.-refl. Präs.: συχαίνομαι		συχάθηκα	συχαμένος
συμβαίνει	συνέβη		
συσταίνω συνιστῶ	[ἐ]σύστησα συνέστησα		συστημένος
σωπαίνω *σιωπῶ (ἀπο-)	σώπασα (-)σιώπησα	(-)σιωπήθηκα	σωπασμένος (-)σιωπημένος
*τείνω (πρό-, παρα-, ἀπο-, συν-)	ἔτεινα	-τάθηκα	-τεταμένος
τρέπω (ἐπι-, ἀπο-, παρα-)	ἔτρεψα	τράπηκα	ἐπιτετραμμένος
τρώ[γ]ω	ἔφαγα, θὰ φά[γ]ω	φαγώθηκα	φαγωμένος
τυχαίνω (ἀπο-, πε-)	ἔτυχα		ἀποτυχημένος
*ὑγιαίνω	ἔγιανα		
ὑπόσχομαι		ὑποσχέθηκα	ὑποσχεμένος
φαίνομαι		φάνηκα	
φεύγω, φεύγα – φεῦγε Imperativ-Präs.	ἔφυγα		
φταίω	ἔφταιξα		
χαίρομαι *χαίρω		χάρηκα	Part. Präs.: χαρούμενος
χορταίνω	χόρτασα		χορτασμένος
ψέλνω	ἔψαλα	ψάλθηκα	ψαλμένος

Zur Bedeutung der unregelmäßigen Verben s. Lexikon.

IV. Die unflektierten Redeteile

Das Adverb

(Τὸ ἐπίρρημα)

Allgemeines

§ **64** Das Adverb bestimmt das Verb näher: μιλῶ δυνατά (ich spreche laut), und seltener ein Adjektiv, ein Substantiv oder ein anderes Adverb: εἶναι πολὺ ψηλὸς (er ist sehr groß), τὸ ἐπάνω πάτωμα (das obere Stockwerk), κοιτάζω πέρα μακριά (ich schaue in die Ferne).

Der Form nach gibt es ursprüngliche und abgeleitete Adverbien.

1. Ursprüngliche: ποῦ; (wo? wohin?), ἐδῶ (hier), τότε (damals, dann) usw.

2. Abgeleitete: sie werden von Adjektiven gebildet durch die Endung **-α** (es ist die sächl. Plur.form): ψηλ-ὸς – ψηλ-ά (hoch), χαμηλ-ὸς – χαμηλ-ά (nieder) usw.

In der Schrspr. endigen diese abgeleiteten Adverbien auf **-ως**. Die Volksspr. hat eine bestimmte Anzahl dieser Adverbien mit der alten Form übernommen: ἀμέσως (gleich, sofort), εὐχαρίστως (gern) usw.

Bei Adverbien mit verneinendem Sinn wird die Negationspartikel δὲν oder μὴ noch eigens beigefügt: πουθενὰ δὲν εἶναι (nirgends ist er), ποτὲ νὰ μὴ τὸ κάνης (niemals sollst du es machen).

I. Adverbien des Ortes:

§ **65** fragend:

		ἐδῶ	hier, [hier]her
ποῦ;	wo? wohin?	ἐκεῖ	dort, [dort]hin
ἀπὸ ποῦ;	von wo? woher?	πέρα	drüben, hin-, herüber

relativ:

		κάπου	irgendwo
ποὺ, ὅπου	wo, wohin	[ἐ]πάνω [ἀ]πάνω	oben, hin-, herauf
ὁπουδήποτε	wo o. wohin immer	κάτω	unten, hin-, herunter
Ποῦ εἶναι ὁ Πόρος;		Wo ist (die Insel) Poros?	

66 II. Adverbien der Zeit:

fragend:

πότε;	wann?	ἀμέσως	sofort

relativ:

ποὺ in τότε ποὺ	damals, wo (= als)	πάντοτε πάντα }	immer
ὅποτε, ὁποτεδή- ποτε	wann immer	συχνά	oft
ποτὲ[1]	niemals	πρῶτα	früher, zuerst

Temporaler Akkus.: τὸ βράδυ (abends), τὸν Μάιο (im Mai), τὴν Τρίτη (am Dienstag); ohne Artikel: πρωὶ βράδυ (morgens und abends), μεσημέρι βράδυ (mittags und abends), χειμώνα καλοκαίρι (Winter und Sommer) u.a.

Beisp.: τέτοια ὥρα εὐκαιρῶ πάντα   um diese Stunde habe ich immer Zeit

III. Adverbien der Art und Weise:

67 fragend:

πῶς;	wie?	ἀπέξω	auswendig

relativ:

ὅπως, καθὼς[2]	wie	ἔξαφνα	plötzlich
		ἔτσι	so
ὁπωσδήποτε	{ auf jeden Fall auf jede Art und Weise	ἴσια	gerade
		κατ' εὐθεῖαν	direkt
		μετὰ χαρᾶς	mit Freude, sehr gern

Einige Adverbien auf -ως:

ἀκριβῶς	genau, pünktlich	ἐντελῶς	ganz
ἀμέσως	sofort, gleich	εὐχαρίστως	gern

Einige Substantive stehen an Stelle von Adverbien:

ἀλήθεια (Wahrheit): ἀλήθεια, ἔτσι εἶναι: wirklich, so ist es;
βαρκάδα (Bootsfahrt): πηγαίνω βαρκάδα: ich fahre mit dem Boot;
συνέχεια (Fortsetzung): (ungefähr:) am laufenden Band
ὁ ἄρρωστος κοιμήθηκε ἀπόψε συνέχεια: der Kranke schlief heute nacht durch

---

[1] ποτὲ kann durch das verbundene Pronomen verstärkt werden: ποτέ μου, ποτέ σου, ποτέ του usw. = niemals!

[2] Ὡς (Schrspr.) = ὅπως, καθὼς steht in der Volksspr. nur in der dichterischen Sprache:
Vers: Κι ᾽ἔφυγε τὸ χρυσ᾽ ὄνειρο ὡς φεύγουν ὅλα τ᾽ἄλλα
Und es verschwand (W.: ging weg) der goldene Traum wie alle andern (Träume)
verschwinden.

197

Ausdruck:

σὲ περιμένω πῶς καὶ πῶς   ich erwarte dich mit großer Ungeduld

Die Vergleichspartikeln **σὰν** und **ὡς**

§ 68 **Σὰν** = wie′ (= ähnlich) und ὡς = als (= in seiner Eigenschaft als . . .)

εἶναι σὰν ψέμματα   es ist, als ob alles unwirklich wäre (w. ist wie Lügen)˙

ʽΩς (aus der Schriftsprache):

1. „als" ὡς μορφωμένος ἄνθρωπος = als gebildeter Mensch
2. „ungefähr": θὰ εἶναι ὡς δέκα πρόσωπα = es werden ungefähr 10 Personen sein.

§ 69 Das deutsche „vielleicht" aber nur in der Aussage: **ἴσως** (mit o. ohne **νὰ**):

ἴσως [νὰ] πῆγε πιὰ ἐκεῖ   vielleicht ging er schon hin

Mit Ausnahme des Fut. exactums kann man bei allen Zeiten statt [νὰ] auch [καὶ] einfügen: ἴσως καὶ εἶναι σπίτι τώρα = vielleicht ist er jetzt zu hause.

Für das deutsche „vielleicht", „etwa" in einer F r a g e hat die griechische Sprache eine verhältnismäßig größere Anzahl von Wörtern: μήπως (= franz.: est-ce que?), μή[ν], νά, νὰ μή, ἄραγε, τάχα (und in der sehr einfachen Sprache μπᾶς καὶ).

Dem Fremden möchte man zum **μήπως** raten, das am häufigsten gebraucht wird und höflich und natürlich klingt. Es wird an den Anfang der Frage gesetzt:

μήπως ἦλθε ὁ ταχυδρόμος;   ist vielleicht der Briefträger gekommen?

IV. Adverbien der Menge:

§ 70 fragend:

πόσο;	wieviel?	λίγο, λιγάκι	ein wenig
relativ:		πολὺ	viel
ὅσο	soviel, so sehr, (wie)	πάρα πολὺ	sehr o. zu viel
ὁσοδήποτε	soviel immer	περισσότερο ⎱	
τόσο	soviel, so sehr, so	πιὸ πολὺ ⎰	mehr
ἄλλο τόσο	noch einmal soviel	λίγο πολὺ	mehr o. weniger
πόσο σοῦ ἔδωκαν; μόνον	wieviel gab man dir? siehe (= voilὰ), nur s o v i e l. ((Dabei wird mit den Händen gezeigt, wieviel das ist.)		

τόσο kann sowohl viel als auch wenig sein.

Wie bei dem Relativpronomen ὅσος . . . τόσος und τόσος . . . ὅσος korrespondiert auch bei den Adverbien der Menge ὅσο auf τόσο: so viel . . . so viel:

ὅσο τοῦ ἔδωσα τόσο μοῦ' δωσε κι' αὐτός: soviel ich ihm gegeben hatte, soviel gab auch er mir und: τόσο auf ὅσο: soviel . . . $\begin{cases} \text{wie:} \\ \text{als:} \end{cases}$

τόσο ψηλὰ εἶναι τὰ ἔλατα τῆς   so hoch sind die Tannen in Arkadien,
'Αρκαδίας ὅσο δὲν μπορεῖς νὰ   wie du es dir nicht vorstellen kannst.
φαντασθῆς

71 Bejahung und Verneinung

ναὶ = ja, μάλιστα = ja und jawohl

ὄχι = nein u. nicht bei der Verneinung von einzelnen (auch mehreren) Wörtern: ὄχι ὁ γέρος ἀλλὰ ἡ γριά: nicht der alte Mann sondern die alte Frau

Die Verneinung des Indikativs u. Konditionalis ist δέν, die des Konjunktivs, Imperativs u. Partizips μή.

Steigerung der Adverbien

72 Von den meisten Adjektiven auf -ος und auf -ὺς werden Adverbien auf -α und -ιὰ gebildet. Diese haben oft Steigerungsformen, die genau so gebildet werden wie bei den entsprechenden Adjektiven (s.a. S. 101f):

ὡραῖα	πιὸ ὡραῖα ο. ὡραιότερα	πολὺ ὡραῖα (ο. ὡραιότατα)
καλὰ	πιὸ καλὰ ο. καλύτερα	πολὺ καλά

Viele ursprüngliche Adverbien haben auch Steigerungsformen: durch Umschreibung. Manche bilden den Komperativ durch **πιὸ** ο. **πάρα**, den Superlativ (bzw. den Elativ) durch Wiederholung oder [πάρα] πολύ und **πολὺ πολύ**.

κάτω (unten)	πιὸ ο. πάρα κάτω	πολὺ κάτω ο. κάτω κάτω
πίσω (hinten)	πιὸ ο. πάρα πίσω	πολὺ πίσω ο. πίσω πίσω usw.

Bei **Vergleichen**: mit (der Konjunktion) **παρὰ (als)**:

73 Πιὸ εὐχάριστα εἶναι ἔξω παρὰ μέσα.
Angenehmer ist es draußen als drinnen.

Die Adverbien können auch umschrieben sein:

Πιὸ εὐχάριστα εἶναι στὸν κῆπο παρὰ στὸ σπίτι.
angenehmer ist es im Garten als im Hause

Ausdrücke mit Steigerungsformen des Adverbs und Adjektivs.

§ 74 1. Mit dem Komparativ:

a) ὅσον τὸ δυνατὸν + Komp. = so + Positiv + wie möglich

ὅσον τὸ δυνατὸν καλύτερα (πιὸ καλὰ) κάνε το
so gut wie möglich mach es!

ὅσον τὸ δυνατὸν φωτεινότερο (πιὸ φωτεινὸ) νὰ εἶναι τὸ δωμάτιο
so hell wie möglich soll das Zimmer sein

b) ὅσο + Komp. . . . τόσο + Komp. = je Komp. . . . desto (umso) Komp.

ὅσο πιὸ βαθιὰ (βαθύτερη) εἶναι ἡ   je tiefer das Meer ist, um so leichter
θάλασσα, τόσο εὐκολώτερα   schwimmt man
κολυμπάει κανεὶς

2. Mit dem Superlativ

a) τὸ ἐνωρίτερο   :   frühestens
   τὸ ἀργότερο   :   spätestens

b) τόσο τὸ χειρότερο   :   um so ärger
   τόσο τὸ καλύτερο   :   um so besser.

Umschreibungen von Adverbien

§ 75 Statt mancher Adverbien bildet die entsprechende sächl. Form des Adjektivs zusammen mit einem Verb (o. Substantiv o. Adjektiv) ein Kompositum; μισοκλείνω τὰ μάτια: ich mache die Augen halb zu; πρωτοβλέπω: zum erstenmal sehen u. a.

„weiter" + ein Verb: ἐξακολουθῶ [νὰ + Konj. o. ein Substantiv]: ἐξακολουθῶ νὰ μιλῶ: ich spreche weiter; ἐξακολουθῆστε! fahren Sie fort! ἐξακολουθῶ τὴν δουλειά μου: ich fahre fort zu arbeiten.

„zufällig": τυχαίως: durch: τυχαίνει νὰ (+ Konj.) (o. καὶ + Indik.): τυχαίνει νὰ (o. καὶ) τὸν συναντῶ καμιὰ φορὰ στὸ δρόμο: ich treffe ihn manchmal zufällig auf der Straße.

„sowieso" durch: ποὺ und Wiederholung des Verbs: θὰ πᾶς ποὺ θὰ πᾶς αὔριο: morgen gehst du sowieso [hin]. (Diese Umschreibung ist beliebt.)

das deutsche „sogar sehr viel" oder „sogar sehr gut" durch καὶ und Wiederholung des Verbs als Kompositum mit παρὰ- (zuviel): βλέπω καὶ παραβλέπω: ich sehe und sogar sehr gut. u. a.

Adverbiale Nebensätze

76 Die relativen Adverbien: 1. des Ortes: ὅπου, ὁπουδήποτε, der Zeit: ὅποτε, ὁποτεδήποτε, der Art und Weise: ὅπως, der Menge: ὅσο, ὁσοδήποτε können genau so wie das Relativpronomen verstärkt werden durch: κι' ἀν ο. καὶ νά (ο. in elliptischer Ausdrucksweise nur durch νά) (vgl. S. 160)

ὁπουδήποτε καὶ νά 'ναι (< νά εἶναι), θὰ 'ρθη (< θὰ ἔρθη)	er wird bald kommen (w.: wo er auch sein mag, er wird kommen)
ὅποτε κι' ἀν [ο. καὶ νά] ἔρθετε, νὰ ξέρετε πὼς θὰ χαροῦμε	wann immer Sie kommen [mögen], Sie sollen wissen, daß wir uns freuen werden
τὸν ἀπεθάρρυνε γιατὶ τοῦ εἶπε: ὅπως κι' ἀν τὸ κάνης, δὲ θὰ τὸ κάνης καλὰ	er entmutigte ihn, weil er ihm sagte: wie du es auch machen magst, du wirst es nicht gut machen
ὁσοδήποτε μακριὰ κι' ἀν εἶναι, θὰ πᾶμε	wie weit es auch sein mag, wir werden gehen

AUFGABE 44: Μετάφρασι

Wo ist er? Ich weiß nicht, wo er ist. Dort, wohin er gegangen ist, werdet ihr ihn nicht leicht finden. Wohin er auch gegangen sein mag ... Wohin sie auch gegangen sein mögen ... Er saß ganz vorn und wir ganz hinten. Bitte, geh' lieber (καλύτερα) jetzt hinaus. Gehen Sie direkt hin?

Wann wirst du Zeit haben? Gestern und vorgestern hatte ich gar keine Zeit. Vielleicht nach drei, vier Tagen (ὕστερα ο. ἔπειτα ο. μετὰ ἀπὸ τρεῖς – τέσσερις ἡμέρες). Wann wirst du nach Kreta fahren? Ich hoffe, nächstes Jahr. Voriges Jahr und vor zwei Jahren war es mir leider nicht möglich. Geh' jetzt hin, denn um diese Stunde ist er immer dort.

Wie heißt du? Ich heiße Nikolaos. Wie geht es dir (πῶς εἶσαι;)? Danke, gut. Bist du gesund (καλά)? Ja, ich bin gesund. Ich spreche laut (δυνατὰ) und dann leise (σιγά). Es ist genau fünf Uhr. Ich tue es nicht nur gern, sondern mit Freude. Fahren Sie mit der Bahn oder per Flugzeug? Hast du vielleicht ein wenig Zeit? Vielleicht werde ich es tun. Wieviel willst du haben? Soviel will ich. Ich kann dir geben, soviel du willst. Es ist ungefähr ein Kilo. Ich möchte aber mehr haben. Lauf so schnell wie möglich hin. Je schneller du läufst, um so besser ist es.

Ausdruck:

ἐδῶ ποὺ τὰ λέμε:	jetzt, wo wir ein offenes Wort miteinander reden.

(Vgl. gr. L. §§ 299–315)

Die Präposition
('Η πρόθεσι)

Allgemeines

§ 77 Fast alle Präpositionen haben mehrere Bedeutungen. So bedeutet die Präpos.
γιά in: τὸ δῶρο αὐτὸ εἶναι γιά σένα (dieses Geschenk ist für dich) die Bestim-
mung und in: πηγαίνω γιά τὸν Πειραιά (ich bin unterwegs nach dem Piräus)
die Richtung.
Es gibt *einfache* Präpositionen, die aus einem Wort und *zusammengesetzte*, die aus
zwei Wörtern bestehen.

Einfache Präpositionen

§ 78 Das sind:

5 einsilbige: **μέ, σέ, γιά, ὡς** (o. **ὥς**), **πρὸς**
8 zweisilbige: **κατά, μετά, παρά, ἀντί, ἀπό, χωρίς, δίχως, μέχρι**
die dreisilbige: **ἴσαμε**

Zu diesen gehören auch Adverbien, die zu Präpositionen geworden sind: πήγαινε
μαζί του geh mit ihm! (μαζί = zusammen). S. u.: zusammengesetzte Präpositio-
nen.
Sinngemäß gehören hierher auch die Adverbien **ἐναντίον** u. **μεταξὺ** sowie die
Substantive **μέσω** u. **λόγω** (alter Dativ). Alle vier stehen an Stelle von einfachen
Präpositionen.
Die einfachen Präpositionen sind gewöhnlich mit dem Akk. verbunden. Nur **γιά**
u. **ἀπό** können in bestimmten Redewendungen auch **mit dem Nominativ** ste-
hen:

ἀπὸ μικρὸς ἦταν ἔτσι:	von klein auf war er so;
ὁ Γιάννης δὲν κάνει γιά ὑπηρέ-της:	Hans taugt nicht zum Diener.

Der Genitiv kommt vor: 1. bei alten Präpos., die in feststehenden Ausdrücken
vorkommen, wie: μετὰ βίας: mit Mühe; 2. bei einigen alten Präpositionen, die
noch in Gebrauch sind, wie: ἐντὸς: ἐντὸς τοῦ μηνὸς: im Laufe des Monats;
3. bei μεταξύ, ἐναντίον, λόγω, μέσω.

Bedeutung der einfachen Präpositionen

§ 79 **μὲ** (vor ε, o, α auch **μ'**): „mit" bedeutet:

1. Ein Zusammensein oder eine Begleitung: ἐμπρὸς [ἐ]πήγαινε ὁ γαμπρὸς μὲ
τὴ[ν] νύφη: vorn ging der Bräutigam mit der Braut.

2. Das Werkzeug oder Mittel: γράφω μὲ τὴ[ν] γραφομηχανὴ καὶ ὄχι μὲ τὸ χέρι: ich schreibe mit der Schreibmaschine und nicht mit der Hand.

3. Den Stoff (das Material): ἡ καλύβα εἶναι χτισμένη μὲ τοῦβλα: die Hütte ist mit Ziegelsteinen gebaut.

4. Die Art und Weise: μὲ τὸ[ν] μήνα πληρώνομε τὸ νοίκι: monatlich zahlen wir die Miete.
Dies gilt auch für das Wetter: μὲ ἥλιο: bei Sonnenschein usw.

5. Die Zeit: ἔφυγε μὲ τὸ ἡλιοβασίλεμα: er ging bei Sonnenuntergang weg.

6. Immer in Verbindung mit ὅλος, ὅλη, ὅλο = trotz: ἦλθε μ᾽ ὅλο του τὸ χάλι: er kam trotz seines schlechten Zustandes.

80 σὲ vor dem bestimmten Artikel im Akk. zu στόν, στὴν usw., σ᾽ (u. selten εἰς): „in, auf, zu, bei, an" bedeutet:

1. Die Richtung auf etwas zu; das Ziel. Da das Griechische aber keinen Unterschied zwischen „wo?" u. „wohin?" macht, bezieht sich diese Präposition auf beide Fragen.

in πηγαίνω στὸ μουσεῖο: ich gehe ins Museum; ἐργάζομαι στὸ μουσεῖο: ich arbeite in dem Museum.

auf ἀνεβαίνω στὸ βουνὸ: ich steige auf den Berg.

an φοροῦσε μιὰ καδένα στὸ λαιμὸ καὶ μιὰ βέρα στὸ δεξί της χέρι sie trug eine Kette am Halse und einen Ehering an der rechten Hand.

Vers: Μάγεμα ἡ φύσις κι᾽ ὄνειρο στὴν ὀμορφιὰ καὶ χάρι
Ein Zauber (ist) die Natur u. ein Traum an Schönheit und Liebreiz.

zu [ἐ]πῆγε στὸ[ν] γιατρὸ: er ging zum Arzt.

bei ἤσουνα χθὲς στὸν ὀδοντοϊατρό; warst du gestern beim Zahnarzt?

2. Eine Zeitangabe: σὲ δύο–τρεῖς ἡμέρες: in 2–3 Tagen.

3. Einen Zustand o. eine Tätigkeit, während der etwas geschieht: στὰ νιᾶτα: in der Jugend; στὰ γεράματα: im Alter.

4. Die Art und Weise: στ᾽ ἀστεῖα τὸ εἶπα: zum Scherz sagte ich es.

Die alte Form der Präp. εἰς ist bei Anschlägen und Warnungstafeln erhalten, die gewöhnlich die Schrspr. gebrauchen: ἀπαγορεύεται ἡ εἴσοδος εἰς τοὺς (ο. στοὺς) κ. κ. (κυρίους) ἐπιβάτας: der Eintritt ist den Herren Passagieren verboten.

81 γιὰ (auch γι᾽): „für, wegen, um … zu, über, statt, als, in Bezug auf …" bezeichnet:

für, 1. den Grund: γι᾽ αὐτὸ σὲ ἀγαπῶ: deshalb (darum) liebe ich dich; τὸ
wegen εἶπε γιὰ μένα: er sagte es meinetwegen.

um.... 2. eine Absicht o. eine Bewegung bis zu einem Ziel: φεύγω γιὰ τὴ[ν]

zu   ξενητειά: ich gehe (o. fahre) weg um in die Fremde zu ziehen; ποιὸς θὰ πάῃ γιὰ νερό; wer wird (gehen) um Wasser zu holen?

für   3. zugunsten, zum Schutz, Nutzen o. Schaden: θυσιάζεται γιὰ τὴν οἰκογένειά του: er opfert sich für seine Familie auf.

über   4. die Person o. Sache, von der die Rede ist: μιλᾶ γιὰ τὴν ἐπιστήμη: er spricht über die Wissenschaft.

für   5. die Dauer: γιὰ πάντα: für immer.

für   6. den Preis, den Wert: ἀγόρασα τὸ χαλὶ γιὰ χίλιες δραχμὲς: ich kaufte den Teppich für 1000 Drachmen.

statt   7. eine Stellvertretung: [ἐ]πῆγε γιὰ μένα: er ging statt meiner (an meiner Stelle).

Die altgriechische räumliche Bedeutung „durch" kennt nur die Schrspr. In der Volksspr.: ἀπό, [ἀπὸ] μέσα ἀπό. (s. § 93.)

§ 82 **μέσω** + Genit.:

1. „über": ἐπῆγα στὴν Ἑλλάδα μέσω Αὐστρίας καὶ Γιουγκοσλαυΐας: ich fuhr über Österreich u. Jugoslavien nach Griechenland.

2. „durch" (= durch die Vermittlung, Hilfe): τὸ κατώρθωσα μέσω ἑνὸς γνωστοῦ: ich brachte es fertig durch die Vermittlung eines Bekannten.

λόγω + Genit. (keine Person): „wegen" λόγω τῆς ἡλικίας του δὲν θὰ ἔλθῃ: wegen seines Alters wird er nicht kommen. Für die deutsche Präpos. „wegen" wird neben γιὰ (s. o. § 81, 1.) der alte präposition. Ausdruck ἐξ αἰτίας mit Genitiv gebraucht: ἐξ αἰτίας τοῦ παπποῦ δὲν ἐβγήκαμε ἔξω: wegen des Großvaters gingen wir nicht aus.

§ 83 **ὡς (ὥς, ἕως)**: „bis [zu, nach, um]" ὡς τὸ βράδυ: bis am Abend; πᾶμε ὡς ἐκεῖνο τὸ νησάκι: fahren wir bis zu jener kleinen Insel.

Auf ὡς kann σὲ folgen: ὡς σὲ μιὰ ἑβδομάδα: bis in einer Woche.

Neben ὡς wird die alte Präpos. **μέχρι** (bis) gebraucht (mit Akk.): μέχρι τὸ Πάσχα: bis zu Ostern.

ἴσαμε (< ἴσα μὲ) bedeutet dasselbe wie ὡς: „bis [zu, nach, um]": ἀπὸ τὸ[ν] βόρειο ἴσαμε τὸ[ν] νότιο πόλο: vom nördlichen bis zum südlichen Pol.

§ 84 **πρὸς**: „gegen . . . zu, zu", bedeutet:

1. die ungefähre Richtung (zeitlich u. örtlich): πρὸς τὸ βράδυ: gegen Abend zu; ἐπῆγε πρὸς τὴν πλατεία: er ging auf den Platz zu.

204

2. die Beziehung oder das Verhältnis: ἦταν εὐγενὴς πρὸς (oder σὲ) ὅλους: er war zu allen höflich.

3. bei Preisangaben: στὴν Αἴγινα πουλᾶνε κάτι κανάτια πρὸς ὀκτὼ δραχμὲς τὸ ἕνα: auf der Insel Ägina verkauft man eine bestimmte Art von irdenen Krügen zu acht Drachmen das Stück.

4. bei Anschriften (in der Schriftsprache): Πρὸς τὸν κύριον 'Ανδρέα[ν] Καλλιγᾶ: an Herrn Andreas Kalliga.

§ 85 **κατά:** „gemäß, nach" bedeutet:

1. die Übereinstimmung, das Verhältnis, die Art u. Weise: κατὰ τὴ[ν] συνήθειά του: seiner Gewohnheit gemäß; κατὰ τὸ[ν] νόμο: nach dem Gesetz.

2. die Richtung: „auf, zu, auf . . . zu, gegen" (örtlich): νομίζω πὼς ἐπῆγε κατὰ τοὺς Δελφούς: ich glaube, er ist auf Delphi zu gefahren.

3. das Ungefähre, Annähernde, in Zeit u. Ort: Θὰ γυρίσω κατὰ τὸ μεσημέρι: ich werde gegen Mittag zurückkehren.

Die Verbindung mit dem Genit. stammt aus der Schrspr. und bedeutet „gegen": ἡ ἐκστρατεία τοῦ Ναπολέοντος κατὰ τῆς Ρωσσίας: Napoleons Feldzug gegen Rußland[1].

Für die deutsche Präpos. „gegen" (in feindlichem Sinn) gebraucht der Grieche auch das Adverb **ἐναντίον** (an Stelle einer Präposition) mit Genitiv: εἶναι ἐναντίον τῶν συγγενῶν του: er ist gegen seine Verwandten.

§ 86 **μετά:** „nach" βλέπεις; τὸ πανεπιστήμιο εἶναι μετὰ τὴν βιβλιοθήκη: siehst du? die Universität kommt nach der Bibliothek.

παρὰ bedeutet:

1. „weniger": εἶναι τρεῖς παρὰ πέντε: es ist 2,55 Uhr (w.: drei Uhr weniger 5 Min.): παρὰ τρίχα νὰ . . . um ein Haar o. παρ' ὀλίγο νὰ . . . o. ὀλίγο ἔλειψε νὰ... (Konjunkt.): wenig hätte gefehlt, daß . . .

2. „gegen, wider": τὸν ἐπῆρε παρὰ τὴ[ν] θέλησι τῶν γονέων της: sie heiratete ihn gegen den Willen ihrer Eltern.

3. „trotz": παρ' ὅλη τὴν ζέστη σηκώθηκε κι' ἦλθε: trotz der Hitze machte er sich auf und kam.

§ 87 **ἀντὶ:** statt; ἀντὶ τὴν Κυριακὴ ἔλα τὴ[ν] Τρίτη: statt am Sonntag komm am Dienstag. Bei einem Pronomen gewöhnlich: **ἀντὶ[ς] γιά:** ἀντὶ(ς) γιὰ μένα: statt meiner. Die Konstruktion mit Gen. aus der Schrspr. ist bei Personen gewöhnlich

---

[1] Als Adverb bedeutet κατά: dagegen, in Sätzen wie: ὅλοι εἶναι κατὰ καὶ κανεὶς ὑπὲρ: alle sind dagegen und niemand dafür.

auch in der Volksspr. in Gebrauch: ἀντὶ τοῦ ἀξιωματικοῦ ἦλθε ὁ ἀδελφός του: statt des Offiziers kam sein Bruder.

In Verbindung mit einem Verb steht ἀντὶ + Konj.: „anstatt zu, anstatt daß": ἀντὶ νὰ βγῇ ἔξω, ἔμεινε σπίτι: anstatt auszugehen, blieb er zu Hause.

§ 88 **ἀπὸ (ἀπ')**: „von, aus, von . . . aus, seit, in Bezug auf, an, als" bezeichnet:

1. den Ausgangspunkt (den örtl., zeitl. o. im übertr. Sinn:
ἀπὸ τότε: seit damals; παρθήκανε ἀπὸ ἀγάπη: sie heirateten aus Liebe.

2. die Herkunft oder den Urheber:
a) ἀπὸ ποῦ εἶσαι, εἶσθε; woher bist du, sind Sie (seid ihr)? εἶμαι ἀπ' τὴ[ν] Μικρὰ 'Ασία.

b) τὸ μωρὸ βαπτίσθηκε (-στηκε) ἀπ' τὸν παπὰ: das Baby wurde vom Priester getauft.

3. die Sache o. Person, von der man sich trennt, befreit, unterscheidet, vor der man sich schützt usw.: φυλάξου ἀπ' αὐτὸν: nimm dich vor ihm in acht!

4. ein Teilverhältnis: πολλοὶ ἀπὸ [ἐ]μᾶς: viele von uns.

5. in Bezug auf: δὲν καταλαβαίνει ἀπὸ μαθηματικὰ τίποτε: er versteht von Mathematik nichts.

6. den Stoff: μιὰ σκάλα ἀπὸ μάρμαρο: eine Treppe aus Marmor.

7. das Distributive: ἔδωσαν στὸν κάθε πρόσφυγα ἀπὸ μία μάλλινη κουβέρτα: man gab jedem Flüchtling (je) eine wollene Decke.

8. den Grund: [ἐ]πέθανε ἀπ' τὸν καημό της: sie ist aus Kummer gestorben.

9. „an":
a) bei Krankheiten und Tod, wie: ἀρρώστησε ἀπὸ ἱλαρὰ: er erkrankte an Masern; ἐπέθανε ἀπὸ φθίσι: er starb an Schwindsucht;

b) „an" bei Örtlichkeiten, wie: περνῶ ἀπ' τὸ μουσεῖο μὲ τὸ τρὰμ: ich fahre an dem Museum mit der Straßenbahn vorbei.

c) „an" im übertrag. Sinn: (Vers) ἀπὸ τὴν ἄπειρη ἐρημιὰ τὰ μάτια μαθημένα: die Augen, gewöhnt an die unendliche Einsamkeit (= Einöde).

10. „durch": ὁ κλέφτης μπῆκε ἀπ' τὸ παράθυρο, τὴν ὥρα ποὺ ὁ νοικοκύρης ἔβγαινε ἀπ' τὴν πόρτα: der Dieb kam durch das Fenster herein, als gerade der Hausherr durch die Haustüre hinausging.

11. Ferner bedeutet ἀπὸ: „als" bei Vergleichen (s. S. 102).

Für die deutsche Präposition „seit" sagt der Grieche ἀπὸ (oder ἐδῶ καὶ + Zahl + Akk.: ἀπὸ τὸ περασμένο Σάββατο: seit vorigem Samstag; o. ἐδῶ καὶ τρεῖς ἡμέρες: seit drei Tagen.

89 **χωρίς, δίχως:** „ohne": ἔζοῦσε χωρὶς χαρά: er lebte ohne Freude.

In Verbindung mit einem Verb steht χωρὶς + νά (Konj.): „ohne zu, ohne daß": ὁ ξένος ἔφαγε χωρὶς νὰ πιῆ νερό: der Fremde aß, ohne Wasser zu trinken. Dasselbe gilt für δίχως.

μεταξύ (Adverb mit Genit.) steht an Stelle der deutschen Präp. „zwischen", „unter": ὁ φοιτητὴς κάθεται μεταξὺ τοῦ κυρίου καὶ τῆς δεσποινίδας: der Student sitzt zwischen dem Herrn u. der jungen Dame (w.: dem Fräulein); εἴμαστε μεταξύ μας, wir sind unter uns.

Zusammengesetzte Präpositionen

90 Sie bestehen aus einem Adverb u. einer der drei einfachen Präpos.: **μέ, σέ, ἀπό**: ἐπάνω στὸ δένδρο (δέντρο): [oben] auf dem (o. auf den) Baum; μαζὶ μὲ μένα: [zusammen] mit mir; κάτω ἀπ' τὴ[ν] στέγη: unter dem (o. das) Dach. Sie bringen öfter eine Hervorhebung zum Ausdruck. Die Grenze zwischen einfachen u. zusammengesetzten Präpos. ist nicht immer scharf.

Die zusammengesetzten Präpos. werden in vier Gruppen eingeteilt: 1. mit **μέ**; 2. mit **σέ**; 3. mit **ἀπό**; 4. mit **σὲ u. ἀπό**.

In Verbindung mit dem Personalpronomen gibt es für die mit μέ, σὲ zusammengesetzten Präpositionen 2 Möglichkeiten: 1. Präpos. + stärkere (u. längere) Form des Pronomens; 2. Adverb + schwächere (u. kürzere) Form des Pronomens: παῖξε μὲ μένα oder παῖξε μαζί μου: spiel mit mir! πήγαινε κοντὰ σ' αὐτὸν o. πήγαινε κοντά του: geh zu ihm hin (w.: neben ihn).

Die mit ἀπὸ zusammenges. Präpositionen haben aber gewöhnlich nur die erste Möglichkeit. Also nur: πρὶν ἀπὸ σένα: vor dir (zeitlich u. örtlich); ἔπειτα ἀπὸ [ἐ]μᾶς: nach uns. Ausnahmen sind: πίσω ἀπό, κάτω ἀπό, κατόπιν ἀπό: εἶναι πίσω ἀπὸ μένα o. πίσω μου: er ist hinter mir usw.

91 1. Mit **μέ** zusammengesetzte Präpositionen:

μαζὶ μέ: „[zusammen] mit" klingt betonter als die einfache Präpos. μέ: ἐπήγαμε μαζὶ μὲ ὅλους: wir gingen [zusammen] mit allen; ἔλα μαζί μου o. μὲ μένα: komm mit mir.

92 2. mit **σέ**:

μέσα σέ: „[drinnen] in, innerhalb, in . . . hinein, unter": τοὺς ὁδήγησε μέσα σὲ μιὰ μικρὴ κάμαρα: er führte sie in ein kleines Zimmer hinein.

(Vers) Κι' ἄνθιζε μέσα μου ἡ ζωή μ' ὅλα τὰ πλούτη πώχει (< ποὺ ἔχει):
Und es blühte in mir das Leben mit allem Reichtum, den es hat.

[ἐ]πάνω oder ἀπάνω σ[ἐ]: „[oben] auf“: χθὲς ἤμαστε ἐπάνω στὴν Πάρνηθα: gestern waren wir [oben] auf der Parnis (Berg in Attika).

κοντὰ σὲ: „in der Nähe, bei, neben, gegen (= ungefähr)“: κοντὰ στὸ[ν] στρατώνα: in der Nähe (bei, neben) der Kaserne; κοντά μου o. κοντὰ σὲ μένα: neben mir (o. mich); daneben auch δίπλα σὲ: δίπλα στὴν λίμνη: neben dem See.

§ 93 3. mit ἀπό:

πίσω ἀπό, ἀπὸ πίσω ἀπό: „hinter“: [ἀπὸ] πίσω ἀπ᾽ τὸ[ν] λόφο βλέπεις τὸ βουνὸ: hinter dem Hügel siehst du den Berg; κοίταξε πίσω σου: schau hinter dich.

κάτω ἀπό: „unter“; ἀπὸ κάτω ἀπό: „unter, unterhalb, von unten hervor“: ποιὸς κάθεται κάτω ἀπὸ ἐσᾶς (o. κάτω σας); wer wohnt unter Ihnen (euch)? ἀπὸ κάτω ἀπ᾽ τὴν ᾽Ακρόπολι: unterhalb der Akropolis.

[ἐ]πάνω ἀπό, ἀπὸ πάνω ἀπό: „über, oberhalb“: πάνω ἀπὸ [ἐ]μᾶς o. ἀπὸ πάνω μας δὲν κάθεται κανείς: über uns wohnt niemand.

πρὶν ἀπό (seltener πρωτύτερα o. μπροστὰ ἀπό): „vor“: ὁ κατηγορούμενος ἦλθε πρὶν ἀπ᾽ τὸ[ν] δικαστὴ: der Angeklagte kam vor dem Richter.

μετὰ ἀπό, ἔπειτα ἀπό, ὕστερα ἀπό, κατόπιν ἀπό: „nach“: ὕστερα ἀπὸ τέτοια ζωὴ: nach so einem Leben.

ἔξω ἀπό, ἀπέξω (ἀπόξω) ἀπό: „vor, außerhalb, draußen vor, außer“: ὁ ὑπηρέτης περιμένει [ἀπ᾽] ἔξω ἀπὸ τὴν πόρτα: der Diener wartet [draußen] vor der Tür.

μέσα ἀπό, ἀπὸ μέσ᾽ ἀπό: „aus ... heraus, mitten (zwischen) ... durch“: βγάζω τὰ βιβλία μου μέσ᾽ ἀπ᾽ τὴ[ν] τσάντα: ich nehme die Bücher aus der Mappe heraus.

ἐκτὸς ἀπό: außer: ἐκτὸς ἀπὸ τὴν Παρασκευὴ: außer Freitag; ἐκτὸς hat auch noch die alte Syntax mit Genitiv bewahrt: ἐκτὸς τοῦ ὑπουργοῦ oder ἐκτὸς ἀπ᾽ τὸν ὑπουργό: außer dem Minister.

ἐδῶθε ἀπό ..., ἀπ᾽ ἐδῶ ἀπό ...: „diesseits“, πέρα ἀπό: „jenseits“: πέρα ἀπ᾽ τὸ ποτάμι εἶναι ἡ Αὐστρία: jenseits des Flusses ist Österreich.

§ 94 4. mit σὲ o. ἀπό bei gleichbleibender Bedeutung:

μπροστὰ σ[ἐ] o. ἀπὸ oder ἐμπρὸς σ[ἐ] o. ἀπό: „vor, in Gegenwart von ..., gegenüber“: μπροστὰ στὸ (o. ἀπὸ τὸ) νοσοκομεῖο: vor dem Krankenhaus.

ἀπέναντι, o. ἀντίκρυ σ[ἐ] o. ἀπό: „gegenüber“: 1. räumlich: ἀπέναντι oder ἀντίκρυ στὸ (o. ἀπ᾽ τὸ) σπίτι μας: gegenüber unserem Hause. 2. im Vergleich, in Beziehung zu etwas mit Genitiv: τοῦ ἔδωκαν ἑκατὸ μάρκα ἀπέναντι τοῦ μισθοῦ του: man gab ihm 100 Mark Vorschuß (w.: gegenüber dem Gehalt).

208

ἀνάμεσα σ[ὲ] o. ἀπό: zwischen: ἀνάμεσα στὶς (o. ἀπ' τὶς) πέτρες ἔτρεχε μιὰ σαύρα: zwischen den Steinen lief eine Eidechse.

γύρω σὲ o. ἀπό, τριγύρω σὲ o. ἀπό: „um … herum": καθόμαστε γύρω στὸ (o. ἀπ' τὸ) μαγκάλι καὶ ζεσταίναμε τὰ χέρια μας: wir saßen um das Kohlenbecken u. wärmten unsere Hände.

Alte Präpositionen

§ 95 Die alten Präpositionen sind z. T. in der ursprünglichen Syntax in die Volksspr. übergegangen, und zwar in feststeh. Ausdrücken.

Hier einige Beispiele:

1. mit Genitiv:

ἐκ τῶν ὑστέρων: hinterher; ἐπὶ τέλους[1]: endlich πρὸ ἔτους: vor einem Jahr u. a.

2. mit altem Dativ:

ἐν συνόλῳ: im ganzen; ἐπ' αὐτοφόρῳ: auf frischer Tat u. a.

3. mit Akkusativ:

κατὰ λάθος: aus Versehen; κατ' εὐθεῖαν: direkt; πρὸς τὸ παρὸν: vorläufig; ὑπὸ τὸν ὅρον: unter der Bedingung u. a.

Außerdem kommen folgende alte Präpositionen in ihrer allerdings stark eingeschränkten ursprünglichen Syntax vor (alle mit Genitiv):

πρό: vor (nur zeitlich): πρὸ πολλῶν ἐτῶν: vor vielen Jahren, usw.

ἐντός: ἐντὸς τῆς Ἑλλάδος: innerhalb Griechenlands.

ἐπί = während der Regierungs- oder Amtszeit: ἐπὶ Ὄθωνος: während der Regierungszeit des Königs Otto von Griechenland.

ὑπέρ: zugunsten: ἐμίλησε ὑπὲρ τοῦ κατηγορουμένου: er sprach für den Angeklagten.

εἰς: εἰς ὑγείαν: zum Wohl; εἰς τὸ μέλλον: in der Zukunft u. a.
(S. a. gr. L. § 335)

---

[1] Sie werden auch in einem Wort geschrieben. Jedoch stehen sie in der Regel getrennt unter dem zweiten Wort in den Wörterbüchern: ἐξ ἀρχῆς: „von Anfang an" ist unter ἀρχὴ zu suchen.

Mit Präpositionen zusammengesetzte Verben

§ 96 Bei den zusammengesetzten Verben sind die alten Präpositionen in der Volksspr. unterschiedlich in Gebrauch. So gehören z. B. viele Zusammensetzungen mit διά, πρό, πρός, ὑπό u. a. der Schrspr. an, werden aber z. T. auch von der Volksspr. benützt.

Die Kenntnis der Bedeutung der nachstehenden Präp. in zusammengesetzten Verben erleichtert ihr Verständnis: ἀντι- (gegen): ἀντιμιλῶ: widersprechen; ἀντιδρῶ: reagieren, entgegenarbeiten.

ἀπο- (ent-, ver-, ab-, fort-): ἀπολύω: entlassen; ἀπό bezeichnet auch die Vollendung einer Hand.ung: ἀποκοιμοῦμαι: einschlafen; ἀποτρώω: mit dem Essen fertig werden.

μετα- (oder ματα-) (wieder): μετα- o. ματακάνω: wiedertun. Diese Zusammensetzungen gehören der einfachen Umgangssprache an.

κατα- (o. κατε-): 1. von oben herab: καταπίνω: [hinunter]schlucken. 2. Betonung des mit κατα- zusammengesetzten Stammes: κατακλέβω: μὲ κατάκλεψε ὁ ἄθλιος: der Elende hat mich ganz und gar bestohlen.

παρα- (über etwas hinaus, zu sehr o. zuviel): παραβαίνω τὸ[ν] νόμο: das Gesetz verletzen, übertreten; παραεργάζομαι: zuviel arbeiten.

ἀνα- (o. ἀνε-) (von unten nach oben, von neuem, wieder): ἀνεβαίνω: hinauf-, heraufsteigen; ἀναστενάζω: seufzen, aufstöhnen.

ξε- bezeichnet: 1. Trennung, Loslösung: ξεκρεμῶ: abhängen; 2. Überwindung, Steigerung u. Vollendung einer Handlung o. eines Zustandes: ξεφυλλίζω ἕνα βιβλίο: ein Buch durchblättern.

ξανα- bezeichnet eine Wiederholung: ξαναγράφω τὴν αἴτησι: ich schreibe noch einmal das Gesuch. ξανά als Adverb: wieder.

AUFGABE 45:

Der Kellner schenkt den Kaffee in die kleine Kaffeetasse (τὸ φλυτζανάκι τοῦ καφὲ) ein (σερβίρω). Auf einem kleinen Teller (τὸ πιατάκι) ist Zwieback (Pl. παξιμάδια). Ich sitze im Freien (στὸ ὕπαιθρο), in einem kleinen Café (σ' ἕνα καφενεδάκι) gegenüber dem Stadium (τὸ στάδιο) in Athen. Ich sitze auf einem Stuhl, der nicht sehr bequem (ἀναπαυτικὸς) ist, an einem kleinen Tisch (τὸ τραπεζάκι). Alle anderen (ὅλοι οἱ ἄλλοι) um mich herum sitzen im Schatten (στὴ σκιά). An meine Füße unter dem Tisch reibt sich (τρίβομαι) ein mageres Kätzchen (ἕνα ἀδύνατο γατάκι). Ich streichle es (τὸ χαϊδεύω) u. es schaut mich mit halbgeschlossenen (μισόκλειστος) Augen an. Hinter mir sitzt niemand. Ich habe vor (ἔχω σκοπὸ νὰ . . .) nach Deutschland an einen Freund zu schreiben. Nach kurzer Zeit werde ich anfangen. Jetzt sitze ich in der Sonne u. sonne mich (ἡλιάζομαι).

AUFGABE 46:

Vor zwei Tagen kam ich in Griechenland an (φθάνω). Vor drei Tagen war ich noch in meiner Heimat. Ich reiste über Österreich (ἡ Αὐστρία) u. Jugoslavien, nicht über Italien. Von München bis nach Athen brauchten wir (κάνω) zweiundvierzig Stunden. Ich kam allein ohne meine Freunde. Statt Italien zog ich in diesem Jahr Griechenland vor. Er kam gegen Abend, trotz des Regens und wir sprachen über die Zukunft (τὸ μέλλον). Die Stimme, die wir in uns hören, ist das Gewissen (ἡ συνείδησι). Orpheus (ὁ Ὀρφεύς) sah sich im Hades (στὸν Ἅδη) um. Da verschwand (χάθηκε) Eurydike, die ihm folgte (ποὺ τὸν ἀκολουθοῦσε) vor seinen Augen. Komm mit mir! Wir sind unter uns, sprich offen! Zwischen dir und mir gibt es kein Mißverständnis (δὲν ὑπάρχει παρεξήγηση). Siehst du in der Ferne (πέρα μακριά) jenseits des Flusses ein Dorf? Diesseits des Flusses sehe ich ein altes Bauernhaus (τὸ παλιὸ χωριάτικο σπίτι). Durch die Türe kommt gerade eine alte Frau (ἡ γριά) mit einem Säugling (τὸ μωρὸ) am Arm (στὴν ἀγκαλιά της) heraus.

(Vgl. gr. L. §§ 316–336)

Die Konjunktion[1]

(Ὁ σύνδεσμος)

97 Es gibt gleichordnende und unterordnende Konjunktionen[2]. Innerhalb dieser beiden Gruppen wird nach Begriffen – nach dem, was sie ausdrücken – unterschieden. Die Konjunktionen mit verschiedenen Bedeutungen werden danach getrennt angeführt. Z. B.: παρά: „sondern, außer"; παρά: „als".
Wenn eine Syntax-Angabe fehlt, steht die betreffende Konjunktion + Indikativ.

I. Gleichordnende Konjunktionen

98 Sie verbinden Satzglieder oder Sätze gleicher Ordnung. Sie drücken aus:

Eine Verbindung: **καί, οὔτε, μήτε** (οὐδέ, μηδέ).

καί (vor Vokalen auch **κι'** u. selten **κ'**): „und": ὁ οὐρανὸς καὶ ἡ γῆ: der Himmel und die Erde.

---

[1] Im ganzen Kapitel über die Konjunktionen werden die Formen der Volksspr. angeführt (außer τὸ[ν]), die der Schrspr. nur dann, wenn ihre Form die übliche ist.

[2] Im Griechischen wird im Gegensatz zum Deutschen nur selten ein Komma zwischen Haupt- und Nebensatz gesetzt. In diesem Abschnitt aber wird es angewandt, um die Syntax leichter und verständlicher zu machen.

καί: „auch": θὰ πᾶς κι' ἐσύ; wirst auch du [hin]gehen? ἀκόμη καί, ὡς καί, μάλιστα καὶ = sogar: ὡς καὶ ἡ μητέρα θύμωσε μαζί του: sogar die Mutter ist auf ihn böse geworden.

Manchmal dient καί zur Hervorhebung einzelner Wörter: μήπως καὶ εἶπε τίποτα; hat er vielleicht etwas gesagt? (s. gr. L. § 392)

καί ... καί: „sowohl ... als auch": καὶ ὁ πλοίαρχος καὶ οἱ ναῦτες: sowohl der Kapitän als auch die Matrosen.

οὔτε, μήτε: „auch nicht, nicht einmal" (doppelte Verneinung): οὔτε τὸν ὑφηγητὴ δὲν εἴδαμε: nicht einmal den Privatdozenten haben wir gesehen. (Οὔτε wird öfter als μήτε gesagt.)

οὔτε ... οὔτε, μήτε ... μήτε: „weder ... noch". Doppelte Verneinung nur dann, wenn diese Konjunktionen nach dem Verb stehen: δὲν εἶδα μήτε αὐτὸν μήτε αὐτὴν: ich sah weder ihn noch sie; stehen sie vor dem Verb, dann hat das Verb keine Verneinung: οὔτε τὸ φεγγάρι οὔτε τ' ἄστρα φαίνονται ἀπόψε: weder der Mond noch die Sterne sind heute Abend zu sehen.

οὐδέ, μηδὲ = οὔτε, μήτε gehören der Schrspr. an und kommen volkssprachlich nur in der Dichtung vor.

§ 99 Eine Unterscheidung: **ἤ, ἤ ... ἤ, εἴτε ... εἴτε.**

ἤ: „oder": ὁ ἀξιωματικὸς τοῦ πεζικοῦ ἢ ὁ ἀξιωματικὸς τοῦ ναυτικοῦ: der Infanterie- oder der Marineoffizier.

γιά: „oder" nur in der sehr einfachen Volksspr.: αὐτὸς γιὰ ἐσύ.

ἤ ... ἤ, εἴτε ... εἴτε: „entweder ... oder": ἢ ἐπάνω στὸ κατάστρωμα ἢ κάτω στὸ ἀμπάρι θὰ εἶναι: entweder oben auf dem Deck oder unten im Schiffsraum wird er sein.

§ 100 Einen Gegensatz: **μά, ἀλλά, ὅμως, μόνο πού, παρά, ὡστόσο, ἐνῶ.**

μά, ἀλλά: „aber, sondern": μὰ (ἀλλά) δὲν τὸ θέλω, ἀκοῦς; aber ich will es nicht, hörst du? ὄχι σεῖς, ἀλλὰ ἐμεῖς: nicht ihr (Sie), sondern wir.

ὅμως: „aber, jedoch", καὶ ὅμως: „und doch": ἐγὼ ὅμως τί νὰ κάνω; ich aber, was soll ich tun? καὶ ὅμως δὲν ἔβρεξε: und doch hat es nicht geregnet. Ὅμως steht gewöhnlich nicht an erster Stelle.

μόνο πού: „nur daß (= aber)": τὸν λυποῦμαι, μόνο ποὺ δὲν μπορῶ νὰ τὸν βοηθήσω: er tut mir leid, nur daß ich ihm nicht helfen kann.

παρά: „außer, als nur": δὲν μᾶς εἶπε παρὰ δυὸ λόγια: er sagte nichts außer ein paar Worten.

μόνο u. **παρὰ** nach einem negativen Satz: „sondern": δὲν εἶπε τίποτα, μόνο (ο. παρὰ) ἔφυγε: er sagte nichts, sondern ging weg.

212

ὡστόσο (u. καθ. ἐν τούτοις): „dennoch, jedoch, doch": δὲν ἦλθε καὶ ὡστόσο τὸ εἶχε ὑποσχεθῆ: er kam nicht und doch hatte er es versprochen.

ἐνῶ: „während": τὸ εἶπα, ἐνῶ δὲν ἤθελα νὰ τὸ πῶ: ich sagte es, während ich es (doch) nicht sagen wollte.

101 Einen Gegensatz drücken ebenfalls aus: **καὶ ἂς** (Verneinung μή), **καὶ ἂν** (o. κι' ἄν), **καὶ ἂν ἀκόμη** (Verneinung δὲν): „auch wenn": τὰ ἤξερε ὅλα καὶ ἂς μὴ τὸ ἔδειχνε: er wußte alles, auch wenn er es nicht zeigte.

102 Eine Schlußfolgerung: **λοιπόν, ὥστε, ἄρα, ἐπομένως.**

λοιπὸν (einfache Leute sagen auch τὸ λοιπὸν): „also", am Anfang und in der Mitte des Satzes: νὰ πάω λοιπὸν τώρα: soll ich also jetzt gehen?

ὥστε: „also": ἐδῶ εἶσαι; ὥστε δὲν πῆγες: hier bist du? du bist also nicht gegangen?

ἐπομένως, ἄρα: „folglich": τὰ παιδιὰ ἔχουν σχολεῖο αὔριο· ἐπομένως (o. ἄρα) μόνον ἀπὸ τὶς τέσσερεις καὶ πέρα ἔχουν καιρὸ: die Kinder haben morgen Schule; folglich haben sie nur von vier Uhr ab Zeit.

103 Eine Erläuterung: **δηλαδὴ**: „nämlich": τί ἐννοεῖς δηλαδή; was meinst du also (= nämlich)? was willst du damit sagen?

II. Unterordnende Konjunktionen

104 In Verbindung mit den unterordnenden Konjunktionen verlieren die Verben oft die Partikel νὰ (im Konj.) u. θὰ (im Fut.).

πώς, πού, ὅτι: deutsches „daß" nach den Verben des Sagens, einer sinnlichen oder geistigen Wahrnehmung (hören, sehen, bemerken usw.) des Meinens, Glaubens, Denkens usw. βλέπει ἀπ' τὸ χρῶμα τῆς θάλασσας, πὼς θὰ ἔχωμε ἀέρα: an der Farbe des Meeres sieht er, daß Wind kommen wird.

Nach den Verben der Gemütsbewegung folgt oft πού (s. w. o. § 58)

ὅτι als Konjunktion gehört der Schrspr. u. der Volksspr. an. Es wird vor allem gebraucht: 1. um mehrere πὼς zu vermeiden. 2. am Anfang eines Satzes: ὅτι θὰ πᾶμε μὲ τὸ »Γλάρος« τὸ ξέρετε ὅλοι σας: daß wir mit (dem Schiff) „Möwe" fahren werden, das wißt ihr alle; 3. Ferner dienen ὅτι u. πὼς (nicht πού) zur Bildung **der indirekten Rede**: εἶπε ὅτι (o. πὼς) δὲν εὐκαιρεῖ σήμερα: er sagte, daß er heute keine Zeit habe!

105 Temporale Konjunktionen: **ὅταν, σάν, ἅμα, καθώς, μόλις, ἐνῶ, ὅσο** (ἐν ὅσω, ἐφ' ὅσον), **πρίν, προτοῦ, ἀφοῦ, ἀφ' ὅτου, ὥσπου, ὡσότου** (ὅσο), **ὁπότε.**

ὅταν (relativ ποὺ): „wenn, als"; Gegenw. + Konj. (in der einfach. Sprache auch mit Indik.), Zuk. + Ind. (mit θὰ nur bei Hervorhebung), Vergangenh. + Ind.: ὅταν τὴν βλέπῃς, κουβεντιάζετε; wenn du sie siehst, plaudert ihr? ὅταν [θὰ] γυρίσῃς αὔριο, τὰ ξαναλέμε: wenn du morgen zurückkehrst, sprechen wir wieder darüber. τοῦ χρόνου ποὺ θὰ σπουδάσῃς: wenn du nächstes Jahr studieren wirst.

ἅμα, σὰν: „wenn, als, sobald, immer wenn, nachdem". Syntax wie ὅταν: ἅμα ἔλθῃ, φώναξέ με: wenn er kommt, ruf mich.

καθὼς: „als (= während) + Imperf., als" (als einmalige Handlung) + Ind. Aor.: καθὼς ἔμπαινα μέσα, αὐτὸς ἔφευγε: als ich eben eintrat, war er am Weggehen; καθὼς μπῆκα στὴ βάρκα, τὸν ἀντίκρυσα στὸ τιμόνι: als ich in das Boot stieg, sah ich ihn mir gegenüber am Steuer.

μόλις: „sobald" (Syntax wie ὅταν): μόλις φτάσαμε, ξεμπαρκάραμε ἀμέσως: sobald wir ankamen, gingen wir gleich an Land.

ἐνῶ: „während" mit den Zeiten aus dem Präsensstamm: ἐνῶ ἐμεῖς τραβούσαμε κουπί, αὐτοὶ τραγουδοῦσαν: während wir ruderten, sangen sie.

ὅσο (u. aus der Schrspr.: ἐν ὅσῳ, ἐφ᾽ ὅσον): „so lange": ὅσο μένεις ἐδῶ, χάνεις τὸν καιρό σου: solange du hier bleibst, verlierst du deine Zeit.

πρὶν [νά], προτοῦ [νὰ]: „bevor", nur + Konj. Aor.: θὰ σηκωθοῦμε πρὶν [νὰ] oder προτοῦ [νὰ] βγῇ ὁ ἥλιος: wir werden aufstehen, bevor die Sonne aufgeht.

ἀφοῦ „nachdem" (temporal): θὰ φᾶμε ἀφοῦ τελειώσωμε: wir werden essen, nachdem wir fertig sein werden.

ἀφ᾽ ὅτου (o. ἀπὸ τότε ποὺ): „seitdem": ἀφ᾽ ὅτου γύρισε ἀπὸ τὶς Μυκῆνες, δὲν τὸν εἶδα: seitdem er aus Mykenae zurückgekehrt ist, habe ich ihn nicht gesehen.

ὥσπου, ὡσότου, (ὅσο): „bis" (+ Konj. Aor.) sowohl für die Zuk. als auch für die Vergangenh., wenn der Nebensatz der Funktion einer Zeitbestimmung gleichkommt: ὥσπου νὰ πᾷς ἐκεῖ, θὰ ἔχω τηλεφωνήσει ἐγώ: bis du hingehst, werde ich angerufen haben.

ὥσπου, ὡσότου (+ Ind. Aor.), wenn es sich um ein tatsächliches Ereignis in der Vergangenheit handelt: ἐγύρισα ὅλα τὰ παλαιοβιβλιόπωλεῖα, ὥσπου εὑρῆκα ἐπιτέλους τὸ βιβλίο, ποὺ ἤθελα: ich lief in allen Buchantiquariaten herum, bis ich endlich das Buch fand, das ich haben wollte.

ὅποτε: „immer wenn": ὅποτε μεθοῦσε, ἄρχιζε τὰ τραγούδια: immer wenn er sich betrank, fing er an zu singen.

§ 106 Konjunktionen der Begründung (kausale Konjunktionen): **γιατί, ἐπειδή, διότι, ἀφοῦ, ἐφ᾽ ὅσον, σάν.**

γιατὶ: „weil": πίνει νερό, γιατὶ διψᾶ: er trinkt Wasser, weil er Durst hat.

214

ἐπειδή: „denn, weil": δὲν θὰ πάω, ἐπειδή (διότι) δὲν εὐκαιρῶ: ich werde nicht gehen, denn ich habe keine Zeit.

ἀφοῦ, (ἐφ' ὅσον): „nachdem" (kausal): ἀφοῦ δὲν ξέρομε τὸ[ν] δρόμο, ἂς ρωτή- σωμε αὐτὸν τὸ[ν] γέρο: nachdem wir den Weg nicht kennen, fragen wir diesen alten Mann.

Ferner dienen als Konjunktionen der Begründung:

σὰν: „nachdem", ποὺ: „weil" + Indik. und γιὰ νὰ: „weil" + Konj.: σὰν ρωτᾶς, θὰ σοῦ τὸ ποῦμε: nachdem du fragst, werden wir es dir sagen.

σὰν ... ποὺ: mit Adjektiv: σὰν κουτὸς ποὺ ἤτανε: dumm wie er war.

107 Ferner drücken die unterordnenden Konjunktionen aus:

Ein Ziel: νά, γιὰ νά.

νὰ ist die Konjunktion, womit der Konjunktiv gebildet wird: Ind. Präs. τρέμω: „ich zittere", Konj. Präs. νὰ τρέμω. Der Konjunktiv entspricht sehr oft dem deut- schen zu + Infinitiv: γιατρέ, σᾶς παρακαλῶ νὰ ἔλθετε ἀμέσως: Herr Doktor, ich bitte Sie, gleich zu kommen.

Die Konjunktion νὰ als Bestandteil des Konjunktivs wird „Partikel" genannt.

Über νὰ + Verben der Gemütsbewegung s. § 58.

γιὰ νὰ: „um ... zu, damit": ἦρθα γιὰ νὰ σὲ ἀποχαιρετήσω: ich kam, um mich von dir zu verabschieden.

108 Eine Bedingung: ἄν.

ἂν (selten ἐὰν (Schrspr.)) Gegenw. + Konj. (in der einfacheren Sprache + Ind.), Zuk. + Ind. (mit θὰ bei Hervorhebung), Vergang. + Indik.: „wenn" (reale Bedingung): ἂν εἶσαι εὐτυχισμένος, μὴν τὸ πολυλές: wenn du glücklich bist, sag es nicht oft; ἂν [θὰ] πιῆς πολὺ οὖζο, θὰ ζαλιστῆς: wenn du viel (griechi- schen) Schnaps trinkst, wirst du schwindlig werden; ἂν ἤπιε πολὺ κρασί, θὰ φανῆ: wenn er viel Wein getrunken hat, wird es sich zeigen.

Die Bedingungssätze treten oft in Verbindung mit τυχὸν o. τύχη [καὶ + Ind. o. νὰ + Konj.]: „zufällig" auf: ἂν τυχὸν o. ἂν τύχη καὶ ἔλθη, πές του πῶς τὸν θέλω: wenn er [zufällig] kommt, sag ihm, daß ich ihn brauche.

Als Bedingungskonjunktionen sind ebenfalls in Gebrauch: σὰν, ἄμα, (Vernei- nung: δέν), νὰ (Vernein.: μὴ): σὰν ἔχης ὄρεξι (o. διάθεσι), ἔλα: wenn du Lust hast, komm.

109 Konjunktionen des Zugeständnisses: ἂν καί, μολονότι: „obwohl, trotzdem, obgleich" usw.: θὰ δώση μία συναυλία (ἕνα κοντσέρτο), ἂν καὶ δὲν μελέτησε ἀρκετά: er wird ein Konzert geben, trotzdem er nicht genug geübt hat.

§ 110 Als Konjunktion zum Ausdruck einer Befürchtung dienen: **μήπως [καί], μή[ν], νὰ μή.**

μήπως [καί], μή[ν]: „daß (bzw. zu)" (Gegenw., Zuk. u. Vergangenh. + Ind.): φοβοῦμαι μήπως (ο. μὴ) χάση τὸ φῶς του: ich fürchte, daß er erblindet (w.: daß er sein [Augen]licht verlieren wird); Verneinung:

δὲν: φοβήθηκα μήπως δὲν περάση στὶς ἐξετάσεις: ich fürchtete, daß er die Prüfungen nicht bestehen wird.

νὰ μή[ν]: „daß . . . [doch]" wird seltener für die Gegenwart gebraucht (Syntax wie oben) ohne Verneinung: φοβοῦμαι νὰ μὴν ἀρρώστησε: ich fürchte, er könnte erkrankt sein (w.: daß er erkrankt sei).

§ 111 Als Konjunktion zum Ausdruck einer Schlußfolgerung dienen: **ὥστε, ποὺ:** „daß, so daß". Wenn die Schlußfolgerung eingetreten ist (Hauptsatz ohne Verneinung) + Indikat., Negat. **δὲν:** τὸ σκοτάδι ἤτανε πολὺ πυκνό, ὥστε (ποὺ) δὲν ἔβλεπε πιὰ τὸ[ν] δρόμο: die Dunkelheit war sehr dicht, so daß er den Weg nicht mehr sehen konnte (w.: sah). Wenn die Schlußfolgerung erst erwartet wird (Hauptsatz mit Vernein.) + νὰ + Konj., Negat. **μὴ:** δὲν ἦταν τόσο φτωχός, ὥστε νὰ μὴν ἔχη νὰ φάη: er war nicht so arm, daß er nichts zu essen hätte.

§ 112 Als Konjunktion zum Ausdruck eines Vergleichs (von Adverbien, Pronomen, Zahlwörtern, Adjektiven im Positiv u. Substantiven dient **παρὰ:** „als": ἐδῶ ἔξω εἶναι πιὸ δροσιὰ παρὰ μέσα στὸ σπίτι: hier draußen ist es kühler (w.: mehr Kühle), als drinnen im Hause.

Wenn der zweite Teil des Vergleiches ein ganzer Satz ist, dann tritt ὅ, τι ο. ὅσο nach παρὰ (παρ' ὅτι, παρ' ὅσο) u. ἀπὸ (ἀπ' ὅτι, ἀπ' ὅσο): ἡ 'Ελευσίνα εἶναι μακρύτερα παρ' ὅτι ο. ἀπ' ὅτι ἐνόμιζα: Eleusis ist weiter weg als ich glaubte.

Beim Vergleich von zwei Sätzen steht im zweiten Satz gewöhnlich **παρὰ νὰ** + Konj.: „als": ἔπρεπε νὰ μείνης σπίτι παρὰ νὰ βγῆς ἔξω: du hättest zu Hause bleiben sollen als auszugehen.

Das deutsche „ob"

§ 113 „Ob": **ἂν** (Schrspr. ἐάν). Gegenw. + Konj. (u. in der einfacheren Sprache + Ind.): δὲν ξέρω ἂν σκουδάζη τώρα στὸ ἐξωτερικὸ: ich weiß nicht, ob er jetzt im Ausland studiert; Zukunft u. Vergangenh. mit Indik. (Hier ein Beispiel **einer indirekten Frage** die außer ἂν auch durch **ein Fragewort** eingeleitet werden kann): τὸν ρώτησαν, ἂν κέρδισε (ο. ἔβγαλε) ἐκεῖ ἀρκετὰ χρήματα: man fragte ihn, ob er dort genügend Geld verdient habe: τὸν ρώτησαν πόσα χρήματα ἔβγαλε: man fragte ihn, wieviel Geld, er verdient habe.

216

„ob . . . [vielleicht]": **μήπως [καί]**, **μή[ν]**, mit Ind.: με ρώτησε μην (ο. μήπως [καί] είδα τον υπηρέτη του ξενοδοχείου: er fragte mich, ob ich vielleicht den Hoteldiener sah.

„ob . . . wohl": **νά**. Die Konjunktion leitet eine selbständige Frage mit oder ohne das Adverb **άραγε** ο. **τάχα** (vielleicht) ein. Präs. u. Perf. + Konj., die 3 Vergangenheiten + Ind.: νά περνάη καλά; ob es ihm wohl gut geht? νά περνούσε [άραγε] τότε καλά; ob es ihm wohl damals gut ging? [τάχα] νά ήλθε; ob er wohl gekommen ist? άραγε νά έχη μάθει τώρα πιά γερμανικά; ob er wohl jetzt schon deutsch gelernt hat?

Die Zukunft von „ob . . . wohl" wird in der Regel durch die drei Futura + άραγε ο. τάχα u. ä. ausgedrückt: άραγε θά έλθη; ob er wohl kommen wird?

„ob . . . nicht": **νά μή[ν]**: νά μην ήρθε; ob er nicht gekommen ist?

„als ob, als wenn, wie wenn, als + Indik. Imperf. o. Plusquamp.": **σά[ν] νά** + Indik. (Verneinung μή): εγελούσε καί τραγουδούσε σάν νά μή είχε συμβή τίποτα: er lachte und sang, als ob nichts geschehen wäre.

Dazu noch: σά[ν] νά + Verb (Präs. + Konj., sonst Indik.), als Hauptsatz: „es hat den Anschein": σά νά μάς κοροϊδεύη λίγο: es scheint, daß er sich über uns ein wenig lustig macht.

Τάχα hat neben der Bedeutung „vielleicht" (s. o.) auch die „zum Schein, angeblich": είπε πώς τάχα του πονεί τό πόδι: er sagte, daß ihm angeblich der Fuß weh tue.

„ob . . . oder nicht":

a) **άν . . . ή όχι**. Gegenw. + Konj., Zuk. und Vergangenh. + Ind.: άν [θά] διαβάσης τό μυθιστόρημα αυτό ή όχι, είναι τό ίδιο: ob du diesen Roman liest oder nicht, ist eins.

b) das Verb und seine verneinte Wiederholung: έχει δέν έχει χρήματα, πάντα είναι χαρούμενος: ob er Geld hat oder nicht, immer ist er heiter.

c) **είτε** (ο. ή) . . . **είτε** (ο. ή). Gegenw., Zuk. u. Vergangenh. + Ind.: είτε μάθης αγγλικά είτε δέ μάθης: ob du Englisch lernst oder nicht . . .

(s. gr. L. §§ 337–354)

AUFGABE 47:

Sowohl im Osten (ή ανατολή) als auch im Westen (ή δύσι) . . . Auch im Westen gibt es das. Weder von hier noch von dort sieht man (φαίνεται) den Strand (ή παραλία). Er aß die ganze Zeit über (nichts) außer Fisch (δέν έτρωγε όλο τόν καιρό παρά ψάρι). Er las (nichts) außer (= als [nur]) Zeitungen. Ich werde nicht länger außer (= als [nur]) fünf Minuten bleiben. Ich habe (nichts) außer einer

Mark. Er wird ihm nicht schreiben, sondern (ἀλλά o. μόνο o. παρά) in sein Büro gehen. Dieser Archäologe (ὁ ἀρχαιολόγος) ist sogar größer als du. Er wird zu Fuß gehen, obwohl es weit ist. Es kostet eine Mark, nämlich 10,5 Drachmen. Es ist spät; folglich wird er nicht mehr kommen.

AUFGABE 48:

Ich hörte, daß er krank ist. Daß wir morgen sehr früh aufstehen, das ist selbstverständlich (αὐτὸ ἐννοεῖται). Ich glaube, daß er heute gegangen ist. Sobald du den Tempel siehst, ruf uns. Er kam,nachdem er fertig war (τελειώνω).Das geschah, bevor wir zu den Ausgrabungen gingen. Seitdem ich auf Kreta bin, sah ich ihn nicht. Bis ich ihn wiedersehe, können Tage vergehen (μπορεῖ νὰ περάσουν ἡμέρες). Es vergingen drei Tage, bis ich ihn wiedersah (ξαναβλέπω). Nachdem ich hörte, daß er die Einsamkeit liebt (τοῦ ἀρέσει ἡ μοναξιά), ließ ich ihn in Ruhe (δὲν πῆγα νὰ τὸν ἐνοχλήσω: w.: ich ging nicht, ihn zu stören). Wenn Sie ihn zufällig sehen . . . Ich fürchte, daß wir den Zug versäumen (= verlieren werden). Wir liefen schnell, so daß wir den Zug erreichten (προφταίνω τὸ τραῖνο). Lieber heute als morgen. Der Tempel ist näher als ich es mir vorstellte. Ich ziehe vor (προτιμῶ), jetzt schlafen zu gehen als noch weiter zu arbeiten (παρὰ νὰ ἐξακολουθήσω νὰ ἐργάζωμαι).

AUFGABE 49:

Man fragte ihn, ob er ein Deutscher sei. Ob er wohl damals noch lebte? Ob er noch lebt? Ob er wohl geheiratet hat? Ob er wohl heiraten wird (ἄραγε θὰ παντρευτῇ;)? Er tut so, als ob er erwachsen wäre. Er sprach vernünftig (τὰ λόγια του ἦταν σωστά: w.: seine Worte waren richtig), als ob er nicht einen halben Liter Wein getrunken hätte. Er tut so, als wüßte er alles. Es scheint (es hat den Anschein), daß es hier zieht. Es scheint, daß es regnet. Ob es sehr warm ist oder nicht, (es) macht uns nichts aus (δὲν μᾶς μέλει).

(Vgl. gr. L. § 337–354)

Die Interjektion (τὸ ἐπιφώνημα)

§ 114 Sie drücken aus:

Bewunderung, Staunen: ἄ! ὤ! πωπώ! μπά!

Klage, Schmerz: ἄχ! ὤχ! ὤου (au!)! ὤ! ὤχου! ἀλλοίμονο! (o. ἀλίμονο! ἀλί! τρισαλί!): ἀλλοίμονό σου ἂν πᾶς ἐκεῖ: weh dir, wenn du hingehst!

Bedrückung, Ekel: ἔ! οὔ! οὔφ! πούφ! u. φτού (= pfui!): οὔφ! ἔσκασα ἀπ' τὴ ζέστη: uff! ich bin vor Hitze geplatzt! πούφ, πῶς βρωμάει! puh, wie es stinkt! φτού (ich spucke darauf)!

Ablehnung: [ἀ]μπά! πὰ πὰ πά! πώπω πώ!

Verneinung: [ἀ]μπά! ach, wo!

Wunsch: μακάρι! (ἄμποτε!) εἴθε! (alle drei mit νὰ + Konj.): (unübersetzbar, mit dem Sinn:) wenn das sein könnte! wie schön wäre es!

Lob: μπράβο! (εὔγε! aus der Schrspr.)

Rufen: ἔ! ἔ, στάσου!: (ungefähr:) hallo! bleib stehen (o. warte)!

Still sein: σοὺτ (pst! still!)!

ντὲ: Zuruf an Reittiere, daß sie sich in Bewegung setzen sollen.
Auf νά! siehe! (Schrspr.: ἰδού!) folgt der Nominativ oder Akkusativ, νὰ ὁ Κώστας oder νά τος ὁ Κώστας! o. νά τον τὸν Κώστα! da ist Kostas! Ich zeige euch eine Karte von Griechenland und sage: νὰ ἡ Ἑλλάδα μας! das ist unser Griechenland!

(s. gr. L. § 355)

V. Anhang

Ein kurzer Privatbrief (σύντομη ἰδιωτικὴ ἐπιστολή):

'Αθήνα (o. 'Αθῆναι) 25-5-67

§ 115   'Αξιότιμε (o. ἐρίτιμε) κύριε καθηγητά,
(Sehr geehrter Herr Professor!)

Σᾶς ζητῶ συγγνώμη (ich bitte Sie um Entschuldigung) ποὺ ἄργησα τόσο νὰ σᾶς στείλω τὸ βιβλίο („daß ich Ihnen erst heute das Buch schicke", w.: daß ich so lange brauchte, es zu schicken), ποὺ σᾶς ὑποσχέθηκα πρὸ δύο ἑβδομάδων (das ich Ihnen vor 2 Wochen versprach). Σᾶς παρακαλῶ πολὺ νὰ μὴ μὲ παρεξηγῆστε γιὰ τὴν καθυστέρησι αὐτὴ (ich bitte sehr, mir diese Verspätung nicht übel zu nehmen). "Ημουν ὅμως ταξίδι (ich war aber verreist).

Μὲ σεβασμὸ (in Verehrung)
'Ιωάννης Κοντὸς

Auf das Kuvert wird geschrieben: Κύριον/Γεώργιον 'Ιωαννίδη/Καθηγητὴν/ 'Αθῆναι (o. 'Αθήνας) 'Οδὸς Μετσόβου 7.

Anreden:

ἀγαπητέ μου φίλε: mein lieber Freund
ἀγαπημένε μου φίλε: mein geliebter Freund u. a.

Briefschluß:

Μὲ πολλοὺς (o. φιλικοὺς) χαιρετισμοὺς
Mit vielen (oder freundschaftlichen) Grüßen

Μὲ [πολλὴ] ἀγάπη: mit herzlichen Grüßen (w. in Liebe);
μετὰ τιμῆς: hochachtungsvoll u. a.

Über: 1. den Privatbrief, 2. den Geschäftsbrief u. 3. das amtliche Schreiben vgl. gr. L. S. 433–441.

Die Schriftsprache und der Fremde

§ 116 Der Schriftsprache bedienen sich:

1. der größte Teil der Presse.

2. die Bezeichnungen von Ortsnamen: 'Αθῆναι (= 'Αθήνα), Πειραιεὺς (= Πειραιὰς) u. a.

220

3. alle offiziellen und mit geringen Ausnahmen auch privaten Überschriften an Gebäuden, in Bahnhöfen und auf Schiffen, in Geschäften, Bädern, auf Warnungstafeln usw. In der Eisenbahn ist an Tafeln zu lesen: ἀπαγορεύεται τὸ καπνίζειν, τὸ πτύειν, τὸ κύπτειν πρὸς τὰ ἔξω: es ist verboten zu rauchen, zu spucken, sich hinauszubeugen; μὴ ὁμιλῆτε (o. ὁμιλεῖτε) μὲ τὸν ὁδηγὸν: sprechen Sie nicht mit dem Führer (= Fahrer) ist im Omnibus zu lesen; ψυχρόν, θερμὸν ὕδωρ = κρύο, ζεστὸ νερὸ: kaltes, warmes Wasser. Das Abteil heißt: τὸ διαμέρισμα, der Raucher: ὁ καπνιστής. Im ᾿Εθνικὸς κῆπος (Nationalpark) in Athen ist zu lesen: μὴ κόπτετε τὰ ἄνθη καὶ τὰ φυτά: pflücken Sie keine Blumen und Pflanzen!

4. die Eintritts- u. Fahrkarten jeder Art. Δραχμαὶ τριακόσιαι: dreihundert Drachmen. Die Endung -αι gehört der Schrspr. an und ist Endung des Nom. Plur.

5. die Speisekarten in den Restaurants und Tavernen (s. gr. L. S. 82f).

6. die feststehenden Ausdrücke aus der Schrspr. (s. § 95) werden zum größten Teil auch von den einfachen Menschen benützt.

7. der Geschäftsbrief und das dienstliche Schreiben bedienen sich ebenfalls der Schrspr. Darüber s. gr. L. §§ 394–395.

Theaterprogramme, im besonderen die der Festspiele, nehmen insofern eine besondere Stellung ein, als sie in einer einfacheren Sprache gehalten sind, in einer gepflegten Volkssprache, die der Fremde verstehen kann. Die Reklamen darin aber sind wieder in der Schriftsprache gehalten.

Wünsche bei verschiedenen Anlässen

117 An Neujahr: εὐτυχὲς τὸ Νέον ῎Ετος! εὐτυχισμένος ὁ καινούρ[γ]ιος χρόνος! (ein glückliches Neues Jahr!) χρόνια πολλά! (viele Jahre!) wird an allen großen Feiertagen, auch Namens- u. Geburtstagen, gesagt, sowie auch καὶ τοῦ χρόνου![¹] (auf das nächste Jahr!).

an Weihnachten: (vor dem Fest) καλὰ Χριστούγεννα: an Weihnachten selbst: χρόνια πολλά! καὶ τοῦ χρόνου!

an Ostern: (vor dem Fest) καλὸ Πάσχα! an Ostern selbst: χρόνια πολλά! u. statt der gewöhnlichen Begrüßung: Χριστὸς ἀνέστη! (Christus ist auferstanden!).

---

¹ Von einem zerstreuten Menschen sagt man: πάρ᾽ τον[ε] στὸ γάμο σου νὰ σοῦ πῆ καὶ τοῦ χρόνου: nimm ihn auf deine Hochzeit, daß er dir „aufs nächste Jahr" sagt.

an Namens-, Geburtstagen (στὶς [ὀνομαστικὲς] γιορτὲς καὶ στὰ γενέθλια: χρόνια πολλά! νὰ ζήσης, νὰ ζήσετε! (du sollst, ihr sollt leben!); νὰ τὰ ἑκατοστίσης! (du sollst hundert Jahre alt werden); jungen Mädchen wird bei diesen Gelegenheiten gern gesagt: καὶ στὶς χαρές σου! (auch auf deine Hochzeit! (w.: Freuden)).

bei Hochzeiten (στοὺς γάμους): νὰ ζήσετε! νὰ ζήσ[ε]τε εὐτυχισμένοι! χρόνια πολλὰ κ' εὐτυχισμένα! Allen noch Unverheirateten sagt man bei dieser Gelegenheit: καὶ στὰ δικά σου! (auch auf deine Hochzeit!).

bei Geburten und Taufen: νὰ σοῦ (σᾶς) ζήσῃ τὸ παιδί! (das Kind soll dir (euch, Ihnen) – zur Freude – am Leben bleiben).

bei Begräbnissen und Trauergottesdiensten (σὲ κηδεῖες καὶ μνημόσυνα): In der Stadt: τὰ συλλυπητήριά μου! τὰ θερμά μου συλλυπητήρια! (mein Beileid! mein inniges (w.: warmes) Beileid!). Auf dem Lande: σ[υγ]χωρεμένος (oder -η) νὰ 'ναι (= νὰ εἶναι)! (es mag ihm (von Gott) verziehen werden), ζωὴ σὲ λόγου σας! (ihr sollt aber weiter am Leben bleiben! (Das wird nur bei Begräbnissen gesagt).

bei Berufsbeförderungen und wenn ein Schüler oder Student ein gutes Examen ablegt: καὶ εἰς ἀνώτερα! (aufs noch höhere!) συγχαρητήρια o. τὰ συγχαρητήριά μου! (meine Glückwünsche!)

beim Weggehen: στὸ καλό! (laß es dir gut gehen!) (w.: ins Gute); auf dem Lande, wenn jemand weit zu gehen hat, wird ihm gewünscht: ὥρα καλή! (eine gute Zeit!).

beim gewöhnlichen Kommen, beim Besuchmachen kann man empfangen werden mit: καλῶς τον, καλῶς την (willkommen!) (das ist sehr hübsch).

beim Vorstellen ist der Ausdruck aus der Schrspr. in Gebrauch: χαίρω πολὺ (es freut mich sehr). Beim Weggehen sagt man anschließend, wenn man sich kennengelernt hat: ἐχάρηκα πολὺ (es hat mich sehr gefreut). Es gehört zum Begriff der Höflichkeit.

es ist üblich, bei Besuchen eingemachte Früchte und dazu ein Glas Wasser anzubieten. Der Gast ißt zuerst das Eingemachte und erhebt dann, ehe er trinkt, das Glas mit dem Wunsch εἰς ὑγείαν zum Wohl!

beim Trinken von Wein, Likör oder Branntwein (οὖζο) wird ebenfalls εἰς ὑγείαν oder στὴν ὑγεία σας oder γειά σου beim Duzen und γειά σας beim Siezen gewünscht.

bei Krankheiten: περαστικά! (gute Besserung! w.: es soll vorübergehen!); wenn jemand von einer Krankheit aufsteht, wünscht man ihm: σιδερένιος! (eisern sollst du sein!).

Übersicht über die drei Deklinationen

I. Deklination: männliche Substabtive

	A. Gleichsilbige Singular			B. Ungleichsilbige Singular		
Nom.	-ος	-ας	-ης	-ας	-ης	-ες	-ους
Gen.	-ου	-α	-η	-α	-η	-ε	-ου
Akk.	-ο	-α	-η	-α	-η	-ε	-ου
Vok.	-ε	-α	-η	-α	-η	-ε	-ου
	Plural			Plural		
Nom.	-οι	-ες	-αδες	-ηδες	-εδες	-ουδες
Gen.	-ων	-ων	-αδων	-ηδων	-εδων	-ουδων
Akk.	-ους	-ες	-αδες	-ηδες	-εδες	-ουδες
Vok.	-οι	-ες	-αδες	-ηδες	-εδες	-ουδες

Über. Sonderklasse der Maskulina auf -εὺς o. -έας s. S. 56

II. Deklination: weibliche Substantive

	A. Gleichsilbige Singular				B. Ungleichsilbige Singular		
Nom.	-α	-η	-ι	-η	-ος	-α	-ου
Gen.	-ας	-ης	-εως,	-ης	-ου	-ας	-ους
Akk. u. Vok.	-α	-η	-ι	-η	-ο	-α	-ου
	Plural				Plural		
Nom.	-ες	-εις	-οι	-αδες	-ουδες
Gen.	-ων	-εων	-ων	-αδων	-ουδων
Akk. u. Vok.	-ες	-εις	-ους	-αδες	-ουδες

III. Deklination: sächliche Substantive

	A. Gleichsilbige Singular			B. Ungleichsilbige Singular			
Nom.	-ο	-ι	-ος	-μα	-σιμο	-ας	-ως u. -ος
Gen.	-ου	-ιου	-ους	-ματος	-σίματος	-ατος	-ωτος, -οτος
Akk. u. Vok.	-ο	-ι	-ος	-μα	-σιμο	-ας	-ως u. -ος
	Plural			Plural			
Nom.	-α	-ια	-η	-ματα	-σίματα	-ατα	-ῶτα u. -ότα
Gen.	-ων	-ιῶν	-ῶν	-μάτων	-σιμάτων	-άτων	-ώτων, -ότων
Akk. u. Vok.	-α	-ια	-η	-ματα	-σίματα	-ατα	-ῶτα u. -ότα

Die Adjektive auf -ος, -η, -ο und -ος, -α, -ο werden nach den entsprechenden Substantiven dekliniert.

Übersicht über die Zeitformen regelmäßiger Verben beider Konjugationen

	I. Konjugation Aktiv	I. Konjugation Pass. refl.	II. Konjugation Aktiv	II. Konjugation Pass. refl.	II. Konjugation Aktiv	II. Konjugation Pass. refl.	II. Konjugation Pass. refl.
Aus dem Präsensstamm							
Ind. Präs.	λύω	λύνομαι	μετρῶ u. -άω	μετριέμαι	ἐνοχλῶ	ἐνοχλοῦμαι	κοιμοῦμαι
Konj. Präs.	νὰ λύω	νὰ λύνομαι	νὰ μετρῶ u. -άω	νὰ μετριέμαι	νὰ ἐνοχλῶ	νὰ ἐνοχλοῦμαι	νὰ κοιμοῦμαι
Fut. contin.	θὰ λύω	θὰ λύνομαι	θὰ μετρῶ u. -άω	θὰ μετριέμαι	θὰ ἐνοχλῶ	θὰ ἐνοχλοῦμαι	θὰ κοιμοῦμαι
Imperfekt	ἔλυνα	λυνόμουν	μετροῦσα	μετριόμουν	ἐνοχλοῦσα	ἐνοχλούμουν	κοιμόμουν
I. Kondit.	θὰ ἔλυνα	θὰ λυνόμουν	θὰ μετροῦσα	θὰ μετριόμουν	θὰ ἐνοχλοῦσα	θὰ ἐνοχλούμουν	θὰ κοιμόμουν
Imper. Präs.	λῦνε / λύνετε	λύνεσαι / νὰ λύνεσθε -εστε	μέτρα / μετρᾶτε	μετριέσαι / νὰ — ῆστε	ἐνόχλει / ἐνοχλεῖτε	ἐνοχλεῖσαι / νὰ — ῆστε	κοιμᾶσαι / νὰ — ᾶστε
Part. Präs.	λύνοντας		μετρώντας		ἐνοχλώντας		
Aus dem Aoriststamm							
Einm. Fut.	θὰ λύσω	θὰ λυθῶ	θὰ μετρήσω	θὰ μετρηθῶ	θὰ ἐνοχλήσω	θὰ ἐνοχληθῶ	θὰ κοιμηθῶ
Konj. Aorist	νὰ λύσω	νὰ λυθῶ	νὰ μετρήσω	νὰ μετρηθῶ	νὰ ἐνοχλήσω	νὰ ἐνοχληθῶ	νὰ κοιμηθῶ
Ind. Aorist	ἔλυσα	λύθηκα	μέτρησα	μετρήθηκα	ἐνόχλησα	ἐνοχλήθηκα	κοιμήθηκα
Perfekt	ἔχω λύσει	ἔχω λυθῆ	ἔχω μετρήσει	ἔχω μετρηθῆ	ἔχω ἐνοχλήσει	ἔχω ἐνοχληθῆ	ἔχω κοιμηθῆ
Plusq.	εἶχα λύσει	εἶχα λυθῆ	εἶχα μετρήσει	εἶχα μετρηθῆ	εἶχα ἐνοχλήσει	εἶχα ἐνοχληθῆ	εἶχα κοιμηθῆ
II. Kondit.	θὰ εἶχα λύσει	θὰ εἶχα λυθῆ	θὰ εἶχα μετρήσει	θὰ εἶχα μετρηθῆ	θὰ εἶχα ἐνοχλήσει	θὰ εἶχα ἐνοχληθῆ	θὰ εἶχα κοιμηθῆ
Fut. exact	θὰ ἔχω λύσει	θὰ ἔχω λυθῆ	θὰ ἔχω μετρήσει	θὰ ἔχω μετρηθῆ	θὰ ἔχω ἐνοχλήσει	θὰ ἔχω ἐνοχληθῆ	θὰ ἔχω κοιμηθῆ
Part. Perf.	λυμένος	λυμένος	μετρημένος	μετρημένος	ἐνοχλημένος	ἐνοχλημένος	κοιμισμένος
	lösen	sich lösen / gelöst werden	zählen, messen	gemessen, gezählt werden	stören	gestört werden	schlafen
	s. S. 97f	s. S. 107f	s. S. 119f	s. S. 145f	s. S. 124f	s. S. 151f	s. S. 163f

Wörterverzeichnis

Die den meisten Wörtern beigefügten Seitenzahlen oder Paragraphen verweisen auf nähere Erklärungen der Grammatik und Syntax. Die kursiv gedruckten Ziffern und Buchstaben kennzeichnen Absätze innerhalb dieser Seite.
Die mit einem Stern versehenen Wörter gehören der strengeren Schriftsprache an.
In den meisten griechischen Wörterbüchern werden Wörter, die eine Doppelform haben – Schrspr. und Volksspr. – oft unter beiden getrennt angeführt. Die Form aus der Volksspr. verweist auf die aus der Schrspr., die dann die Übersetzung des Wortes in der fremden Sprache bringt. Z. B.: ρίχνω = *ρίπτω. *Ρίπτω = werfen. Manchmal steht in den Wörterbüchern neben der Form aus der Volksspr. schon die Übersetzung des Wortes, wie bei ξέρω = wissen = *ἠξεύρω. In dem kleinen Wörterverzeichnis dieses Buches wurde diese Art beibehalten, um den Lernenden an den Gebrauch der griech. Wörterbücher zu gewöhnen. Die in § 10 angeführten Konsonantenverbindungen werden in der Regel in den griech. Wörterbüchern nur unter der Form der Schrspr. gebracht, hier unter beiden Formen.
Bei einzelnen oft gebrauchten Wörtern wurde mit Absicht die Schreibweise der Schrspr. bevorzugt, weil sie der Lernende so in allen Wörterbüchern, auch den neuen Auflagen, vorfindet.
Wörter, deren Übersetzung ins Deutsche nicht bei den einzelnen Lektionen steht, sind hier zu finden.

A

ἄγαλμα τὸ 106	Statue
ἀγάπη ἡ 28	Liebe
ἀγαπητὸς 53	lieb
ἀγαπῶ, -ησα 119	lieben
ἀγγελία ἡ 27 A	Annonce, Nachricht
ἀγγίζω	s. ἐγγίζω
ἀγενὴς 101	unhöflich
*ἀγέρωχος 54	hochmütig
ἀγιάζω -ασα 63 IV	heilig werden
ἅγιος 54	heilig
ἀγκαλιὰ ἡ 27 A	die Arme (Plur.)
ἀγκαλιάζω -σα 63 IV	umarmen
*ἀγνοῶ -ησα 124	nicht wissen
ἄγνωστος 54	unbekannt
ἀγορὰ ἡ 27 A	Markt, Kauf
ἀγοράζω -σα 63 IV	kaufen
ἀγοραστὴς ὁ 22	Käufer
ἀγόρι τὸ 19	Knabe
ἀγράμματος 54	Analphabet
ἀγριεύω 63 II	wild werden
ἄγριος 54	wild
ἄγρυπνος 54	wach, schlaflos
ἀγωνίζομαι -στ 110 IV	kämpfen

ἀδειάζω -ασα 63 IV	ausleeren, Zeit haben
ἀδελφὴ ἡ 28	Schwester
ἀδελφὸς ὁ 35	Bruder
ἀδιάκοπα	unaufhörlich
ἀδιαφορῶ -ησα 124	es ist mir gleichgültig
ἄδικος 54	ungerecht
ἀδυναμία ἡ 27 A	Schwäche
ἀδύνατος 54	schwach, mager
ἀέρας ὁ 22	Luft, Wind
ἀεροπλάνο τὸ 38	Flugzeug
ἀετὸς o. ἀϊτὸς ὁ 35	Adler
ἀεροπορικὸς 54	Luft-
ἀεροπορικῶς 196, 2	mit Luftpost
’Αθήνα ἡ }124	Athen
’Αθῆναι αἱ }	
’Αθηναῖος ὁ 54	Athener
’Αθηναία ἡ 54	Athenerin
ἀηδόνι τὸ 19	Nachtigall
αἴθουσα ἡ 27 A	Saal
αἷμα τὸ 106	Blut
αἴνιγμα τὸ 106	Rätsel
αἰσθάνομαι -νθ 107 u. 112	fühlen
ἀκαδημία ἡ 27 A	Akademie

ἀκατάδεκτος 54   hochmütig, arrogant
ἀκολουθῶ -ησα 124   folgen
ἀκόμη ο. ἀκόμα   noch
ἀκουμπῶ -ησα 119   [sich] anlehnen
ἀκούραστος 54   unermüdlich
ἀκουστικὸ τὸ 38   Hörer (d. Telephons)
ἀκούω 29 u. 63 *I*   hören
ἀκριβὴς 101   pünktlich
ἀκριβὸς 53   teuer
ἀκριβῶς 196, 2   genau, pünktlich
ἀκροατήριο τὸ 38   die Zuhörer
ἀκρογιάλι τὸ 19 ⎫
ἀκρογιαλιὰ ἡ 27 *A* ⎬ Strand
'Ακρόπολι[ς] ἡ   die Burg von Athen
60,
ἀλάτι τὸ 19   Salz
ἀλεποὺ ἡ 119   Fuchs
ἀλήθεια ἡ 27 *A*   Wahrheit
ἀλλὰ § 100   aber, sondern
ἀλλάζω -αξα 63 *IV*   wechseln
ἀλλοίμονο! § 114   weh!
ἄλλος 177, *11*   anderer
ἀλλοῦ   woanders
ἄλλωστε   übrigens
ἄλογο τὸ 38   Pferd
ἄλσος τὸ 91   Park
ἅμα §§ 105, *108*   wenn, als, sobald
ἀμελὴς 101   faul, nachlässig
ἀμερόληπτος 54   unparteiisch
ἀμέσως 196, 2   sofort
ἀμέτρητος 54   unzählig
ἀμηχανία ἡ 27 *A*   Verlegenheit
ἀμφιβάλλω §§ 54 u.   zweifeln
63
ἄν, *ἐὰν §§ 108 u.   wenn, ob
113
ἂν καὶ § 109   wenn auch
ἀνάβω -αψα 63 *II*   s. *ἀνάπτω
ἀνάγκη ἡ 28   Notwendigkeit, Not
ἀναγνωρίζω -σα 63   erkennen
IV
ἀναθέτω -σα 63 *IV*   beauftragen
ἀνάμεσα σὲ ο. ἀπὸ   zwischen
§ 94
ἀναπνέω 195   atmen
ἀνάποδα   verkehrt
*ἀνάπτω   anzünden
ἀνάστασι[ς] ἡ 60   Auferstehung
ἀνατέλλω 192, § 54   aufgehen

ἀνατολικὸς 54   östlich, orientalisch
ἀναψυκτικὸ τὸ 38   Erfrischung
ἄνδρας ο. ἄντρας ὁ
22   Mann
ἀνεβαίνω 192   steigen
ἀνεβοκατεβαίνω 192   hinauf- und hin-
   untersteigen
ἀνέκδοτο τὸ 38   Anekdote
ἄνεμος ὁ 35   Wind
ἀνεψιὸς ὁ 35   Neffe
ἀνεψιὰ ἡ 27 *A*   Nichte
ἀνήκω § 61   gehören
ἀνησυχῶ 124   beunruhigt sein
ἀνθρώπινος 54   menschlich
ἄνθρωπος ὁ 35   Mensch
ἀνόητος 54   unvernünftig
ἄνοιγμα τὸ 106   Öffnung
ἀνοίγω 63 *III*   öffnen
*ἀνοικτὸς 53   offen
ἄνοιξη ἡ 60   Frühling
ἀνοιξιάτικος 54   Frühlings-
ἀνοιχτὸς 53   s. ἀνοικτὸς
ἀντὶ § 87   anstatt, statt
ἀνταποκρίνομαι 107   entsprechen
ἀντικρύζω -σα 63 *IV*   einander gegenüber
   erblicken
ἀντίλαλος ὁ 35   Widerhall, Echo
ἀντιπαθητικὸς 53   unsympathisch
ἀντρόγυνο τὸ 38   Ehepaar
ἄνω κάτω   durcheinander
ἀξίζω -σα 63 *IV*   wert sein
ἀπαγορεύω -ευσα 63   verbieten
II
ἀπαγορεύεται § 62,   es ist verboten
110 *II*
ἀπάντηση ἡ 60   Antwort
ἀπαντῶ -ησα 119   antworten
ἀπέναντι σὲ ο. ἀπὸ   gegenüber
§ 94
ἀπέξω   von außen, aus-
   wendig
ἀπέραντος 54   unbegrenzt
ἀπεριποίητος 54   ungepflegt
ἀπλὸς 53   einfach
ἁπλώνω -ωσα 63 *V*   ausbreiten
ἀπὸ § 88   von, aus, seit, als
ἀποβάθρα ἡ 27 *A*   Landungsplatz
ἀπόγε[υ]μα τὸ 24 u.   Nachmittag
106

ἀπογευματινὸς 53 — Nachmittags-Quittung
ἀπόδειξι ἡ 60 — Quittung
ἀπὸ κάτω ἀπὸ § 93 — unter, unterhalb
ἀπόκεντρος 54 — abgelegen
ἀπολύτως 196, 2 — absolut
ἀπορρίπτω -ιψα 63 II — ablehnen
ἀπορῶ -ησα 124 — erstaunt sein
ἀποσταίνω 192 — müde werden
ἀποτελῶ -εσα 124 f — bilden, ausmachen
ἀποτυχαίνω -τυχα 195 — mißlingen
ἀποφασίζω -ισα 63 IV — sich entschließen
ἀποχαιρετῶ 124 — sich verabschieden
ἀπόχρωσι ἡ 60 — Schattierung
ἀποχωρητήριο τὸ 38 — Toilette
ἀπόψε — heute abend
ἀπύρετος 54 — fieberlos
ἀράζω -ξω 63 IV — landen
ἀργὰ — spät, langsam
ἀργία ἡ 27 — Untätigkeit, Ruhe
ἀργῶ -ησα 124 — sich verspäten
ἀρέσω (*ἀρέσκω) 192 — gefallen
ἀριθμὸς ὁ 35 — Zahl
ἄριστα — sehr gut
ἀριστερὰ — links
ἀρκετὸς 54 — genug
ἀρκεῖ § 62, 2 — genügen
ἀρραβωνιάζω -σα 63 IV — verloben
ἀρρωσταίνω 63 V — krank werden
ἄρρωστος 54 — krank
ἀρχαῖα ἑλληνικὰ — altgriechisch

ἀρχὴ ἡ 28 — Anfang
ἀρχίζω -σα 63 IV — anfangen
ἀρχαῖος — alt = antik
ἄρωμα τὸ 106 — Aroma
ἀσπρίζω -σα 63 IV — weiß machen o. werden
ἄσπρος 54 — weiß
ἀστεῖο τὸ 38 — Witz, Spaß
ἀστεῖος 54 — komisch
ἀστραπή ἡ 28 — Blitz
ἄστρο 38 o. ἀστέρι τὸ 19 — Stern
ἀστροφεγγιὰ ἡ 27 A — Sternenschimmer
ἀστυνομία ἡ 27 A — Polizei
ἄσχημος 54 — häßlich
αὐγὸ τὸ 38 — Ei
αὐλή ἡ 28 — Hof
αὔριο — morgen
αὐστηρὸς 53 — streng
αὐτὶ τὸ 19 — Ohr
αὐτοκίνητο τὸ 38 — Auto
αὐτόματο τὸ 38 — Automat
αὐτὸς 39 u. 76 — er, dieser
ἀφαιρῶ -εσα 124 — subtrahieren
ἀφέντης ὁ 56 — Herr, Gebieter
ἀφετηρία ἡ 27 A — Ausgangspunkt
ἀφήνω -σα 63 V — lassen
ἀφηρημένος 72 — zerstreut
ἀφορᾶ § 61 — es betrifft
ἀφ᾽ ὅτου 214 — seitdem
ἀφοῦ §§ 105 u. 106 — nachdem, weil
ἀφρὸς ὁ 35 — Schaum
ἄφωνος 54 — sprachlos
ἄχρηστος 54 — unbrauchbar

B

βαγόνι τὸ 19 — Eisenbahnwagen
βάζο τὸ 38 — Vase
βάζω 93 u. § 63 — legen, stellen
βαθμὸς ὁ 35 — Grad
βάθος τὸ 91 — Tiefe
βαθὺς 83 — tief
βαλίτσα ἡ 27 A — Handkoffer
βαμπάκι τὸ 19 — Baumwolle, Watte
βαμπακερὸς 53 — baumwollen
βαπόρι τὸ 19 — Schiff
βαρέλι τὸ 19 — Faß

βάρκα ἡ 27 A — Boot
βαρκάρης ὁ 56 — Bootsmann
βαρὺς 83 — schwer
βασιλεὺς ὁ o. βασιλιὰς ὁ 56 u. 55 — König
βασιλεύω -εψα 63 II — als König regieren
βασίλισσα ἡ 27 A — Königin
βαστῶ 120, 3 — halten
βγάζω ἔβγαλα 192 — herausnehmen
βγαίνω βγῆκα 70 u. 192 — ausgehen

βέβαια ο. βεβαίως | sicher
βελόνα ἡ 27 A | Nähnadel
βέλος τὸ 91 | Pfeil
βῆμα τὸ 106 | Schritt
βήχας ὁ 22 | Husten
βήχω -ξα 63 III | husten
βιάζομαι 110 IV | sich beeilen
βιαστικός 53 | eilig [schrank
βιβλιοθήκη ἡ 28 | Bibliothek, Bücher-
βιβλιοπωλεῖο τὸ 38 | Buchhandlung
βιτρίνα ἡ 27 A | Schaufenster
βλέμμα τὸ 106 | Blick
βλέπω 70 u. 192 | sehen
βοήθεια ἡ 27 A | Hilfe
βοηθός ὁ, ἡ 130 | Helfer, Helferin
βοηθῶ -ησα 126 | helfen
βόμβα ο. μπόμπα ἡ | Bombe
  27 A

βόμβος ὁ 35 | tiefer dumpfer Ton
βορεινός 53 | nördlich
βουβός 53 | stumm
βουνὸ τὸ 38 | Berg
βούρτσα ἡ 27 A | Bürste
βραδάκι τὸ 19 | am Spätnachmittag
βραδιάζει § 62, 1 | es wird Abend
βραδιὰ ἡ 27 A | ein bestimmter Abend
βράδυ τὸ 19 | der, am Abend
βραδυνὸς 53 | abendlich
βράχος ὁ 35 | Felsen
βρέχω 63 III -ξα | naß machen
βρέχει § 62, 1 -ξε | es regnet
βρίσκω 95 u. 193 | s. *εὑρίσκω
βροχὴ ἡ 28 | Regen
βρύση ἡ 28 | Wasserleitung
βυζαντινός 53 | byzantinisch

Γ

γαϊδούρι τὸ 19 | Esel
γάλα τὸ 106 | Milch
γαλανὸς 53 | blau
γαλατὰς ὁ 55 | Milchmann
Γαλλία ἡ 27 | Frankreich
γαλλικὸς 29 u. 53 | französisch
γάμος ὁ 35 | Hochzeit, Ehe, Heirat
γάμοι οἱ (Plur.) | Hochzeit
γάντι τὸ 19 | Handschuh
γείτονας ὁ 22 | Nachbar
γειτονιὰ ἡ 27 A | Nachbarschaft
γέλ[ο]ιο τὸ 54 wie ὅμοιο 54 | Lachen
γελῶ 120, 2 | lachen
γεμάτος 54 | voll, erfüllt
γεμίζω } γιομίζω } -σα 63 IV | füllen
γενικὰ | allgemein
γενναῖος 54 | tapfer
γεννῶ 119 | gebären
Γερμανία ἡ 27 | Deutschland
γερμανικὸς 54 | deutsch
γέρος ὁ 35 | alter Mann
γεῦσι ἡ 60 | Geschmack
γῆ[ς] ἡ 28 u. § 44 | Erde
γιὰ § 81 | für, wegen

γιὰ νὰ 86 , 4 | damit, um . . . zu
γιαγιὰ ἡ 118 | Großmutter
γιαλὸς ὁ 35 | Strand
γιαούρτι τὸ 19 B | Joghurt
γιατί; | warum?
γιατὶ § 106 | weil, denn
γιατρεύω 63 II | heilen
γιατρικὸ τὸ 38 | Arznei
γιατρὸς ὁ 35 | Arzt
γι' αὐτὸ | deshalb
γίνομαι 80 | werden
γιορτὴ ο. ἑορτὴ 28 | Feiertag, Feier, Fest
γιὸς ὁ 35 | Sohn
γκὰζ τὸ § 44 | Gas
γκαρσόνι τὸ 19 | Kellner
γκρεμίζω -σα 63 IV | s. *κρημνίζω
γλείφω -ψα 63 II | lecken
γλεντῶ 119 | feiern bei Essen und Trinken
γλήγορα } γρήγορα } | schnell
γλυκὸς 55 | süß, lieb
γλυτώνω -ωσα 63 V | davonkommen
γλώσσα ἡ 27 A | Zunge
γνήσιος 54 | echt
γνώμη ἡ 28 | Meinung
γνωρίζω -σα 63 IV | kennen

228

γνῶσι ἡ 60 — Wissen
γνωστός 53 — bekannt
γονιὸς ὁ (*γονεύς) 35, 56 — Vater
γονεῖς οἱ 56 — Eltern
γοργός 53 — schnell
γοῦστο τὸ 38 — Geschmack
γουρούνι τὸ 19 — Schwein
γράμμα τὸ 106 — Brief, Buchstabe
γραμματόσημο τὸ 38 — Briefmarke
γραμμή ἡ 28 — Linie, Zeile, Strich
γραφεῖο τὸ 38 — Büro, Schreibtisch
γραφομηχανὴ ἡ 28 — Schreibmaschine

γράφω -ψα 63 II — schreiben
γράψιμο τὸ 106 — Schrift
γριὰ ἡ 27 A — Alte, Greisin
γυμνάσιο τὸ 38 — Gymnasium
γυναίκα ἡ 27 A — Frau, Gattin
γυναικεῖος 54 — weiblich, Frauen =
γυρεύω 63 II — suchen, verlangen
γυρίζω 63 IV ⎫
γυρνῶ 119 nur ⎬ zurückkehren
Präs. u. Imperf. ⎭
γύρισμα τὸ 106 — Drehen
γύρω σὲ ο. ἀπὸ § 94 — um ... herum
γωνία ἡ 27 A — Ecke
γωνιαῖος 54 — eckig

Δ

δαίμονας ὁ 22 — Dämon
δανείζω -σα 63 IV — leihen
δάσκαλος ὁ 35 — Lehrer
δάσος τὸ 91 — Wald
*δάκτυλο ⎫
δάχτυλο ⎭ τὸ 38 — Finger
δεῖγμα τὸ 106 — Muster
δειλιάζω -ασα 63 IV — nicht den Mut haben
δειλός 54 — feig, schüchtern
δείχνω -ξα 63 III — zeigen
δέκα 46 — zehn
δέκατος 166 — zehnter
δέκατος τρίτος 166 — dreizehnter
δελτάριο τὸ 38 — Postkarte
δέμα τὸ 106 — Paket
δὲν § 71 — nicht
δένω -σα 63 V 1 b — binden
δεξιὰ — rechts
δεσποινίς ⎫
δεσποινίδα ⎭ ἡ 25 — Fräulein
δεσπότης ὁ 22 — Bischof
Δευτέρα ἡ — Montag
δευτερόλεπτο τὸ 38 — Sekunde
δεύτερος 166 — zweiter
δέχομαι Dep. 112 — annehmen
δηλαδὴ — nämlich
δηλώνω -σα 63 V 1 a — verkünden
δηλώνομαι 107, 110 V — sich anmelden (b. d. Polizei)
δημιουργῶ -ησα 124 — schaffen

δημοσιεύω -ευσα 63 II — veröffentlichen
δημόσιος 54 — öffentlich
δημοτικὸς 53 — Volks-, Gemeinde-
διαβάζω -σα 63 IV — lesen
διαβαίνω -βηκα 70 § 63 — vorbeigehen
διάβασμα τὸ 106 — Lesen, Lernen
διαβατήριο τὸ 38 — Paß
διαβάτης ὁ 22 — Passant, Wanderer
διάβολος ὁ 35 — Teufel
διαδρομὴ ἡ 28 — Fahrt
διάδρομος ὁ 35 — Gang
διάθεσι 60 — Lust
διαιρῶ -ρεσα 126, 2 — dividieren
διακοπὴ ἡ 28 — Unterbrechung
διακοπὲς οἱ 28 — Ferien
διακόσια 46 — zweihundert
διαλέγω -εξα 63 III — aussuchen
διάλειμμα τὸ 106 — Pause
διάλεκτος ἡ 129 — Dialekt
διάλεξι ἡ 60 — Vortrag
διάλογος ὁ 35 — Gespräch, Dialog
διαλύω -σα 63 I — auflösen
διαμαρτυρόμενος ὁ 45 — Protestant, protestantisch
διανυκτερεύω -ευσα 63 II — übernachten
διάπλατα — sehr weit offen
διαρκεῖ § 62, 2 — es dauert
διαρκῶς 196, 2 — dauernd

229

διασκεδάζω -σα 63 IV — sich amüsieren

διασκεδαστικὸς 53 — amüsant, unterhaltend

διάστημα τὸ 106 — Abstand, Zeitraum, Weltall

διαφανὴς 101 — durchsichtig

διαφορετικὸς 53 — verschieden

διάφοροι, -ες, -α — verschiedene

διδάσκω -ξα 193 — unterrichten

διεύθυνσι ἡ 60 — Adresse

διευθυντὴς ὁ 22 — Direktor

διευθύνω -να 64 III 2 — leiten

διηγοῦμαι 151 u. 153 C (διηγιέμαι) 145 — erzählen

δικαιολογῶ -ησα 124 — rechtfertigen

δίκαιος 54 — gerecht

δικαστὴς ὁ 22 — Richter

δικηγόρος ὁ 35 — Rechtsanwalt

δίκαιο o. δίκιο τὸ 38 u. 54 — Recht

δικός μου, σου . . . 34 — mein, dein

δίνω ἔδωσα 193 — geben

διόλου — gar nicht

δίπλα [σὲ] § 92, 208 — neben[an]

διπλανὸς 53 — angrenzend, der nebenan

διπλώνω -σα 63 V — zusammenlegen

δισεκατομμύριο τὸ 38 — Milliarde

δίσεκτο ἔτος τὸ 38 — Schaltjahr

δίσκος ὁ 35 — Tablett

διστάζω -ασα 63 IV — zaudern

δίχως [νὰ] § 89 — ohne [zu, daß]

διψῶ 119, 120, 2 — Durst haben

διώχνω -ωξα 63 III — fortjagen

δόντι τὸ 19 — Zahn

δουλειά ἡ 27 A — Arbeit

δουλεύω -εψα 63 II — arbeiten

δράμα τὸ 106 — Drama

δραχμὴ ἡ 28 — Drachme

δρόμο! — vorwärts!

δρομολόγιο τὸ 38 — Reiseroute

δρόμος ὁ 35 — Straße, Weg

δροσερὸς 53 — kühl

δύναμι ἡ 60 — Kraft

δυνατὸν — möglich

δυνατὸς 53 — stark, laut

δύο 46 — zwei

δύσι ἡ 60 — Westen

δυστυχὴς 101 } unglücklich
δυστιχισμένος 72

δυστυχῶς § 64, 2 — leider

δύω 63, I — untergehen

δώδεκα 46 — zwölf

δωδέκατος 166 — zwölfter

δωμάτιο τὸ 38 — Zimmer

δῶρο τὸ 38 — Geschenk

E

ὁ ἑαυτός μου 132 — mein Ich

ἑβδομάδα ἡ 27 B — Woche

ἑβδομήντα 46 — siebzig

ἕβδομος 166 — siebenter

ἐγγίζω -σα }63 IV berühren
ἀγγίζω -ξα

ἐγκαίρως 196, 2 — rechtzeitig

ἐγκατασταίνω }193 installieren, einsetzen
ἐγκαθιστῶ

ἐγκρίνω 64 III 2 b u. § 54 — billigen

ἐγὼ 39 — ich

ἐδῶ — hier

ἐθελοντὴς ὁ 22 — Freiwilliger

εἴδησι ἡ 60 — Nachricht

εἰδοποιῶ -ησα 124 — benachrichtigen

εἶδος τὸ 91 — Art

εἰκόνα ἡ 27 B — Bild

εἴκοσι 46 — zwanzig

εἰλικρινὴς 101 — aufrichtig

εἶμαι 44 u. 139 b — sein

εἰς § 80 — in, auf

εἰσάγω 193 — einführen

εἰσιτήριο τὸ 38 — Eintritts-, Fahrkarte

εἰσόδημα τὸ 106 — Einkommen

εἴσοδος ἡ 129 — Eingang, -tritt

εἰσπράκτωρ ὁ § 46,2 } Schaffner
εἰσπράκτορας ὁ 22

εἴτε . . . εἴτε §§ 99 u. 113 — ob . . . oder, entweder . . . oder

ἑκατομμύριο τὸ 38 — Million

ἑκατὸ[ν] 46 — hundert

230

ἐκδρομὴ ἡ 28 — Ausflug, Exkursion
ἐκεῖ — dort
ἐκεῖνος 76 — jener, er
ἐκκλησία ἡ 27 A — Kirche
ἐκπαιδεύω -ευσα 63 II — ausbilden
ἔκπληκτος 54 — erstaunt
ἔκτακτος 54 — herrlich
ἕκτος 116 — sechster
ἐκτὸς [ἀπὸ] § 93, 3 — außer
ἐκφράζω ἐξέφρασα 63 IV, § 54 — ausdrücken
ἔκφρασι ἡ 60 — Ausdruck
ἐλάττωμα τὸ 106 — Fehler
ἐλαφρὸς 53 ⎫
ἐλαφρὺς 83 ⎭ leicht
ἐλεγκτὴς ὁ 22 — Kontrolleur
ἐλέγχω -ξα 63 III § 53 — tadeln, kontrollieren
ἐλεύθερος 54 — frei
ἐλιὰ ἡ 27 A — Olive
Ἑλλάς ⎫
Ἑλλάδα ⎭ ἡ 28 — Griechenland
Ἕλλην[ας] ὁ 22 — Grieche
Ἑλληνίδα ἡ 27 B u. 29 — Griechin
ἑλληνικὸς 53 — griechisch
ἐλπίδα ἡ 27 B — Hoffnung
ἐλπίζω -σα 63 IV — hoffen
ἐμᾶς, ἐμεῖς, ἐμένα — s. ἐγὼ 39
ἐμπορικὸς 53 — Handels-
ἐμπόριο τὸ 38 — Handel
ἐμπρός! ἐμπρὸς — vorwärts! herein! ran! vorn

ἕνας, ἕνα 27 u. 173 — ein[er], ein[s]
ἕνδεκα 46 — elf
ἑνδέκατος 166 — elfter
ἐνδιάμεσος 54 — Zwischen-
ἐνδιαφέρω § 61 — interessieren
ἐνδοιασμὸς ὁ 53 — Bedenken, Zaudern
ἐνενήντα 46 — neunzig
ἐνεργοῦμαι 151 — Stuhlgang haben
*ἐνθυμοῦμαι 151 — sich erinnern
ἔννατος 166 — neunter
ἐννιὰ ο. ἐννέα 46 — neun
ἐννιακόσια 46 — neunhundert
ἔννοια ἡ 27 A — Sinn, Sorge
ἐνοικιάζω -σα 63 IV — vermieten
ἐνοίκιο τὸ 38 — Miete

ἐν ὅσω § 105 — solange
ἐνοχλῶ -ησα 124 — stören
ἐν τάξει — in Ordnung
ἐντελῶς § 64, 2 — ganz
ἐντὸς § 95 — in, innerhalb
ἔντυπο τὸ 38 — Drucksache
ἐν τῶ μεταξὺ — inzwischen
ἐνῶ §§ 100 u. 105 — während
ἐνωρὶς — früh
ἐξάδελφος ὁ 35 — Vetter
ἐξαιρετικῶς § 64, 2 — ausnahmsweise
ἐξαιρῶ (-εσα) 124 f — Ausnahme machen
ἐξακολουθῶ -ησα 124 — fortfahren etwas zu [tun
ἑξακόσια 46 — sechshundert
ἐξ ἄλλου — außerdem
ἔξαφνα — plötzlich
ἐξέτασι ἡ 60 — Prüfung
ἐξηγῶ -ησα 124 — übersetzen
ἑξήντα 46 — sechzig
ἕξι 46 — sechs
ἐξοδεύω -εψα 63 II — ausgeben
ἔξοδο τὸ 38 — Ausgabe
ἐξοχὴ ἡ 28 — Sommerfrische, Land
ἐξυπηρετῶ -ησα 124 — dienstbar sein
ἐξυπνάδα ἡ 27 B — Klugheit
ἔξω, – ἀπὸ § 93, 3 — draußen, außerhalb
ἐξώστης ὁ 22 — Balkon
ἐξωτερικὸ τὸ 38 — Ausland
ἑορτὴ ο. γιορτὴ ἡ 28 — Feier-, Namenstag, Fest
ἐπαινῶ -εσα 124 — loben
ἐπανάστασι ἡ 60 — Revolution
ἐπάνω — oben, hin-, herauf
ἐπάνω σὲ § 92, 2 — auf
ἐπάνω ἀπὸ § 93, 3 — über, oberhalb
ἐπαρχία ἡ 27, A — Provinz
ἐπείγει § 61 — es eilt
ἐπεῖγον — expreß
ἐπειδὴ § 106 — weil, denn
ἔπειτα — dann
ἐπιβάτης ὁ 22 — Passagier
ἐπιβάτις ἡ § 49 — weibl. Passagier
ἐπιγραφὴ ἡ 28 — Überschrift
ἐπιθυμῶ -ησα 124 — [sich] wünschen
ἐπιμελὴς 101 — fleißig
ἔπιπλο τὸ 38 — Möbel
ἐπιπλωμένος 72 — möbliert
ἐπίσης — ebenfalls

231

ἐπισκέπτομαι 110 *II* — besuchen
ἐπιστρέφω -ψα 63 *II* — zurückkehren
ἐπιστροφὴ ἡ 28 — Rückkehr
ἐπὶ τέλους § 95 — endlich
ἐποχή ἡ 28 — Epoche, Zeit
ἑπτά ο. ἑφτά 46 — sieben
ἑπτακόσια / ἑφτακόσια } 46 — siebenhundert
ἐργάζομαι -στηκα 110 *IV* — arbeiten
ἐργαστήριο τὸ 38 — Werkstätte, Laboratorium
ἐργάτης ὁ 22 — Arbeiter
ἔργο τὸ 38 — Werk
ἐργοστάσιο τὸ 38 — Fabrik, Werk
ἔρημος (Adj.) 54 — einsam
ἔρχομαι 70, 193 — kommen
ἔρως ο. ἔρωτας ὁ 22 — Liebe, Eros
ἐρώτησι ἡ 60 / (ἐρώτημα τὸ) 106 } Frage
ἐρωτῶ / ρωτῶ } -ησα 119 — fragen
ἐσᾶς, ἐσεῖς, ἐσένα — s. ἐσὺ 39
ἑστιατόριο τὸ 38 — Restaurant
ἐσὺ 45 — du
ἐσωτερικὸ τὸ 44 — Inland, das Innere
ἑτοιμάζω -σα 63 *IV* — vorbereiten
ἕτοιμος 54 — fertig
ἔτος τὸ 91 — Jahr
ἔτσι — so
εὐάερος 54 — luftig

εὐγενὴς 101 — höflich, adlig
*εὐθηνὸς 53 — billig
εὔθυμος 54 — lustig
εὐθύνη ἡ 28 — Verantwortung
εὐκαιρῶ -ησα 124 — Zeit haben
εὐκίνητος 54 — beweglich
εὐκοιλιότητα ἡ 27 B — Durchfall
εὔκολος 54 — leicht (nicht schwierig)
εὐλογῶ -ησα 124 — segnen
εὐπαθὴς 101 — empfindlich
*εὑρίσκω 193 — finden
εὐρύχωρος 54 — geräumig
εὐρωπαϊκὸς 53 — europäisch
εὐτυχὴς 101 / εὐτυχισμένος 72 } glücklich
εὐτυχῶς § 64, 2 — zum Glück
εὐφυὴς 101 — geistreich
εὐχαριστημένος 72 — zufrieden
εὐχάριστος 54 — angenehm
εὐχαριστῶ -ησα 124 — danken
εὐχαρίστως § 64, 2 — gern
εὔχομαι 112 — wünschen
ἐφέτος — in diesem Jahr, heuer
ἐφεύρεσι ἡ 60 — Erfindung
ἐφημερίδα ἡ 27 *B* — Zeitung
ἐφιάλτης ὁ 22 — Alpdruck
ἐφ' ὅσον §§ 105 u. 106 — solange
ἐφτακόσια 46 — s. ἑπτακόσια
ἐχθρὸς ὁ 35 — Feind
ἔχω 138 *a* — haben

Z

ζάχαρη ἡ 20 — Zucker
ζεσταίνω -ανα 64 *III 2 d* — wärmen
ζέστη ἡ 28 — Wärme, Hitze
ζεστὸς 53 — warm
ζευγάρι τὸ 19 — Paar
ζηλεύω -εψα 63 *II* — eifersüchtig sein

ζήτημα τὸ 106 — [Streit]Frage
ζητῶ -ησα 126 — verlangen
ζουλῶ 119, 120, *3* — drücken
ζῶ 125 — leben
ζωὴ ἡ 28 — Leben
ζωηρὸς 53 — lebhaft
ζωντανὸς 53 — lebendig
ζῶο τὸ 38 — Tier

H

ἤ, ἤ ... ἤ § 99 — oder, entweder ...
oder
ἠθοποιὸς ὁ u. ἡ 53 u. — Schauspieler
130 — und – in
ἠλεκτρικὸς 53 — elektrisch
ἡλικία ἡ 27 A — Lebensalter
ἡλικιωμένος 72 — älterer, alt
ἥλιος ὁ 35 — Sonne

[ἡ]μέρα ἡ 27 A — Tag
ἡμερομηνία ἡ 27 A — Datum
[ἠ]μπορῶ -εσα 124 — können
*ἠξεύρω — wissen, kennen
ἥρως = ἥρωας ὁ — Held
22
ἥσυχος 54 — ruhig
ἠχὼ ἡ 130 — Echo

Θ

θάβω -ψα 63 II — begraben
θάλαμος ὁ 35 — Gemach
θάλασσα ἡ 27 A — Meer
θαλασσὴς 84 — blau
θάρρος τὸ 91 — Mut
θαῦμα τὸ 106 — Wunder
θαυμάζω -ασα 63 IV — bewundern
θαυμαστὴς ὁ 22 — Bewunderer
θέα ἡ 27 A — Aussicht
θέαμα τὸ 106 — Anblick
θεατὴς ὁ 22 — Zuschauer
θεατρικὸς 54 — Theater-, theatralisch
θέατρο τὸ 38 — Theater
θεία ἡ 27 A — Tante

θεῖος ὁ 35 — Onkel
θέλω 140 u. § 63 — wollen
Θεὸς ὁ 35 — Gott
θέρμανσι ἡ 60 — Heizung
θερμόμετρο τὸ 38 — Thermometer
θέσι ἡ 60 — Platz, Lage
θέτω ἔθεσα 63 IV — stellen, legen
θεωρῶ -ησα 124 — halten für, ansehen
θηρίο τὸ 38 — wildes Tier
θυμοῦμαι 164 — sich erinnern
θυμώνω -ωσα 63 V — böse werden
θυρίδα ἡ 27 A — Schalter
θυρωρὸς ὁ u. ἡ 35 u. — Portier u. weibl.
130 — Portier

I

ἰατρὸς ὁ u. ἡ 35 u. ⎫
130 ⎬ Arzt, Ärztin
γιατρὸς ὁ 35 ⎭
ἰδέα ἡ 27 A — Idee, Gedanke
ἰδιαίτερος 54 — extra, Privat-
ὁ ἴδιος 90 — derselbe
ἰδιότροπος 54 — eigensinnig
ἰδίως 196, 2 — besonders
*ἰδρύω -σα 63 I — gründen

ἱδρώνω -ωσα 63 V — schwitzen
Ἰησοῦς Χριστὸς — Jesus Christus
123
ἰνστιτοῦτο τὸ 38 — Institut
ἴσαμε § 83 — bis
ἴσιος 54 — gerade
ἴσως § 69 — vielleicht
Ἰταλία ἡ 27 A — Italien
ἰταλικὸς 29, 53 — italienisch

K

καημένος 72 — arm (bemitleidens-
wert)
καημὸς 35 — Kummer, Schmerz
καθαρὸς 53 — rein
καθάρσιο τὸ 38 — Abführmittel

κάθε 176, 8 — jeder
καθένας 176, 8 — ein jeder
κάθε τόσο [καὶ λιγά- — alle Augenblicke,
κι] — sehr oft
καθηγητὴς ὁ 22 — Professor

233

καθηγήτρια ἡ 27 A — Professorin
καθῆκον τὸ § 45 — Pflicht
κάθισμα τὸ 106 — Stuhl
καθιστῶ 193 — machen
καθολικὸς ὁ 53 — Katholik, katholisch
καθόλου — gar nicht
κάθομαι 80 — sitzen, sich setzen
καθρέφτης ὁ 22 — Spiegel
καθὼς 214 — wie, als
καθὼς πρέπει — anständig
καὶ — und, auch
καινούρ[γ]ιος 54 — neu
καιρὸς ὁ 35 — Wetter
καίω 193 — brennen, verbrennen
κακὸς 54 — böse
καλὰ 196, 2 — gut
καληημέρα — guten Tag!
καλλιτέχνης ὁ 22 — Künstler
καλλιτεχνικὸς 53 — künstlerisch
καλλιτέχνις ἡ § 49 — Künstlerin
καλόγερος ὁ 35 — Mönch
καλογριὰ ἡ 27 A — Nonne
καλοκαίρι τὸ 19 — Sommer
καλοκαιρινὸς 53 — sommerlich
καλὸς 53 — gut
καλύτερα § 72 — besser, lieber
καλῶ -εσα 126, 2 — einladen
καλωσύνη ἡ 28 — Güte
κάμαρα ἡ 27 — Zimmer
καμαριέρα ἡ 27 A — Zimmermädchen
καμιὰ φορὰ — manchmal
καμπάνα ἡ 27 A — Kirchenglocke
κάμπος ὁ 35 — Ebene
κανεὶς / κανένας 173 f — niemand
κάνω 194 — machen, tun
καπέλλο τὸ 38 — Hut
καπνίζω -σα 63 IV — rauchen
κάπνισμα τὸ 105 f — Rauchen
καπνὸς ὁ 35 — Tabak, Rauch
κάποτε — einst, einmal
κάπου — irgendwo
καρέκλα ἡ 27 A — Stuhl
καραμέλλα ἡ 27 A — Karamelle
κάρβουνο τὸ 38 — Kohle
καρδιὰ ἡ 27 A — Herz
καρδιοχτύπι τὸ 19 — Herzklopfen
καρπούζι τὸ 19 — Wassermelone
καρτερῶ -ησα 124 — mit Geduld warten

καστανὸς 53 — braun
κατὰ § 85 — gemäß, nach
κατακτητὴς ὁ 22 — Eroberer
κατακτῶ 119 — erobern
καταλαβαίνω 194 — verstehen
κατάλληλος 54 — geeignet
κατάλογος ὁ 35 — Katalog, Speisekarte
κατάστημα τὸ 106 — Geschäft
καταφέρνω 64 III 1 — dazubringen
κατεβαίνω 194 — hinuntersteigen
κατειλημμένος 72 — besetzt
κατ' εὐθεῖαν — direkt
κατεύθυνσι ἡ 60 — Richtung
κάτι[τι] 175, 5 — etwas
κατοικῶ -ησα 124 — wohnen
κατόπιν — nachher
κάτω, – ἀπὸ § 93, 3 — unten, unter
καυχιέμαι -ήθηκα 145 — prahlen
καφὲ / καφετὴς 101 — braun
καφενεῖο τὸ 38 — Café
καφὲς ὁ 123 — Kaffee
καφετζὴς ὁ 56 — Caféwirt
κεντρικὸς 53 — zentral
κερδίζω -σα 63 IV — verdienen
κέρδος τὸ 91 — Gewinn
κερὶ τὸ 19 — Wachs, Kerze
κέρμα τὸ 106 — Automatenmünze
κεφάλι τὸ 19 — Kopf
κέφι τὸ 19 — Lust, gute Laune
κεφτὲς ὁ 123 — Fleischklößchen
κῆπος ὁ 35 — Garten
κίνδυνος ὁ 35 — Gefahr
κινηματογράφος ὁ 35 — Kino
κίνησι ἡ 60 — Bewegung
κιόλα — schon
κιόσκι τὸ 19 — Kiosk
κίτρινος 54 — gelb
κλαίω 194 — weinen, beweinen
κλάμα τὸ 106 — Weinen
κλασσικὸς 53 — klassisch
κλέβω -ψα 63 II — stehlen
κλειδὶ τὸ 19 — Schlüssel
κλείνω -σω 63 V — schließen
κλέφτης ὁ 22 — Dieb
κλίμα τὸ 106 — Klima
κλινικὴ ἡ 28 — Klinik

κλίνω 64 *III* 2 *b* — deklinieren, konjugieren
κόβω -ψα 63 *II* — schneiden
κοιμοῦμαι 164 — schlafen
κοιτάζω 63 *IV* / κοιτῶ 119 }-ξα — schauen
κόκκαλο τὸ 38 — Knochen
κοκκινίζω -ισα 63 *IV* — erröten
κόκκινος 54 — rot
κόλπος ὁ 35 — Meerbusen, Schlag
κολυμπῶ -ησα 119 — schwimmen
κολώνα ἡ 27 *A* — Säule
κολώνια ἡ 27 *A* — Kölnisch-Wasser
κομμάτι τὸ 19 — Stück
κομμοδῖνο τὸ 38 — Nachttisch
κομμὸς ὁ 35 — Kommode
κομμωτήριο τὸ 38 — Damenfriseurgeschäft
κομμωτὴς ὁ 22 — Damenfriseur
κονιάκ τὸ § 44 — Kognak
κοντὰ — in der Nähe
κοντὰ σὲ 208 — neben, in der Nähe
κοντσέρτο τὸ 38 — Konzert
κοπέλλα ἡ 27 *A* — junges Mädchen
κόπος ὁ 35 — Mühe
κόρη ἡ 28 — Tochter
κορίτσι τὸ 19 — Mädchen
κόσμος ὁ 35 — Welt, Leute
κοστίζω -ισα 63 *IV* — kosten
κοστούμι τὸ 19 — Kostüm
κουβέντα ἡ 27 — Gespräch
κουβεντιάζω -σα 63 *IV* — plaudern
κουβέρτα ἡ 27 — Bettdecke
κουδούνι τὸ 19 — Klingel
κουζίνα ἡ 27 *A* — Küche
κουράγιο τὸ 38 — Mut, Courage
κουρέας ο. κουρεὺς ὁ 56 — Herrenfriseur

κουρεῖο τὸ 38 — Herrenfriseurgeschäft
κουτὶ τὸ 19 — Schachtel
κουτὸς 53 — dumm
κουτσὸς 53 — hinkend
κουφὸς 53 — taub
κόψιμο τὸ 38 — Schneiden, Leibschmerzen
κρασὶ τὸ 19 — Wein
κρατικὸς 53 — staatlich
κράτος τὸ 91 — Staat
κρατῶ -ησα 126 — halten, dauern, behalten
κρέας τὸ 137 — Fleisch
κρεββάτι τὸ 19 — Bett
κρεββατοκάμαρα ἡ 27 — Schlafzimmer
κρεμῶ -ασα 120, 2 — hängen
*κρημνίζω — hinunterstürzen (trans.)
κρῖμα! — schade!
κρίνω 64 *III* 2 *b* — urteilen
κρύβω -ψα 63 *II* — verstecken
κρύο τὸ 38 — Kälte
κρύος 54 — kalt
κρυφὸς 53 — geheim
κρυώνω -ωσα 63 *V* — frieren
*κτίζω 63 *IV* — bauen
*κτυπῶ -ησα 119 — schlagen
κυβερνήτης ὁ 22 — Gouverneur
κυβερνῶ -ησα 119 — regieren
κυκλοφορῶ -ησα 124 — zirkulieren
κύμα τὸ 106 — Welle
κυπαρίσσι τὸ 19 — Zypresse
*κύπτω — sich bücken
Κυριακὴ ἡ 28 — Sonntag
κυρία ἡ 27 *A* — Dame
κύριος ὁ 35 — Herr
κύριος (Adj.) 54 — Haupt-, hauptsächlich

Λ

λαβαίνω 194 — bekommen
λαδερὸς 53 — ölig, Öl-
λάδι τὸ 19 — Öl
λάθος τὸ 106, κάνω λάθος, κατὰ λάθος — Fehler, sich irren, aus Versehen
λαϊκὸς 53 — volkstümlich
λαιμὸς ὁ 35 — Hals
λάμπα ἡ 27 *A* — Lampe
λαμπάδα ἡ 27 *B* — die weiße Osterkerze
λαμπρὸς 54 — glänzend

235

λάμπω -μψα 63 *II*	glänzen
λαὸς ὁ 35	Volk
λατινικὸς 53	lateinisch
λατρεία ἡ 27 *A*	Verehrung, Kult
λαχανικὰ τὰ 38	Gemüse
λαχταρῶ 119	Sehnsucht haben nach
λεβέντης ὁ 56	schön und groß Gewachsener
λέ[γ]ω 29 u. 194	sagen
λείπω -ψα 63 *II*	fehlen
λειτουργία ἡ 27 *A*	Messe
λεμονάδα ἡ 27 *B*	Limonade
λεμόνι τὸ 19	Zitrone
λέξι ἡ 60	Wort
λεπτὰ ο. λεφτὰ τὰ 49	Geld
λεπτὸ τὸ 38	griech. Pfennig, Minute
λεπτομέρεια ἡ 27 *A*	Einzelheit
λεπτὸς 53	fein, dünn
λευκὸς 53	weiß
λεωφορεῖο τὸ 38	Autobus
λήγω -ξα 63 *III*	endigen
λησμονῶ -ησα 124	vergessen
λιανὸς 53	dünn, fein
λιανὰ τὰ 38	Kleingeld

λιανοτράγουδο τὸ 38	Distichon
λιγάκι, λίγο	ein wenig
λίγος (s. *ὀλίγος) 54	klein
λιμένας ὁ 22 ⎫ λιμάνι τὸ 19 ⎭	Hafen
λίμνη ἡ 28	See (der)
λιοντάρι τὸ 19	Löwe
λογαριάζω -ασα 63 *IV*	rechnen
λογαριασμὸς ὁ 35	Rechnung
λογικὸ τὸ 38	Vernunft
λογικὸς 53	logisch
λόγος ὁ 35, § 43	Wort, Grund, Rede
λόγω § 82	wegen
λοιπὸν	also
λούζω -ουσα 63 *IV*	den Kopf waschen
λουλούδι τὸ 19	Blume
λούσιμο τὸ 106	Haarwaschen
λουτρὸ τὸ 38	Bad
λόφος ὁ 35	Hügel
λύνω (Aor. -σα) 63 *V 1 b*	lösen
λύπη ἡ 28	Traurigkeit
λυπημένος 72	traurig (Person)
λυπηρὸς 53	traurig (neutral)
λυποῦμαι 163	es tut mir leid

M

μὰ § 100	aber
μαγειρεύω -εψα 63 *II*	kochen
μαγεύω -εψα 63 *II*	bezaubern
μάγος ὁ 35	Zauberer
μαζεύω 63 *II*	sammeln
μαζί, – μὲ § 91	zusammen, mit
μαθαίνω ἔμαθα 194	lernen, erfahren
μάθημα τὸ 106	Lektion, Unterricht
μαθητὴς ὁ 22	Schüler
μαθήτρια ἡ 27 *A*	Schülerin
μαϊμοὺ ἡ 119	Affe
μακριὰ	weit
μάκρος τὸ 91	Länge
μακρὺς 83	lang
μαλακὸς 53	weich
μάλιστα	ja, jawohl
μαλλὶ τὸ 19	Haar, Wolle
μάλλινος 54	wollen
μᾶλλον	eher

μανίκι τὸ 19	Ärmel
μά[ν]να ἡ 118	Mutter
μαντήλι τὸ 19	Taschentuch
μαντρόσκυλο τὸ 44	Hund der Hirten
μαξιλάρι τὸ 19	Kissen
μαξιλαροθήκη ἡ 28	Kissenbezug
μάρμαρο τὸ 38	Marmor
μάστορης ὁ 56	Meister
μάτι τὸ 19	Auge
μαῦρος 54	schwarz, unglücklich
μαχαίρι τὸ 19	Messer
μὲ, μὲ μιᾶς §§ 79 u. 91	mit, auf einmal
μεγαλοπρεπὴς 101	prächtig
μεγάλος ὁ 54	groß, der Erwachsene
μέγεθος τὸ 91	Größe
μεζὲς ὁ 123	Imbiß
μεθαύριο	übermorgen
μέθοδος ἡ 130	Methode

μεθῶ -υσα 119 — sich betrinken
μὲ μέλει 190, § 61 — es geht mich an
μέλλων 143 — zukünftig
μελωδία ἡ 27 A — Melodie
μενεξεδὴς 84 — veilchenblau
μενεξὲς ὁ 123 — Veilchen
μένω 194 — bleiben
μερίδα ἡ 27 A — Portion
μερικοὶ 175, 4 — einige
μέρος τὸ 91 — Ort, Platz, Toilette
μέσα — drinnen, hin-, herein
μέσα σὲ § 92,
  μέσα ἀπὸ § 93 — in; aus ... heraus
μεσάνυκτα } τὰ, 38 — Mitternacht
μεσάνυχτα }
μέση ἡ 28 — Mitte, Taille
μεσημέρι τὸ 19 — Mittag
μέσο[ν] τὸ 38 — Mittel, Mitte
μέσω § 82 — über, mittels
μετὰ § 93 — nachher, nach
μεταχομίζω -ισα 63 IV — umziehen
μεταναστεύω, Aor. (-ευσα) 63 II — auswandern
μεταξὺ § 89 — zwischen
μεταξωτὸς 53 — seiden
μεταφορικὸς 53 — Verkehrs-, übertragen
μεταφράζω -ασα 63 IV — übersetzen
μεταχειρίζομαι 112 Dep. — gebrauchen, benützen
μέτριος 54 — mittelmäßig
μέτρο τὸ 38 — Maß
μετρῶ -ησα 119 — zählen
μῆκος τὸ 91 — Länge
μὴ § 71 — nicht
μή, νὰ μὴ § 110 — nicht, daß nicht
μήνας ὁ 22 — Monat
μηνῶ -υσα 119 — sagen lassen
μήπως § 69 — vielleicht
μήπως [καὶ] § 110 — daß
μήτε, μήτε ... μήτε 212 — auch nicht, weder ... noch
μητέρα ἡ 27 B — Mutter
μηχανὴ ἡ 28 — Maschine
μικρὸς 54 — klein
μιλῶ -ησα 126 — sprechen
μιμοῦμαι 151 — nachahmen

μισὸς 53 — halb
μνῆμα τὸ 106 — Grabmal
μοιάζω -ασα 63 IV — gleichen
μοίρα ἡ 27 A — Schicksal
μοιράζω -ασα 63 IV — teilen
μοιρολόγι τὸ 11 — Klagelied
μοιρολογῶ 124 — jammern
μοιρολογίστρα ἡ 27 A — Klageweib
μολαταῦτα — trotzdem
μόλις § 105 — kaum, sobald
μολονότι 109 — obwohl, obgleich
μολύβι τὸ 19 — Bleistift
μοναστήρι τὸ 19 — Kloster
μονάχος ο. μοναχὸς oder μόνος — allein
μόνο § 100 — nur, sondern
μοντέρνος, α, ο — modern
μορφὴ ἡ 28 — Gesicht, Form, Gestalt
μουλάρι τὸ 19 — Maultier
μουντζώνω 63 V 1 a — eine verächtliche Handbewegung machen
μούσα ἡ 27 A — Muse
μουσεῖο τὸ 38 — Museum
μουσικὴ ἡ 28 — Musik
μουσικὸς ὁ u. ἡ 130 — Musiker, Musikerin
μουσικὸς -ή, -ὸ 54 — musikalisch
μπαίνω 194 u. 70 — eintreten
μπακάλης ὁ 56 — Kolonialwarenhändler
μπαλκόνι τὸ 19 — Balkon
μπανιερὸ τὸ 38 — Badeanzug
μπαρκάρω 64 III 2 a — sich einschiffen
μπλὲ — blau
μπλούζα ἡ 27 A — Bluse
μπόι τὸ 19 — Wuchs
μπορῶ – εσα 124 — können
μπουκιὰ ἡ 27 A — Bissen
μπούσι τὸ 19 — Autobus
μπράβο! } εὔγε! } — bravo!
μπροστά, – σὲ ο. ἀπὸ § 94 — vorn, vor
μπύρα ἡ 27 A — Bier
μυαλὸ τὸ 38 — Verstand, Gehirn
μυρίζω -ισα 63 IV — riechen
μύτη ἡ 28 — Nase, Spitze

N

νὰ 85 u. § 116	daß, siehe!	νοσταλγία ἡ 27 A	Heimweh
ναὶ § 71	ja	νοσταλγῶ -ησα 24	Heimweh (oder
νέος 54	jung		Sehnsucht)
νεκρὸς 53	tot		haben nach
νερὸ τὸ 38	Wasser	νόστιμος 54	geschmackvoll,
νεῦρο τὸ 38	Nerv	νοῦς ὁ 123	Verstand [hübsch
νεφρὸ τὸ 38	Niere	νταντά ἡ 118	Kinderfrau
νῆμα τὸ 106	Garn	ντιβάνι τὸ 19	Diwan
νησὶ τὸ 19	Insel	ντρέπομαι 112	sich schämen
νηστεύω -εψα 63 II	fasten	ντροπὴ ἡ 28	Schande
νικῶ 119	siegen	ντύνω -σα 63 V 1 b	ankleiden
νιπτήρας ὁ 22	Waschtisch	ντύσιμο τὸ 106	Ankleiden
μὲ νοιάζει § 62, 2	es kümmert mich	νυκτώνει § 62, 1	es wird Nacht
νοικοκύρης ὁ 56	Hausherr	*νὺξ ἡ	Nacht
νοικοκυρὰ ἡ 118	Hausfrau	νύχι τὸ 19	Nagel, Kralle
νοιώθω 63, IV	fühlen, begreifen	νύχτα ἡ 27 A	s. νὺξ ἡ
νομίζω -σα 63 IV	glauben, meinen	νυχτώνει -σε	s. νυκτώνει
νοσοκομεῖο τὸ 38	Krankenhaus	63 V 1 a	

Ξ

ξάδελφος ὁ 35	s. ἐξάδελφος	ξέρω § 61	s. *ἠξεύρω
ξανά, ξανα-	wieder	ξεχνῶ -ασα 119 f	vergessen
ξανθὸς 54 u. 55	blond	ξεχωριστὸς 53	getrennt, für sich
ξάστερος 54	sternklar	ξημερώνει § 62, 1	es wird Tag
ξεκινῶ -ησα 119	aufbrechen	ξύδι τὸ 19	Essig
ξεκλειδώνω 63 V 1 a	aufsperren	ξύλο τὸ 38	Holz, Prügel
ξενητειὰ ἡ 27 A	Fremde	ξύπνιος 54	wach
ξενοδοχεῖο τὸ 38	Hotel	ξυπνὸς 53	geistig wach
ξένος ὁ – 54	fremd, Fremder,	ξυπνῶ -ησα 119	aufwachen, wecken
	Gast	ξυρίζω -ισα	rasieren
ξερὸς 53	trocken	63 IV	

O

ὁ, ἡ, τὸ 19	der, die, das	οἰκογενειάρχης ὁ 22	Familienvater
ὀγδόντα 46	achtzig	οἰκονομικὰ τὰ 38	die wirtschaftl. Lage
ὄγδοος 166	achter	οἰνόπνευμα τὸ 106	Alkohol
ὁδηγία ἡ 27 A	Führung	*ὀλίγος	wenig
ὁδηγὸς ὁ u. ἡ 130	Führer, Führerin	ὀκτακόσια 46	achthundert
ὁδηγῶ -ησα 124	führen	ὀκτὼ 46	acht
ὀδοντοϊατρὸς ὁ 35	Zahnarzt	ὅλο [καὶ]	in einem fort
ὀδοντοϊατρὸς ἡ 130	Zahnärztin	ὁλόκληρος 54	ganz
ὁδὸς ἡ 130	Straße	ὁλομόναχος 54	ganz allein
οἰκογένεια ἡ 27 A	Familie	ὅλος, ὅλοι	ganz, alle

όμοιος 54 — gleich, ähnlich
όμορφιά ή 27 A — Schönheit
όμορφος 54 — hübsch
όμως § 100 — aber, indessen
όνειρο τό 38 — Traum
όνομα τό 106 — Name
όνομάζω -σα 63 IV — nennen
όξεία ή 27 A — Akut
όποιος 159 — wer
όποιός ό 158 — der; welcher
όποιοσδήποτε 161 — wer immer
όποταν = όπότε § 76 — wann immer
όπως § 67 — wie
όπωσδήποτε — auf jeden Fall
όργή ή 28 — Zorn
όρεκτικός 54 — appetitanregend
όρεξη ή 28 — Appetit
όρθιος 54 — stehend, aufrecht

όρθόδοξος ό 54 — Orthodox, orthodox
όρίζων ό 143 — Horizont
όρίστε! — bitte! (wenn man gerufen wird)
όρκος ό 35 — Eid
όρχήστρα ή 27 A — Orchester
όσος 159 ff — solange
όσο 198 ff — soviel
όταν 214 — wenn, als
ό, τι 159 — [alles] was
ότι § 104 — daß
ούζο τό 38 — Schnaps
ούρανός ό 35 — Himmel
ούτε, ούτε... — nicht einmal,
   ούτε 212 — weder ... noch
όφείλω § 61 — müssen, schuldig sein
όχι § 71 — nein, nicht
όχτώ 46 — s. όκτώ

Π

παθαίνω 194 — zustoßen, passieren
παιγνίδι / παιχνίδι τό 19 — Spiel, Spielzeug
παιδεύω -ψα 63 II — plagen
παίζω -ξα 63 IV — spielen
παίρνω 194 — nehmen
πακέτο τό 38 — Paket
παλαμάκια τά 19 — Händeklatschen
παλάτι τό 19 — Schloß
πάλι — wieder
παλιός — alt (Gegens. zu neu)
παλληκάρι τό 19 — junger Mann, Held
παλτό τό 38 — Mantel
Παναγία ή 27 — Mutter Gottes
πανεπιστήμιο τό 38 — Universität
πανί τό 19 — Tuch, Segel
πανσιόν ή § 44 — Pension
παντελόνι τό 19 — Hose
πάντοτε ο. πάντα — immer
παντού — überall
παντρεύω -ψα 63 II — verheiraten
πάντως — auf jeden Fall
παπαρούνα ή 27 A — Mohnblume
πάπλωμα τό 106 — Steppdecke
παπουτσής ό 56 — Schuhmacher
παπούτσι τό 19 — Schuh
παπάς ό 55 — Priester, Pfarrer

παππούς ό 123 — Großvater
πάρα §§ 70 u. 72 — sehr ...
παρά § 100 — außer, sondern, als
παρά §86 — weniger, gegen, als, als daß
παρά § 112
παραγγέλνω -ειλα 194 — bestellen
παράγραφος ή 130 — Paragraph
παράγω 194 — produzieren
παράδοσι ή 60 — Überlieferung
παράθυρο τό 38 — Fenster
παρακαλώ -εσα 124 — bitten
παρακαλούμαι 153 f C — gebeten werden
παρακολουθώ 124 — verfolgen
παραλία ή 27 A — Strand
παραμύθι τό 19 — Märchen
παραπέμπω 63 II — verweisen
παραπονούμαι -έθηκα 151–154 / παραπονιέμαι 145 — sich beklagen
παράς ό 55 (Plur.) — Geld
Παρασκευή ή 27 — Freitag
παράστασι ή 60 — Vorstellung
παρατηρώ -ησα 124 — bemerken
παρέα ή 27 A — Gesellschaft
παρηγορώ -ησα 124 — trösten

παρθένα ή 27 A — Jungfrau
παριστάνω ⎫
παρισταίνω ⎬ 194 — darstellen
παροιμία ή 27 A — Sprichwort
παρουσιάζομαι 110 — erscheinen
IV
Πάσχα τὸ § 44 — Ostern
πάσχω § 61 — leiden
πατάτα ή 27 A — Kartoffel
πατέρας ὁ 22 — Vater
πατρίδα ή 27 B — Heimat
πατριώτης ὁ 22 — Landsmann
πατριώτισσα ή 27 A — Landsmännin
πατῶ -ησα 119 u. 126 — treten
πάτωμα τὸ 106 — Stockwerk, Fußboden
παύω -αψα 63 II — aufhören
παχὺς 83 — fett, dick
πεζῇ — zu Fuß
πεθαίνω § 63 u. — sterben
64 III 2 d
πεινῶ -ασα 119 — Hunger haben
πειράζω -ξα 63 IV — necken, beleidigen
πέλαγος τὸ 91 — Meer
πελάτης ὁ 22 — Kunde
πελάτισσα ή 27 A — Kundin
Πέμπτη ή — Donnerstag
πέμπτος 166 — fünfter
πενήντα 46 — fünfzig
πενηντάρι τὸ 169 — 50-Drachmenschein
πεντακόσια 46 — fünfhundert
πέντε 46 — fünf
πέρα § 65 — drüben, jenseits
– ἀπὸ 208
πιὸ πέρα — [etwas] weiter
περαστικὸς 53 — vorübergehend
περαστικά σας — gute Besserung
περήφανος 54 — s. *ὑπερήφανος
περίεργος 54 — neugierig, merk-
würdig
περιμένω 190 — warten
περιοδικὸ τὸ 38 — Zeitschrift
περ[ι]πατῶ 119, 124 — gehen
περιποιοῦμαι 153 B ⎫
περιποιέμαι 119 ⎬ pflegen
περισπωμένη ή 28 — Zirkumflex
περισσεύω -ψα 63 II — übrig bleiben
περισσότερο — mehr
περιστέρι τὸ 19 — Taube
περιττὸς 53 — überflüssig

περίφημος 54 — berühmt, ausgezeich-
net
πετῶ -αξα 119, 120 — vorbeigehen,
-kommen
πέρυσι — voriges Jahr
πέτρα ή 27 A — Stein
πετῶ -αξα 119 — fliegen
πευκιὰς ὁ 55 — Kiefernwald
πεῦκο τὸ 38 — Kiefer
πέφτω 194 — fallen
πηγαίνω ⎫
πάω ⎬ 194 u. 70 — gehen, fahren
πηγὴ ή 28 — Quelle
πήδημα τὸ 106 — Springen, Sprung
πηδῶ -ησα 119 — springen
πιὰ — schon
πιάνω -ασα 63 V 1 b — anfassen
πίεσι ή 60 — Druck, Blutdruck
πικραίνω -ανα — mit Bitterkeit er-
64 III d — füllen
πίνακας ὁ 22 — s. *πίναξ
πινακίδα ή 27 B — Tafel
*πίναξ ὁ — Schul-, Wandtafel
πίνω 95, 2; 194 — trinken
πιὸ — mehr (zur Bildg. d.
Komparativs)
πιπέρι τὸ 19 — Pfeffer
πιστεύω -εψα 63 II — glauben
πίστι ή 60 — Glaube
πιστόλι τὸ 19 — Pistole
πίσω, -ἀπὸ § 93 — hinten, hinter
πλά[γ]ι τὸ 19, πλάϊ — Seite, daneben
πλάσμα τὸ 106 — Geschöpf
πλατεία ή 27 A — Platz (einer
Stadt z. B.)
πλατὺς 83 — breit
πλένω 194 — waschen
πλευρὰ ή 27 A — Seite
πληροφορία ή 27 A — Auskunft
πληροφορῶ 124 — benachrichtigen
πληρώνω -ωσα — zahlen
63 V 1 a
πλησιάζω -ασα 63 IV — sich nähern
*πλήσσω -ξα 63 IV — schlagen
πλήττω -ξα 63 IV — sich langweilen
πλοίαρχος ὁ 35 — Kapitän
πλοῖο τὸ 38 — Schiff
πλοῦς ὁ 123 — Wasserfahrt
πλούσιος 54 — reich

πλοῦτος ὁ 35 — Reichtum
Plur. τὰ πλούτη
πλύσιμο τὸ 106 — Waschen
πνευματώδης 101 — geistreich
πνέω 195 — wehen
πνίγω -ξα 63 *III* — erwürgen
ποδήλατο τὸ 38 — Fahrrad
πόδι τὸ 19 — Fuß, Bein
ποίημα τὸ 106 — Gedicht
ποιότητα ἡ 27 *B* — Qualität
ποιός; 117 — wer?
πόλεμος ὁ 35 — Krieg
πολεμῶ 126 — kämpfen
πόλι ἡ 60 — Stadt
πολίτης ὁ 22 — Bürger
πολιτικὸς ὁ 53 — Politiker, politisch
πολὺς 84 — viel (Adjektiv)
πολυτελὴς 101 — luxuriös
πολυτεχνεῖο τὸ 38 — Techn. Hochschule
πονοκέφαλος ὁ 35 — Kopfschmerzen
πόνος ὁ 35 — Schmerz
πονῶ 126, 2 — wehtun
πόρτα ἡ 27 *A* — Tür
πορτιέρης ὁ 22 — Portier
πορτοκάλι τὸ 19 — Orange
πορτοφόλι τὸ 19 — Geldbörse, Brieftasche
ποσὸ τὸ 38 — Summe
πόσος; 118, *3* — wieviel?
ποσοστὸ τὸ 38 — Prozent
ποτάμι τὸ 19 ⎱ — Fluß
ποταμὸς ὁ 35 ⎰
πότε; — wann?
ποτὲ — niemals
ποτήρι τὸ 19 — Glas
ποὺ 158, *1* — der = welcher
ποῦ; § 65 — wo? wohin?
πού, ὅπου (relat.) — wo, wohin
§ 65
ποὺ §§ 105 u. 106 — als, wenn, so daß
πουθενὰ — nirgends
ποῦ καὶ ποῦ — dann und wann
πουκάμισο τὸ 38 — Hemd
πουλὶ τὸ 19 — Vogel
πουλῶ 119 u. 126 — s. *πωλῶ
πουρμπουὰρ τὸ § 44 — Trinkgeld
ποῦρο τὸ 38 — Zigarre
πρά[γ]μα τὸ 106 — Sache
πραγματικὰ — tatsächlich

πρακτορεῖο τὸ 38 — Agentur
πρᾶξι ἡ 60 — Tat
πράσινος 54 — grün
*πράττω -ξα 63 *IV* — tun, machen
πρέπει §§ 61 u. 62, *2* — müssen
πρήσκω ⎱64 — anschwellen
πρήζω ⎰ — (trans.)
πρὶν, -[νὰ] 214 — früher, bevor
πρὶν ἀπὸ § 93 — vor
πρὸ 209 — vor (zeitlich)
πρόβλημα τὸ 106 — Problem
πρόγευμα τὸ 106 — Frühstück
πρόγραμμα τὸ 106 — Programm
προθήκη ἡ 28 — Schaufenster
προθυμία ἡ 27 *A* — Bereitwilligkeit
προκαταβολὴ ἡ 28 — Anzahlung
πρόκειται § 61 — vorhaben
προκυμαία ἡ 27 *A* — Quai
προκύπτει προέκυψε 63 *II* — hervorgehen
προλέγω (Fut. θὰ προείπω) 194 — voraussagen
πρὸ πάντων — vor allem
προπληρώνω 63 *V 1 a* — vorauszahlen
πρὸς §§ 84, 95, *3* — in Richtung nach
προσεκτικὸς 53 — aufmerksam
προσεύχομαι 193 — beten
προσέχω -εξα 63 *III* — achtgeben
προσθέτω -εσα 63 *IV* — addieren, hinzufügen
προσκαλῶ -εσα 126, 2 — einladen
πρόσκλησι ἡ 60 — Einladung
προσκυνητὴς ὁ 22 — Pilger
προσκυνῶ -ησα 124 — das Heiligenbild küssen
πρὸς στιγμὴν — für einen Augenblick
πρὸς τὸ παρὸν — vorläufig
προσφέρω 64 *III 1* — anbieten
προσωπικῶς § 64, 2 — persönlich
πρόσωπο τὸ 38 — Gesicht, Person
[εἶναι] προτιμότερο — [es ist] vorzuziehen
προτιμῶ -ησα 119 — vorziehen
προτοῦ § 105 — bevor
προφθαίνω ⎱-ασα 63 — erreichen
προφταίνω ⎰*V 2a*
προχθὲς o. προχτὲς — vorgestern
προχωρῶ 124 — weitergehen
πρωὶ τὸ — [am] Morgen, Vormittage, an den
πρωινὰ τὰ (Plur.) — -n

241

πρωινὸς 53	morgendlich, Morgen-	*πτωχαίνω	verarmen
πρωινὸ τὸ 38	Frühstück	*πτωχὸς	arm
πρῶτα	zuerst, früher	πυρετὸς ὁ 35	Fieber
πρῶτος 166	erster	*πωλῶ 124	verkaufen
*πτερὸ τὸ	Flügel	πῶς; § 67	wie?
		πὼς § 104	daß, doch

Ρ

ῥάβω -αψα 63 II	nähen	ῥοῦς ὁ 123	Fluß (= Fließen)
ῥάφτης ὁ 22	Schneider	ῥουφηξιὰ ἡ 27 A	Zug durch die Nase
ῥέστα τὰ (Plur.) 38	(Geld-)Rest		oder den Mund
ῥετσίνα ἡ 27 A	geharzter Wein	ῥουφῶ 120, 3	schlürfen
*ῥίπτω	werfen	ῥοῦχο τὸ 38	Wäsche, Kleidungs-
ῥίχνω -ιξα 63 III	s. *ῥίπτω		stück
ῥὸζ	rosa	ῥύζι τὸ 19	Reis
ῥολόϊ τὸ 19	s. [ὠ]ρολό[γ]ι τὸ 19	Ρωσσία ἡ 27 A	Rußland
ῥόλος ὁ 35	Rolle	ῥωτῶ -ησα 119	s. ἐρωτῶ

Σ

Σάββατο τὸ 38	Samstag, Sonnabend	σήμερα	heute
σαλάτα ἡ 27 A	Salat	σημερινὸς 53	heutig
σαλόνι τὸ 19	Salon	σιάζω -αξα 63 IV	ordnen
σὰν §§ 68, 105, 106	wenn, sobald; da (kausal)	σιγὰ	leise, langsam
		σιγὰ-σιγὰ	nach und nach
σὰν νὰ § 113	als ob	σιδερώνω 63 V 1 a	bügeln
σαράντα 46	vierzig	σιδηρόδρομος ὁ 35	Eisenbahn
σαρίκι τὸ 19	Turban	σιδηροδρομικῶς § 64, 2	mit der Eisenbahn
σατυρίζω -ισα 63 IV	sich lustig machen		
σβήνω -ησα 63 V 1 b	löschen	σινεμὰ τὸ § 44	Kino
σέ, σ᾽ § 80	in, auf, an, zu	σιωπὴ ἡ 28	Schweigen
σειρὰ ἡ 27 A	Reihe	σκάβω -αψα 63 II	graben
σεισμὸς ὁ 35	Erdbeben	σκά[ζ]ω ἔσκασα	platzen
*σείω ἔσεισα 63 I	erschüttern	σκάνω 63 IV	
σὲ λίγο	bald	σκάλα ἡ 27 A	Treppe
σεντόνι τὸ 19	Bettuch	σκάλες οἱ	Treppen, Stufen
σερβίρω 64 III 2 a	servieren	σκαλοπάτι τὸ 19	Stufe
σεργιανίζω -ισα 63 IV	auf- und abgehen	σκαρφαλώνω 63 V 1 a	klettern
		σκεπάζω -ασα 63 IV	zudecken
σέρνω -ἔσειρα 195	ziehen		
σηκώνω -ωσα 63 V 1 a	aufheben	σκέπασμα τὸ 130	Decke, Deckel
		σκέπτομαι -έφθηκα	denken
σημαίνω (Aor. -ανα) 64 III 2 d	bedeuten, läuten	σκέτος 54	ohne Zutaten, ein-farbig
σημασία ἡ 27 A	Bedeutung	σκηνὴ ἡ 27 A	Bühne, Szene
σημεῖο τὸ 38	Kennzeichen, Punkt	σκηνικὰ τὰ 38	Bühnenausstattung

σκιά ἡ 27 A ⎫
ἴσκιος ὁ 35 ⎭ Schatten
σκληρός 54 hart
σκοτάδι τὸ 19 Dunkelheit
σκοτεινιάζει -ασε 63 es wird dunkel
IV
σκοτεινὸς 53 dunkel
σκοτώνω -ωσα 63 V töten
1 a
σκουπίζω -ισα 63 IV abtrocknen
σκοῦρος -α, -ο dunkel
σκύβω -υψα 63 II s. *κύπτω
σκυλί τὸ 19 Hund
σούπα ἡ 27 A Suppe
σπά[ζ]ω. ⎫
σπῶ ⎬ ἔσπασα brechen, zerbrechen
σπάνω ⎭ 119, 63 IV
σπάνιος 34, σπάνια selten
σπεύδω, -ευσα 63, IV sich beeilen, eilen
σπίρτο τὸ 38 Streichholz
σπίτι τὸ 19 Haus
σπουδάζω -ασα 63 IV studieren
σπουδαῖος -α, -ο 54 wichtig
σπρώχνω -ωξα 63 III stoßen
σταγόνα ἡ 27 A Tropfen
στάζω -αξα 63 IV tropfen
σταθμὸς ὁ 35 Bahnhof, Station
σταματῶ -ησα 119 stehen bleiben
στάσι ἡ 60 Haltung, Haltestelle
σταυρώνω -ωσα 63 V kreuzigen
1 a
σταφύλι τὸ 19 Weintraube
στάχτη ἡ 28 Asche
σταχτὴς 84 grau
στέγη ἡ 28 Dach
στέκομαι ⎫ 195 u.
στέκω ⎬ stehen
⎭ 113, 2
στέλνω 195 schicken
στενάζω -αξα 63 IV stöhnen
στενὸς 53 eng
στενοχωρημένος 72 bedrückt
στενοχωρῶ 125, -ησα bedrücken
-εσα
στερεὸς 53 fest
στεριὰ ἡ 27 A Festland
στερεώνω -ωσα 63 V befestigen
1 a
στήνω -ησα aufstellen
63 V 1 b

στηρίζω -ιξα 63 IV stützen
στιγμὴ ἡ 28 Augenblick
στοιχίζω -ισα 63 IV kosten
στοίχημα τὸ 106 Wette
στολίζω -ισα 63 IV schmücken
στόμα τὸ 106 Mund, Schnauze,
Maul, Rachen
στομάχι τὸ 19 Magen
στρέφω -εψα 63 II drehen
στρίβω -ιψα 63 II drehen
στρῶμα τὸ 106 Matratze, Schicht
στύλος ὁ 35 Säule
σὺ = ἐσὺ 39 du
συγγενὴς ὁ, ἡ 101 der, die Verwandte
συγγενικὸς 54 verwandt
συγγραφεὺς ὁ, ἡ 56 der Schriftsteller
συγκινῶ -ησα 124 rühren
συγκοινωνία ἡ Verkehr, Verbindung
27 A
συγχωρῶ 126, 2 verzeihen
συζητῶ -ησα 126 diskutieren
συλλογίζομαι -στηκα denken
110 IV
συμβαίνει § 62, 2. es kommt vor
συμβουλεύω (Aor.) raten
-ευσα 63/II
συμβουλὴ ἡ 27 A Rat
συμπαθητικὸς 64 sympathisch
μὲ συμφέρει νὰ § 62 es ist von Vorteil
für mich
σύμφωνος 54 einverstanden
συμφωνῶ -ησα 124 vereinbaren
συναντῶ -ησα 119 begegnen
συναυλία ἡ 27 A Konzert
συνάχι τό 19 Schnupfen
συνδέω-συνέδεσα verbinden
63 I u. § 54
συνείδησι ἡ 60 Gewissen
συνεννοοῦμαι 153 B sich verständigen
συνεπὴς 101 konsequent
συνεπιβάτης ὁ 22 Mitpassagier
συνέχεια ἡ 27 A Fortsetzung
συνεχὴς 101 fortwährend
συνεχίζω -ισα 63 IV fortfahren
συνήθεια ἡ 27 A Gewohnheit
συνηθίζω -ισα 63 IV sich gewöhnen
συνήθως § 64, 2 gewöhnlich
συννεφιάζει § 62, 1 es wird bewölkt
σύννεφο τὸ 38 Wolke

243

συνοδεύω (Aor.   begleiten
-ευσα) 63 *II*
συνομιλῶ -λησα 124   sich unterhalten
σύνορα τά 38   Grenze
συνταγή ή 28   Rezept
συντροφιά ή 27 *A*   Gesellschaft
συσταίνω -τησα 195,   vorstellen
   63 *V 2 c*
συχνά   oft
σφάζω (Aor. -αξα)   schlachten
σφυγμός ὁ 35   Puls

σφυρίζω -ιξα   pfeifen
   63 *IV*
σχέδιο τό 38   Plan
σχετικός 53   einschlägig
σχῆμα τό 106   Form
σχολείο τό 38   Schule
σώζω ἔσωσα 63 *V 1 a*   retten
σῶμα τό 106   Körper
σώνει § 62, *1*   es genügt
σωπαίνω σώπασα   schweigen
   195, 63 *V 2 a*

T

ταβάνι τό 19   Zimmerdecke
ταβέρνα ή 27 *A*   Taverne
τάδε ὁ, ή, τό 176   der, die das soundso
τάζω ἔταξα 63 *IV*   geloben
τακτικός 53   regelmäßig, ordentlich
τάμα τό 106   Gelübde
ταμείο τό 38   Kasse
ταμίας ὁ 22   Kassierer
τάξι ή 60   Ordnung, Klasse
ταξί τό 19   Taxe
ταξ[ε]ιδεύω -εψα   reisen
   63 *II*
ταξ[ε]ίδι τό 19   Reise
ταξιδ[ε]ιώτης ὁ 22   Reisender
ταξιδ[ε]ιώτισσα ή   Reisende
   27 *A*
ταξιθέτις ή § 49   Platzanweiserin
ταῦρος ὁ 35   Stier
ταυτότητα ή 27 *B*   Personalausweis
τάφος ὁ 35   Grab
τάχα   vielleicht, angeblich
ταχτικός 53   s. τακτικός
ταχυδρομείο τό 38   Post
*τείνω 195 u.   strecken
   64 *III 2 b*
τελειώνω -ωσα 63 *V*   fertig werden o.
   1 a   machen
τελείως § 64, *2*   vollkommen
τελευταῖος -α, -ο 54   letzter
τέλος τό 91   Ende
τελῶ -λεσα 124 f   feierlich begehen
τεμπέλης 56   faul
τεντώνω -ωσα 63 *V*   [aus]strecken

τεράτσα ή 27 *A*   Terrasse
τέσσερα, -εις 46, 48   vier
Τετάρτη ή 28   Mittwoch
τέταρτο τό 47   Viertel[stunde]
τέταρτος ὁ 166   vierter
τέτοιος 76   solcher
τετρακόσια 46   vierhundert
τέχνη ή 28   Kunst, Handwerk
τζαμί τό 19   Moschee
τηλεγραφείο τό 38   Telegraphenamt
τηλεγράφημα τό 106   Telegramm
τηλεγραφῶ -ησα 124   telegraphieren
τηλεφώνημα τό 106   Telephongespräch
τηλέφωνο τό 38   Telephon
τηλεφωνῶ -ησα 124   telephonieren
τί; 116   was? was für ein?
   (in der Dichtung: warum?
τιμῶ -ησα 119   ehren
τιμωρῶ -ησα 124   strafen
τίποτε ο. τίποτα   nichts
   175, 6
τίτλος ὁ 35   Titel
τοῖχος ὁ 35   Wand
τονίζω -ισα 63 *IV*   betonen
τόνος ὁ 35   Akzent
τόπι τό 19   Ball
τοπικός 53   lokal
τόπος ὁ 35   Ort, Heimat, Gegend, Land, Platz
τόσος 76, *5*   soviel
τότε   dann, damals
τουαλέττα ή 27 *A*   Toilette, -ntisch
Τουρκία ή 27, 123 f   Türkei

Τοῦρκος ὁ 35, 123 f — Türke
τοῦτος 76, 2 — dieser
τραβῶ -ηξα 120, 3 — ziehen
τραγούδι τὸ 19 — Lied
τραγουδῶ -ησα 120, 1 u. 126 — singen
τραῖνο τὸ 38 — Zug
τράμ τὸ § 44 — Straßenbahn
τραπεζαρία ἡ 27 A — Eßzimmer
τραπέζι τὸ 19 — Tisch
τραχὺς 83 — rauh
τρελλαίνω -ανα 64 III 2 d — verrückt machen
τρέμω § 61 — zittern
*τρέπω 195 — wenden
*τρέφω ⎫
θρέφω ⎭ -ψα 63 II — ernähren
τρεχάλα (Adverb) — laufend
τρέχω -εξα 63 III — laufen
τρεῖς, τρία 46 u. 48 — drei
τρ[ι]ακόσια 46 — dreihundert
τριάντα 46 — dreißig
τριαντάφυλλο τὸ 38 — Rose
τρίβω -ιψα 63 II — reiben
τριγυρ-νῶ (Aor. -ησα) 119 — herumlaufen

τρίτος 166 — dritter
τρίψιμο τὸ 106 — Reiben, Frottieren
τρομάζω -αξα 63 IV — erschrecken
τρομερὸς 53 — schrecklich
τρόπος ὁ 35 — Schrecken
τρόμος ὁ 35 — Art (und Weise)
τρυπῶ -ησα 119 — stechen
τρυπώνω -ωσα 63 V 1 a — hineinschlüpfen
τρώ[γ]ω 29 § 59, 195 — essen
τσάι τὸ 19 — Tee
τσιγάρο τὸ 38 — Zigarette
τσουγκρίζω -ισα 63 IV — anstoßen
τσούζω -ξα 63 IV — jucken
τύπος ὁ 35 — Typ, Presse
τυραννῶ -ησα 119 u. 124, 126 — quälen
τυρὶ τὸ 19 — Käse
τυχαίνω ἔτυχα 195 u. 200 — zufällig + Verb
τύχη ἡ 28, κατὰ τύχη — Schicksal, Glück; zufällig
τώρα — jetzt

Υ

ὑγιαίνω 195 — gesund sein
*υἱός — Sohn
ὑμνῶ (Aor. -ησα) 124 — lobsingen
(ὕπαιθρο τὸ), στὸ ὕπαιθρο — im Freien, unter freiem Himmel
ὑπάλληλος ὁ, ἡ 35, 130 — der Beamte, die Beamtin
ὑπάρχω ὑπῆρξα 63 III §54, 186 — existieren, vorhanden sein
ὑπάρχει, -ουν § 54 — es gibt
[ὑ]περήφανος 54 — stolz
ὑπηρέτης ὁ 22 — Diener
ὑπηρέτρια ἡ 27 A — Dienstmädchen

ὕπνος ὁ 35 — Schlaf
ὑπόγειο τὸ 38 — Kellergeschoß
ὑποδέχομαι — empfangen
ὑποδουλώνω 63 V 1 a — unterwerfen
ὑπόθεσι ἡ 60 — Angelegenheit
ὑποθέτω -εσα 63 IV — vermuten
ὑπόσχομαι -χέθηκα 195 — versprechen
ὑποφέρω 64 III 1 — leiden
ὑποχρεωμένος 72 — zu Dank verpflichtet
ὑποχρεωτικὸς 53 — obligatorisch
ὕστερα — dann, nachher
ὕφασμα τὸ 106 — Stoff

Φ

φαγητὸ 38	Essen, Speise		φορὰ ἡ, πολλὲς	mal, oft
φα[γ]ὶ τὸ 19			φορὲς 27 A	
φαίνομαι 195	aussehen		φόρεμα τὸ 106	Kleid
φαντάζομαι 107,	sich vorstellen		φορῶ -εσα 119 u.	tragen, anziehen
110 IV			126	
φαρδὺς 83	breit		φουρκίζω -ισα 63 IV	ärgern
φαρμακεῖο τὸ 38	Apotheke		φούρναρης ὁ 56	Bäcker
φάρμακο τὸ 38	Arznei		φροντίζω -ισα 63 IV	sorgen
φεγγάρι τὸ 19	Mond		φρονῶ § 61	der Meinung sein
φέγγω ἔφεξα 63 III	leuchten		φτ[ε]ιάνω -σα ⎱	machen
φέρνω ϋ4 III 1	bringen		φκιάχνω -ξα ⎰	
φεύγω ἔφυγα 195 u.	weggehen		φτερνίζομαι 110 IV	niesen
94			φτέρνισμα τὸ 106	Niesen
φθάνω ⎱-ασα § 62,	ankommen		φτερὸ τὸ 38	s. *πτερὸ τὸ
φτάνω ⎰191			φτύνω 63 V 1 b	spucken
φθηνὸς ⎱53	s. *εὐθηνὸς		φτωχαίνω	s. *πτωχαίνω
φτηνὸς ⎰			64 III 2 c	
φθίσι ἡ 60	Schwindsucht		φτωχὸς 54	s. *πτωχὸς
φιλοδώρημα τὸ 106	Trinkgeld		φυλάγω § 59, -ξα	aufheben = hüten
φιλόξενος 54	gastfreundlich		φυλακὴ ἡ 28	Gefängnis
φιλοξενῶ -ησα 124	als Gast aufnehmen		φύσι ἡ 60	Natur
φίλος ὁ 35	Freund		φυσικὸς 53	natürlich
φιλῶ -ησα 119 u. 124	küssen		φυσῶ 120, 5. u. 119	blasen
φλόγα ἡ 27 A	Flamme		φυτεύω -εψα 63 II	pflanzen
φλυαρία ἡ 27 A	Geschwätzigkeit		φωνάζω -αξα 63 IV	rufen, schreien
φοβοῦμαι 163 f	sich fürchten		φωνὴ ἡ 28	Stimme
φοιτητὴς ὁ 22	Student		φῶς τὸ 137 f	Licht
φοιτήτρια ἡ 27 A	Studentin		φωτεινὸς 53	strahlend, hell
φοιτητικὸς 54	studentisch		φωτιὰ ἡ 27 A	Feuer
φονεύω Aor.-ευσα	töten		φωτογραφικὴ	Photoapparat
63 II			μηχανὴ ἡ 53 u. 28	

Χ

χάβω -αψα 63 II	verschlingen		χαμηλώνω -ωσα	niedriger machen
χαζεύω -εψα 63 II	gaffen		63 V 1 a	
χαϊδεύω -εψα	streicheln		χαμογελῶ -ασα 119	lächeln
63 II			χάμω (Adverb)	auf dem o. den
χαίρετε!	grüß Gott!			Boden
χαιρετίσματα τὰ 106	Grüße		χάνω -ασα 63 V 1 b	verlieren
χαιρετισμὸς ὁ 35	Gruß		χάπι τὸ 19	Pille
χαιρετῶ -ησα 119	grüßen		χαρὰ ἡ 27, μετὰ	Freude, sehr gern
χαίρομαι χάρηκα	sich freuen		χαρᾶς	
112 u. § 58			χάραμα τὸ ⎱106	Morgendämmerung
χαλ[ν]ῶ -ασα 119	verderben		τὰ χαράματα ⎰	
χαμηλὸς 53	nieder		χάρι ἡ 60	Anmut

246

χαριεντίζομαι 110 *IV* — flirten
χαρίζω -ισα 63 *IV* — schenken
χαρτί τὸ 19 — Papier
τὰ χαρτιὰ [τῆς τράπουλας] — Spielkarten
χαρτονόμισμα τὸ 106 — Geldschein
χάσκω 64 — gaffen
χασμουριέμαι -ρήθηκα 145 — gähnen
χειμώνας ὁ 22 — Winter
χειροκροτῶ -ησα 124 — applaudieren
χέρι τὸ 19 — Hand
χθὲς ο. χτὲς — gestern
χάλι τὸ 19 — schlechter Zustand
χίλια 46 — tausend
χιλιάδα ἡ 46 — das Tausend
χιλιόμετρο τὸ 38 — Kilometer
χιόνι τὸ 19 — Schnee
χιονίζει § 62 — es schneit
χλιαρὸς 53 — lauwarm
χοντρὸς 53 — dick, grob
χορεύω -εψα 63 *II* — tanzen
χορὸς ὁ 35 — Tanz
χορταίνω -ασα 63 *V 2 a* — satt werden

χρειάζομαι 107, 64 *IV* — brauchen, nötig haben
χρέος τὸ 91 — Schuld, Pflicht
χρ[ε]ωστῶ § 61 — schuldig sein
χρῆμα τὸ ⎱ 106 — Geld
χρήματα τὰ ⎰
χριστιανὸς ὁ — Christ
Χριστὸς ὁ 39 — Christus
Χριστούγεννα τὰ 44 — Weihnachten
χρονικὸς 53 — zeitlich, Zeit-
χρόνος ὁ 35 — Jahr
χρυσὸς 53 — golden
χρῶμα τὸ 106 — Farbe
χτίζω -ισα 63 *IV* — s. *κτίζω
χτυπῶ -ησα 119 — s. *κτυπῶ
χύνω -υσα 63 *V 1 b* — schütten
χῶμα τὸ 106 — Erde
χώνεψη ἡ 28 — Verdauung
χώρα ἡ 27 *A* — Land, größere Stadt
χωρίζω -ισα 63 *IV* — trennen
χωριὸ τὸ 38 — Dorf
χωρὶς § 89 — ohne
χωρὶς ἄλλο — auf jeden Fall
χωριστὰ — extra
χῶρος ὁ 35 — Raum
χωρῶ -εσα 119 u. 126 — Platz haben

Ψ

ψέλνω ο. ψαίλνω ⎱
ψάλλω ἔψαλα 195 ⎰ — im Kirchenton singen
ψάρι τὸ 19 — Fisch
ψάχνω -ξα 63 *III* — suchen
ψέμα τὸ 106 — s. *ψεῦμα τὸ
*ψεῦμα τὸ 106 — Lüge
ψεύτης ὁ 22 — Lügner
ψηλὸς 53 — hoch

ψηλώνω -ωσα 63 *V 1 a* — wachsen, höher machen
ψιλὸς 53 — fein
ψιλὰ τὰ 38 — Kleingeld
ψοφῶ -ησα 119 — verenden
ψυχὴ ἡ 28 — Seele
ψωμᾶς ὁ 55 — Bäcker
ψωμὶ τὸ 19 — Brot

Ω

ὠδεῖον τὸ 38 — Odeon
ὦμος ὁ 35 — Schulter
ὥρα ἡ 27 *A* — Uhrzeit, Stunde
ὡραῖος 54 — schön
ὡρισμένως (Adverb) — bestimmt
[ὡ]ρολό[γ]ι τὸ 19 — Uhr
ὡς § 68 — als
ὡς, ὥς, ἕως § 83 — bis
*ὡσὰν — s. σὰν

ὡσότου § 105 — bis
ὥσπου § 105 — bis
ὥστε § 111 — so daß
ὡστόσο § 100 — jedoch
ὠτομοτρίς τὸ § 44 — elektr. Eisenbahnwagen
ὠφελῶ -ησα 124 — nützen
ὠφελοῦμαι -λήθηκα 151 f. — Nutzen haben

247

Sachregister

Adjektiv
  Allgemeines 53
  Adjektive auf -ος, -η, -ο 53
  Adjektive auf -ος, -α, -ο 54
  Sonderklasse der Adjektive auf -ός, -ιά,
    -ὸ 55
  Adjektive auf -ύς, -ιά, -ὐ u. πολὐς 83–84
  Arjektive auf -ής, -ιά, -ὶ 84
  Ungleiche Adjektive auf -ης, -α, -ικο;
    -ής, -ού, -άρικο 150
    -άς, -ού, άδικο 151
  Die Steigerung der Adjektive 101
  Adjektive, aus der Schrspr.: 101
  Adjektive auf -ής, -ὲς; –ης, –ες 101
  Adjektive auf -ων, -ουσα, -ον 143
    -ών, -οὖσα, -ὸν 143
  Adjektive auf -ων, -ον 144
Adverb
  Allgemeines § 64
  Adverbien des Ortes § 65
  Adverbien der Zeit § 66
  Adverbien der Art und Weise § 67
  Die Vergleichspartikeln σὰν u. ὡς § 68
  Das dt. „vielleicht" in der Aussage § 69
  Adverbien der Menge § 70
  Steigerung der Adverbien; Vergleiche und
    Ausdrücke mit Steigerungsformen § 72
    bis 74
  Umschreibungen von Adverbien § 75
  Adverbiale Nebensätze § 76
Akzent 11–13, §§ 25–28
Alphabet 3
Altersangabe 48
Anrede, durch den Vokativ 25, 220
Aorist (Vergangenheit) 61–64, § 56 b
Umschreibung der arabischen Ziffern § 52
Artikel, bestimmter und unbestimmter 19,
  27
Augment 61, §§ 53, 54
Aussprache 3–10, §§ 1–22

Bedingungssätze, reale § 108
Bedingungssätze, irreale 170, 171
Bejahung § 71
Bestimmendes Pronomen 90
Bruchzahlen 167

Dativ 23
Datum 48
Deponentia 112
Drachme (griech. Währungseinheit) 49
Deklination (s. Artikel, Adjektiv, Pronomen,
  Übersichten über die 3 Deklinationen)
Doppellaut §§ 2–8

Eigennamen und ihre Deklination 123, 124
Elliptische Verben (s. Zeitwort)
Elision §§ 32–34
Enklitische Wörter § 35

Familiennamen (s. Eigennamen) 123, 124
Finalsätze, mit γιὰ νὰ + Konj. § 107
Fragepronomen 116–118
Futurum continuum 68–71
Futurum, einmaliges 68–71, § 56 a
Futurum exactum 77–79, § 57 b

Grundrechnungsarten 50
Grundzahlen 46

Hinweisendes Pronomen 76

Imperativ der Verben auf -ω 92–98
Imperativ, indirekter 86, 5
Imperfekt (Vergangenheit) 60–62, § 55
Indirekte Rede § 104
Indirekte Frage § 113
Infinitiv (es gibt keinen)
Interjektion § 114

Jahreszeiten 58

Kasus 41
Kausale (= Begründungs-) Sätze § 106
Kilo 49
Konditionalis 133–134
Konjugationen und Formen der Verben 57
Konjugationstabellen regelmäßiger Verben
  224
Konjunktion
  Allgemeines § 97
  Gleichordnende Konjunktionen: καί, οὔτε,
    μήτε, οὔτε … οὔτε, μήτε … μήτε § 98
    ἤ, ἤ … ἤ, εἴτε … εἴτε § 99

μά, ἀλλά, ὅμως, μόνο πού, παρά, ὡστόσο, ἐνῶ § 100
Anstelle von Konjunktionen: κι' ἄς, κι' ἄν, κι' ἄν ἀκόμη § 101
λοιπόν, ὥστε, ἐπομένως, ἄρα § 102
δηλαδή § 103
Unterordnende Konjunktionen: πώς, πού, ὅτι § 104
ὅταν, σάν, ἅμα, καθώς, μόλις, ἐνῶ, ὅσο (ἐν ὅσω, ἐφ'ὅσον), πρίν, προτοῦ, ἀφοῦ, ἀφ'ὅτου, ὥσπου, ὡσότου, ὅποτε § 105
γιατί, ἐπειδή, (διότι), ἀφοῦ, (ἐφ'ὅσον) und anstelle von Konjunktionen der Begründung: σάν, πού, γιὰ νά, σὰν ... πού § 106
νά, γιὰ νὰ § 107
ἄν, σάν, ἅμα, νὰ § 108
ἂν καί, μολονότι Konjunktionen des Zugeständnisses § 109
μήπως [καί], μή[ν], νὰ μὴ § 110
ὥστε, ποὺ § 111
παρά, παρὰ νά, παρὰ ποὺ (bei Vergleichen) § 112
Das deutsche „ob" §113
Konjunktiv
Form 85, 97–98
Bedeutung des Konjunktivs 85
Gebrauch:
A. Der Konjunktiv im abhängigen Satz 86
B. Selbständiger Konjunktiv 86–87
Konjunktiv Präsens § 57 a
Konjunktiv Perfekt § 57 b
Konsonanten und Konsonantenverbindungen §§ 9–22

„lassen" als Hilfsverb, im Griechischen § 60
Monatsnamen 43
Ordnungszahlen 166

Partizip
Partizip Präsens 72
Partizip Präsens, passiv 72
Altes Partizip Präsens mit Reduplikation 110, Anm. 2
Die Steigerung des Partizip Perfekts 103
Das Partizip Präsens einiger Verben der passiv-reflexiven Form 153, Anm. 2

Passiv-reflexives Verb 106–113
Perfekt (Vergangenheit) 77, 78
Personalpronomen 39–41
Plusquamperfekt (Vergangenheit) 77, 78
Possessivpronomen 33–35
Präpositionen
Allgemeines § 77
Einfache Präpositionen: μέ, σέ, γιά, ὡς, (o. ὣς) und ἴσαμε, πρὸς §§ 78–81, 83 bis 84⁻
κατά, μετά, παρά, ἀντί, ἀπό, χωρίς, δίχως, μέχρι §§ 85–89
Anstelle von Präpositionen: μέσω, λόγω, ἐναντίον, μεταξὺ §§ 82, 85, 89
Zusammengesetzte Präpositionen: mit μέ, σέ, ἀπὸ §§ 90–93
mit σὲ o. ἀπὸ § 94
Alte Präpositionen § 95
Mit Präpositionen zusammengesetzte Verben § 96
Privatbrief, ein kurzer § 115
Pronomen (s. die einzelnen Pronomen)
Reflexivpronomen 157–161
Sätze der Schlußfolgerung § 111
Sätze des Zugeständnisses § 109
Sammelzahlen als Substantive auf -άδα u. -αριά 168
Satzzeichen § 31
Schrift 3
Schriftsprache und der Fremde § 116
Spiritus §§ 23–24
Städtenamen (s. Eigennamen) 123–124
Stämme 61–62
Steigerung der Adjektive 101–103, §§ 50 bis 51
Substantiv
Männliche Substantive auf -ας (Plural -ες) 22
Männliche Substantive auf -ης (Plural -ες) 22
Männliche Substantive auf -ας (Plural -άδες) 55
Männliche Substantive auf -ης (Plural -ηδες) 56
Männliche Substantive auf -ὲς (Plural -έδες) 123
Männliche Substantive auf -οῦς (Plural -οῦδες) 123

Weibliche Substantive auf -α
(Plural -ες) 27
Weibliche Substantive auf -η
(Plural -ες) 28
Weibliche Substantive auf -ά
(Plural -άδες) 118
Weibliche Substantive auf -οὐ
(Plural -οῦδες) 119
Weibliche Substantive auf -ι o. η
(Plural -εις) 60
Weibliche Substantive auf -ος
(Plural -οι) 129
Sächliche Substantive auf -ι
(Plural -ια) 19
Sächliche Substantive auf -o
(Plural -α) 38
Sächliche Substantive auf -ος
(Plural -η) 91
Sächliche Substantive auf -μα
(Plural -ματα) 106
Sächliche Substantive auf -ας, -ως u. -ος
(Plural -ατα, -ῶτα u. -ότα) 137, 138
Sächliche Substantive auf -σιμο
(Plural -σίματα) 106
Substantive mit 2 Pluralformen § 43
Undeklinierbare Substantive § 44
Substantive, aus der Schriftsprache:
Sonderklasse männl. Subst. auf -εὐς o.
έας 56
Einige männl. Subst. auf -τωρ § 46
Einige männl. u. weibl. Subst. auf -ψ
u. -ξ § 47
Einige männl. u. weibl. Subst. auf -ων
§ 48
Einige weibl. Subst. auf -ις § 49
Einige sächl. Subst. auf -ον, -αν, -εν u.
-υ § 45

Temporale Sätze § 105

Übersicht über die Deklinationen 222–223
Uhrzeit 47
Unbestimmte Pronomen 173
Unbetonte Wörter § 29
Unpersönliche Verben (s. Zeitwort)
Unregelmäßige Verben (s. Zeitwort)

Vergleiche (s. Steigerung der Adjektive u.
Adverbien) 101–103, §§ 72–74, 112
Vergrößerungsformen § 42
Verhältniszahlen 168
Verkleinerungsformen § 41
Verneinung § 71
Vervielfältigungszahlen 168
Vokale und Doppellaute §§ 2–8

Wochentage 26
Wörter mit dem Spiritus asper § 24
Wortstellung 18
Wünsche bei besonderen Anlässen § 117
Wunschsätze 178–179

Zahlwort (s. die einzelnen Zahlwörter)
Zeitwort
Verben auf -ω 60–64, 97–98
Verben auf -ομαι 107–113
Verben auf -ῶ und -άω 119–120
Verben auf (-έω) -ῶ 124–126
Verben auf -ιέμαι 145–148
Verben auf -οῦμαι, -εῖσαι 151–154
Verben auf -οῦμαι (o. -ᾶμαι) 163–164

Die Hilfsverben ἔχω, εἶμαι, θέλω 138–140
Hinweise zum Gebrauch der Zeiten § 55
Verben der Gemütsbewegung § 58
Verben mit gekürzten Formen 29, § 59
Elliptische Verben § 61
Unpersönliche Verben und Ausdrücke § 62
Unregelmäßige Verben § 63

Mario Vitti

Einführung in die Geschichte
der neugriechischen Literatur

Hueber Hochschulreihe, Band 38

195 Seiten, kart., Hueber-Nr. 6781

»Die neuere griechische Literatur spielt im Bewußtsein des modernen Menschen nur eine bescheidene Rolle. Die Gründe dafür liegen auf der Hand, sind doch die geistigen Zentren im Verlauf der Geschichte immer weiter von Griechenland weggerückt. – Vittis Literaturgeschichte gibt in 17 Kapiteln eine gestraffte Übersicht über die Entwicklung des literarischen Schaffens im griechischen Sprachraum von den Kreuzzügen bis zur Gegenwart. Nicht weniger wertvoll als die klare Information über das literarische Material ist der fast 50 Seiten starke ›Bibliographische Führer‹ mit einer Fülle von Titeln der Primär- und Sekundärliteratur.«   *Welt und Wort*

»Vittis Stärke liegt in seiner eigenständigen Urteilskraft über die neugriechische Literatur. Sowohl Grundströmungen literarischer Erscheinungen als auch das Werk der einzelnen Dichter zu sehen und zu schildern, gelingt ihm vortrefflich.«

Südost-Forschungen

MAX HUEBER VERLAG · ISMANING/MÜNCHEN

Handbücher
für den Sprachlehrer

Werner Welte
**Moderne Linguistik:
Terminologie/Bibliographie**
Ein Handbuch und Nachschlagewerk
auf der Basis der transformatio-
nellen Sprachtheorie
Hueber Hochschulreihe,
Band 17/I und 17/II
Teilband I (A-M)
406 Seiten, kart.,   2.6733
Teilband II (N-Z)
374 Seiten, kart.,   3.6733
beide Bände zusammen   6733

Klaus Köhring / Richard Beilharz
**Begriffswörterbuch Fremd-
sprachendidaktik und -methodik**
Hueber Hochschulreihe,
Band 10
272 Seiten, kart.,   6722

Marcel de Grève / Frans van Passel
**Linguistik und
Fremdsprachenunterricht**
Aus dem Französischen übertragen
von Hermann Müller
Hueber Hochschulreihe,
Band 8
155 Seiten, kart.,   6672

Manfred Erdmenger / Hans-Wolf Istel
Didaktik der Landeskunde
Hueber Hochschulreihe,
Band 22
96 Seiten, kart.,   6738

Robert Lado
Moderner Sprachunterricht
Eine Einführung auf wissenschaft-
licher Grundlage
Übertragen von Reinhold Freudenstein
325 Seiten, Linson,   6519

Robert Lado
Testen im Sprachunterricht
Handbuch für die Erstellung und den
Gebrauch von Leistungstests im
Fremdsprachenunterricht
Übertragen von Reinhold Freudenstein
454 Seiten, kart.,   6593

Raymond Lamérand
**Programmierter Unterricht
und Sprachlabor**
Theorien und Methoden
Hueber Hochschulreihe,
Band 9
Aus dem Französischen von
Hermann Müller
162 Seiten, kart.,   6690

François Closset
**Didaktik des neusprachlichen
Unterrichts**
Übertragen von Johannes Vandenrath
175 Seiten, kart. 6520

Åke Andersson
Sprachlaborpraxis
Aus dem Schwedischen von
Karin Heins
136 Seiten, kart.,   6747

MAX HUEBER VERLAG · ISMANING/MÜNCHEN